Introdução à Gramática Gerativa

Coleção Estudos
Dirigida por J. Guinsburg

Equipe de realização – Tradução e Adaptação: Carlos Vogt; Revisão: Mary Amazonas Leite de Barros; Produção: Ricardo W. Neves e Raquel Fernandes Abranches.

Nicolas Ruwet

INTRODUÇÃO À GRAMÁTICA GERATIVA

PERSPECTIVA

Título do original francês
Introduction à la Grammaire Générative

Dados Internacionais de Catalogação na Publicação (CIP)
(Câmara Brasileira do Livro, SP, Brasil)

Ruwet, Nicolas
Introdução à gramática gerativa / Nicolas Ruwet ; [tradução e adaptação Carlos Vogt]. -- São Paulo : Perspectiva, 2009. -- (Coleção estudos ; 31 / coordenador J. Guinsburg)

Título original: Introduction à la grammaire générative.
1ª reimpr. da 2. ed. de 2001.
ISBN 978-85-273-0260-9

1. Gramática gerativa I. Guinsburg, J.. II. Título. III. Série.

09-03570 CDD-415

Índices para catálogo sistemático:
1. Gramática gerativa : Linguística 415

2ª edição – 1ª reimpressão

Av. Brigadeiro Luís Antônio, 3025
01401-000 – São Paulo – SP – Brasil
Telefax: (0--11) 3885-8388
www.editoraperspectiva.com.br

2009

À memória de meu pai

Sumário

Prefácio 15

I. Introdução: As tarefas da Lingüística 17

1. Introdução teórica 17
   1.1. A concepção taxinômica e a concepção teórica da Ciência . . 17
   1.2. A concepção taxinômica e a concepção teórica na história recente da Lingüística 19
2. As tarefas da Lingüística 20
   2.1. Competência e performance (língua e fala). Papel do contexto lingüístico e de situação na descrição lingüística 22
   2.2. O som e o sentido. Forma e substância. Semântica geral e fonética geral. Lugar da sintaxe na gramática 25
3. A noção de gramaticalidade 30
   3.1. A primeira tarefa de uma gramática: descrever as frases gramaticais 30
   3.2. Especificações sobre a noção de gramaticalidade. Relações da gramaticalidade com o sentido, a ocorrência nos textos, a correção gramatical, a probabilidade de ocorrência. Gramaticalidade e intuição dos falantes 35

4. Uma gramática, mecanismo finito que engendra um conjunto infinito de frases 41

4.1. A noção de linguagem. Alguns exemplos artificiais. A noção de recursividade 42

4.2. Novas observações sobre a competência e a performance. . . . 44

4.2.1. A criatividade da linguagem. Chomsky e Saussure 45

4.2.2. Os estruturalistas e o problema da criatividade. Hjelmslev . . 47

5. Outras tarefas da gramática. A descrição estrutural das frases . . . 48

5.1. Algumas das informações que deve comportar a descrição estrutural das frases. Categorias, funções e relações gramaticais. Relações entre frases. Relações entre elementos das frases. Tipos de frases. Subcategorização e relações de seleção. Sintaxe e Semântica. 49

5.2. A descrição estrutural das frases nas gramáticas tradicionais e estruturalistas 53

6. A teoria lingüística geral 55

6.1. Resumo das tarefas da teoria geral. Os universais de linguagem 55

6.2. A questão da justificação das gramáticas. Procedimentos de descoberta, decisão e avaliação 56

6.2.1. A justificação das gramáticas nos estruturalistas. O princípio de distribuição. O procedimento de Greenberg. O princípio de comutação 58

6.2.2. Diferença entre a teoria e a metodologia. Para um procedimento de avaliação das gramáticas 64

II. Alguns modelos sintáticos elementares 83

1. A noção de nível de representação. Fonemas e morfemas. Nível fonemático e nível morfemático. 83

2. O modelo a estados finitos 86

2.1. A teoria dos dois eixos da linguagem, sintagmático e paradigmático. Sua tradução nos termos de um modelo oriundo da teoria da comunicação 86

2.2. As deficiências do modelo a estados finitos 89

3. Alguns outros modelos elementares. 92

3.1. A sintaxe fonológica 92

3.2. A teoria do "quadro" de morfemas gramaticais 93

3.3. A sintaxe funcional de Martinet. A noção de autonomia sintática. 94

III. O modelo sintagmático 99

1. Introdução. A análise em constituintes imediatos. A noção de indicador sintagmático. 99

2. Tradução da análise em constituintes imediatos. As regras sintagmáticas. Regras dependentes do contexto e regras independentes do contexto 105

3. Representação formal do modelo sintagmático 109

3.1. Restrições a que devem ser submetidas as regras sintagmáticas. A noção de derivação. Derivação e indicador sintagmático . . . 109

3.2. Restrições suplementares às regras sintagmáticas. A questão das permutações 115

3.3. A recursividade numa Gramática Sintagmática. Diferentes tipos de elementos recursivos. A noção de auto-encaixe, e suas implicações para um modelo da performance. 116

4. Comparação do modelo sintagmático e do modelo a estados finitos 120

4.1. O modelo sintagmático, mais forte e mais abstrato que o modelo a estados finitos. A simplificação que ele traz. Redefinição da noção de nível de representação 120

4.2. Lugar do modelo sintagmático no conjunto dos sistemas de reescritura. O modelo a estados finitos, caso particular do modelo sintagmático 122

4.3. Gramáticas sintagmáticas e autômatos com pilha de memória . 123

5. As noções de capacidade gerativa fraca e de capacidade gerativa forte das gramáticas. Deficiências do modelo sintagmático em capacidade gerativa fraca. Exemplo do Mohawk (Postal) 124

6. Deficiências do modelo sintagmático em capacidade gerativa forte. Suas deficiências para explicar a descrição estrutural das frases . . . 126

6.1. As relações entre frases 127

6.2. As relações entre elementos das frases 129

6.3. As ambigüidades estruturais. 131

6.3.1. Representação sintagmática única das frases ambíguas. . . . 132

6.3.2. Representação sintagmática múltipla de frases inambíguas . 133

6.4. Os elementos descontínuos 133

6.5. A coordenação 137

6.6. Casos em que a representação sintagmática confere "muita estrutura" às frases. Divisões binárias e divisões múltiplas. . 140

6.7. Observação final sobre as deficiências do modelo sintagmático 142

7. As sintaxes estruturalistas, casos particulares do modelo sintagmático. Procedimentos de descobertas analíticas e sintéticas. Modelos "com item e processo" e "com item e arranjo" 142

IV. O modelo transformacional I 155

1. Um exemplo de análise transformacional. O auxiliar em inglês, segundo Chomsky. A transformação de afixo verbal 155

2. Aplicação ao problema do auxiliar francês (e português) 159

2.1. O auxiliar, segundo Chomsky e Benveniste. Esboço de uma Gramática Geratica do francês (e do português). 159

2.2. Comentário das regras do § 2.1. *Avoir* e *être*. O constituinte "Perfeito". O constituinte "Tempo". Gramática limitada ao sistema do discurso, segundo Benveniste. Observações sobre as formas sobrecompostas. Os "auxiliares modais". Observações sobre os advérbios 161

3. Novas precisões sobre as transformações 168

3.1. O passivo em francês e no português. A ordem das transformações. Transformações obrigatórias e facultativas. A noção de frase nuclear 168

3.2. Novas observações sobre os advérbios. 171

3.3. As transformações, regras que operam sobre variáveis e não sobre constantes. 177

4. O auxiliar inglês, segundo Chomsky (continuação). O auxiliar *do*. Interrogativas, negativas, enfáticas. Morfemas e formantes. 179

5. As transformações generalizadas. A recursividade em uma Gramática Transformacional 184

5.1. A coordenação 184

5.2. As transformações por encaixe 186

5.3.1. As nominalizações. O problema do "genitivo objetivo-subjetivo" em francês (e em português). 188

5.3.2. 189

5.3.2.1. 192

5.3.2.2. 194

6. Algumas observações sobre a história das concepções transformacionais 195

6.1. Jespersen, Blinkenberg. Bally, Tesnière, Benveniste 195

6.2.1. Harris, mestre de Chomsky. A análise do discurso. A transformação como tipo de relação entre frases, segundo Harris 203

6.2.2. Crítica da concepção de Harris. Em uma Gramática Gerativa, uma transformação não é uma relação entre frases. Crítica de algumas outras confusões possíveis 208

V. O modelo transformacional II 223

1. Caracterização formal das transformações 223
1.1. Esquema estrutural e análise própria 224
1.2. A mudança estrutural. A noção de transformação elementar. . 225

2. As estruturas sintáticas derivadas 227
2.1. Efeitos sobre a estrutura sintagmática das transformações de supressão. Necessidade de poder reconstituir as estruturas subjacentes a partir das estruturas derivadas. Condições a que estão submetidas as transformações de supressão........ 231
2.2. Efeitos sobre a estrutura sintagmática das transformações de substituição. Um exemplo hidatsa (Matthews). O subjuntivo francês (e português). Importância das transformações de substituição. Condições a que estão submetidas........ 235
2.3. Efeitos sobre a estrutura sintagmática das transformações de adição. As dificuldades que criam. Sua reformulação em outros termos 240
2.3.1. A transformação relativa em francês (e português). Reformulação de diversas transformações de encaixe em termos de substituição 242
2.3.2. As transformações de conjunção como transformações de adição 245
2.4. Efeitos sobre a estrutura sintagmática das transformações de permutação............................. 247
2.4.1. Permutações e constituintes descontínuos. Ramificações binárias e ramificações múltiplas............... 249
2.4.2. Dificuldades das transformações por permutação. Ordem das transformações elementares. Exemplos de transformações estilísticas 251

3. O problema da ordem das transformações. Ordem intrínseca e ordem extrínseca............................. 252
3.1. Um exemplo de transformações ordenadas. As regras que engendram uma classe de "proposições completivas diretas" em francês (e português) 254
3.2. Princípios que regem a ordem das transformações. Transformações generalizadas e transformações singulares 261
3.3. Novas especificações sobre a noção de nível de representação. O nível transformacional. A noção de indicador transformacional 265

4. Sintaxe e léxico 266

4.1. Dificuldades para o tratamento do léxico numa Gramática Sintagmática e numa Gramática Transformacional clássica. A subcategorização sintática. A noção de classificação cruzada 266

4.2. Analogias com a Fonologia. O componente fonológico de uma Gramática Gerativa. Representação fonológica dos morfemas através de matrizes de traços distintivos. Simplificação das matrizes: as regras de redundância 269

4.3. Analogia entre a subcategorização sintática e a classificação em traços distintivos fonológicos. Modificação da parte sintagmática da gramática. A base: regras sintagmáticas e léxico. Seqüências pré-terminais e rubricas lexicais. As regras lexicais concebidas como transformações de substituição. Classificação dos traços sintáticos. Sintaxe e Semântica. Traços de seleção e categorias gramaticais 273

VI. Conclusão. Estrutura profunda e estrutura superficial . . 289

1. Estrutura profunda e estrutura superficial. Suas relações com a interpretação semântica e a representação fonética das frases . . 289

2. As funções e as relações gramaticais. Como são descritas na estrutura profunda. Sujeito e predicado. Tema e Comentário 290

3. A estrutura superficial das frases, a única pertinente para a representação fonética 297

4. A estrutura profunda, a única pertinente para a interpretação semântica 298

4.1. Breve descrição do componente semântico de uma Gramática Gerativa 298

4.2. Transformação e Semântica. As transformações não modificam a interpretação semântica das frases. Contra exemplos aparentes. A negação em francês. Novas observações sobre os morfemas e os formantes 301

5. Comparação da concepção chomskiana das estruturas profundas e superficiais com outras teorias. 306

5.1. Comparação com a Glossemática. Importância da ordem dos elementos nas estruturas profundas. Sistemas de concatenações e sistemas de conjuntos. 306

5.2. Comparação com a *Grammaire de Port-Royal*. Diferença na natureza das justificações dadas à distinção das estruturas profundas e superficiais. Um exemplo: os "advérbios de modo" em francês 310

6. Conclusão. Os universais de linguagem. Importância da distinção entre estrutura profunda e estrutura superficial para uma teoria dos universais de linguagem. Gramática e lógica. Por que as línguas distinguem uma estrutura profunda e uma estrutura superficial? 314

Apêndice – Lista das principais regras utilizadas 321

Bibliografia 327

Índice onomástico. 345

Índice dos assuntos. 351

Prefácio

A teoria da gramática gerativa – desenvolvida nos últimos doze anos, principalmente no Massachusetts Institute of Technology pelo estímulo de Noam Chomsky, Morris Halle e seus colaboradores – introduziu uma verdadeira revolução na Lingüística moderna. No entanto, manteve-se pouco conhecida até os dias atuais na França. Paradoxalmente, ainda que bastante familiar a certos meios de matemáticos e psicólogos, ainda não sensibilizou os lingüistas. É a eles que esta obra se dirige. Delineia, de certa forma, o caminho que percorri para me familiarizar com uma teoria nova e difícil, e ficaria feliz se pudesse facilitar o acesso a ela àqueles que, como eu, partiram de uma formação estruturalista clássica.

Este livro não pretende de forma alguma dar uma visão completa da gramática gerativa. Limita-se essencialmente à teoria sintática. A fonologia gerativa por si só exigiria um outro volume e muitos aspectos, como as incidências da teoria gerativa em Psicolingüística (teoria da performance, aquisição da linguagem etc.), foram somente aflorados ou deliberadamente postos de lado. Essas limitações pareceram-me legítimas na medida em que a sintaxe ocupa lugar central na teoria gerativa. Apenas uma grande familiaridade com a teoria sintática permite compreender as posições de Chomsky e colaboradores relativas aos outros aspectos da Lingüística e da Psicolingüística.

Considero um prazer expressar aqui meus agradecimentos a todos os que me ajudaram a concluir com êxito este trabalho.

Originalmente esta obra era uma tese de doutoramento defendida em fevereiro de 1967 na Faculdade de Filosofia e Letras da Universidade de Liège, e agradeço particularmente, pelo encorajamento que me deram, a meus professores Maurice Delbouille, Louis Remacle e René Fohalle. Agradeço igualmente a Émile Benveniste, cujo ensinamento no Collège de France foi determinante em minha formação, e a Jean Dubois, com quem pude discutir longamente vários aspectos importantes da gramática gerativa. Noam Chomsky, Morris Halle, R. B. Lees, Ronald Langacker, Sanford Schane, Gerard Diffloth, comunicaram-me gentilmente trabalhos inéditos ou de difícil acesso. As discussões com meus amigos Philippe Munot, Alfredo Hurtado, Tzvetan Todorov e Jean-Paul Boons, foram-me proveitosas. Os dois últimos deram-se ao trabalho de ler o manuscrito completo e levei em consideração muitas de suas sugestões. Minha mulher Marie-Paule foi uma assídua auxiliar e mostrou-se de uma paciência a toda prova. Tenho uma dívida especial para com Jacqueline Thomas, que me permitiu redigir a maior parte deste trabalho na calma de sua casa de campo. Enfim, este trabalho tornou-se possível pelo Fundo Nacional Belga da Pesquisa Científica, ao qual fiquei ligado durante quatro anos, de 1962 a 1966.

1. Introdução: As Tarefas da Lingüística

1.1. Se quisermos ter uma visão precisa dos objetivos perseguidos pelos teóricos da gramática gerativa, não será provavelmente inútil começar por algumas observações sobre a natureza da Ciência em geral.

Segundo uma concepção ainda bastante desenvolvida nas Ciências Humanas, o trabalho das Ciências consistiria em observar objetivamente o maior número possível de fatos ou de dados, e em agrupar e classificar estes fatos, de modo a descobrir na sua massa uma certa organização. Por exemplo, o trabalho do lingüista seria observar um grande número de enunciados, orais ou escritos, agrupá-los em diversos tipos, decompô-los em diferentes espécies de elementos (tais como palavras, morfemas, fonemas etc.) e classificar estes últimos em diversas categorias (partes do discurso, consoantes e vogais etc.).

Na realidade, esta concepção da Ciência, que pode ser chamada de *taxinômica*, nada tem de novo. Sua origem perde-se na noite dos tempos. Desde que o homem é homem, ele acumulou em domínios bastante variados uma multidão de observações e de conhecimentos. Como bem mostrou Claude Lévi-Strauss em *La Pensée Sauvage* (Paris, 1962), os povos mais "primitivos" são capazes de elaborar, em Botânica ou em Zoologia por exemplo, classificações que por sua precisão, por sua amplitude, pela qualidade dos critérios lógicos em que repousam, nada têm a invejar às taxinomias mais modernas.

Se, no entanto, se consideram Ciências que já chegaram à maturidade, tais como a Física ou a Química, percebe-se que elas oferecem um quadro totalmente diverso da atividade da Ciência. Em particular, o que as distingue destas "Ciências taxinômicas" primitivas não é simplesmente devido à maior qualidade, ou à maior objetividade das observações. Sem dúvida, o desenvolvimento de um aparelho técnico complexo e das técnicas de laboratório permitiu a estas Ciências depurar consideravelmente os métodos de observação e, sobretudo, observar fatos antes inacessíveis. Mas a diferença essencial não é esta. Para a Ciência moderna, não se trata mais de colecionar fatos novos, mas de construir – a partir de um número limitado de observações ou de experiências – teorias gerais, modelos hipotéticos, destinados a explicar os fatos conhecidos e a prever outros que ainda não o são.

É sem dúvida inevitável que toda Ciência, antes de atingir o "estágio da construção das teorias dedutivas", passe primeiro pelo "estágio da História Natural" caracterizado pela coleta e classificação de dados (estas duas expressões são de Northrop, 1947). Ainda que para delimitar grosseiramente o seu objeto, uma Ciência tem necessidade de proceder a uma primeira ordenação do real, cuja ausência tornaria impossível formular a menor hipótese explicativa, a menor generalização interessante. Mas seria enganoso acreditar que o segundo estágio se situa simplesmente no prolongamento natural do primeiro. Na passagem de um para outro há sempre uma ruptura, uma revolução. Com efeito, da acumulação de observações à formulação de teorias gerais, há um salto qualitativo. Como observa Emmon Bach (1965, p. 124), a idéia baconiana de que "a Ciência deve ser fundada na observação e na experiência" é enganadora. Karl Popper (1959, *passim*) mostrou muito bem que não era possível fundar a Ciência num princípio de indução: "De um ponto de vista lógico, não se justifica inferir proposições universais a partir de proposições singulares, por mais numerosas que elas sejam; pois toda conclusão tirada desta maneira poderá sempre se revelar falsa: pouco importa o número de cisnes brancos que nós possamos ter observado, isto não justifica a conclusão de que *todos* os cisnes são brancos" (*ibid.*, 27). Mais precisamente (cf. Bach, *loc. cit.*), de um conjunto de observações ou de experiências, não se pode tirar senão generalizações *negativas*. Da observação de que existem cisnes brancos, pode-se tirar a conclusão de que "não é verdade que todos os cisnes não são brancos"; mas, como diz Bach, "não é senão outra maneira de dizer a mesma coisa". Assim, se se quer basear a Ciência estritamente na observação e na experiência somos levados a ver nisso uma simples reorganização dos dados, e no máximo uma apresentação condensada de materiais já conhecidos.

Se, entretanto, ao menos desde Kepler, a história da Ciência consiste na elaboração de teorias gerais (de proposições universais), é porque a relação entre a teoria e a observação (ou a experimentação) se viu perturbada. De uma acumulação de observações ou de experiências, não é possível induzir rigorosamente uma teoria; a formulação de uma teoria comporta sempre uma parte de risco, representa uma aposta. Mas, em compensação observações ou experiências bem conduzidas (e que podem ser pouco-numerosas) podem, tarde demais, levar a aceitar ou a rejeitar uma teoria. Como diz Chomsky (1964*b*, pp. 105/98), "os dados de observação são interessantes na medida em que têm uma incidência sobre a escolha entre teorias rivais". Karl Popper (*op. cit. passim*) vai mais longe: para ele, a rigor, uma teoria não pode jamais ser verificada; não se pode jamais demonstrar que ela é verdadeira, pode-se, quando muito, demonstrar que ela é falsa. Daí, para julgar o valor de uma teoria, a importância de critérios outros que não a compatibilidade com um maior ou menor número de dados, ou seja, seu valor explicativo (sua fecundidade), sua coerência interna, sua compatibilidade com as hipóteses enunciadas nas disciplinas vizinhas, e, enfim, sua simplicidade e sua elegância. Notemos ainda, com Chomsky (1962*a*, p. 244), que a descoberta de dados que não se enquadram em nenhuma teoria existente, não tem nenhum interesse enquanto não ajudam a formular uma nova teoria, mais geral, que os explique. Pode-se representar o progresso do conhecimento científico não como uma acumulação de observações, mas como uma sucessão de hipóteses teóricas, cada vez mais gerais, onde cada uma torna caducas as precedentes, menos poderosas e mais parciais.

O que adquire uma importância crucial nessa concepção da Ciência como construção de modelos teóricos, é a necessidade de formular estes modelos da maneira mais explícita e mais precisa possível. Em si mesmas a observação e a classificação dos dados não permitem jamais generalizar nem explicar. Mas, de outro lado, uma teoria cujos conceitos permanecem obscuros, ou que só parcialmente é explícita, não tem muito interesse, pelo simples motivo que nesse caso, é em geral impossível demonstrar que ela é falsa. Em compensação, é sempre proveitoso formular com precisão uma teoria, ainda que absurda. Como diz Chomsky, logo no início de *Syntactic Structures* (1957*a*, p. 5), "levando uma formulação precisa, mas inadequada, a uma conclusão inaceitável, chegamos freqüentemente a revelar as fontes exatas de sua insuficiência, e, conseqüentemente, a ganhar uma compreensão mais profunda dos fatos"[1].

1.2. Se se considera a história recente da Lingüística, percebe-se que a oposição entre estas duas concepções – taxinômica e "teórica" – da Ciência não coincide com a da Lingüística tradicional e da Lingüística estrutural. Sem dúvida, estas etiquetas – "Lingüística tradicional", "Lingüística estrutural" – recobrem realidades bastante heterogêneas; é também fora de dúvida que a Lingüística, depois de Saussure, realizou progressos decisivos no sentido de uma formulação explícita de seus problemas e de seus métodos. Entretanto, pode-se dizer que, no conjunto, a concepção taxinômica permaneceu predominante. Por mais que variem os objetos – línguas européias de cultura ou línguas exóticas, textos escritos ou enunciados orais – e os critérios de classificação – semânticos, funcionais ou formais –, trata-se sempre, em geral, de observar e de classificar fatos. É exatamente numa das escolas estruturalistas mais avançadas, a escola neobloomfieldiana, que se encontra a forma mais radical da concepção taxinômica (cf. Bach, 1965). Em Harris, por exemplo, os dados de observação limitam-se ao aspecto físico dos enunciados, com exclusão do sentido, toda pesquisa de explicação é banida, e o objetivo da descrição lingüística é reduzido à obtenção de "uma representação compacta, termo a termo, do conjunto dos enunciados que constituem o *corpus*" (Harris, 1951, p. 366). Harris se mostra assim lógico consigo mesmo. Em consonância com a observação de Popper acima citada, ele vê claramente que, numa concepção baseada exclusivamente na observação e na classificação, pode-se chegar apenas a uma simples reorganização dos dados.

Encontramos, por outro lado, em muitos estruturalistas importantes, preocupações que se vinculam claramente à concepção teórica. Assim, a teoria fonológica de Jakobson (1962; 1963*a*, Cap. VI) representa uma hipótese bastante forte sobre um dos aspectos da linguagem (e ela foi, aliás, integrada, no essencial, na teoria gerativa; cf. os trabalhos de Halle, assim como Chomsky, 1957*c*, Chomsky e Halle, 1965, 1968). Da mesma forma, Émile Benveniste percebeu claramente a necessidade de construir modelos hipotéticos da linguagem; é preciso, diz ele, "abandonar este princípio de que não existe lingüística senão do dado [. . .] O dado lingüístico é um resultado, e é preciso procurar de que ele resulta" (1952-1953, p. 117). Entretanto, esta atitude não é inteiramente nova; encontramo-la em muitos lingüistas precursores do estruturalismo, como Sapir ou Jespersen, ou naqueles cuja carreira se desenvolveu à margem do estruturalismo, como Guillaume. Encontramo-la mesmo em trabalhos muito mais antigos, como na *Grammaire de Port-Royal*, ou em Humboldt (cf. Chomsky, 1964*b*, § 1; 1966*b*). Entretanto, no conjunto, a formulação de modelos teóricos permaneceu, na maior parte destes trabalhos, tradicionais ou estruturalistas, num estágio bastante intuitivo; ora, como dissemos, a validação de uma teoria depende, de modo essencial, da precisão com que é formulada[2].

2. Para Chomsky, a Lingüística tradicional e estrutural já acumulou suficientes conhecimentos para que lhe seja permitido ultrapassar o estágio puramente classificador, e começar a elaborar modelos hipotéticos explícitos das línguas e da linguagem. A gramática de uma língua particular será, pois, concebida como um modelo explícito desta língua[3], e a teoria lingüística geral, por seu lado (cf. § 6 abaixo), terá duas tarefas que, na realidade, se confundem: determinar que forma devem ter as gramáticas

particulares, e construir um modelo do mecanismo da linguagem em geral (um modelo da *faculdade de linguagem*, no sentido de Saussure).

De que natureza são os fatos que um modelo lingüístico deve descrever e explicar? Vê-se imediatamente que o fato central, de que a Lingüística sincrônica[4] deve dar conta, é o seguinte: *todo indivíduo adulto que fala uma determinada língua é, em qualquer momento, capaz de emitir espontaneamente, ou de perceber e de compreender, um número indefinido de frases*[5] *que, em grande parte, ele jamais pronunciou nem ouviu antes.* Todo indivíduo que fala possui pois certas aptidões muito especiais, às quais se pode chamar sua *competência lingüística*, e que ele adquiriu em sua infância, no decorrer do breve período de aprendizagem da linguagem. Isto posto, três questões se apresentam:

a) qual é a natureza exata destas aptidões, desta competência lingüística do indivíduo que fala?

b) como os indivíduos que falam utilizam estas aptidões?

c) como estas aptidões foram adquiridas?

Responder à primeira questão é construir um modelo da competência dos indivíduos, e este modelo não é outra coisa senão uma *gramática*[6] da língua que eles falam. Podemos desde já conceber este modelo sob a forma de um mecanismo de forma específica, de um *sistema de regras*, que associa certos sons a certos sentidos, isto é, em termos mais precisos, que dá uma interpretação semântica a um número indefinido de seqüências de sinais acústicos.

Responder à segunda questão é, primeiramente, construir um modelo da performance dos indivíduos que falam, isto é, da maneira pela qual sua competência lingüística é praticada em "atos de fala" concretos; este modelo de performance deve, pelo menos, compreender duas partes, um modelo da emissão (do locutor) e um modelo da recepção (do ouvinte). É, em seguida, construir uma teoria dos contextos e das situações nas quais os indivíduos são levados a exercer sua competência lingüística. Mostraremos dentre em breve por que é necessário fazer uma distinção clara, ao mesmo tempo, entre competência e performance e entre uma teoria gramatical e uma teoria do contexto ou da situação.

Responder à terceira questão é construir uma teoria da *aprendizagem da linguagem.* É um ponto de que falaremos muito pouco, na medida em que não se sabe quase nada neste domínio. Esta questão, para poder ser tratada adequadamente, pressupõe aliás que as duas outras já tenham sido esclarecidas. Digamos apenas que um dos aspectos essenciais de uma teoria da aprendizagem será determinar, na competência lingüística dos indivíduos que falam, a parte do que é adquirido, e a parte do que é inato[7]. É claro que a solução deste problema, que não se pode senão entrever atualmente, depende em grande parte da elaboração de uma teoria lingüística geral, que determinará os elementos que são próprios de todas as línguas humanas, excluindo-se todas as outras "linguagens" imagináveis – que determinará, em outros termos, os universais da linguagem[8].

2.1. É preciso agora justificar brevemente a distinção entre os pontos (*a*) e (*b*) acima transcritos, e a prioridade lógica atribuída ao estudo da competência lingüística, isto é, à Gramática. Com efeito, da mesma forma que o estudo sincrônico deve preceder ao estudo diacrônico, assim o estudo dos modelos de competência deve preceder o dos modelos de performance, ou o estudo do papel do contexto (lingüístico ou de situação) na comunicação.

Sobre a distinção entre competência e performance, serei aqui bastante breve. Com efeito, exceção feita a uma importante reserva à qual retornarei (cf. § 4.2.), esta distinção é muito próxima da distinção saussuriana clássica entre a *língua* e a *fala*: a competência (a língua) representa o saber lingüístico implícito dos indivíduos que falam, "o sistema gramatical que existe virtualmente em cada cérebro" (Saussure 1916, p. 30); a performance (a fala) representa ao contrário a realização ou a manifestação deste sistema em uma multidão de atos concretos, diferentes a cada vez[9]. É a performance que fornece os *dados* de observação – *corpus* de todas as espécies, escritos ou orais (conversações gravadas, entrevistas, narrativas, artigos de jornais, textos literários etc.) – que permitem abordar o estudo da competência. Mas, de outro lado, a performance não é, em geral, senão um reflexo indireto da competência dos indivíduos. Com efeito, os "atos de fala" dos indivíduos não dependem unicamente de sua competência lingüística; eles variam igualmente em função de um grande número de outros fatores, tais como a memória, a atenção, o grau de interesse pelo objeto do discurso, a necessidade de expressividade, a emotividade etc. Em outros termos, se quisermos apontar fatos relativos ao sistema gramatical (à competência) que não levem a uma simples classificação dos dados de observação, se quisermos aprofundar nosso conhecimento do mecanismo da linguagem, nós devemos formular hipóteses, que, necessàriamente, representem uma certa abstração relativamente aos dados imediatos da performance (cf. Chomsky, 1965*a*, p. 3). Por outro lado, se quisermos – e esta é uma tarefa que depende tanto da Psicologia como da Lingüística elaborar modelos da performance, seja da produção dos enunciados[10] pelo emissor, seja de sua percepção e compreensão pelo auditor, é preciso que tenhamos antes adquirido um conhecimento dos diversos fatores que condicionam a performance. Desta forma, precisaremos de conhecimentos de ordem acústica ou fisiológica; conhecimentos relativos à memória e à atenção, e, acima de tudo, um conhecimento suficiente do sistema da competência. Daí a prioridade do estudo gramatical (da "lingüística da língua" cf. Saussure, 1916, p. 36 e ss.) sobre o estudo da performance (sobre a "lingüística da fala"). É claro que, se quisermos saber como os seres humanos utilizam esta espécie de máquina extremamente complicada que é um sistema lingüístico, devemos primeiro saber de que natureza é esta máquina[11].

Passemos à distinção entre o estudo da competência e o estudo do papel que desempenham, na comunicação, o contexto lingüístico (exterior à frase) e o contexto de situação. No que segue, a exemplo de Chomsky, cingir-me-ei ao estudo das frases isoladas, excluindo toda referência ao contexto. Esta posição não necessitaria, em princípio, nenhuma justificação suplementar; o estudo do contexto faz parte, com efeito, do estudo da performance ou, antes, o contexto é um dos muitos fatores que intervêm na performance: para cada ato de fala, o contexto e a situação variam.

Existe, no entanto, uma concepção bastante difundida segundo a qual toda teoria da interpretação das frases repousa essencialmente no estudo do contexto e, em particular, do contexto de situação. Esta concepção é particularmente marcante na escola inglesa de Lingüística, oriunda dos trabalhos de J.R. Firth. Para os lingüistas ingleses, o sentido dos enunciados é inteiramente determinado pelo contexto, e Firth (1957*a*, p. 190) chega mesmo a dizer que "cada palavra utilizada em um novo contexto torna-se por isso mesmo uma nova palavra". A existência dessa concepção nos obriga a considerar o problema mais de perto, porque, se ela fosse justificada, seríamos levados a requestionar a idéia da prioridade do estudo da competência. Consideremos os seguintes exemplos de frases[12]:

O garoto encontrou a velha senhora	[1]
Pedro admira mais Paulo que João	[2]
O silêncio vertebral indispõe a vela lícita (Tesnière)	[3]
Você fazer mim rir (Peter Cheyney, *Cet homme est dangereux*)	[4]

É evidente que, na ausência de toda referência a um contexto qualquer, seja lingüístico ou de situação, todo indivíduo que fala português dispõe de um conjunto de conhecimentos implícitos, que fazem parte de sua competência lingüística e que lhe permitem principalmente: (*a*) compreender, de maneira unívoca, a frase [1], e considerá-la como uma frase "normal" ou "bem formada"; (*b*) compreender [2] como uma frase ambígua que tem duas leituras possíveis, ou [2*a*] "Pedro admira mais Paulo que ele (Pedro) admira João", ou [2*b*] "Pedro admira mais Paulo que João admira Paulo"; (*c*) considerar [3] e [4] como frases anômalas mas que o são diferentemente: assim [3] é, num certo sentido, "bem formada", mas incompreensível, enquanto que [4] é "incorreta", mas imediatamente compreensível.

Parece razoável atribuir como primeira tarefa à Lingüística o estudo dos conhecimentos implícitos subjacentes a fenômenos deste gênero. Isso não significa que o contexto não tenha nenhum papel nem que se possa negligenciar o seu estudo, mas sim que este papel é derivado. Em um dado contexto, [2], por exemplo, pode não ser absolutamente ambígua, [4] pode parecer normal (se é pronunciada como no caso do romance de Cheyney, por um japonês), [3] pode parecer plausível (num poema surrealista) e mesmo [1] pode ter um sentido totalmente enigmático, se fizer parte de uma mensagem em código emitida nas ondas da B.B.C. durante a última guerra. Mas, a cada vez, estes elementos novos que se devem ao contexto, vêm se juntar àqueles que são determinados pela competência intrínseca dos indivíduos, e só podem ser compreendidos com relação a estes elementos.

Existe, de qualquer maneira, um argumento de fato para subordinar o estudo do contexto ao da gramática das frases. A Lingüística tradicional e estrutural acumulou um número considerável de conhecimentos que já tornam possível a elaboração de uma teoria gramatical rigorosa. Os poucos estudos sérios sobre o contexto lingüístico, como, por exemplo, as pesquisas de Harris sobre a análise do discurso (1952*a*, 1952*b*, 1963; cf. abaixo, Cap. IV, § 6.2.1), foram realizados a partir do estudo gramatical de que são apenas extensão. Quanto ao contexto não-lingüístico, o menos que se pode dizer, é que, no ponto em que nos encontramos, não temos nenhum conhecimento sério a este respeito, nem possuímos suficientes dados empíricos seguros que sirvam de ponto de partida para uma teoria. "Absolutamente nada de significativo é conhecido sobre o papel da informação extragramatical na interpretação das frases, a não ser o fato que ela existe e que é um fator importante da perfomance" (Chomsky, 1966*a*, p. 24). Nem Firth (1957*a*; 1957*b*, pp. 9-10, p. 20), nem Halliday (1961, pp. 242-243), nem Dixon (1963) vão além de declarações de princípio sobre a necessidade de estudar o contexto de situação. Ora, como observa Langendoen (1964, pp. 307-308), se se admite que "o sentido dos enunciados é determinado em parte pelo seu contexto de situação", é pois necessário elaborar uma teoria deste contexto de situação. Esta teoria deve satisfazer ao menos duas condições: "Primeiro, devemos, de um modo ou de outro, ser capazes de identificar duas instâncias de contexto como sendo repetições parciais uma da outra; em seguida, deve existir um limite superior razoável para o número de elementos dos contextos de situação exigidos para a descrição semântica de uma dada língua. Para poder discutir a possibilidade de satisfazer a segunda condição, é antes necessário satisfazer a primeira" (Langendoen, *loc. cit.*). Esta primeira condição significa recolocar, ao nível do contexto de situação, (isto é, no limite, ao nível da realidade natural, social e cultural), o problema da determinação dos elementos invariáveis, no sentido em que este problema se colocou para a Fonologia há trinta anos. A tarefa é colossal, e, aparentemente, os lingüistas ingleses nem mesmo se puseram esta questão. Quanto à segunda condição, ela significa perguntar-se se uma teoria *completa* do contexto é possível;

podemos duvidar disso porque, como observam Katz e Fodor (1963, p. 486 e ss.), uma teoria completa do contexto implicaria, em última instância, um conhecimento total da realidade e que a ciência esteja portanto concluída. Poder-se-ia tentar limitar uma teoria do contexto de situação ao contexto de situação *imediato*. Mas, além das dificuldades de princípio que sua delimitação implica, percebemos ainda que, na maior parte das vezes, "o contexto de situação (imediato) [. . .] nada tem a ver com a interpretação semântica das frases enunciadas neste contexto" (Langendoen, *op. cit.* p. 308). Suponhamos que eu tenha uma discussão com alguns amigos sobre cinema, é evidente que o grau de nossos conhecimentos técnicos, a natureza de nossos julgamentos estéticos, os filmes vistos ou não etc., importarão mais à interpretação dessa conversa que o fato de ela ocorrer neste ou naquele bar, diante de um uísque ao invés de um café etc. Encontramo-nos portanto diante do seguinte dilema: ou tomamos a noção de contexto de situação num sentido razoavelmente restrito – limitado ao *hic et nunc* do ato de fala – e então, este contexto é, no mais das vezes, irrelevante, ou então a tomamos num sentido mais vasto, e aí a noção tende a diluir-se, para recobrir, cada vez mais de perto a totalidade do real. É pois razoável tomar como ponto de partida, de acordo, aliás, com a prática dos lingüistas desde há muito, a informação contida no quadro da frase.

2.2. Definimos mais acima uma gramática como um mecanismo, cuja forma ainda resta determinar, que põe em relação sons e sentidos, que associa uma interpretação semântica[13] a seqüências de sinais acústicos. Trata-se de uma afirmação banal, mas cujas implicações nem sempre são vistas com clareza. Sabe-se desde há muito, e Saussure no-lo lembrou, que a relação entre os sons e as significações é uma relação extremamente indireta. Os estruturalistas de todas as tendências já mostraram que os elementos fônicos pertinentes (fonemas, traços distintivos) não podem ser definidos unicamente em termos físicos ou fisiológicos; não têm realidade lingüística a não ser no interior de um sistema fonológico que varia de uma para outra língua e se definem pelo conjunto das relações que mantêm com os outros elementos do sistema. Os estruturalistas – ao menos os que se interessaram pelos problemas do sentido – mostraram igualmente que, de modo análogo, cada língua recorta diferentemente o conjunto das significações possíveis. Familiarizamo-nos assim com uma representação quadripartida da relação entre o som e o sentido, representação que encontrou sua forma mais pura na glossemática dinamarquesa: entre duas substâncias, uma fônica ou gráfica, e a outra "pensada", que, tomadas em si mesmas, não têm pertinência lingüística e não constituem senão duas "massas amorfas" (cf. Saussure, 1916, p. 156; Hjemlslev, 1953, p. 47 e s.), situam-se duas *formas* abstratas, a forma da expressão e a forma do conteúdo, que se definem por sua relação mútua (a *função semiótica*), e que são o único objeto da Lingüística.

Sem entrar no detalhe das divergências entre as escolas estruturalistas e sem negar que, construindo esta representação – ou outras semelhantes, como é o caso da "dupla articulação" – da relação entre o som e o sentido, elas contribuíram de modo decisivo para fundar a autonomia da Lingüística como ciência; é necessário observar sem demora que, assim procedendo, várias simplificações foram efetuadas. Assinalo três entre tantas:

a) A estrutura interna de cada uma das duas "formas" – ou dos dois "planos", dos dois "níveis", das duas "articulações" da linguagem – foi em geral descrita sob uma forma exageradamente simplificada, que conduz no mais das vezes a uma simples classificação de elementos, de classes de elementos e de seqüências de elementos (falaremos longamente mais adiante sobre o modelo de linguagem implícito nesta concepção, cf. em especial o Cap. III).

b) A relação entre estas duas formas ou estes dois planos foi igualmente descrita de modo simplificado. Ora, como é o caso dos glossemáticos, estas duas formas são concebidas como constituindo duas hierarquias distintas, que não se recobrem mas que são paralelas na sua organização interna, sem que se dê muitas indicações sobre suas articulações recíprocas; ora, como é mais freqüente – entre a maioria dos americanos, assim como de Martinet – os dois planos se constituem numa única hierarquia: tem-se primeiro uma hierarquia de unidades "de duas faces" (sigficante e significado), cujas unidades minimais (os monemas ou morfemas) se decompõem em seguida em unidades "de uma única face" (ao nível do significante apenas), os fonemas: a relação entre os fonemas e os morfemas é então concebida simplesmente como uma relação da parte para o todo.

c) Finalmente, em geral de modo bem claro, nos glossemáticos e nos bloomfieldianos e com bem mais nuanças nos lingüistas de Praga[14], as relações entre as "formas" lingüísticas e as duas substâncias, do som e do sentido, foram igualmente bastante simplificadas. Da imagem saussuriana, segundo a qual, fora de sua estruturação numa língua particular, o som e o sentido não constituem mais que duas "massas amorfas", passou-se à idéia de que cada uma destas duas "substâncias" não tem estrutura própria que interesse à Lingüística. Daí, nos glossemáticos a recusa pelo estudo da substância, a idéia de que a natureza própria desta substância é arbitrária (cf. Hjelmslev, 1953, pp. 76-77, p. 106) ou ainda, entre os americanos, a recusa em integrar à Lingüística o estudo do sentido, identificado com a situação. Donde, também, tanto em uns como em outros, o desprezo pela idéia de que poderiam existir elementos fonéticos ou semânticos universais, comuns a todas as línguas: assim, para Joos (1958), "as línguas diferem uma da outra sem limites e de modo imprevisível" (p. 96), "os traços distintivos são estabelecidos a cada vez de modo particular (*ad hoc*) para cada língua e mesmo para cada dialeto" (p. 228); e, para Hjelmslev, "[a substância] é formada de modo específico em cada língua, não havendo pois formação universal, mas somente um princípio universal de formação [. . . é um] fato que tipos fonéticos universalmente válidos ou um esquema eterno de idéias não podem ser estabelecidos empiricamente com qualquer validade para a linguagem" (1953, pp. 76-77).

Consideremos este último ponto. Para Chomsky (cf. por exemplo, 1966*a*, p. 5), se uma gramática deve associar uma interpretação semântica a sinais sonoros, isto significa, em última análise, que toda frase deverá, em um certo estágio de sua descrição, ser representada, de um lado, nos termos de uma teoria fonética universal (por meio de um alfabeto fonético universal por exemplo) e, de outro, nos termos de uma teoria semântica universal. Estas duas teorias fazem parte da teoria lingüística geral; com efeito, não entendemos estas duas noções de fonética e de semântica universais como sendo simplesmente, de um lado (cf. Chomsky, 1964*b*, pp. 92/76), a ciência puramente física dos sons (a "fonética da fala" de Trubetzkoy), nem de outro, o conjunto das ciências naturais e sociais que estudam o universo (conjunto do qual a fonética física não é, aliás, senão uma parte). Por "fonética universal" (ou, como diz também Chomsky, *loc. cit.*, "fonética sistemática"), entendemos antes este ramo da teoria lingüística – fundado em parte na fonética física, evidentemente – que se preocupa em traçar o "mapa" de todos os elementos fônicos suscetíveis de representar um papel pertinente nas línguas humanas, como também de determinar as leis gerais de suas combinações possíveis. Quanto à semântica universal, seria de algum modo a ciência do conjunto dos conceitos suscetíveis de figurar nas línguas humanas, a ciência que estudaria o "sistema de conceitos possíveis" (Chomsky, 1956*a*, p. 160).

Chomsky faz portanto neste aspecto o contraponto exato das posições defendidas por Hjelmslev e Joos. De fato, ele, aliás, não faz mais que formular abertamente, no plano teórico, um princípio que foi sempre obedecido pelos lingüistas em suas pesquisas concretas. Cada vez que um lingüista, tradicionalista ou estruturalista, pretendeu estudar um sistema fonológico ou semântico particular, ele o fez, referindo-se implícita e às vezes, explicitamente, a uma grelha fonética ou semântica, universal ou que visava a sê-lo. O único problema, que se colocou e continua a se colocar, reside na desigualdade do desenvolvimento da teoria universal conforme se considere o plano fonético ou o plano semântico. Na verdade, como diz Chomsky, "o problema geral da fonética universal está suficientemente bem compreendido [. . .] enquanto que os problemas que apresenta a semântica universal permanecem velados na sua obscuridade tradicional" (Chomsky, 1966*a*, p. 5).

Importantes etapas foram já ultrapassadas com vistas à constituição de uma fonética universal: lembremos os trabalhos dos foneticistas ingleses, de Bell a Jones, os trabalhos de Saussure (cf. 1916, Apêndice sobre a "fonologia"), os de Trubetzkoy (1939*a*) e enfim de Jakobson (cf. Jakobson, Fant, Halle, 1952; Jakobson e Halle, 1956). Neste último, a teoria dos traços distintivos (retomada e elaborada por Chomsky e Halle) pode ser interpretada como fornecendo um alfabeto universal de dimensões fonéticas *possíveis*, no qual cada língua escolhe um certo número para constituir seu sistema fonológico (cf. Halle, 1957). É neste domínio que a divergência entre as tomadas de posição teóricas e as pesquisas concretas dos estruturalistas aparece mais claramente. Assim, o cuidado manifestado por Saussure em elaborar uma fonética universal contradiz sua concepção da "massa amorfa dos sons"; da mesma forma, Trubetzkoy definiu às vezes o fonema como uma entidade puramente abstrata (1939*a*, p. 14), consagrando entretanto a maior parte dos *Princípios* a repertoriar as dimensões fônicas suscetíveis de serem utilizadas em Fonologia. A mesma contradição aparece, sob uma forma ainda mais evidente, em Bloomfield (1933, p. 137) e em Hjelmslev (cf. a crítica de Eli Fischer-Jørgensen, 1949, p. 231, retomada por Jakobson, 1963*a*, pp. 115-116; para tudo isto, ver Chomsky, 1964*b*, pp. 92/77). Estas contradições se compreendem evidentemente pela luta que os estruturalistas tiveram de sustentar para libertar o estudo puramente lingüístico do aspecto sonoro da linguagem (a fonologia) da fonética puramente física.

Em compensação, como acabamos de dizer, a teoria semântica geral está num estado bastante menos desenvolvido. Faz muito pouco tempo que pesquisas sistemáticas foram empreendidas neste domínio, no quadro teórico da gramática gerativa, estando ainda, portanto, em fase de iniciação[15]. É evidente que, no estado atual das coisas, é impossível basear-se em uma teoria semântica geral para compreender o mecanismo da linguagem. Por exemplo, não temos ainda nenhum meio para dar uma definição semântica suficientemente geral e rigorosa das principais categorias e funções gramaticais, sabemos muito pouco sobre a estrutura do léxico, sobre a noção de sinonímia (ver Chomsky, 1955*d*) etc. É preciso, entretanto, notar que não é possível empreender estudos particulares sobre esta ou aquela língua, sem referência a uma semântica geral. Com efeito, os raros estudos semânticos sérios que existem hoje em dia, são todos relativos aos domínios ou "campos" semânticos privilegiados que se prestam já a uma descrição nos termos de uma teoria geral independente das línguas particulares. É o caso das pesquisas de Sapir sobre os quantificadores (1930, 1944), de Benveniste sobre as pessoas (1966, 5.ª parte), ou dos trabalhos mais recentes de análise componencial sobre o parentesco, as cores, as doenças etc. (cf. Conklin, 1962, para uma visão de conjunto). O fato é particularmente evidente nas terminologias de parentesco; é, com efeito, relativamente fácil traçar um mapa universal – análogo ao quadro dos traços fonéticos de Jakobson – de dimensões pertinentes, tais como a idade, o sexo, a geração, a colateralidade etc.; o trabalho do semanticista que descreve uma terminologia particular será pois o de indicar quais destas dimensões são utilizadas e descrever o modo de sua organização (cf., por exemplo, Lounsbury, 1964).

Admitiremos, pois, duas coisas com Chomsky (1964*b*, 1966*a*). De início, a estrutura de uma frase qualquer, numa língua qualquer, deve poder ser descrita, de um lado, nos termos de uma teoria fonética universal, que representará definitivamente seu aspecto sonoro, e de outro lado, nos termos de uma teoria semântica universal, que representará o seu sentido. Mas, por um lado esta teoria semântica universal praticamente ainda não existe (ou melhor, ainda não existem senão fragmentos aplicáveis a certos setores semânticos privilegiados) e é também claro por outro lado que a relação entre estas duas representações fonética e semântica, relação que constitui o objeto próprio da gramática, é muito complexa e indireta; para descrevê-la corretamente será necessário recorrer a um aparelho teórico mais poderoso e mais refinado que os modelos essencialmente classificadores construídos pelos estruturalistas (cf. os pontos (*a*) e (*b*) acima).

São estas considerações que explicam em parte a importância central da *sintaxe* na gramática gerativa e também o fato de que a sintaxe é aí o objeto de um estudo puramente *formal*[16]. Se nos é impossível descrever imediatamente as frases de uma língua em termos semânticos universais, conhecemos entretanto desde já um grande número das condições formais que uma frase deve satisfazer para que possa receber uma interpretação semântica. É por isso que dizemos que uma gramática (gerativa) deve associar a cada frase de uma língua uma *descrição estrutural*; esta consiste num conjunto de relações abstratas, que têm um papel mediador entre a representação fonética e a representação semântica desta frase (permanecendo a representação semântica em grande parte ainda indeterminada). É a sintaxe que fornece o essencial desta descrição estrutural, de tal maneira que ela determina, univocamente, de um lado, a descrição fonética, e, de outro, a descrição semântica das frases. Nessa perspectiva, a gramática de uma língua compreende pois três partes (e não duas como na maioria das concepções estruturalistas): há, em primeiro lugar, um componente central, a *sintaxe*, que associa a cada frase da língua, concebida como uma seqüência de elementos sintáticos minimais encadeados (os "morfemas"), uma descrição estrutural, sendo esta uma espécie de objeto abstrato, neutro entre o som e o sentido; há a seguir, de um e de outro lado da sintaxe, dois componentes "interpretativos" que "traduzem" este objeto abstrato para uma forma mais concreta: um deles, a *fonologia*, o traduz numa seqüência de sinais sonoros; o outro, a *semântica*, dá-lhe uma interpretação semântica. É a sintaxe considerada como um estudo puramente formal que constituirá o objeto principal de nosso trabalho[17].

É importante, neste momento, precaver-se contra um possível mal-entendido. Ouve-se freqüentemente dizer que é impossível estudar a sintaxe (ou, mais geralmente, a gramática) sem levar em conta o sentido. De fato, esta afirmação pode equivaler a duas coisas muito diferentes: pode significar que, para poder estudar um sistema sintático, é preciso primeiramente ter estabelecido o sistema semântico correspondente; dado o estado pouco desenvolvido da semântica geral, a descrição sintática de uma língua tornar-se-ia portanto uma empresa desesperada. Mas ao que tudo indica esta afirmação é em geral tomada num sentido bem diferente: ela quer então dizer que é impossível descrever uma língua sem conhecer esta língua; em outras palavras, o lingüista que descreve deve ter acesso à competência lingüística do indivíduo que fala, quer diretamente, se se trata de sua língua materna, quer indiretamente, se ele a aprendeu em contato com informadores qualificados; mas recorrer ao saber intuitivo (à competência) dos indivíduos que falam e recorrer ao sentido são duas coisas muito diferentes; como veremos no parágrafo seguinte a competência dos indivíduos comporta o conhecimento intuitivo de regras e de relações que não têm relação direta com a significação. Por outro lado, é preciso distinguir rigorosamente a construção de um modelo sintático formal de uma língua e o conjunto dos procedimentos analíticos (dos "processos de descoberta") que levaram o lingüista a descobrir um certo número de fatos relativos à estrutura da língua (voltarei a esta questão no § 6).

Na realidade, dar prioridade à sintaxe não significa absolutamente desinteressar-se pelos problemas de sentido. Pensamos, simplesmente, que, entre os fatores que permitem compreender como um certo sentido é ligado a uma seqüência de sinais acústicos, a estrutura sintática desempenha um papel essencial; além disso, é este o aspecto melhor conhecido e o mais suscetível de submeter-se a um estudo rigoroso. Notemos ainda que a prioridade dada à sintaxe não importa em nenhum pré-juízo relativo ao lugar exato das fronteiras entre sintaxe e semântica; pode-se, ao contrário, pensar que quanto mais conhecermos a sintaxe, tanto mais estaremos aptos a fazer uma idéia clara das relações precisas entre sintaxe e semântica.

3.1. Outras razões militam em favor de um estudo puramente formal da sintaxe, logicamente anterior a um estudo semântico. Com efeito, é geralmente admitido que uma gramática não deve fornecer apenas um meio de ligar seqüências sonoras a interpretações semânticas. Ela deve também permitir distinguir, entre todos os enunciados que os indivíduos que falam são suscetíveis de emitir, aqueles que correspondem a frases bem formadas dos que, de um ou de outro modo, não são bem formados. De fato, é este um dos objetivos que as gramáticas tradicionais sempre buscaram.

Ora, consideremos os seguintes exemplos:

	José come uma fruta	[1*a*]
*	Fruta um comer José	[1*b*]
	Eu nada vi	[2*a*]
*	Eu vi nada	[2*b*]
	Eu não vi ninguém	[3*a*]
*	Eu vi ninguém	[3*b*]
	Pedro não o viu	[4*a*]
*	Pedro não viu ele	[4*b*]
	Pedro me pediu para vir	[5*a*]
	Pedro me pediu que eu viesse	[5*b*]
*	Pedro me pediu que Pedro viesse	[5*c*]

Admitir-se-á, sem dúvida, que todos os exemplos [1*a*-5*a*] representam frases bem formadas, enquanto que os outros, com exceção de [5*b*], são em diferentes graus sintaticamente mal formadas. Admitir-se-á também que uma das tarefas de uma gramática — de fato, a tarefa mais elementar à qual uma gramática possa se prender — consiste em indicar claramente a diferença entre estas duas séries de exemplos. Ora, é certo que, com exceção talvez de [1*b*], todas estas frases, bem formadas ou não, são imediatamente compreensíveis, e têm um sentido bem determinado. O exemplo [5] é particularmente significativo; na verdade [5*a*] é bem formado mas ambíguo: esta frase tem duas interpretações possíveis que podem ser parafraseadas por meio dos exemplos [5*b*] e [5*c*], sendo que apenas [5*b*] é uma frase bem formada enquanto [5*c*] não o é. Vê-se, pois, que uma sintaxe deve explicar fatos que não têm ligação direta com a interpretação semântica das frases: a noção de frase bem formada não se confunde pura e simplesmente com a de frase interpretável (e portanto compreensível)[18].

Introduzimos, portanto, segundo Chomsky (1957*a*, p. 12 e s.), para dar conta de fatos deste tipo, os termos técnicos de *gramaticalidade* e *agramaticalidade*. Uma frase é chamada de gramatical em uma dada língua se ela é bem formada; ela é chamada de agramatical, ou não-gramatical, se ela se afasta, de um ou de outro modo, dos princípios que definem a gramaticalidade nesta língua.

A capacidade de distinguir as frases gramaticais das seqüências não-gramaticais de morfemas faz parte da competência lingüística dos indivíduos que falam uma língua. Logo, se consideramos uma gramática como um modelo da competência dos indivíduos que falam, somos levados a definir como se segue a primeira e mais elementar tarefa que uma gramática deve realizar: *uma gramática deve ser capaz de enumerar explicitamente todas as frases que são incontestavelmente gramaticais, ou bem formadas, na língua estudada, e excluir explicitamente todas as seqüências que são incontestavelmente agramaticais nesta língua.* Podemos representar esta gramática sob a forma de um mecanismo de um certo tipo, análogo a uma máquina de calcular[19] e que enumera (ou engendra) as frases gramaticais por meio de um conjunto de instruções que são o equivalente de regras gramaticais.

Notemos que temos aqui a própria definição de uma "gramática gerativa". Uma gramática gerativa não é, com efeito, outra coisa senão uma gramática explícita, que enumera explicitamente todas e não mais que as frases gramaticais de uma língua (assim como, nós o veremos, suas descrições estruturais). É preciso aqui prevenir o leitor contra uma confusão que parece ser bastante comum[20], apesar das contínuas precauções tomadas por Chomsky (1957*a*, p. 48; 1961*a*, p. 120 e s.; 1962*a*, p. 240; ver também Lees, 1965*b*, p. 46). Esta confusão consiste em considerar uma gramática gerativa uma teoria da produção ou da emissão pelo locutor (em oposição a uma teoria da percepção ou da compreensão, ao nível do auditor); concebida desta forma, uma gramática gerativa introduziria "uma certa assimetria na teoria gramatical no sentido que a gramática tomaria sobretudo o ponto de vista do locutor antes que o do auditor" (Chomsky, 1957*a*, p. 48). Esta confusão se dá evidentemente em virtude do emprego dos termos "gramática gerativa" e "engendrar" (*to generate*, traduzido às vezes no francês, sobretudo em Dubois por *"générer"*). Ora, estas palavras são de uso corrente na Matemática, e "engendrar" significa simplesmente "enumerar explicitamente por meio de regras". "Engendrar" não é, pois, em nenhum caso, sinônimo de "produzir" ou de "emitir", e a gramática gerativa é totalmente neutra diante da distinção do locutor e do auditor. Como acima dissemos, uma gramática gerativa é um modelo da competência dos indivíduos (de sua *língua*, no sentido saussuriano) e esta competência é comum ao emissor e ao receptor; a distinção entre emissão e recepção depende do nível da performance (da *fala*).

Notemos também que, assim concebida, e salvo uma importante reserva, esta parte do programa de uma gramática gerativa não é diferente do programa, ou de uma parte do programa, que se fixavam as gramáticas tradicionais. Uma gramática tradicional, ainda que fosse *Le bon usage* de Grevisse ou a *Gramática do Português Contemporâneo* de Celso Cunha (2.ª ed., Belo Horizonte, B. Alvares, 1971) visa tão-somente tornar o leitor capaz de formar corretamente as frases gramaticais da língua. A reserva que deve ser feita é relativa ao fato de que uma gramática tradicional está longe de ser explícita. Tomemos *Le bon usage*; aí encontramos um número considerável de regras gerais, ilustradas com exemplos abundantes, e acompanhadas por listas pormenorizadas de exceções. Mas as regras não são absolutamente concebidas como um conjunto explícito de instruções; constituem antes, com os exemplos e as exceções, um conjunto de indicações destinadas a ajudar um leitor inteligente que, de uma ou de outra forma, já possui a gramática da língua – um leitor que já adquiriu a competência.

Se tentamos tratar estas regras como um conjunto de instruções explícitas, aplicáveis mecanicamente, percebemos imediatamente que elas permitem engendrar toda espécie de seqüências agramaticais.

Alguns exemplos poderão ser úteis para a compreensão do problema. Seja, em Grevisse (§ 367, 8.ª ed., 1964), a regra de formação do superlativo: "O superlativo relativo é formado pelo comparativo precedido do artigo definido". É claro que esta regra não permite separar [6*a*] e [7*a*], de um lado, de [6*b*] e [7*b*], de outro:

	Pierre est l'homme le plus aimable que je connaisse	[6*a*]
*	Pierre est un homme le plus aimable que je connaisse	[6*b*]
	Marie est la plus jolie fille que je connaisse	[7*a*]
*	Marie est la la plus jolie fille que je connaisse	[7*b*]

Em outras palavras, a gramática de Grevisse não permite distinguir a diferença, na formação do superlativo, decorrente do fato de o adjetivo epíteto preceder o nome ou vir depois dele (no primeiro caso insere-se um *plus* entre o artigo e o adjetivo e no segundo, o artigo é repetido) e também não indica as restrições às quais está submetida a escolha do artigo que precede o nome, o qual deve ser definido e não indefinido[21].

Outro exemplo é o da passiva. Grevisse nos diz que "todo verbo transitivo direto pode ser posto na passiva: o objeto direto do verbo da ativa torna-se sujeito do verbo da passiva, e o sujeito do verbo da ativa torna-se complemento agente do verbo na passiva" (§ 481). Mas, aplicada mecanicamente, esta regra daria, corretamente, [8*b*] a partir de [8*a*], e, incorretamente, [9*b*] a partir de [9*a*]:

	La secrétaire aime le patron	[8*a*]
	Le patron est aimé de la secrétaire	[8*b*]
	Des ennemis entourent le camp	[9*a*]
*	Le camp est entouré de des ennemis	[9*b*]

Tomemos agora um exemplo do português. Assim, em Celso Cunha (p. 180), a regra de formação do superlativo relativo: "O de superioridade forma-se antepondo-se *o mais* e pospondo-se *de* ou *dentre* ao adjetivo (. . .). O de inferioridade forma-se antepondo-se o *menos* e pospondo-se *de* ou *dentre* ao adjetivo".

Por esta regra pode-se explicar a formação de frases como:

Este homem é o mais forte de todos	[6*a*]
Este homem é o menos forte de todos	[6*b*]

entretanto não permite separar [7*a*] e [8*a*] de [7*b*] e [8*b*]:

	Pedro é o homem mais forte da cidade	[7*a*]
*	Pedro é o homem o mais forte da cidade	[7*b*]
	Pedro é o homem menos forte da cidade	[8*a*]
*	Pedro é o homem o menos forte da cidade	[8*b*]

uma vez que trata o artigo e o advérbio como uma unidade; ou, ainda, o que é mais grave, permitiria formar [7*b*] e [8*b*] a partir de:

Pedro é o homem forte da cidade

excluindo [7*a*] e [8*a*] de que ela pretende dar conta, ou se se tomasse como ponto de partida a frase:

Pedro é homem forte

como explicar o termo relativizador do superlativo (cidade) e como evitar frases como:

* Pedro é homem o mais forte da cidade [7*c*]

Da mesma forma, a impossibilidade de frases do tipo:

* Pedro é um homem mais forte da cidade [7*d*]
* Pedro é um homem o mais forte da cidade [7*e*]

permanece inexplicada porque esta regra não indica as restrições às quais é submetida a escolha do artigo que precede o nome, sendo neste[21] sentido também insuficiente para explicar o maior grau de aceitabilidade, para não falar de gramaticalidade, de [7*b*] em relação a [7*a*], se pensarmos em [7*e*]: Pedro é um homem o mais forte da cidade.

Além disso, e para levar ao extremo o caráter particular e pouco produtivo desta regra, pode-se observar que frases do tipo:

Pedro é o homem mais forte que eu conheço [9*a*]
Pedro é o homem menos forte que eu conheço [9*b*]

ou deveriam ser consideradas como irregulares, uma vez que nelas não aparecem as preposições *de* ou *dentre* que a regra manda pospor ao adjetivo, ou como frases de um tipo estranho à do superlativo relativo, isto para não falar da especificidade com que a regra trata o problema do gênero, e do número concernente ao artigo, considerando "o mais de" como formador de superlativo relativo sem se preocupar com o mínimo de generalização possível mesmo neste caso.

A quantidade de exemplos deste tipo é enorme. É evidente que o falante francês, brasileiro ou português, adulto, na medida em que já conhece a língua, é capaz de preencher estas lacunas e a gramática desempenha assim o seu papel que é fundamentalmente um papel auxiliar.

Mas, por isso mesmo, uma gramática dessa natureza, para ser utilizável, implica um recurso constante à intuição do indivíduo, à sua competência lingüística. Ora, uma gramática tal como a concebemos, isto é, não uma gramática pedagógica, mas uma gramática científica – visa precisamente ser um modelo desta competência do indivíduo. Ela não pode, portanto, sem círculo vicioso, apelar precisamente para aquilo que é necessário explicar[22]. É por isto que representamos uma gramática sob a forma de um conjunto de instruções explícitas, aplicáveis mecanicamente – isto é, sob a forma de um *algoritmo*. Este algoritmo constitui portanto um modelo hipotético da competência lingüística dos indivíduos que falam.

3.2. De todos os conceitos introduzidos por Chomsky, o de gramaticalidade foi talvez o mais discutido e ao mesmo tempo que suscitou o maior número de mal-entendidos (cf. Jakobson, 1959, retomado em 1963*a*, pp. 204-206; Bolinger, 1960; Hill, 1961). É pois necessário que nos detenhamos um pouco neste ponto e delimitemos com maior precisão o que é e o que não é uma frase gramatical (uma resposta pormenorizada a estas críticas pode ser encontrada em Chomsky, 1961*b*; ver também Putnam, 1961).

a) Como já foi dito, a noção de frase gramatical não se identifica simplesmente com a noção de frase "interpretável", "significativa" ou "dotada de sentido" (*meaningful*). Dei exemplos de frases cujo sentido é razoavelmente claro as quais, no entanto, uma gramática um pouco elaborada do francês deveria tratar como não-gramaticais. Consideremos, por outro lado, o famoso exemplo de Chomsky (1957*a*, p. 15):

Colorless green ideas sleep furiously [10*a*]
(Incolores idéias verdes dormem furiosamente)
Furiously sleep ideas green colorless [10*b*]
(Furiosamente dormir idéias verde incolor)

Temos aí duas frases, ambas desprovidas de sentido, sendo que a primeira tem, entretanto, numa larga medida, uma estrutura sintática normal, enquanto que a segunda constitui apenas um "amontoado de palavras". Na verdade, Jakobson mostrou (*loc. cit*) que era possível, com um pouco de engenhosidade, interpretar semanticamente (10*a*), e acreditou ver nesta demonstração a "prova por absurdo" da impossibilidade de construir "uma teoria completamente não-semântica da gramática". Mas, como diz Chomsky (1961*b*, pp. 230-231), trata-se neste caso de uma discussão puramente terminológica. Com efeito, se é necessário distinguir gramaticalidade e interpretabilidade, há com toda evidência relações entre estas duas noções. Em particular, a estrutura gramatical (e sobretudo a estrutura sintática) de uma frase – isto é, o conjunto das condições que determinam sua gramaticalidade – constitui evidentemente um dos elementos fundamentais sobre que repousa a interpretação semântica desta frase. Neste aspecto, se os lermos com atenção, Chomsky e Jakobson estão de acordo; ambos admitem que se [10*a*] é mais facilmente interpretável que [10*b*], é justamente porque [10*a*] possui uma estrutura gramatical que falta a [10*b*]. Mas, exatamente porque a estrutura gramatical representa um conjunto de condições para a interpretação das frases, somos obrigados a estudá-la primeiramente de um ponto de vista puramente formal; de outro modo, na ausência de uma teoria semântica universal, independente das particularidades gramaticais próprias das diversas línguas concretas, seríamos condenados a um círculo vicioso[23].

b) Uma segunda distinção, evidente se nos referimos à distinção entre competência e performance, é a seguinte: uma frase gramatical não é a mesma coisa que um enunciado *observado* num *corpus*. Lembremos as duas razões que impõem esta distinção. Primeiramente, um *corpus*, por mais vasto que seja, é sempre, por definição, *finito*. Ora, os lingüistas geralmente admitiram que uma gramática devia ser capaz de predizer, a partir de observações em número necessariamente limitado, um número indefinido de frases que não figuram neste *corpus*, e que, no entanto, se chegarem a ser emitidas, serão consideradas pelos falantes como parte da língua (isto é, como gramaticais). Em outros termos, uma boa gramática deve ser capaz de "*projetar* o *corpus* finito e sempre mais ou menos acidental dos enunciados observados sobre o conjunto (supostamente infinito) das frases gramaticais" (Chomsky, 1957*a*, p. 15). Sabemos (cf. § 1) que isto não é possível a não ser que se ultrapasse o estágio das observações e que se formule hipóteses relativas à gramaticalidade no caso.

Mas a idéia de que um *corpus* é "mais ou menos acidental" deve ser tomada ainda num outro sentido. Um *corpus* compreende geralmente, e por vezes numa grande proporção[24] abstraindo-se mesmo as variações estilísticas ou dialetais, toda espécie de coisas – erros de desatenção, lapsos, repetições, hesitações, frases inacabadas – cuja "incorreção" os indivíduos que falam, mesmo que as tenham produzido, estão prontos a admitir e que os lingüistas, na prática, sempre insistiram em excluir. Estes fenômenos dependem de um estudo da performance. Notemos que não se altera a natureza do problema aumentando o tamanho dos *corpus*: um *corpus* maior compreenderá mais frases gramaticais, mas também mais enunciados não-gramaticais. Quanto a pretender que é necessário recorrer somente a *corpus representativos*, isto significa ainda uma vez incorrer num círculo vicioso. Porque, em nome de que se decidirá que um *corpus* é representativo, a não ser em nome de uma determinada hipótese relativa à estrutura gramatical e à gramaticalidade (isto é, de uma hipótese relativa à competência dos falantes)? Esta idéia dos *corpus* representativos parece ter orientado freqüentemente a prática dos gramáticos tradicionais: basta pensar em sua tendência para colher seus exemplos (seus *corpus*) nos escritores. Mas, aqui também, defrontam-se as mesmas dificuldades; os textos literários são freqüentemente tão heterogêneos quanto os outros, e podem introduzir, com um fim expressivo ou estilístico, toda espécie de desvios[25]. Se o lingüista, a esta objeção, replica que ele se restringe aos textos cuja língua é particularmente "pura", cai novamente sob a ameaça da objeção feita aos *corpus* representativos. Em definitivo, um *corpus* não é senão um dado que requer ser interpretado.

c) Por outro lado, não se deve cometer a confusão inversa, e identificar pura e simplesmente a noção de gramaticalidade com a noção de correção gramatical. Na verdade, Chomsky não se preocupou absolutamente em sublinhar esta distinção e, num certo sentido, é sem dúvida de uma certa noção intuitiva da correção gramatical que mais se aproxima a noção de gramaticalidade. Importa, no entanto, fazer esta distinção na medida em que a noção de correção gramatical está ligada a toda uma tradição de gramáticas normativas, de "bela linguagem" etc. A diferença essencial liga-se ao fato de que a noção de correção recobre freqüentemente coisas bastante heterogêneas. Ilustrarei esta diferença com um exemplo. Seja nas seguintes frases:

Eu nada vi	[2*a*]
Eu vi nada	[2*b*]
Vi nada, não	[11*a*]
Vi não nada	[11*b*]

Provavelmente, uma gramática normativa tenderia a pôr no mesmo saco, como "incorretas" tanto [2*b*] como [11*a*] e [11*b*]. Ora, do ponto de vista da gramaticalidade, estas frases têm um estatuto muito diferente. Existe, com efeito, como é do conhecimento de todos, vários estilos diferentes do francês, mais ou menos castiços ou familiares. Se o meu objetivo é fazer a gramática do estilo mais castiço, esta gramática deverá engendrar apenas [2*a*]; mas se eu quero, ao contrário, escrever a gramática do estilo mais familiar, ela engendrará apenas [11*a*]. Enfim, se eu quero escrever uma gramática que se refira ao conjunto dos elementos comuns aos dois subcódigos, esta gramática deverá poder engendrar tanto [2*a*] como [11*a*]. Mas em todos estes casos, estas gramáticas excluirão tanto [2*b*] como [11*b*]. Trata-se portanto de não confundir diferenças de ordem dialetal com diferenças no grau de gramaticalidade que se situa no interior de um mesmo dialeto. Como dizem Lees e Klima, uma gramática científica não busca "desvalorizar certos estilos ou dialetos do inglês, mas antes, explicar o fato de que um grande número de falantes ingleses estão plenamente de acordo em considerar este ou aquele tipo de expressão como estruturalmente desviante" (1963, p. 18, n. 3)[26].

d) Enfim, a noção de frase gramatical (em uma dada língua) não pode identificar-se à de frase "que tem uma ordem elevada de aproximação estatística" (Chomsky, 1957*a*, 16) nesta língua; uma frase gramatical não é o mesmo que um enunciado muito freqüente nos *corpus*, no discurso.

Esta distinção é importante, na medida em que nos últimos vinte anos e sob a influência da Teoria da Informação (cf. Shannon e Weaver, 1949) várias tentativas foram feitas no sentido de descrever a estrutura gramatical de uma língua em termos estatísticos (cf. por ex. Hockett, 1955; Greenberg, 1957; os trabalhos de Dubois, por exemplo, 1965*a*, se referem também amiúde a considerações probabilistas). Ora, ao que tudo indica, as considerações estatísticas são muito pouco reveladoras em gramática e especialmente em sintaxe (como já haviam percebido os glossemáticos, principalmente Uldall, 1957, p. 80; veremos a seguir, Cap. II, § 2, que um modelo sintático inspirado na Teoria da Informação é inadequado). Em todo caso, não sabemos como se poderia estabelecer uma relação significativa entre a maior ou menor probabilidade de ocorrência de uma frase nos *corpus* e a sua gramaticalidade. Tomemos um exemplo, análogo ao de Chomsky (1957*a*, p. 16): no contexto *o — é frágil*, as palavras *gorila* e *de* têm, tanto uma como outra, pouca chance de serem encontradas. Entretanto, a frase [12*a*] *o gorila é frágil*, ainda que semanticamente estranha, é certamente muito mais gramatical que [12*b*] *o de é frágil* (coisa que uma gramática explicará classificando *gorila* na categoria dos nomes, *de* na categoria das preposições, e especificando as distribuições possíveis dos nomes e das preposições)[27]. Da mesma forma, (antes de se tornarem freqüentes nas discussões lingüísticas), as frases [10*a*] e [10*b*] acima, tinham a mesma probabilidade de ocorrência (próxima de zero) e no entanto só [10*a*] é gramatical. De um modo geral, todos os tipos de frases perfeitamente bem formadas, e que não têm a estranheza das que acabamos de citar, dificilmente se encontram nos *corpus* e isto por razões extralingüísticas que nada têm a ver com a gramaticalidade: porque são demasiado longas para serem compreendidas com facilidade, porque sua falsidade ou sua verdade é muito evidente (*os corvos negros são negros; os corvos negros são brancos*), porque são demasiado banais (*terça-feira segue segunda-feira, os homens comem*) etc. (cf. Chomsky e Miller, 1963, de quem empresto estes exemplos)[28].

A rigor, não há nenhum sentido (cf. Chomsky, 1962*a*, p. 215; 1966*a*, p. 20) em falar da maior ou menor probabilidade de uma frase (mais exatamente, de sua freqüência relativa). Com efeito, se se consideram *corpus* suficientemente vastos (o conjunto das obras reunidas na Biblioteca Nacional, por exemplo), a freqüência relativa de cada uma das frases que nelas figura é extremamente baixa e quanto mais aumenta o porte do *corpus*, tanto mais esta freqüência tende para zero. Lembremos também que a maior parte das frases normais emitidas pelos indivíduos na sua experiência quotidiana o são pela primeira vez. Enfim, se se admite (cf. abaixo, § 4) que o conjunto das frases de uma língua deve ser tomado como infinito, o problema da freqüência relativa das frases individuais desaparece: para cada frase, esta freqüência é então zero (cf. Chomsky, 1966*a*, p. 20, que nisto critica principalmente a Dixon, 1963).

Certos lingüistas (por ex., Dingwall, 1963, citando Sobelman, 1961) admitiram às vezes que a relação entre freqüência relativa e gramaticalidade guardava um sentido, com a condição de visar, não mais à freqüência das frases individuais, mas de preferência à dos *tipos de frases*, concebidos como *seqüências de classes* de palavras ou de morfemas. Assim, para Dingwall, [12*a*] representaria uma seqüência de classes gramaticais que é extremamente freqüente (artigo + nome + cópula + adjetivo), enquanto que [12*b*] representa uma seqüência de classes extremamente rara. Entretanto, se tomarmos esta noção de "seqüência de classes" num sentido suficientemente limitado e rigoroso (isto é, se definirmos estas classes como conjuntos de morfemas mutuamente substituíveis em todos os contextos), perceberemos que o número de tipos de frases distinguidas permanece tão vasto que, mais uma vez, a probabilidade de ocorrência de cada seqüência de classes será vizinha de zero, quer ela seja ou não gramatical (cf. Chomsky, 1965*a*, p. 195, n. 5; 1966*a*, p. 20)[29].

Em resumo, o conceito de gramaticalidade visa tão-somente delimitar com precisão uma noção com a qual os lingüistas sempre operaram implicitamente. Ele permite evitar as confusões que resultam do emprego de noções vagas, como as de "frases possíveis" (ou "impossíveis"), "corretas" (ou "incorretas"), "existentes" (ou "inexistentes"); permite também resistir à ilusão de objetividade criada pelo recurso às considerações de probabilidade.

Evidentemente, a apresentação feita até aqui da distinção entre frases gramaticais e não-gramaticais é bastante clara. Se considerarmos os exemplos de frases não-gramaticais dadas acima, é evidente que elas não são todas não-gramaticais no mesmo grau (assim [1*b*] é certamente mais mal formada que [2*b*] ou [3*b*]). Por este motivo, Chomsky, desde o início, compreendeu que era preciso substituir esta dicotomia demasiado simplista por uma escala de *graus de gramaticalidade* (cf. 1957*a*, p. 16, n. 2; 1961*b*, p. 233 e s.). Diremos então que a tarefa de uma gramática não se limita simplesmente a enumerar todas as frases incontestavelmente gramaticais, mas deve também atribuir um grau de gramaticalidade (ou um grau de desvio em relação à gramaticalidade) às outras seqüências possíveis de morfemas. Pode-se então decidir chamar pelo nome de *linguagem* (que é portanto aqui um termo técnico) ao conjunto das frases incontestavelmente gramaticais. Não insistirei sobre esta noção de gramaticalidade, que é certamente bastante complexa. Não se deverá provavelmente encarar uma única escala de gramaticalidade, mas várias escalas, correspondendo a dimensões ou a critérios diferentes. Tampouco insistirei sobre as complexas relações entre o grau de gramaticalidade de uma frase e seu grau de anomalia semântica ou de interpretabilidade. Estes problemas já se constituíram, no entanto, em objeto de pesquisas interessantes (cf. Ziff, 1964, Katz, 1964*a*, e sobretudo Chomsky, 1965*a*).

Tem sido freqüentemente criticado (Hill, 1961; Dixon, 1963) o recurso à noção de gramaticalidade sob o pretexto de que esta noção não é objetiva e que abre o caminho para toda espécie de abusos, dando livre curso à intuição dos falantes e mesmo à do próprio lingüista. Seria, sem dúvida, útil poder construir testes operacionais de gramaticalidade, existindo mesmo certas tentativas interessantes feitas neste sentido por psicólogos (McLay e Sleator, 1960; Miller e Isard, 1963). Mas é necessário compreender que esta empresa é bastante difícil. Se concebemos a noção de objetividade num sentido muito restrito – por exemplo, levando em conta apenas a presença física ou a freqüência relativa das frases ou dos tipos de frases nos enunciados – nos condenamos, como vimos, a passar por cima de fenômenos que constituem os próprios dados da Lingüística. Se nos recusamos a levar em conta os "julgamentos de gramaticalidade" dos falantes (relativos, por exemplo, às diferenças entre [1*a*-5*a*] e [1*b*-5*b*], acima), nos condenamos a "destruir o próprio objeto" da Lingüística (Chomsky, 1964*b*, p. 79/56). O mesmo acontece com qualquer outro tipo de "julgamento": por exemplo, o julgamento de que *coral* e *coral* são homônimos, de que *Pedro ama Maria* é uma frase do mesmo tipo que *O menino chuta a bola*, de que *Maria é amada por Pedro* é a passiva correspondente à *Pedro ama Maria*, de que a expressão *o amor de Deus* é ambígua etc. (cf. abaixo, § 5).

O que é importante notar, como fez Chomsky em várias oportunidades (1962*b*, p. 533; 1964*b*, p. 76 e s./56 e s.; 1965*a*, pp. 19-21; etc.) é que os métodos "operacionais" não são de modo algum privilegiados. Se se constrói um teste qualquer, relativo à gramaticalidade por exemplo, este teste, para ser válido deve poder ser confrontado com os dados da intuição. De fato, a validade de um teste deve poder ser julgada exatamente do mesmo modo que a de uma teoria gramatical: um e outro devem explicar os dados, e os dados não são aqui acessíveis senão através da intuição dos falantes. É claro que um teste de gramaticalidade que não fosse capaz de explicar as diferenças entre [1*a*] e [1*b*] não teria nenhum interesse lingüístico.

Isto dito, existe sem dúvida um grande número de meios, no mais das vezes bastante indiretos, que permitem pôr a prova o fundamento dos julgamentos de gramaticalidade. A uniformidade e a coerência dos julgamentos efetuados por um grande número de indivíduos (ou pelo mesmo indivíduo em diferentes ocasiões) representam um desses meios. De modo geral, dispomos de dados suficientes quando se trata de uma língua bastante conhecida como o francês, para poder constituir duas classes, claramente distintas, uma de frases incontestavelmente bem formadas e outra de frases incontestavelmente agramaticais. Assim, podemos nos casos abaixo tomar, sem risco de engano, [*a*] como gramatical, e [*d*] como nitidamente agramatical; quanto a [*b*] e [*c*], podemos tomá-los provisoriamente como casos duvidosos (quando encontrarmos casos deste tipo, colocaremos um ponto de interrogação diante deles):

Pedro só tem colhido as laranjas maduras [13*a*]
? Pedro maduras só tem colhido as laranjas [13*b*]

? Pedro só tem maduras colhido as laranjas [13*c*]
* Pedro as colhido só maduras tem laranjas [13*d*]

Assim, a partir do momento em que dispomos de duas classes claramente disjuntas, podemos tentar construir uma gramática, que não engendrará senão as frases nitidamente gramaticais. Em seguida, as próprias informações que a gramática assim constituída nos trará sobre a estrutura de conjunto da língua, as predições que ela autorizará etc., permitirão, talvez, ou admitir, ou rejeitar [13*b-c*], ou ainda situá-las numa escala de graus de gramaticalidade. Enfim, quanto mais a teoria geral progredir, tanto mais conheceremos as condições gerais às quais deve satisfazer a gramática de não importa que língua e tanto mais disporemos de meios que nos permitam decidir nos casos em que os dados da intuição não sejam claros.

4. Uma gramática, dissemos, deve ser capaz de engendrar (de enumerar explicitamente) todas e somente as frases gramaticais numa dada língua. O que entendemos exatamente por isto? Em outras palavras, que forma deve ter uma gramática para satisfazer tal exigência?

Em princípio, o modo mais simples de enumerar um conjunto qualquer de elementos consiste em fazer a *lista* completa destes elementos. Deste ponto de vista, a gramática de uma língua poderia ser concebida como uma lista das frases gramaticais desta língua, isto é, como um dicionário de frases.

Tal concepção da gramática é evidentemente absurda, e nenhum lingüista jamais pretendeu sustentá-la. Há para isto duas razões. A primeira é que esperamos de uma gramática que ela não somente enumere todas as frases gramaticais, mas também que ela nos forneça todo tipo de informações sobre a estrutura interna das frases (cf. § 5), informações estas que servirão fundamentalmente de base para a sua interpretação semântica e para a sua representação fonética. A segunda razão é que, para que um mecanismo (uma gramática) possa fazer a lista de um conjunto de elementos (de frases), é preciso, ou que este conjunto seja finito, ou que o mecanismo seja ele mesmo um mecanismo infinito.

Ora, por um lado, os lingüistas sempre admitiram, explicitamente ou não, que uma gramática é um mecanismo *finito* – em outras palavras, que as regras, assim como os elementos e classes de elementos que constituem uma gramática, são em número finito. Por outro lado, devemos admitir, não somente com Chomsky, mas também com E. Benveniste[30], que o conjunto das frases gramaticais de uma língua é um conjunto *infinito*. Isto é uma conseqüência que decorre diretamente da constatação acima feita (§ 2), de que todo falante é a qualquer momento capaz de emitir ou de compreender frases inteiramente novas, que ele jamais emitiu nem ouviu antes. Notemos, aliás, que é impossível fixar um limite superior para o comprimento das frases. Dada uma frase gramatical tão longa quanto quisermos, será sempre possível – com a inserção nos devidos lugares de um adjetivo, uma proposição subordinada etc. – construir uma outra, que será igualmente gramatical. Assim, nas seguintes frases, as reticências indicam alguns dos lugares onde é possível inserir novos elementos, sem que possamos fixar um limite teórico para o número destas inserções:

Pedi a João para dizer a Pedro para convencer Maria... a ler este livro [1]

Este homem é grande, magro, ruivo, tímido,... e amável [2]

O homem, que habitava esta estranha casa com teto de sapé... que se pode ver quando se passeia do outro lado do rio... onde as paineiras são tão belas em abril... morreu esta manhã no hospital... no momento em que eu tomava, na nova estação que meu amigo arquiteto... construiu... o trem de São Paulo [3]

Por esta razão, uma gramática não pode ser concebida como uma lista de frases, nem mesmo como um inventário de elementos e de combinações de elementos. Uma gramática deve ser concebida como um sistema de regras gerais que permitam enumerar as frases gramaticais, isto é, como *um mecanismo finito capaz de engendrar um conjunto infinito de frases* (Postal, 1964*b*, p. 138).

4.1. Como esta concepção da forma de uma gramática não é muito familiar, não seria de todo inútil ilustrá-la, recorrendo para tanto a alguns exemplos artificiais bastante simplificados. Mas, antes, é necessário retornar à noção de *linguagem*. Logo acima (p. 39) decidimos chamar *linguagem* o conjunto das frases que são gramaticais numa língua. Aqui está uma definição mais precisa, que tomo emprestado a Chomsky e Miller (1963, p. 283):

"Uma linguagem é um conjunto (finito ou infinito) de frases, cada uma finita em comprimento e construída por concatenação [isto é, encadeamento] a partir de um conjunto finito de elementos".

Notemos que esta definição é não só puramente formal, mas também extremamente geral: ela se aplica tanto às línguas naturais como às linguagens artificiais da lógica ou das máquinas de calcular.

Examinemos agora algumas pequenas "linguagens" artificiais, que se conformam a esta definição. Todas têm em comum o fato de que suas frases são construídas a partir de dois elementos somente, que chamaremos *a* e *b* (e que são pois o equivalente das palavras ou morfemas das línguas naturais).

Seja, primeiramente, a linguagem L_1; ela é constituída por todas as frases que consistem em seqüências de *a* e/ou *b*, cujo comprimento é no máximo de três elementos. É claro que o conjunto destas frases é um conjunto finito, e que a gramática mais simples desta linguagem se resume em dar uma simples lista destas frases; ei-la: *a*, *b*, *aa*, *bb*, *ab*, *ba*, *aaa*, *aab*, *aba*, *baa*, *abb*, *bab*, *bba*, *bbb*.

Consideremos agora as linguagens L_2 e L_3 (cf. Chomsky, 1956, 1957*a*; Chomsky e Miller, 1963, p. 285 e s.). Elas se definem do seguinte modo:

a) L_2 contém as frases *ab*, *aabb*, *aaabbb* etc., isto é, todas e somente as frases que contêm *n* ocorrências de *a* seguidas de *n* ocorrências de *b*;

b) L_3 contém as frases *aa*, *bb*, *abba*, *baab*, *aabbaa* etc., isto é, todas e somente as frases "de imagem no espelho", contendo uma certa seqüência de *a* e/ou *b* seguida da mesma seqüência ao contrário.

Notemos, de passagem, que a noção de "frase gramatical" é perfeitamente clara no quadro destas três pequenas linguagens. Assim, *aa* é gramatical em L_1 e em L_3, mas não em L_2; *aabb* é ao contrário gramatical em L_2 e não o é nem em L_1 nem em L_3; *abbb* é agramatical nas três linguagens.

O que importa aqui é que L_2 e L_3 são conjuntos infinitos. Conforme a definição que demos de suas frases, é possível construir frases tão longas quanto quisermos, que serão conformes a esta definição. Não é, portanto, possível enumerar todas estas frases por meio de uma simples lista; é preciso recorrer a regras de um tipo especial.

Admitamos que o símbolo F significa "frase"; admitamos ainda que uma regra da gramática possa ser representada da seguinte forma: $X \rightarrow Y$; esta regra deve ser lida "*X* deve ser reescrito (ou substituído por) *Y*"; *X* e *Y* representam elementos ou seqüências de elementos quaisquer, e a flecha é o signo da operação que substitui *Y* a *X*. (Para tomar um exemplo concreto, a regra que, numa gramática francesa, diz que uma frase pode se compor de um sintagma nominal sujeito e de um sintagma verbal predicado terá a seguinte forma: F → sintagma nominal + sintagma verbal). Podemos então construir uma pequena Gramática G_2, correspondente à linguagem L_2 e que comporta as duas regras seguintes:

$$G_2 : R_1 : F \rightarrow ab$$
$$R_2 : F \rightarrow aFb$$

Por aplicações sucessivas destas regras, podemos obter todas (e somente) as frases de L_2. Eis como é obtido, por exemplo, *aabb*:

1) no primeiro estágio, tem-se o elemento F, símbolo inicial dado;

2) em seguida, aplica-se a regra R_2 e se obtém a seqüência *a*F*b*;

3) enfim, aplica-se a regra R_1, ao símbolo F sempre presente em *a*F*b* e se obtém *aabb*.

A aplicação sucessiva das regras dá assim uma seqüência de seqüências de elementos, tais que 1) F, 2) *a*F*b*, 3) *aabb*; chama-se tal seqüência uma *derivação*. Quando, por meio de uma derivação, é obtida uma frase da língua, diz-se que a gramática *engendrou* esta frase[31].

É preciso notar sobretudo que o caráter especial da regra R_2 de G_2, que reescrevendo F sob a forma *a*F*b*, insere F no interior dela mesma. São regras deste gênero que permitem engendrar um número indefinido de frases, pois elas podem aplicar-se um número indefinido de vezes; assim, uma vez que se obteve a seqüência *a*F*b*, pode-se de novo aplicar, seja R_1, como fizemos, seja R_2, e, neste caso, obtém-se *aa*F*bb*, a que se pode novamente aplicar quer R_1, quer R_2, e assim por diante. Tais regras – nas quais um mesmo elemento (F no caso) figura ao mesmo tempo "à esquerda" e "à direita" da flecha – são denominadas *recursivas*, e um elemento que tem esta possibilidade de reaparecer um número indefinido de vezes na mesma derivação é denominado *elemento recursivo*.

É claro que existem elementos recursivos nas línguas naturais. Assim, em [4] *O filho da irmã da mãe de João*, temos sintagmas nominais inseridos no interior de sintagmas nominais: *João* é um sintagma nominal, *a mãe de João* é um sintagma nominal, *a irmã da mãe de João* é um sintagma nominal etc. Da mesma forma em [5] *o bandido que tinha ferido o homem que morreu esta manhã foi preso pela polícia*, temos uma frase (uma proposição) – *O homem morreu esta manhã* – que está inserida numa outra – *o bandido feriu o homem* – que por sua vez está inserida numa terceira proposição – *o bandido foi preso pela polícia* (estas inserções são feitas às custas de algumas modificações formais, de que, como veremos, se dá conta por meio de regras especiais, as transformações). Uma das principais tarefas da sintaxe será a de determinar quais são os elementos que são recursivos nas diferentes línguas, e de especificar a forma exata das regras que os introduzem.

4.2. A partir das considerações precedentes, podemos examinar novamente a distinção que fizemos no começo entre a *competência* e a *performance* dos falantes. Apresentando uma gramática como um mecanismo finito capaz de engendrar um conjunto infinito de frases, não fazemos nada mais do que tentar dar conta (no plano da linguagem) do fato de que um organismo incontestavelmente finito como o cérebro humano é capaz de certas atividades potencialmente infinitas. Mas esta concepção da gramática nos leva a certas conseqüências aparentemente paradoxais. Admitindo a existência de elementos recursivos nas línguas humanas, admitimos também a existência, em cada uma destas línguas, de um subconjunto infinito de frases gramaticais obtidas pela aplicação de regras comuns da gramática, e que, entretanto, por causa de sua enorme complexidade, serão impronunciáveis ou incompreensíveis – mesmo se elas têm um sentido perfeitamente claro. O que impõe que aceitemos esta conclusão é, evidentemente, o fato de que o "grau de aceitabilidade" destas frases complexas pode variar consideravelmente em função das circunstâncias (da performance). A mesma frase poderá ser aceitável ou não conforme o enunciado seja escrito ou oral, a elocução seja precipitada ou não, a enunciação ocorra ou não na presença de ruídos, a atenção do ouvinte seja ou não rigorosa. Não é, portanto, possível descrever estas diferenças de aceitabilidade ao nível da gramática, fixando um limite para o número de aplicações desta ou daquela regra recursiva – mas é necessário considerá-las como uma função da performance.

Pode-se ilustrar esta diferença entre a competência e a performance – entre o que um organismo *sabe* e o que ele efetivamente *faz* com este saber – recorrendo a uma comparação bastante simples. Consideremos um sistema de regras elementares, como em Aritmética, as regras da multiplicação. Estas regras podem ser representadas por um algoritmo, um conjunto de instruções explícitas (cf. Trakhtenbrot, 1963, Cap. 1). Tendo aprendido estas regras, uma criança adquire uma certa competência que a torna teoricamente capaz de efetuar um conjunto infinito de multiplicações. No entanto, se lhe pedimos para multiplicar de cor, de um lado 3 X 8 e de outro 231657 X 47954, com toda certeza, no primeiro caso, ela aplicará corretamente as regras, enquanto que no segundo ela se mostrará incapaz de fazê-lo. Haverá pois uma diferença no comportamento efetivo, na performance. O insucesso, no segundo caso, não significa absolutamente que a criança não tenha assimilado as regras; bastará, em geral, dar-lhe papel e lápis, e algum tempo, para que ela chegue ao resultado correto[32].

4.2.1. Representando deste modo a competência do falante sob a forma de um sistema de regras que permitem engendrar um conjunto infinito de frases, colocamos em destaque o aspecto *criativo* da linguagem (cf. Chomsky, 1964*b*, § 1). É neste ponto que a distinção chomskiana entre competência e performance se opõe radicalmente à dicotomia saussuriana da *língua* e da *fala*. Com efeito, para Saussure, quer ele a represente como uma "soma de impressões depositadas em cada cérebro" (1916, p. 38), quer como um "sistema de signos" (p. 32), ou ainda como um "princípio de classificação" (p. 25), a *língua* é essencialmente um inventário, uma taxinomia de elementos (cf. também, *op. cit.*, p. 154)[33]. Nesta perspectiva, a gramática parece dever reduzir-se a uma classificação de elementos minimais (correspondentes dos morfemas dos estruturalistas), de classes paradigmáticas, e, talvez, de tipos de sintagmas. O aspecto criativo está, para Saussure, situado na fala individual, donde esta estranha conseqüência de que "a frase [. . .] pertence à fala, não à língua" (1916, p. 172; cf. também p. 148)[34]. Assim, em Saussure não existe, a rigor, lugar para uma sintaxe, para uma teoria dos princípios de formação das frases. Em Chomsky, ao contrário, é a sintaxe que se torna o componente central da gramática, e os inventários de elementos não são mais que um subproduto do sistema de processos recursivos subjacentes à formação das frases (é, aliás, impossível estabelecer inventários corretos se não se faz referência a estes princípios de formação).

A posição de Saussure se explica em parte pelo fato de que ele não faz distinção entre dois tipos de criatividade que Chomsky chama respectivamente a "criatividade que modifica as regras" e a "criatividade que é governada pelas regras" (1964*b*, p. 59/22: *rule-changing creativity/rule governed creativity*). Esta distinção é fundamental. O primeiro tipo de criatividade, localizado na performance (na *fala*), consiste nesses múltiplos desvios individuais dos quais alguns acabam, ao se acumularem, por modificar o sistema; um exemplo é fornecido pelas mudanças por analogia (cf. Saussure, 1916, p. 221 e s.). O segundo tipo de criatividade depende da competência (da *língua*) e prende-se ao poder recursivo das regras que constituem o sistema.

Esta distinção não tinha ainda sido feita claramente antes de Saussure, e, por outro lado, era o primeiro tipo a "criatividade que modifica as regras" que constituía quase que exclusivamente o objeto das pesquisas da Gramática Histórica. O objetivo fundamental de Saussure era o de fundar o estudo sincrônico e o de marcar o mais possível sua originalidade em relação ao estudo diacrônico que então prevalecia. Tratava-se para ele, antes de mais nada, de revelar o caráter de sistema da língua (ao nível sincrônico), de mostrar que ela consiste apenas num sistema de *valores*, definidos unicamente por suas relações mútuas. Esta tarefa era mais fácil de realizar se anteriormente não se considerasse o sistema senão como um inventário, uma classificação de elementos, onde cada um se definia por seu lugar relativamente a todos os outros. A concepção do sistema como um conjunto de regras recursivas representava um grau a mais na abstração. É preciso acrescentar que os instrumentos técnicos que permitem compreender a "criatividade governada pelas regras", que explicam como certos organismos finitos (tais como o cérebro humano, ou certos tipos de autômatos) podem ter uma atividade infinita, não estavam ainda disponíveis na época de Saussure. Não foram construídos senão recentemente, com o desenvolvimento de certas pesquisas em Lógica e com o estudo dos fundamentos da Matemática (cf. Davis, 1958)

Mais interessante é ainda observar que a concepção da linguagem como atividade, num sentido bastante próximo ao de Chomsky, foi durante muito tempo, e bem antes de Saussure, centro das preocupações dos lingüistas e dos filósofos da linguagem, desde Descartes e da *Grammaire de Port-Royal* a Humboldt. Assim, para este (1836, seção 13, CXXII), "[Die Sprache] muss [. . .] von endlichen Mitteln einen unendlichen Gebrauch machen". Sem dúvida, a formulação era muito menos explícita (Humboldt, por exemplo, tampouco faz a distinção clara entre os dois tipos de criatividade, interessando-se sobretudo e visivelmente por aquela que é "governada pelas regras"). De qualquer forma, a gramática gerativa nasceu independentemente destas pesquisas antigas, mas o parentesco de suas preocupações com toda esta corrente racionalista interessa cada vez mais a Chomsky (cf. 1964*b*, pp. 55-61/15-25; 1965*a*, Cap. 1; 1965*b*; 1966*b*; ver também a obra anunciada de Viertel sobre Humboldt).

4.2.2. Os estruturalistas nem sempre se mostraram indiferentes ao aspecto criador da linguagem. Vimos (cf. nota 30) que para Benveniste as frases constituem um conjunto infinito; alguns de seus estudos, como aqueles sobre a frase relativa (1957-58), testemunham o seu interesse por certos processos de formação das frases que são na realidade processos recursivos. Martinet fala por sua vez da "infinita variedade destas situações e destes fatos de experiência que a linguagem é levada a exprimir (1960, p. 18); observa que é a possibilidade de "combinar largamente [. . .] alguns milhares de unidades (minimais)" (ibid.) que deve explicar esta capacidade da linguagem, mas permanece pouco explícito quanto aos princípios desta combinatória (cf. sua teoria da expansão, *op. cit.*, pp. 127-130). Harris, como vimos, concentra o objetivo da descrição lingüística em "fornecer uma representação compacta, biunívoca (*one-one*), do estoque de enunciados que constituem o *corpus*" (1951, p. 366); entretanto, como observa Chomsky (1962*b*, p. 538), alguns dos procedimentos que ele introduz – aqueles chamados "do morfema ao enunciado" (1951, Cap. XVI; ver também 1946) – podem ser traduzidos em processos gerativos e apresentam um caráter recursivo.

A atitude de Hjelmslev (1966, p. 63) diante do problema da criatividade é curiosa. Sabemos que ele distingue as unidades *intrínsecas* da expressão (do significante) ou do conteúdo (do significado), que ele chama *elementos* ou *figuras*, das unidades *extrínsecas* resultantes da superposição dos dois planos, a que ele chama os signos. As *figuras* seriam em número limitado, os signos em número ilimitado. Aí reside, diz ele, "o segredo genial da construção da língua: tem-se sempre a possibilidade de formar novos signos, apenas agrupando de maneira nova, mas segundo regras bem conhecidas, elementos também conhecidos, sendo que estas regras e estes elementos são pouco numerosos e rapidamente aprendidos". Notemos que esta é uma das raras passagens em que Hjelmslev fala de regras, sem no entanto dar indicações sobre sua natureza. Além disso, a julgar pelos exemplos que ele dá (*op. cit.*, p. 60), parece que ele atribui a propriedade criativa da linguagem não aos princípios de formação das *frases* (à sintaxe), mas às latitudes combinatórias deixadas à construção dos signos minimais a partir das figuras (digamos, para simplificar e sem violentar os exemplos dados, dos morfemas ou monemas a partir dos fonemas). Mas é aí que ele comete um erro farto de conseqüências. Ele parte de uma observação correta: o conjunto das possibilidades que permitem combinar os fonemas em sílabas e seqüências de sílabas, de modo a constituir os morfemas, não foi jamais completamente explorado. Assim, diz Hjelmslev, se *bit*, *pig* ou *pit* são morfemas ingleses, o mesmo não acontece com *bip* ou *mut*. Entretanto, *bip* ou *mut* (por oposição a *ftick* ou a *xip*) são morfemas possíveis em inglês; eles são fonologicamente gramaticais (cf. aqui mesmo, n. 23). Mas, notemos primeiramente que a utilização destas possibilidades inexploradas, para fins criativos, permanece excepcional mesmo em poesia. Pode-se citar o "Jabberwocky" de Lewis Carroll, *Finnegans Wake*, ou certos textos de Michaux; mas o mínimo que se pode dizer é que este tipo de criatividade não tem senão relações extremamente distantes com a criatividade que se pratica no exercício comum da linguagem. Além disso, o fato de que todas as possibilidades não sejam exploradas não altera em nada o fato de que o conjunto das combinações possíveis de fonemas, suscetíveis de constituir morfemas, permaneça estritamente finito. Com efeito, em toda língua, o *comprimento* das unidades sintáticas minimais (comprimento que pode ser expresso em termos de fonemas ou de traços distintivos) é limitado. Este fato é evidente no caso das línguas chamadas monossilábicas, como o chinês. Mas ele não é menos verdadeiro para o francês ou o inglês; é claro que um morfema de vinte e cinco sílabas, por exemplo, é impossível em francês; as *palavras* mais longas se deixam sempre decompor em morfemas relativamente curtos (assim *anti-con-stitu-cion-al-mente*).

5. Para ser adequada, a gramática de uma língua deve, portanto, ser capaz de engendrar todas (e somente) as frases que são gramaticais nesta língua. É a condição mais elementar que a ela pode ser imposta.

Por mais elementar que seja no entanto esta condição, é certo que não existe ainda nenhuma gramática suficientemente completa capaz de satisfazê-la. Apesar disto, é interessante enunciá-la pela seguinte razão. Em certos casos, já é possível *demonstrar* matematicamente que alguns modelos gramaticais – que correspondem às vezes a concepções lingüísticas bastante correntes – são intrinsecamente incapazes de engendrar todas e não mais que as frases gramaticais de uma dada língua natural; veremos um exemplo no Capítulo II, § 2. Tal resultado, uma vez obtido a propósito deste ou daquele modelo, não é totalmente negativo: indica que é inútil continuar a interessar-se por este modelo e que estamos livres para buscar modelos mais ricos e mais interessantes (cf. também a citação de Chomsky acima, § 1.1). De fato, este procedimento por eliminações sucessivas é uma ilustração típica do método científico, no sentido de Popper (cf. igualmente o § 1.1): como não é jamais possível verificar uma teoria, mas em compensação se pode provar que ela é falsa ("falsificá-la", cf. Popper, 1959, Cap. IV), começamos formulando de modo preciso as propriedades de um modelo relativamente simples, em seguida testamos o modelo, através de observações ou de experiências bem escolhidas; se ele passar por estes testes, continuamos a submetê-lo a prova; se não, passamos à explicitação de modelos mais complexos.

Uma gramática deve evidentemente satisfazer outras condições. Vimos (§ 2.2) que para explicar a capacidade dos falantes de associar uma interpretação semântica a cada seqüência de sinais acústicos era necessário atribuir a cada uma destas seqüências uma *descrição estrutural*, que consistia num sistema de relações abstratas, mediador entre o som e o sentido. Completando a definição de uma gramática apresentada no § 3.1 (p. 30), diremos que uma gramática explícita deve ser concebida como um *mecanismo finito, capaz de engendrar um conjunto infinito de frases gramaticais e de associar automaticamente a cada uma descrição estrutural*[35].

5.1. A descrição estrutural de uma frase deve fornecer, em termos formais, precisos e sistemáticos, um certo número de informações que determinarão, em última análise, a representação fonética e a interpretação semântica desta frase. Passemos rapidamente em revista alguns dos aspectos da descrição estrutural das frases sobre os quais a gramática deveria nos informar.

(*a*) Uma gramática deve ser capaz de explicar o fato de que frases, aparentemente muito distintas (pela composição fonética, extensão, complexidade), se assemelham sob um determinado ponto de vista, têm "a mesma estrutura" num certo nível. Por exemplo, nas duas frases:

Pedro ama Antônia [1]

O ágil velhinho que mora em frente a nossa casa perdeu os óculos ontem à tarde quando tomava o ônibus [2]

A gramática deverá indicar que de um certo ponto de vista, *Pedro* e o *ágil velhinho que mora em frente a nossa casa* são elementos do mesmo tipo, o mesmo acontecendo com *ama Antônia* e *perdeu os óculos* etc. Em outras palavras, uma gramática deverá definir com precisão-noções como as de função gramatical (sujeito/predicado, objeto etc., de relação gramatical (sujeito/predicado, verbo transitivo/objeto, determinado/determinante etc.) e categoria gramatical (ou de constituinte: sintagma nominal, sintagma verbal, nome, verbo, artigo etc.).

(*b*) Uma gramática deve ser capaz de mostrar por que frases, aparentemente muito semelhantes no seu aspecto exterior, são na realidade compreendidas tão diversamente pelos falantes, como por exemplo, [3] e [4], [5] e [6]:

Mandei fazer o terno pelo meu alfaiate [3]
Mandei fazer o terno pelo meu filho[36] [4]
Os carros foram desviados do local do acidente por um guarda rodoviário [5]
Os carros foram desviados do local do acidente por um caminho de terra. [6]

A gramática poderia explicar estas diferenças mostrando, por exemplo, que existe uma relação sistemática entre [3] e [7], [5] e [8], relação esta sem nenhuma correspondência no caso de [4] e de [6]:

Meu alfaiate fez um terno [7]
O guarda rodoviário desviou o trânsito [8]

(*c*) Uma gramática deve explicar as *ambigüidades* sintáticas[37], e mostrar por que as seguintes frases podem ser compreendidas de duas maneiras diferentes:

Pedro ama mais Paulo que João [9]
Li a crítica de Chomsky [10]
Achei este fruto delicioso (Bally, 1932, p. 173) [11]
Sartre propôs a Merleau-Ponty escrever este artigo no *Temps Modernes* [12]

A gramática atingirá este objetivo se ela engendrar cada uma das frases [9-12] de duas maneiras distintas (através de duas derivações diferentes), mostrando, por exemplo, que [9] está sistematicamente ligada a [9*a*] *Pedro ama mais Paulo que João ama Paulo*, de um lado, e [9*b*] *Pedro ama mais Paulo que Pedro ama João*, de outro.

Na mesma ordem de idéias, a gramática deverá mostrar por que [13] é ambígua, enquanto que [14] e [15] não o são:

Desconheço que inimigos temiam os soldados [13]
Desconheço que perigos temiam os soldados [14]
Desconheço que perigos ameaçavam os soldados [15]

(*d*) Uma gramática deve poder explicar as relações existentes entre os elementos das frases, mesmo que estas relações não sejam imediatamente visíveis. Se considerarmos, por exemplo, as seguintes frases:

Pedro ama Antônia [1]
Antônia é amada por Pedro [16]
Antônia ama Pedro [17]

a descrição estrutural de [16] deverá ser tal que a relação que liga *Antônia a Pedro* seja a mesma que em [1], e diferente da relação que existe entre estes mesmos termos em [17] – e isto apesar das semelhanças ou diferenças superficiais, como a ordem dos elementos etc. Do mesmo modo, nas frases:

Pedro é difícil de conviver [18]
Pedro é difícil de entender [19]

a descrição estrutural deverá, além de indicar as semelhanças, mostrar que existe, em [18], uma relação entre *conviver* e *Pedro*, que nos é absolutamente a mesma que a existente, em [19], entre *entender* e *Pedro*; esta diferença aparece se compararmos estas duas frases com [20] e [21], respectivamente:

(alguém) convive com Pedro [20]
(alguém) entende Pedro [21]

(*e*) Uma gramática deve ainda ser capaz de explicar a noção de "tipo de frase" (no sentido em que falamos dos tipos de frases afirmativas, negativas, interrogativas etc.); deve, assim, mostrar, apesar das diferenças superficiais, que [22] e [23] pertencem ao mesmo tipo de frase:

eu nada disse a ninguém [22]
Pedro não leu este livro [23]

o que é o mesmo que mostrar, que, apesar das aparências, a relação que liga [22] a [24] é a mesma que a que liga [23] a [25]:

eu disse alguma coisa a alguém [24]
Pedro leu este livro [25]

(*f*) Enfim, após ter definido as categorias gramaticais (cf. acima, (*a*)), uma gramática deve poder descrever como estas categorias se ramificam em *subcategorias* de tipos diversos. Assim, entre os nomes, ela deverá distinguir, não somente nomes próprios e nomes comuns, nomes masculinos e nomes femininos, mas também animados e inanimados, concretos e abstratos etc. Da mesma forma, entre os verbos, a gramática deverá distinguir transitivos e intransitivos, entre os transitivos, aqueles que admitem suprimir o objeto (*comer*) e aqueles que não admitem (*admirar*, *recear*) etc.

Ao mesmo tempo, uma gramática deve descrever as *relações de seleção* entre elementos de uma frase. Fala-se de relação de seleção (cf. Bloomfield, 1933, pp. 164-169; Harris, 1951, p. 299 e s.; Chomsky, 1965*a*, p. 113) quando um elemento de uma categoria *A* (um verbo, por exemplo), que tem no seu ambiente um elemento pertencente a uma categoria *B* (por exemplo um nome, em função de sujeito ou de objeto), exige, se ele mesmo pertence a uma subcategoria *a*, que o segundo elemento pertença a uma subcategoria *b*, senão a frase não seria gramatical. Por exemplo, entre os verbos transitivos, existe uma subcategoria que compreende *admirar*, *temer* etc., que exige um sujeito animado; uma outra subcategoria, que compreende *assustar*, *intrigar*, *espantar* etc., exige um objeto animado. Uma gramática deverá pois ser capaz de engendrar [26], [28] e [30], mas deverá excluir

[27], [29] e [31] – ou melhor, ela deverá atribuir-lhes um grau inferior de gramaticalidade[38]:

	Pedro admira a sinceridade	[26]
*	A sinceridade admira Pedro	[27]
	Os soldados temem o perigo	[28]
*	O perigo teme os soldados	[29]
	A sinceridade assusta Pedro	[30]
*	Pedro assusta a sinceridade	[31]

Algumas observações são, sem dúvida, necessárias aqui. Dizendo que [27] é de um grau de gramaticalidade inferior a [26], parece que confundimos coisas que havíamos inicialmente tentado manter distintas, a gramaticalidade e a interpretabilidade das frases (cf. § 3.2, (*a*)). Com efeito, poder-se-ia sustentar que, do ponto de vista sintático, [27] é tão bem formada quanto [26], e que é somente no plano da interpretação semântica que [27] é anormal. É assim que apresentamos, aliás, o exemplo [10*a*] no § 3.2. De fato, as relações de seleção representam um caso típico de problema na fronteira da sintaxe e da semântica. No § 3.1, demos exemplos de frases (1*b*-5*b*/*c*) que violam regras de ordem tipicamente sintática. Eis agora frases que visivelmente violam regras puramente semânticas:

este celibatário é o marido de minha irmã [32]
prefiro a pinga à caninha [33]
decoro a partitura da sonata que eu espero um dia compor [34]
eu sabia que você vinha, mas eu estava errado [35]

(estes dois últimos exemplos são de Chomsky, 1965*a*, p. 75).

No que concerne às frases do tipo de [27], temos em princípio a possibilidade de escolher entre duas soluções. Observemos bem, entretanto, que uma gramática adequada deverá indicar, em algum lugar, que estas frases são, de um ou de outro modo, anômalas. Mas ela poderá fazê-lo de duas maneiras. Ou trataremos estas frases como sintaticamente normais, e neste caso caberá ao componente semântico introduzir as distinções entre animado e inanimado etc., ao mesmo tempo que formular as regras de seleção. Ou então, introduziremos estas distinções e estas regras na sintaxe – marcando ao mesmo tempo [27] como gramaticalmente anômala[39]. Neste caso, uma distinção como aquela entre animado e inanimado será tratada como uma distinção puramente formal. Em seguida, o componente semântico somente terá por tarefa, de um lado, dar um conteúdo semântico às distinções deste gênero e, de outro, atribuir, se for possível, uma interpretação semântica a frases como [27] (interpretando-as, por ex., em termos metafóricos, (cf. Jakobson, 1963*a*, pp. 204-206)). A escolha entre estas duas soluções dependerá finalmente de considerações relativas à forma de conjunto da gramática; em outras palavras, a solução escolhida será aquela que permitirá formular a gramática da maneira mais econômica e mais geral possível. No caso que particularmente nos ocupa, um argumento em favor da solução sintática é o seguinte. Quaisquer que sejam os problemas de interpretação semântica, será de qualquer modo necessário fazer figurar a distinção animado/inanimado na sintaxe, na medida em que ela governa toda uma série de regras propriamente sintáticas – regras cuja violação cria frases claramente agramaticais, no sentido do § 3.1. Com efeito, esta distinção desempenha um papel importante na formação das interrogativas particulares, assim como na escolha dos pronomes anafóricos e relativos:

	quem você vê (eu vejo Pedro)	[36]
	o que você vê (eu vejo um livro)	[37]
	Penso nele (em Pedro)	[38]
	Penso nisso (no trabalho)	[39]
☆	O homem em que penso chegou	[40]
*	A cadeira em que estou sentado é capenga	[41]

Evidentemente se escolhermos a solução sintática, e se quisermos elaborar a noção de *grau de gramaticalidade* (cf. acima, p. 37) seremos levados a considerar várias *escalas* de gramaticalidade; realmente, é claro que a maneira pela qual [27] diverge da norma gramatical (em relação, por ex., à [26]) é qualitativamente diferente daquela pela qual, por ex., *eu vi nada* diverge de *eu nada vi* ou [41] diverge de [42] *a cadeira na qual estou sentado é capenga* (sobre todos estes problemas, de um modo geral, sobre as relações entre sintaxe e semântica, ver Chomsky, 1961*b*, e sobretudo 1965*a*, Cap. II, § 2.3, e Cap. IV, § 1)[39bis].

5.2. Uma gramática que realize estas diversas tarefas não terá entretanto interesse a não ser que apresente um caráter sistemático. Como Chomsky observou repetidas vezes, 1962*b*, pp. 532-533),

> Uma coleção de regras arbitrárias pode conseguir enumerar uma grande quantidade de fatos sem no entanto fornecer nenhuma informação sobre as propriedades formais que distinguem o conjunto correto de descrições estruturais de outros conjuntos possíveis, que seriam fornecidos por gramáticas totalmente diferentes... O que procuramos descobrir é uma gramática formalizada que especifique as descrições estruturais corretas recorrendo a um número bastante restrito de princípios gerais de formação das frases...

Em outras palavras, a melhor gramática será aquela que, levando em conta o maior número de fatos, o fizer da maneira mais simples, mais geral, e mais sistemática possível.

Compreende-se esta exigência se se admite, como fizemos mais acima, que uma gramática gerativa pretende ser um modelo da competência do falante, que ela representa uma hipótese sobre a estrutura do mecanismo que uma criança deve ter adquirido aprendendo sua língua materna. A facilidade e a rapidez com que uma criança, mesmo se não for especialmente inteligente, aprende sua língua materna, sem receber instruções explícitas, supõem com efeito que este mecanismo apresenta uma organização bastante sistemática.

Se as gramáticas tradicionais apresentam efetivamente uma grande quantidade de informações relativas à descrição estrutural das frases, podemos, no entanto, acusá-las, não somente como acima fizemos (§ 3.1), por seu caráter muito pouco explícito, mas também por sua ausência de sistematização, seu caráter "não-integrado" (cf. Wang, 1964, p. 192). Tem sido freqüentemente notado que as gramáticas tradicionais tratam em diferentes capítulos (referindo-se ora aos processos morfológicos, ora às classes de palavras, ora aos tipos de frases) dos fenômenos que não são mais do que manifestações de um único e mesmo princípio. Assim Togeby, mostrou recentemente (1966, p. 131 e s.) que os pronomes relativos, os pronomes interrogativos e as conjunções de subordinação, que aparecem em capítulos distintos da maioria das gramáticas tradicionais, devem ser considerados casos particulares de um mesmo mecanismo. Poderíamos fazer a mesma observação sobre a maneira pela qual as gramáticas tradicionais tratam a interrogação (cf. Langacker, 1965), a negação, ou para tomar um exemplo inglês, o emprego do auxiliar *do* (comparar Jespersen, 1933, p. 297 e s. e abaixo, Cap. IV, § 4). Por outro lado, se as gramáticas tradicionais formulam toda espécie de regras, nelas não se encontra nenhuma reflexão sobre a forma específica que podem ter estas regras – o que, aliás, acompanha o seu caráter pouco explícito. Em geral, elas fornecem sobretudo um tratamento detalhado das exceções, e não ilustram as regularidades profundas da linguagem a não ser por indicações esquemáticas (e dispersas) ou por exemplos. Como já dissemos, isto é bastante natural, se pensarmos que elas se destinam em geral a ajudar os indivíduos que já dominaram o sistema de sua língua. Mas, por isso mesmo, elas tendem antes a mascarar que a revelar a natureza própria da competência lingüística dos falantes.

O estruturalismo representa um grande esforço para abordar o estudo do sistema da língua. Se a maior parte deste esforço, sobretudo no início, aplicou-se à fonologia, os estruturalistas de tendências diversas se dedicaram igualmente a elaborar a descrição estrutural das frases ao nível sintático (cf. Trubetzkoy, 1939*b*; Benveniste, 1966, 4.ª parte; Hjelmslev, 1953, 1959; Harris, 1951 1957); um número considerável de suas pesquisas será incorporado aos modelos propostos pela gramática gerativa. Entretanto, como já assinalamos a propósito de Saussure, os estruturalistas imaginaram o sistema da língua sob a forma de uma classificação, de um inventário, sem jamais concebê-lo sob uma forma gerativa. Disto resulta o fato de neles se encontrar muito poucas indicações sobre a natureza das regras que atribuem descrições estruturais às frases. Se é possível, como veremos nos capítulos seguintes, construir modelos gerativos a partir de alguns de seus trabalhos, isto exige geralmente todo um trabalho de interpretação e de explicitação. Enfim, para a maior parte dos estruturalistas – e isto é particularmente verdadeiro a respeito daqueles, dinamarqueses ou americanos, que mais se preocuparam em construir uma sintaxe formalizada – o campo da pesquisa se viu consideravelmente limitado. Somente alguns aspectos da sintaxe foram estudados sistematicamente, e todo um conjunto de problemas, que as gramáticas tradicionais cobriam, alguns dos quais foram assinalados no § 5.1, foram negligenciados. Poder-se-ia dizer que a gramática gerativa se propõe ao mesmo tempo retomar e levar mais além a sistematização esboçada pelos estruturalistas, e estendê-la a toda uma série de problemas que as gramáticas tradicionais abordavam de maneira não-sistemática.

6.1. Nos parágrafos precedentes (§§ 3-5), consideramos algumas das tarefas que a gramática de uma determinada língua deve realizar para ser adequada, isto é, para fornecer um modelo da competência lingüística do indivíduo que aprendeu a falar esta língua. Agora é necessário dizer alguma coisa sobre as tarefas que é chamada a realizar, não mais a gramática desta ou daquela língua, mas a *teoria lingüística geral*.

Evidentemente, uma das principais tarefas da teoria geral consiste, ao mesmo tempo, em formular – como fizemos nos parágrafos precedentes – as tarefas das gramáticas particulares – e, em fornecer a elas os instrumentos que lhes permitirão realizá-las. Esta tarefa central se subdivide da seguinte maneira:

(*a*) a teoria geral deve fornecer um meio de transcrever foneticamente os enunciados, e também um meio de determinar que tipos de sinais acústicos correspondem a frases possíveis nas línguas (excluindo, ao mesmo tempo, outros tipos de sinais acústicos, tais como gritos de animais, tagarelice infantil, melodias musicais, berros e gemidos diversos etc.); em outras palavras, a teoria geral deve fornecer uma *teoria fonética geral* (cf. acima, § 2.2);

(*b*) a teoria geral deve fornecer um meio de representar o *sentido* dos enunciados, em termos que independam das línguas particulares; em outras palavras, ela deve fornecer uma *teoria semântica geral*; vimos (§ 2.2, igualmente) que esta parte da teoria lingüística geral se encontra num estágio muito pouco desenvolvido, e que seus progressos dependem sem dúvida do progresso dos outros ramos da teoria lingüística (assim como do progresso de disciplinas vizinhas, tais como a *Psicologia*);

(*c*) a teoria geral deve fornecer um conjunto de hipóteses relativas ao tipo de informação que, não importa em que língua, deve ser associado a cada enunciado de modo que os falantes possam conferir-lhe um sentido; em outras palavras, a teoria geral deve dar uma definição e uma caracterização gerais da noção de *descrição estrutural* (cf. § 5);

(*d*) a teoria geral deve determinar que forma devem ter as gramáticas particulares para que sejam capazes de engendrar frases transcritas nos termos da teoria fonética (cf. (*a*)), e acompanhadas de suas descrições estruturais (*c*); esta tarefa é essencialmente a de determinar a natureza específica dos sistemas de *regras* que constituem as gramáticas das línguas naturais, e a de descobrir em que estas regras diferem das de outros sistemas (tais como as linguagens lógicas, ou os programas de certas máquinas de calcular). Uma grande parte dos capítulos seguintes será dedicada ao exame desta parte do programa da teoria lingüística geral; passaremos em revista alguns modelos gramaticais que foram propostos, consideraremos o tipo de regras que estes modelos implicam e nos perguntaremos se eles são ou não adequados.

Exigindo da teoria geral que ela cumpra estas diferentes tarefas, não fazemos nada mais do que dizer, em termos diferentes, que compete à teoria geral estudar o conjunto dos traços que são comuns a todas as línguas humanas, enquanto línguas — isto é, estudar os *universais de linguagem*. Simplesmente ao invés de apresentar diretamente este estudo, nós o abordamos de maneira indireta. Em lugar de dizer que todas as línguas devem necessariamente apresentar certos aspectos fonológicos, sintáticos e semânticos comuns, mostramos que, para ser adequadas (para satisfazer as diversas exigências que fixamos) as descrições lingüísticas particulares (as gramáticas gerativas das línguas particulares) devem ter uma determinada forma (compreender certos tipos de regras e não outros, recorrer a certos tipos de elementos, de categorias etc.). Em outras palavras, os universais de linguagem são apresentados como restrições específicas fixadas para a forma das gramáticas[40].

6.2. A teoria lingüística geral não deve somente realizar as tarefas enumeradas: deve ainda fornecer um método de *justificação* das gramáticas. Entre as diferentes gramáticas que podem ser construídas para uma determinada língua, a partir das mesmas observações, a teoria geral deveria, em princípio, fornecer os meios de escolher a melhor.

Teoricamente, com efeito, é sempre possível, a partir dos mesmos dados, construir gramáticas que interpretem estes dados de formas diferentes. Não estamos aqui aludindo à constatação banal de que a maioria das gramáticas existentes hoje em dia apresentam efetivamente os dados sob prismas diferentes. Nada há de surpreendente nas divergências que se manifestam entre uma gramática pedagógica tradicional como a de Grevisse, uma gramática semântica como o Damourette e Pichon, e uma gramática estrutural como a de Togeby (1951). Estas divergências prendem-se essencialmente às teorias gerais que, explicitamente ou não, são subjacentes a estas gramáticas; se as descrições particulares são diferentes, é sobretudo porque as concepções da linguagem e do modo de descrevê-la são diferentes desde o ponto de partida. O que temos em vista é completamente diverso: trata-se da possibilidade de descrições diferentes que subsiste no quadro de uma única e mesma teoria, da latitude que deixa à descrição deste ou daquele fenômeno particular uma única e mesma concepção de conjunto da linguagem e da gramática. Este problema é bem conhecido e já foi objeto de muitas discussões, principalmente ao longo do desenvolvimento da teoria fonológica (cf. Y. R. Chao, 1934). Uma teoria que satisfizesse as condições acima enumeradas, (*a*) – (*d*), poderia ainda, em princípio, permitir soluções diferentes para os mesmos problemas; é por esta razão que é preciso exigir de uma teoria geral que ela realize ainda uma outra tarefa: ela deve fornecer um procedimento que permita escolher entre as diversas descrições possíveis.

Esta tarefa de justificação das gramáticas pode, em princípio, ser concebida de três modos diferentes (cf. Chomsky, 1957*a*, Cap. VI).

(*a*) Na concepção mais exigente, a teoria deve ser capaz de fornecer um *procedimento de descoberta* das gramáticas; o que pretendemos dizer com isso é que a teoria deve ser capaz, dado um conjunto de dados iniciais (por ex. um *corpus* de enunciados franceses, eventualmente acompanhado de algumas informações relativas ao sentido destes enunciados) de fornecer um conjunto de métodos que permitam pôr em evidência, a partir destes dados apenas, *a* gramática da língua. Nesta perspectiva, o problema da escolha entre diversas soluções possíveis desaparece pura e simplesmente.

(*b*) Segundo uma concepção já menos radical, a teoria deve fornecer um *procedimento de decisão*; em outras palavras, uma vez fixados os dados de observação de um lado, e existindo, de outro, uma gramática a teoria deve permitir que se decida se a gramática em questão é ou não a boa.

(*c*) Enfim, numa perspectiva ainda mais modesta, a teoria deve somente fornecer um *procedimento de avaliação* das gramáticas; fixados de um lado, os dados, e de outro, duas ou mais gramáticas já construídas, a teoria deve permitir avaliar estas gramáticas, isto é, indicar qual delas é, *relativamente* a melhor.

Se representarmos, de modo figurado, a técnica fornecida pela teoria como o programa de uma máquina de calcular com uma entrada (*input*) e uma saída (*output*), poderemos ilustrar as diferenças entre estas três concepções por meio dos seguintes esquemas emprestados, com ligeiras modificações, de Chomsky (1957*a*, p. 51):

(*a*) *descoberta*: dados → teoria → gramática

(*b*) *decisão*: $\left.\begin{matrix}\text{dados}\\\text{gramática}\end{matrix}\right\} \rightarrow \text{teoria} \begin{matrix}\rightarrow \text{sim}\\\rightarrow \text{não}\end{matrix}$

(*c*) *avaliação*:

$$\left.\begin{array}{l}\text{dados}\\ \text{gramática } G_1\\ \text{gramática } G_2\\ \text{gramática } G_3\\ \ldots\ldots\end{array}\right\} \rightarrow \boxed{\text{teoria}} \rightarrow \left\{\begin{array}{l}G_2\\ G_1\\ G_3\\ \ldots\end{array}\right.$$

A comparação com uma máquina de calcular não é casual. Com efeito, da mesma forma que uma gramática científica deve ser totalmente explícita, e consistir num conjunto de regras capazes de engendrar mecanicamente as frases da língua com suas descrições estruturais, assim também um procedimento de justificação que se pretenda rigoroso (quer seja de descoberta, de decisão ou de avaliação) deve ser um procedimento *efetivo* (cf. Lees, 1964*a*); em outras palavras, deve consistir num conjunto de procedimentos totalmente explícitos, exprimíveis por uma série finita de operações elementares aplicáveis mecanicamente (isto é, sem intervenção "criativa" externa, tal como a da intuição do lingüista). Somente sob esta condição um procedimento de justificação pode ser chamado de objetivo.

6.2.1. É fundamental que se compreenda que o procedimento de justificação das gramáticas deve ser um procedimento efetivo, aplicável mecanicamente. É, com efeito, esta exigência que dá a chave da divergência fundamental que, neste ponto, separa Chomsky dos estruturalistas.

Os lingüistas tradicionais jamais se preocuparam em fornecer um método|de justificação das gramáticas. Os estruturalistas, ao contrário, deram uma grande atenção a este problema, sendo freqüentemente observado que um de seus principais méritos consiste exatamente no fato de que eles construíram métodos objetivos que permitem pôr em evidência o verdadeiro sistema da língua a partir dos atos de fala — ou, em outros termos, métodos que permitem distinguir os elementos lingüísticos invariantes (pertinentes) das variantes de toda espécie. Mas eles sempre[41] — e os próprios termos que acabo de empregar o atestam — conceberam esta tarefa de justificação da forma mais ambiciosa possível; em outras palavras, sempre admitiram que a teoria lingüística devia fornecer um *procedimento de descoberta* das gramáticas. Para Chomsky, no entanto, isto é um objetivo demasiadamente ambicioso, e a teoria lingüística pode, quando muito, esperar fornecer um *procedimento de avaliação*.

As observações feitas desde o § 1 permitem compreender imediatamente algumas das razões destas divergências. Os estruturalistas, como vimos, permaneceram, no conjunto, dominados por uma concepção taxinômica, empírica, indutiva, da ciência; como, nesta concepção, o trabalho de descrição deve decorrer diretamente da observação, os princípios que justificam a descrição não podem jamais ser concebidos senão sob a forma de métodos analíticos que permitam revelar o sistema a partir dos dados de observação. Como, por outro lado, os objetivos fixados para as gramáticas permanecem bastante modestos – visando apenas fornecer uma segmentação dos enunciados nos seus elementos, e uma classificação destes elementos – não parece exagerado esperar obter um método de descoberta que forneça automaticamente esta segmentação e esta classificação. Para Chomsky, ao contrário, os objetivos da gramática são mais ambiciosos: não se trata somente de dar uma "representação compacta" (cf. Harris, 1951, p. 366) dos enunciados do *corpus*, mas sobretudo de construir um modelo da competência do sistema mental de regras interiorizado pelos indivíduos e subjacentes a seus atos de fala concretos. Os dados de observação não apresentam jamais senão uma imagem indireta deste sistema, que é necessário reconstruir hipoteticamente. Além disso, admitem-se dados muito mais diversos que na perspectiva taxinômica, a saber, não apenas enunciados observados, mas igualmente toda espécie de julgamento dos indivíduos, expressão de seu saber implícito (de sua competência); estes dados não podem ser tratados mecanicamente de modo a pôr em evidência o sistema, e é improvável que se possam obter técnicas de descoberta explícitas, para todas as noções técnicas de maior interesse da gramática, tais como a "gramaticalidade" (cf. § 3.2), ou ainda para noções como as de "sujeito", "predicado", ou noções semânticas como a de "sinonímia" etc. De um modo geral, desde que se adote a concepção que chamamos "teórica" da ciência, as hipóteses não podem jamais ser verdadeiramente descobertas, mas apenas testadas *a posteriori*. De fato, como observa Halle (1959, p. 12), "o princípio metodológico de que as entidades teóricas [tais como os fonemas, os morfemas etc.] sejam definidas através de procedimentos analíticos exigidos para sua descoberta", este princípio não encontra aplicação nas ciências mais desenvolvidas. Como diz Popper (1959, pp. 31-32), "a questão de saber como um homem tem uma nova idéia – quer se trate de um tema musical, de um conflito dramático, ou de uma teoria científica – pode ser de grande interesse para a psicologia empírica; mas ela não é pertinente para a análise lógica do conhecimento científico [. . . É preciso] distinguir entre o processo da concepção de uma nova idéia e os métodos e os resultados de seu exame lógico [. . .] *Nada existe que se assemelhe a um método lógico de ter novas idéias ou a uma reconstrução lógica deste processo*" (grifos meus, N.R.).

De fato, se consideramos de perto os diversos procedimentos propostos pelos estruturalistas, percebemos que elas não fornecem jamais um método de descoberta *efetivo*, no sentido acima atribuído a este termo. Não faço aqui alusão ao fato de que, em geral (cf. Harris, 1951, p. 1) estes procedimentos foram concebidos menos como procedimentos de descoberta no sentido estrito do que como de verificação que o lingüista poderia, em princípio, utilizar para descobrir o sistema a partir dos dados, se dispusesse de tempo, mas que, na prática, ele não utiliza. Permanece o fato de que, aplicáveis ou não na prática, esses procedimentos são concebidos como tentativas de "reconstrução lógica do processo de descoberta" como diz Popper, e de que somente eles podem justificar as descrições (as gramáticas), mesmo se estas foram obtidas por meios mais intuitivos.

Ora, antes de mais nada, são raros os estruturalistas – todos americanos – que verdadeiramente tentaram formular explicitamente esses procedimentos; é preciso citar principalmente Harris (1946, 1951, 1955), Wells (1947), Bloch (1948), Hockett (1952) e Greenberg (1957). Os demais se contentaram ou em formular um princípio geral (como o de comutação, em Hjelmslev) sem submetê-lo a prova ou em fornecer um esboço de procedimento que apenas se aplicava a uns poucos exemplos simples (cf. Martinet, 1960; pp. 58-59, pp. 99-100); ou ainda eles entenderam como procedimentos de descoberta (cf. Longacre, 1964) apenas um conjunto de técnicas heurísticas parciais: estas não têm outro objetivo senão ajudar o lingüista de campo no seu trabalho – de descrição, mas não pretendem de modo algum prover sozinhas a gramática da língua – elas não dispensam o lingüista de recorrer a outras ajudas, seu conhecimento da língua, sua intuição, ou seu bom senso, os julgamentos dos falantes etc.

Podemos dividir os procedimentos de descoberta em duas grandes classes, conforme recorram ou não ao sentido. Para um Harris ou um Bloch, os dados são limitados a *corpus* de enunciados, tomados apenas no seu aspecto físico; para um Greenberg (como para a maioria dos europeus), os dados comportam igualmente informações relativas ao sentido destes enunciados. Sabemos, aliás, que a questão de saber se é ou não preciso apelar para o sentido no procedimento de descoberta foi uma das principais questões teóricas debatidas pelas diferentes escolas estruturalistas.

Não insistiremos aqui sobre as fraquezas dos procedimentos que excluem o recurso ao sentido, das quais a mais conhecida é o método de análise distribucional (cf. Harris, 1951). Estes procedimentos foram objeto de críticas pertinentes sobretudo da parte de Bach (1964*a*, pp. 152-154) e de Lees (1964*a*). Sabemos que a análise distribucional baseia-se na constatação empírica de que "as partes de uma língua não ocorrem (*do not occur*) de modo arbitrário relativamente umas às outras – cada elemento ocorre em certas posições em relação aos outros elementos" (Harris, 1954, p. 34; cf. também aqui abaixo, Cap. II, § 2.1). O método consiste em utilizar sistematicamente esta constatação para construir classes de elementos (e classes de seqüências de elementos) definidas pelo fato de que estes elementos têm a mesma distribuição; a distribuição de um elemento "é compreendida como sendo a soma dos contextos deste elemento", (Harris, *ibid.* p. 33) e o contexto de um elemento é "tudo o que sobra quando extraímos este elemento de um enunciado" (Bach, 1964*a*, p. 152).

Assim, diremos por exemplo que *moleque* e *menino* têm a mesma distribuição (e podem portanto ser atribuídos a uma mesma classe, digamos a dos nomes masculinos) porque ocorrem nos mesmos contextos, tais como, *o – canta, um – brinca, o arteiro – foi embora* etc. Sem falar da dificuldade que traz a segmentação inicial do enunciado em segmentos distintos, o problema deste método é o de saber se, por distribuição de um elemento se entende uma distribuição finita ou uma distribuição infinita. Num *corpus* finito, a distribuição é, por definição, finita. Mas, como todo *corpus* é mais ou menos acidental, a distribuição de um elemento será também acidental e, salvo acasos felizes, dois elementos distintos jamais terão completamente a mesma distribuição. Somos então levados ou (*a*) a admitir a idéia de uma distribuição infinita e, neste caso, a esperança de obter um procedimento efetivo – isto é, que compreende um número finito de etapas – se evapora, ou (*b*) a não manter como pertinentes senão alguns contextos típicos": utilizar-se-á então (cf. Lees, 1964*a*) a técnica de substituição em contextos idênticos": serão definidos como pertencendo à mesma classe elementos que ocorrem nos mesmos contextos típicos[42]. Mas então aparece o problema de justificar a escolha destes contextos típicos; estes, por sua vez, devem também ser definidos em termos distribucionais e, como mostra Lees, somos arrastados, assim, numa regressão infinita; encontramo-nos na mesma situação do caso (*a*). Seja como for, alcançamos uma verdadeira reviravolta: a distribuição, ao invés de ser um dado que sirva para definir os elementos, torna-se como diz Bach (1965, p. 132) "o problema que é exatamente preciso resolver"; e não se pode resolvê-lo a não ser construindo uma gramática gerativa, que engendre um conjunto infinito de frases gramaticais (isto é, de frases em que os elementos recebem sua distribuição correta) – mas uma gramática gerativa constitui uma hipótese sobre a estrutura da língua, hipótese que não se pode justificar senão *a posteriori*, por um procedimento de avaliação.

De qualquer modo, se examinarmos de perto os melhores procedimentos propostos por Harris, Bloch ou Hockett, veremos (cf. Chomsky, 1957*a*, § 6, principalmente p. 52, e 1959*a*, p. 214) que, apesar das declarações de princípio, elas não oferecem, na verdade, procedimentos de descoberta: não eliminam a possibilidade de soluções múltiplas para um problema único (cf. Harris, 1951, p. 2: "The methods described here do not eliminate non-uniqueness") e sempre fizeram intervir, além disso, critérios distribucionais, "metacritérios", como diz Hockett (1954, p. 398), que avaliam uma descrição em função de sua generalidade, de sua eficiência, de sua fecundidade etc. São exatamente critérios deste gênero (que, por definição, só se aplicam a uma descrição já feita) que um procedimento de avaliação deveria tentar explicitar[43].

O fracasso das tentativas para construir técnicas de descoberta fundadas na distribuição foi freqüentemente interpretado como uma prova de que é impossível construir uma gramática sem recorrer ao sentido. Mas parece que é da mesma forma difícil construir uma técnica de descoberta efetiva levando em conta certos elementos de sentido[44]. A única técnica deste tipo, formulada com suficiente cuidado, a de Greenberg (1957, Cap. II) foi objeto de uma crítica minuciosa de Chomsky (1959*c*). Resumamos brevemente a questão. Greenberg coloca-se o seguinte problema: admitindo que se possua um conjunto de enunciados, transcritos fonematicamente, e, em princípio, bastante breves (correspondendo, *grosso modo*, a palavras ou a sintagmas) como podemos decompor estes enunciados em morfemas? Greenberg adota o que ele chama o método dos "quadrados". Suponhamos que tivéssemos quatro enunciados (quatro seqüências de fonemas) a que chamamos X, Y, Z, W; diremos que estas seqüências são segmentáveis cada uma, em dois morfemas se X = AC, Y = BC, Z = AD, W = BD (sendo A, B, C, D, seqüências de fonemas, das quais uma pode ser nula – isto é, ser um "morfema-zero"), e "se há uma variação correspondente de sentido"[45]. Greenberg dá como exemplos de quadrados, *eating*, *walking*, *eats*, *walks* (sendo *eat* = A, *walk* = B, *ing* = C, *s* = D) e *kingdom*, *king*, *dukedom*, *duke* (onde um dos morfemas é zero).

A dificuldade desta técnica resulta do que há de vago na noção de "variação correspondente de sentido": a menos que se considere o sistema semântico como já constituído (o que é contraditório: também este sistema, na perspectiva de Greenberg ainda não foi descoberto), esbarramos constantemente em duas dificuldades, inversas uma da outra. Ou tomamos esta noção num sentido bastante estrito, e somos então obrigados a rejeitar muitos *quadrados*, quando no entanto uma divisão em morfemas parece ser totalmente válida cf. por ex. *chaussure*, *chaussette*,*bavure*, *bavette*, ou ainda (com um morfema zero) *poli*, *impoli*, *pertinent*, *impertinent* (para o francês) e polido, impolido, pertinente, impertinente, ou ainda cruz, cruzeiro, canção, cancioneiro (para o português): é claro que se tomarmos rigorosamente a noção de "variação correspondente de sentido", a relação entre cruz e cruzeiro não será a mesma que existe entre canção e cancioneiro (de um ponto de vista sincrônico, evidentemente; as considerações etimológicas não têm efeito aqui). Ou então, ao contrário, tomamos esta noção num sentido mais vago e, neste caso, seremos obrigados a admitir divisões absurdas, como por exemplo, no caso de *guinder*, *bonder*, *guimbarde*, *bombarde* ou ainda *siffl*(*er*), *souffl*(*er*), *piss*(*er*), *pous*(*er*) (para o francês) e horto, (p)orto, horta, (p)orta ou ainda (p)ux(ar), (p)inch(ar), (m)urch(ar), inch(ar) (para o português)[46]. A técnica de Greenberg não é portanto uma técnica efetiva na medida em que, de um ou de outro modo, conduz a resultados contrários à intenção lingüística mais elementar. O problema da divisão dos enunciados em morfemas não pode ser resolvido a não ser que adotemos uma perspectiva mais vasta, fazendo intervir considerações sintáticas mais gerais que principalmente levarão em conta o efeito, sobre a complexidade total da gramática, desta ou daquela decisão particular.

A técnica construída por Greenberg pode ser considerada como uma elaboração particular do teste de *comutação*. Como se sabe, é sobretudo em fonologia que este teste foi utilizado a fim de construir o sistema dos fonemas. Ele significa que, "se podemos produzir uma diferença de sentido substituindo um som por um outro no mesmo contexto, então estes sons estão em 'oposição distinta' (na terminologia de Praga), eles 'contrastam' (na terminologia americana), ou 'há comutação entre eles' (na terminologia glossemática)" (Eli Fischer-Jørgensen, 1956, p. 141). Ainda uma vez e a despeito das afirmações de princípio, segundo as quais este teste constitui verdadeiramente a pedra de toque da análise, ele não pode ser traduzido numa técnica efetiva. Se, ademais, lermos com atenção o artigo citado de Fischer-Jørgensen, veremos que este teste não permite fazer abstração, nem do conhecimento da língua (isto é, da competência intuitiva do informador e/ou do lingüista), nem de considerações mais gerais de simplicidade (cf. Fischer-Jørgensen, *op. cit.*, pp. 142 e 147).

Como diz Chomsky, "saber o que é uma diferença de sentido é saber o que é a sinonímia e este é o termo central de uma teoria do sentido". Querer fundamentar uma técnica de descoberta do sistema fonológico nas diferenças de sentido é o mesmo que "admitir que a análise lingüística deve se basear exatamente sobre a parte mais incerta da teoria semântica", (Chomsky, 1955*c*, p. 142). Mesmo admitindo que dispuséssemos de um método operacional para indicar as diferenças de sentido, Chomsky mostrou (1955*c*, resumido em 1957*a*, p. 95 e s.) que o teste de comutação falharia. Com efeito, se o formularmos da seguinte maneira:

> Um enunciado-ocorrência E_1 é fonematicamente distinto de um enunciado-ocorrência E_2 se e somente se E_1 difere em seu sentido de E_2 (Chomsky, 1955*c*, p. 143),

o teste falhará no caso dos homônimos (sessão/cessão) como também no caso dos sinônimos (em particular dos sinônimos perfeitos tais como /Karrosa/, /Karosa/, "carroça", /tiu/, /tjiu/, "tio", /ta/, /sta/, "está", em francês /*u*/, /*ut*/, *août*, ou ainda em inglês /*ekanamiks*/, /*iykanamiks*/, que podem perfeitamente coexistir no mesmo dialeto e mesmo no falar de um único indivíduo).

As coisas podem ainda ser ditas de outra maneira. Se se quer realmente ter uma técnica de descoberta, deve-se admitir, por definição, que os dados são dados de falas (enunciados-ocorrências) – do contrário, recorre-se à intuição que tem o indivíduo de seu sistema fonológico[47]. Como diz Chomsky, a questão é portanto a seguinte:

> dado um conjunto de enunciados-ocorrências, aos quais, de um ou de outro modo, um sentido foi atribuído, esta informação pode

ser utilizada para determinar quais são as ocorrências que estão em oposição fonemática? (Chomsky, 1964*b*, p. 80/57).

A resposta só pode ser negativa. Consideremos, com efeito, uma série de enunciados-ocorrências:

Português:

(... sesãu ...) cf. (uma) sessão (de cinema) [1]
(... sesãu ...) cf. (4ª) seção (do Tribunal Eleitoral) [2]
(... sesãu ...) cf. (a) cessão (dos bens ...) [3]
(... sãu ...) cf. São (Pedro) [4]
(... sãu ...) cf. (ele está) são [5]
(... sãu ...) cf. (os livros) são (novos) [6]

Francês:

[... kɔt ...] cf. (une) cotte (de mailles) [1]
[... kot ...] cf. (une entre) côte [2]
[... kot ...] cf. (grimper une) côte [3]
[... kɔt ...] cf. (la) cote (en bourse) [4]
[... kot ...] cf. (une) côte (de porc) [5]
[... kɔt ...] cf. (il a reçu une bonne) cote [6]

A questão que se coloca é pois: em que informações relativas ao sentido[48] podem nos ajudar a estabelecer que só há uma oposição fonológica entre, de um lado [1], [4], [6] e, de outro, (2), (3), (5)? É claro que estas informações não podem desempenhar nenhum papel. Entretanto, são exatamente casos como estes que apresentam dificuldades para a análise fonológica; se uma técnica de descoberta efetiva fosse possível, é exatamente neste ponto que ela seria útil[49]. De qualquer forma como observa ainda Chomsky (ibid), não temos certamente o direito de falar de *sentido*, a não ser a propósito de elementos de *língua*, nunca a propósito das ocorrências de *fala*; a idéia de uma técnica de descoberta baseada no *sentido* se destrói, portanto, por si mesma[50].

6.2.2. Renunciando à esperança de construir uma técnica de descoberta efetiva das gramáticas, Chomsky foi levado a estabelecer uma clara distinção entre a *metodologia* e a *teoria* lingüísticas (1959*c*, p. 206; ver também 1962*a*, p. 212; 1962*b*, p. 538). Como vimos (§ 6.1), a teoria geral estuda as propriedades gerais das línguas naturais e especifica, de modo abstrato, a forma que devem ter as gramáticas para explicar corretamente estas propriedades. A metodologia, por sua vez, visa fornecer um conjunto de recursos, de procedimentos heurísticos, ao lingüista descritor. Os dois tipos de estudos têm em comum seu caráter abstrato e geral: não se ocupam especificamente com esta ou aquela língua particular e seus resultados devem, em princípio, se aplicar a qualquer língua. Mas tirando este ponto comum, teoria e metodologia supõem orientações extremamente diferentes. Os estruturalistas – sobretudo os americanos[51] – mostraram certa tendência para confundi-los, ou para reduzir a teoria à metodologia[52]; antes do aparecimento da gramática gerativa, poucos trabalhos americanos foram explicitamente dedicados às propriedades formais das gramáticas: pode-se, quando muito, citar Hockett (1954; cf. abaixo, Cap. III, § 7) e Greenberg (1957, Cap. 1; ver igualmente a resenha de Chomsky, 1959*c*).

Chomsky jamais negou a utilidade de técnicas heurísticas parciais, nem a necessidade de formulá-las cuidadosamente. Mas, por um lado, o recurso a estas técnicas não dispensa o lingüista, no seu trabalho de descoberta, do uso da intuição (a sua e/ou a de seus informadores) e, por outro lado, é evidente que é o progresso da teoria que comanda o da metodologia, e não o inverso: quanto mais um lingüista conhecer a estrutura das línguas humanas em geral, tanto mais ele estará apto para descrever uma nova língua. É apenas na medida em que os estruturalistas (na maior parte) se contentaram com alguns pressupostos bastante simples sobre a natureza das línguas – o arbitrário do signo, a dupla articulação, a linearidade etc. – que eles puderam crer que o progresso da Lingüística decorreria essencialmente do estabelecimento de métodos de descoberta objetivos; acrescentemos que estes métodos foram sempre concebidos de forma bastante simplista: as diversas técnicas de descoberta propostas se reduzem todas, definitivamente, a operações de segmentação e de substituição[53].

Como já deixamos entender, renunciando a automatizar completamente as técnicas de descoberta, nem por isso se renuncia a elaborar um método de justificação efetivo das gramáticas. Mas este método não pode mais ser concebido senão como uma *técnica de avaliação*, e não pode, por definição, operar senão depois de obtidas várias gramáticas de uma dada língua.

Assim como diz Chomsky (1962*a*, p. 241), porque já é extremamente difícil elaborar mesmo uma só gramática de uma língua, que satisfaça às exigências acima fixadas, a questão de saber que forma deve ter uma técnica de avaliação efetiva permanece, por enquanto, "uma questão acadêmica": a questão de saber como escolher entre várias gramáticas está evidentemente subordinada à de saber como construir estas gramáticas. Como, entretanto, antes mesmo que se possam comparar várias gramáticas, todas suficientemente completas, o problema da escolha entre várias descrições parciais pode já se apresentar, a propósito deste ou daquele problema particular, não é de todo inútil fazer um rápido apanhado dos princípios em que deveria se basear uma técnica de avaliação.

Antes de mais nada, é claro que o próprio fato de ter exigido das gramáticas que elas satisfaçam um conjunto de condições determinadas (cf. §§ 3-5, 6.1) tem como efeito restringir consideravelmente o número das gramáticas possíveis. Quanto mais a teoria geral especifica de modo preciso a forma das gramáticas, tanto mais o problema da escolha se encontra circunscrito. Assim, por exemplo, as gramáticas de Grevisse, de Togeby, de Damourette e Pichon, do francês e as de Eduardo Carlos Pereira,

Sousa da Silveira, Celso Cunha, do português, serão eliminadas da lista das gramáticas possíveis – porque são muito pouco explícitas, incompletas e pouco sistemáticas etc. (por mais rico que seja o material que apresentem e que uma gramática gerativa poderia utilizar). Entretanto, como dissemos, o problema da escolha permanece teoricamente possível entre gramáticas que, no conjunto, satisfaçam todas as condições fixadas para a teoria geral.

Uma vez assim circunscrito o problema da escolha, poder-se-ia pensar que uma técnica de avaliação consiste em fornecer uma *medida sistemática da complexidade da gramática* (Chomsky, 1962*a*, p. 241). Em outras palavras, dadas duas ou mais gramáticas que são compatíveis com os mesmos dados e que satisfazem às exigências fixadas pela teoria, a técnica escolheria aquela que, semelhante às outras em tudo, é *a mais simples.*

A noção de simplicidade é, à primeira vista, bastante obscura, e, em princípio, uma gramática pode sempre ser considerada mais simples que uma outra, segundo pontos de vista bastante diferentes e, às vezes, até mesmo contraditórios. É claro que não estamos falando da simplicidade da exposição, nem da maior ou menor elegância com que a gramática é apresentada. Como, no ponto em que estamos deste trabalho, ainda não dissemos nada sobre a forma específica das gramáticas gerativas, contentemo-nos em notar que, segundo nosso ponto de vista, a simplicidade de uma gramática equivale ao *grau de generalização* que ela atinge (cf. Chomsky, 1962*a*, p. 242). Sejam duas gramáticas G_1 e G_2, ambas explicando os mesmos fatos. Diremos que G_1 é mais geral que G_2 se G_1 consegue descrever os fatos com menos regras, menos elementos etc. que G_2. "Temos uma generalização", diz Chomsky (1962*a*, p. 242), "quando formulações distintas relativas a elementos lingüísticos distintos podem ser substituídas por uma única formulação, ou por formulações vizinhas". Tornou-se banalidade dizer que o trabalho essencial da ciência consiste em procurar generalizações mais fortes que as já conhecidas, em explicar o máximo de fatos com o mínimo de meios.

Se a melhor gramática é a mais geral e se, como admitimos, uma gramática (gerativa) deve ser concebida como um conjunto finito de regras explícitas que engendram as frases e suas descrições estruturais, podemos entrever um meio de construir uma técnica de avaliação efetiva; bastaria poder traduzir as considerações de simplicidade e de generalidade em considerações de *extensão*: a melhor gramática seria a mais curta, isto é, aquela que necessitasse do menor número de regras e de elementos para explicar os fatos. A técnica de avaliação seria então efetiva, na medida em que ela se reduzisse a contar mecanicamente o número de regras e de símbolos que comportam as gramáticas avaliadas. Tal técnica não é evidentemente possível a não ser que as gramáticas sejam totalmente formalizadas e que a formalização seja uniforme; seria absurdo comparar, do ponto de vista de sua extensão, gramáticas que não fossem igualmente explícitas ou que obedecessem a princípios diferentes de formalização. Notemos que o próprio fato de podermos pensar numa tal técnica constitui um argumento a mais a favor da formalização das gramáticas; o esforço empreendido por Chomsky e seus discípulos para formalizar a descrição gramatical se explica em grande parte pela necessidade de encontrar notações que traduzem sistematicamente as considerações de generalidade e de complexidade em considerações de extensão[54].

Esta discussão pode parecer muito abstrata, na medida em que ainda não apresentei nenhum modelo de gramática gerativa. Nos capítulos que seguem, mostrarei, sobre exemplos (cf. sobretudo o Cap. IV §§ 1-4), como considerações de simplicidade podem intervir na escolha desta ou daquela descrição, e como elas podem ser traduzidas por notações apropriadas. Pode-se, entretanto, desde já, assinalar que acentuando o papel crucial das considerações de simplicidade e de generalidade, Chomsky – como na questão da gramaticalidade – não fez mais do que trazer à luz um princípio que, de uma ou de outra maneira, sempre esteve na base do trabalho dos lingüistas. Já indiquei que Hockett (1954) – como, aliás, também Harris (1951) – tenta disfarçar os defeitos das técnicas de descoberta recorrendo a "metacritérios" que se reduzem essencialmente ao princípio de simplicidade. Considerações da mesma ordem desempenharam um papel de relevo na elaboração da teoria fonológica de Jakobson (1963*a*, p. 126, p. 144 e s.), em Hjelmslev[55], e, num certo sentido, em Martinet (se é que é possível ligar a sua concepção de *economia* ao princípio de simplicidade). Mas é sobretudo quando consideramos de perto as melhores pesquisas concretas que podemos nos dar conta do papel determinante que desempenham as considerações de simplicidade e de generalidade. Tomemos o estudo de Benveniste sobre o genitivo latino (1962; cf. abaixo Cap. IV, § 6.1): notemos primeiramente que nenhuma técnica de descoberta, do tipo proposto habitualmente pelos estruturalistas, poderia ter levado Benveniste aos resultados deste estudo; em seguida, Benveniste é claramente orientado pelo desejo de realizar uma simplificação na complexidade dos dados descritos pelas gramáticas tradicionais, complexidade que o trabalho de de Groot (1956) não tinha reduzido inteiramente; em última análise, é a grande generalidade que ele alcança – todos os empregos do genitivo se reduzem a casos particulares de uma única função – que constitui o critério decisivo que faz preferir a sua descrição. O mesmo princípio de generalidade orienta Benveniste no seu artigo sobre "a construção passiva do perfeito transitivo" (1952), onde ele critica a teoria de Meillet sobre uma determinada construção sintática do armênio:

> O desvio sintático que esta explicação impõe deixa a construção armênia tão isolada e estranha quanto ela já o era [. . .]. Uma

teoria aceitável deve resolver o problema mantendo cada um dos elementos da construção na função normal que a sintaxe armênia lhe atribui (1952, p. 182)*.

A formulação de Benveniste é um pouco equívoca na medida em que parece admitir que já conhecemos (antes da construção da gramática) a "função normal" dos elementos da sintaxe armênia. Mas, traduzida em outros termos, ela significa que uma descrição que consegue explicar, por um mesmo princípio, construções "normais" e construções inicialmente julgadas aberrantes, é melhor que uma descrição que as trata separadamente; Benveniste concorda assim com Chomsky, para quem "uma formulação única" é preferível a "formulações distintas relativas a elementos distintos" (cf., acima, a citação de Chomsky, 1962*a*, p. 242).

Notas

1. Cf. também POPPER, *op. cit.*, p. 61: "O sistema deve ser formulado com suficiente clareza e precisão para tornar cada afirmação (*assumption*) nova facilmente reconhecível pelo que ela é: a saber, uma modificação e portanto uma *revisão* do sistema".

Os teóricos da gramática gerativa insistiram bastante sobre a natureza das teorias científicas em geral. Assinalemos, principalmente, Chomsky, 1962*b*, 1964*b*, 1966*a*; Lees, 1957 (pp. 357-377), 1965*a*; Katz, 1964*c*, 1966; Teeter, 1964*a*; Bach, 1965. Entre os estudos gerais de Filosofia das Ciências que tiveram muita influência assinalemos, ao menos, além de Popper (1959), Hempel (1952). Enfim, o etnólogo inglês E. R. Leach apresentou e ilustrou com análises concretas, uma distinção entre o método comparativo e o método "generalizante", que está muito próxima da que fizemos entre a concepção taxinômica e a concepção teórica (cf. Leach, 1961).

2. Entre as diversas formas do estruturalismo, a glossemática de Louis Hjelmslev (1953) representa um caso paradoxal. Hjelmslev insistiu muito na necessidade de se construir uma teoria geral e explícita da linguagem e apontou também algumas das condições que tal teoria deveria satisfazer (cf. abaixo, § 6). Contudo, se considerarmos o modelo específico que ele elaborou, perceberemos que se trata de um modelo puramente taxinômico que visa somente fornecer uma segmentação dos enunciados dados (o que ele chama de *texto*) e uma classificação de seus elementos.

3. Notemos que a expressão "gramática gerativa" é, conforme o emprego bastante comum na matemática, sinônima de "gramática explícita", cf. p. 28 abaixo.

4. Em tudo que se segue, limitamo-nos ao aspecto puramente sincrônico do estudo da linguagem. Admitiremos o princípio, herdado pela gramática gerativa de Saussure e dos estruturalistas, que o estudo diacrônico pressupõe logicamente o estudo de estados de língua, em sincronia. Além disso, admitimos (cf. Harris, 1951, p. 9; Chomsky, 1965*a*, p. 3) que os

(*) Em fé no original. (N. do T.)

estados de língua considerados são homogêneos do ponto de vista do estilo ou do dialeto. Isto é uma abstração necessária; ela não significa que nos desinteressamos da mudança diacrônica e das variações estilísticas ou dialetais. Mas elas só podem ser abordadas com êxito tendo como base estudos sincrônicos, e seu estudo será concebido como o correlacionamento entre estados de língua distintos. Não insistiremos sobre este ponto, que já foi suficientemente discutido pelos estruturalistas (cf. por exemplo Jakobson, 1963*a*, p. 35 e s.). Assinalaremos simplesmente que já existem alguns estudos desses problemas, no quadro da teoria gerativa: assim, Halle (1962) aborda vários problemas de fonologia diacrônica, Klima (1964*b*) estudou as variações dialetais num certo domínio da sintaxe inglesa, e Closs (1965) esboçou uma história do auxiliar inglês. Ver também os diversos trabalhos de fonologia e de sintaxe indo-européias de Paulo Kiparsky (ver a bibliografia).

5. A noção de *frase* é, em gramática gerativa, considerada como um termo primitivo, não definido, da teoria; esta se distingue, assim, de outras teorias que partem, como certas teorias tradicionais, da noção de *palavra*. Admitiremos, com a maior parte dos estruturalistas, que a noção de *palavra* é muito complexa, difícil de definir e que é preciso não tomá-la como ponto de partida da descrição lingüística (mesmo se ela merece ser conservada). Quanto à *frase*, podemos, por enquanto, contentar-nos em representá-la como uma seqüência de elementos sintáticos minimais encadeados (ou *concatenados*); estes elementos sintáticos minimais são, aproximativamente, equivalentes aos *morfemas* dos estruturalistas (aos *monemas*, na terminologia de André Martinet).

6. Empregaremos aqui o termo *gramática* no sentido com que ele aparece usualmente nos lingüistas que se dizem da gramática gerativa. Este sentido é um pouco distinto dos sentidos tradicionais da palavra; ele é, com efeito, muito mais amplo, e inclui tudo aquilo que concerne ao estudo formal das frases – fonologia, morfologia, sintaxe – e mesmo, em trabalhos recentes (por exemplo, Chomsky, 1964*b*, p. 81/60), o estudo semântico. Na verdade, o termo já se encontra, com um sentido muito próximo, em Saussure (1916, p. 185). Na medida em que os transformacionalistas só se interessaram pelos problemas semânticos mais recentemente, há, às vezes, algumas flutuações na terminologia. Com efeito, ora a gramática é nitidamente distinguida da semântica, ora ela a engloba como um de seus componentes. Para evitar esta confusão, Katz e Postal (1964) propuseram manter a distinção e empregar o termo geral de *descrição lingüística* para cobrir o conjunto da gramática e da semântica. Entretanto, seu exemplo não parece ter sido seguido. Manteremos, assim, o termo *gramática* como um termo geral e, quando se tratar de distinguir o estudo formal do estudo semântico, faremos sobretudo a oposição entre a *sintaxe*, de um lado, e a *semântica*, do outro. Notemos, aliás, que as distinções, clássicas tanto nos tradicionalistas como nos estruturalistas, entre sintaxe, morfologia, fonologia, e fonética não se encontram da mesma forma na gramática gerativa. A gramática, além de um componente semântico, compreende essencialmente duas partes: uma *sintaxe*, e uma *fonologia*. Os fatos tradicionalmente chamados de morfológicos se repartem pela sintaxe e pela fonologia. O objeto deste trabalho será pois essencialmente a sintaxe, em sentido amplo – ficando claro que diremos muito pouca coisa sobre a morfologia flexional e derivacional, cujo estudo em termos gerativos está ainda no começo (cf. principalmente Chomsky, 1965*a*, Cap. IV).

7. A concepção da linguagem como um sistema de *hábitos adquiridos*, concepção muito comum desde o século XIX, tanto entre os psicólogos (cf. por exemplo, Skinner, 1957) como entre os lingüistas (cf. Whitney, 1874, p. 372; Jespersen, 1924, p. 29; Hockett, 1958, p. 137), teve como conseqüência a negligência dos aspectos inatos da competência lingüística (e, por isso mesmo, a negligência do estudo da faculdade da linguagem em geral). Entretanto, como dizem Chomsky e Miller (1963, p. 277), "as pessoas mais estúpidas aprendem a falar, enquanto que os macacos mais

brilhantes não o conseguem". Este fato parece implicar que o homem vem ao mundo com certos mecanismos inatos muito particulares (submetidos a condições de maturação), que devem desempenhar um papel considerável na aquisição da linguagem. Não desenvolverei esta questão que diz respeito à Psicologia e à Fisiologia, mas é preciso assinalar que o desenvolvimento da gramática gerativa está estreitamente ligado ao desenvolvimento de novas concepções no domínio psicológico, e ao abandono de uma psicologia estritamente behaviorista. Chomsky colabora estreitamente com psicólogos (cf. Chomsky e Miller, 1963; Miller e Chomsky, 1963; ver também Bever, Fodor e Weksel, 1965) tendo ele próprio publicado uma longa e decisiva resenha da obra de Skinner, 1957 (Chomsky, 1959*d*). Sobre os problemas dos elementos inatos da competência lingüística – dos fundamentos biológicos da linguagem – e sobre a sua incidência numa teoria dos universais lingüísticos, ver também Lenneberg, 1946*b*, 1964*c* e 1967.

8. O leitor ficará, sem dúvida, impressionado com este modo de formular as tarefas da Lingüística. Ele pode ver nisso um retorno ao "psicologismo" tão freqüentemente condenado pelos estruturalistas. Mas não esqueçamos que um dos critérios da validade de uma teoria prende-se a sua capacidade de se harmonizar com as hipóteses admitidas nas disciplinas vizinhas. Se a Lingüística quer ser uma ciência, é preciso que ela se ponha o problema de suas relações com a Psicologia. Quanto à necessidade de marcar a autonomia da Lingüística, ela parece ser suficientemente reconhecida pela prioridade lógica conferida ao estudo da competência (cf. § 2.1.).

De qualquer modo, parece inevitável que uma teoria lingüística repouse, explicitamente ou não, em pressupostos psicológicos. As teorias estruturalistas não constituem exceção à regra: basta pensar no papel da noção de economia e do princípio do menor esforço, na teoria de Martinet, ou ainda, nele mesmo e em muitos outros, na insistência sobre o caráter linear do significante, que aparentemente implica uma certa teoria da performance (cf. Chomsky, 1961*a*, p. 126). Nos seus trabalhos fonológicos, Chomsky e Halle mostraram que certos princípios teóricos defendidos pelos estruturalistas – como o da separação dos níveis, ou o da correspondência biunívoca (*biuniqueness*) entre unidades fonológicas e unidades fonéticas somente poderiam se justificar a partir de uma certa concepção da percepção, que como sabemos (através das pesquisas dos psicólogos) tem poucas chances de ser verdadeira (cf. Chomsky, 1962*b*, p. 547, e 1964*b*, § 4, especialmente pp. 106/99; ver também Lieberman, 1965)

O termo *performance* é um anglicismo, que se tornou comum na linguagem dos psicólogos. Poderíamos ter utilizado o termo *execução* (*execution*), encontrado algumas vezes em Saussure (cf. Godel, 1957, p. 153); que teria a vantagem de frisar a analogia com a música, que se encontra tanto em Saussure (Godel, 1957, p. 158, n. 96) como em Katz e Postal (1964, p. IX: segundo estes, "uma língua é um sistema de objetos abstratos análogo em certos pontos de vista a um objeto cultural como uma sinfonia [. . .] a fala é análoga às execuções (*performance*) de uma sinfonia [. . .]". Entretanto, o termo execução poderia fazer pensar exclusivamente no aspecto motor da fala, na produção dos enunciados pelo locutor. Ora, para Chomsky e seus discípulos, assim como para Saussure, a fala – a performance – "designa o ato de comunicação na sua totalidade: a frase enunciada por um dos interlocutores, ouvida e interpretada pelo outro" (Godel, 1957, p. 146).

10. Em princípio, distinguiremos, doravante, as noções de *frase* e de *enunciado*, da seguinte maneira: a frase depende da competência e o enunciado, da performance. Deste modo "tenho fome", pronunciado por José no dia 5 de janeiro de 1966 ao meio-dia, é um enunciado diferente de "tenho fome", pronunciado por João no dia 15 de agosto às 8 horas; mas estes dois enunciados são *ocorrências* distintas de uma mesma frase.

A noção de frase é, portanto, mais abstrata que a de *enunciado* (Cf. Bar-Hillel, 1964, p. 205 e s.).

11. Para uma visão de conjunto das pesquisas sobre a performance, e em particular das que incorporam uma teoria explícita da competência, ver Miller e Chomsky, 1963, assim como Chomsky, 1965*a*, Cap. I, § 2.

12. De acordo com a prática dos transformacionalistas, numeraremos todos os exemplos, no interior de cada capítulo (às vezes no interior de um parágrafo apenas, se os exemplos forem muitos).

13. Como todos os termos que introduziremos, relativos à teoria gramatical, a noção de *interpretação semântica* é neutra do ponto de vista da distinção entre o emissor e o receptor. Ela designa somente o sentido intrínseco associado a uma frase. Distinguimos, assim, uma teoria da interpretação, que depende da gramática, de uma teoria da *compreensão*, que depende do estudo da performance e que estuda a maneira pela qual, nestas ou naquelas condições, o auditor (o receptor) compreende as frases que recebe. Pode haver grandes divergências entre a interpretação semântica de uma frase e sua compreensão efetiva. Foram dados alguns exemplos no § 2.1. Assim, a frase [2], que a interpretação semântica marcará como ambígua estruturalmente, pode muito bem, em certas condições, ser compreendida sem ambigüidade.

14. Este apanhado das posições estruturalistas é evidentemente muito esquemático. Com efeito, a crítica que fazemos em (*c*) não se aplica aos lingüistas da escola de Praga: eles deram muita importância ao estudo da substância, estudo que, para eles, faz parte da Lingüística. Além disso, entre os praguenses, Jakobson ao menos sempre deu grande importância ao problema dos universais de linguagem (cf. Jakobson, 1963*a*, 1963*b*). Entretanto, se os praguenses conceberam de um modo muito simples as relações entre a "forma" e a "substância", foi num sentido totalmente diverso da simplificação feita pelos glossemáticos e pelos bloomfieldianos. É uma simplificação no sentido de que as relações entre o nível fonológico e o nível fonético – tanto em Jakobson como em Martinet – são concebidas de uma forma muito direta, sendo os fonemas compostos literalmente por traços fonéticos. Na concepção da fonologia elaborada por Chomsky e Halle (concepção que, aliás, incorpora uma grande parte das idéias de Jakobson), as relações entre fonologia e fonética tornam-se muito mais complexas; os fonemas não são representados por conjuntos de traços fonéticos a não ser por intermédio de todo um conjunto de regras (cf. Cap. V, § 4.2., abaixo, e os trabalhos de Halle e de Chomsky citados na bibliografia.)

15. Ver, em particular, os trabalhos de Katz, Katz e Fodor, Katz e Postal, apontados na bibliografia; ver também Weinreich (1966), Bierwisch (1967), e Bever e Rosenbaum. Para uma visão de conjunto do estado atual das pesquisas semânticas, gerativas ou não, consultar o número especial da revista *Langages*, I, março de 1966, número editado por Tzvetan Todorov (Introdução, "Recherches Sémantiques"). Por enquanto, os trabalhos mais interessantes em Semântica continuam a ser os dos filósofos e lógicos, Frege, Russell, Carnap, Quine etc. Apontemos especialmente o grande interesse dos trabalhos da chamada escola de Oxford, cujo maior representante é Austin (1961, 1962). Para uma excelente antologia dos trabalhos desta escola, ver Caton (1963); ver também Vendler (1967), que sofreu influência da escola de Oxford e de Harris. Lembremos que é preciso distinguir uma teoria semântica, que é uma teoria do *sentido*, de uma teoria da *referência*. Uma teoria da referência estuda as relações de denotação (de denominação) que existe entre os termos lingüísticos e os objetos; uma teoria semântica estuda o sentido próprio dos termos (o "conceito"). A palavra *árvore* tem uma quantidade enorme de referências possíveis (tal ou tal árvore particular), mas seu sentido pode, em princípio, ser descrito através de um certo número de traços semânticos constantes; lembremos os exemplos clássicos

das expressões que têm uma mesma referência e sentidos diferentes, como *estrela d'alva*, *estrela vespertina*, ou ainda *Londres* e *a maior cidade do mundo*: a referência desta última expressão pode mudar (se um dia Nova York, por exemplo, tiver mais habitantes que Londres) deixando intacto seu sentido. Em princípio, só o sentido interessa ao lingüista (cf. Benveniste, 1966, pp. 127-128).

Convém também distinguir uma teoria semântica de uma teoria do conhecimento do mundo que têm os falantes. Consideremos, a título de exemplo, as frases (que emprestamos de Bevèr e Rosenbaum):

A maior parte dos homens tem dez dedos [1*a*]
A maior parte dos homens tem quarenta e dois dedos [1*b*]
Dez dedos tem a maior parte dos homens [2*a*]
Quarenta e dois dedos tem a maior parte dos homens [2*b*]

A diferença entre [1*a*] e [1*b*] não é da mesma natureza que a diferença entre [1*a*] e [2*a*]. A primeira depende de nosso conhecimento do mundo: sabemos, por experiência, que [1*a*] é verdadeiro e [1*b*], falso. A segunda, ao contrário, é de ordem semântica (lingüística): a frase [2*a*] é anormal semanticamente, na medida em que viola uma certa hierarquia semântica, que Bever e Rosenbaum, que a estudaram sistematicamente, chamam de "*have* a hierarchy": é a hierarquia constituída segundo a relação do todo com suas partes, e que apresenta um caráter sistemático (cf. *o homem tem duas mãos*, *a mão tem cinco dedos*, *o dedo tem três falanges*). Esta hierarquia tem implicações lingüísticas: assim, um falante poderá talvez compreender [2*a*] como uma versão estilística um pouco bizarra, com inversão do sujeito e do objeto, de [1*a*] (o mesmo para [2*b*] e [1*b*]. Em francês como em português, esta hierarquia parece ter mesmo certas implicações sintáticas: é ela que, em grande parte, governa o emprego do pseudo-objeto indireto nas frases do tipo *Je me lave les dents*, *eu me escovo os dentes* (mas não **Je me lave la voiture* nem **eu me escovo o cavalo*), *il lui a cassé la figure*, *ele quebrou-lhe a cara* (mas não **il lui a volé la voiture* nem * *ele quebrou-lhe o carro*) da mesma forma que as construções do tipo *il a la figure rouge*, *ele tem o rosto vermelho* (cf. **il a la voiture rouge* e **ele tem o carro vermelho* impossíveis no sentido de "*seu carro é vermelho*"). Na verdade, a questão de saber se uma gramática gerativa tratará tal hierarquia em termos sintáticos ou em termos semânticos permanece aberta. Cf. abaixo, § 5.1.

16. A descrição de uma língua é chamada *formal* se descreve as relações entre os símbolos que pertencem a esta língua (qualquer que seja a sua espécie: traços distintivos, fonemas, morfemas, sintagmas etc.) abstraindo-se a sua interpretação. Notemos que isto não significa que um estudo formal resuma-se em estudar os *sons* fazendo abstração do *sentido*: com efeito, a descrição fonética dos fonemas, por exemplo, representa uma interpretação da mesma forma que o conteúdo semântico atribuído a uma determinada categoria ou função gramatical. Sobre esta noção de "descrição formal", ver, principalmente, Carnap, 1939, p. 428, e Katz, 1966, p. 25.

17. Assinalamos acima (n. 15) os principais trabalhos dedicados à semântica no quadro da teoria gerativa; é preciso acrescentar, para o estudo das relações entre sintaxe e semântica, Chomsky (1964*b*, 1965*a*, 1966*a*). Para uma visão de conjunto da forma de uma gramática gerativa, ver Postal, 1964*d*. Quanto ao componente fonológico, ele foi estudado principalmente por Morris Halle (ver, em particular, Halle, 1959, 1962, 1964); um excelente apanhado daquilo que comporta uma fonologia gerativa pode ser encontrado em Chomsky e Miller (1963, § 6). A concepção da fonologia defendida por Chomsky e Halle afasta-se, em muitos aspectos, das concepções fonológicas clássicas praguenses ou americanas; em compensação, ela se aproxima, às vezes, de modo gritante, das concepções de Edward Sapir (1925, 1933). Para uma apresentação detalhada disto ver Chomsky e Halle

1968 e também Postal, 1968, Chomsky, 1964*b*, § 4 e Chomsky e Halle, 1965). Alguns detalhes sobre a fonologia gerativa podem ser aqui encontrados (cf. Cap. V, § 4.2.)

Notemos que aqui se coloca um problema terminológico. Enquanto dispomos de dois termos para distinguir a teoria *fonética* geral do componente *fonológico* de uma gramática particular, não temos senão um único termo, *semântico*, para designar tanto a teoria geral como o componente interpretativo de uma gramática.

18. Notemos que esta distinção é suficiente para pôr em dúvida a validade das sintaxes chamadas "funcionais", que visam definir imediatamente as estruturas gramaticais a partir das funções (funções semânticas, função de comunicação etc.) que devem preencher. Na verdade, do ponto de vista funcional, não há nenhuma razão para fazer distinção entre os exemplos [2*a* - 4*a*] e [2*b* - 4*b*]; por outro lado, se ligarmos de maneira muito imediata as estruturas gramaticais à necessidade de comunicar, à necessidade de facilitar a comunicação etc., não compreenderemos absolutamente por que, em português, [5*a*], que é ambígua, é bem formada, enquanto que [5*b*] e [5*c*], que não o são, são mal formadas. Muitos exemplos desse tipo podem ser facilmente encontrados. Se há uma razão para tais anomalias – se, apesar de tudo, é possível justificá-las em termos funcionais ou semânticos – não poderemos chegar a ela senão a partir de estudos formais, bastante desenvolvidos, da estrutura sintática de uma língua considerada no seu conjunto (para este exemplo, ver Cap. V, § 3).

19. Como veremos, um modelo da competência lingüística apresenta certas analogias com um autômato ou uma máquina de calcular (supondo-se mecanismos mais complicados que os que caracterizam a maioria dos autômatos até hoje conhecidos). É aqui que se situa o verdadeiro ponto de contacto entre a gramática gerativa e as máquinas de calcular. Chegou-se mesmo a pensar que "as pesquisas em gramática gerativa fossem o resultado de tentativas para utilizar as calculadoras eletrônicas com uma ou outra finalidade (Chomsky, 1964*b*, p. 61/25) por exemplo em Lingüística Aplicada, ou em tradução automática (esta idéia está expressa, por exemplo, por Joos, 1961, e por Reichling, 1961). Com efeito, esta idéia é completamente falsa. Ao contrário, o desenvolvimento da gramática gerativa tem servido para mostrar as insuficiências e os limites destas tentativas (cf. Bar-Hillel, 1964, *passim*). Em compensação, a gramática gerativa tem estreitas relações com o estudo abstrato dos autômatos, estudo que se desenvolveu a partir de certas pesquisas matemáticas (principalmente a teoria das funções recursivas). Pouco falaremos deste aspecto. Contentamo-nos em indicar alguns dos títulos da bibliografia: Chomsky, 1963, Kleene, 1956, Davis, 1958, apresentam uma introdução a estas questões. Uma introdução elementar à teoria dos algoritmos e das máquinas de calcular pode ser encontrada em Trakhtenbrot, 1963.

20. Esta confusão aparece em certos trabalhos de Dubois (1965*b*, 1966; também Dubois *et alii*, 1965). Notemos que Dubois freqüentemente utiliza uma terminologia vizinha da terminologia da gramática gerativa, empregando-a, entretanto, de modo diferente do de Chomsky e seus discípulos (cf. principalmente o uso que ele faz do termo "transformação").

21. É evidentemente possível dar uma interpretação semântica ao fato de ser agramatical o emprego do artigo indefinido nos superlativos. Mas isto não altera em nada a necessidade de indicar primeiramente esta restrição na gramática. Encontraremos um estudo gerativo de problemas desse tipo aplicado ao inglês em C. S. Smith, 1961, 1964.

22. Sobre este ponto, cf. principalmente Chomsky, 1962*b*, assim como Fodor-Katz, 1964, p. 17, n. 18. Não se poderia exagerar esta diferença entre uma gramática que recorre à intuição dos falantes e uma gramática que pretende levar em conta esta intuição. Para a gramática gerativa, a intuição dos falantes fornece os dados que uma gramática deve explicar

(por exemplo, os julgamentos que os falantes podem fazer sobre a gramaticalidade das frases etc.) Na medida em que se interessam por dados que não são, assim, direta e fisicamente observáveis, Chomsky e seus colaboradores foram freqüentemente acusados pelos estruturalistas de regredir, uma vez que o progresso decisivo introduzido pelos estruturalistas teria consistido precisamente na criação de métodos objetivos para o estudo da linguagem. Veremos mais adiante como é preciso encarar esta pretensa objetividade dos métodos estruturalistas de análise (v. § 6). Na verdade, uma gramática, desde que não se limite a uma simples classificação dos enunciados fisicamente observáveis nos *corpus*, não pode deixar de utilizar como dados fenômenos mentais, que dependem da intuição dos falantes (cf. Chomsky, 1961*b*, Katz, 1964*c*). Deste ponto de vista, as gramáticas estruturalistas, mesmo as dos mais "objetivistas" lingüistas americanos (Harris e Bloch), não fogem à regra.

23. Voltaremos mais adiante ao problema das relações entre gramaticalidade e interpretabilidade (§ 5, p. 52 e s.). Lucien Tesnière (1959, p. 41) já tinha notado a necessidade de distinguir o plano gramatical (mais precisamente, sintático) – que ele chama "estrutural", mas este termo é muito geral – do plano semântico. Ele ilustra a distinção por meio de um exemplo:

a) le signal vert indique la voie libre
b) le silence vertebral indispose la voile licite

onde (*b*) é obtido pelo procedimento – bastante conhecido dos patafísicos – que consiste em substituir cada entidade lexical de (*a*) pelo termo da mesma categoria que a segue imediatamente no dicionário. Vemos que (*a*), assim como (*b*), tem uma estrutura gramatical bem definida, mas que apenas (*a*) é imediatamente interpretável. É divertido constatar que – contrariamente ao que diz Tesnière – (*a*) e (*b*) não têm exatamente a mesma estrutura gramatical; com efeito, em (*b*) *licite* só pode ser considerado um epíteto, enquanto que em (*a*) *libre* é um atributo de *la voie* (cf. *le signal vert indique que la voie est libre*, e a diferença, há muito reconhecida, entre *J'ai trouvé cet aimable garçon* e *J'ai trouvé ce garçon aimable*).

É preciso, no entanto, dizer que Tesnière se mostra muito pouco fiel aos seus princípios, e que, sob muitos aspectos, sua sintaxe repousa num certo número de pressupostos semânticos (cf. abaixo, Cap. IV, § 6.1.).

A mesma distinção, entre elementos gramaticais e elementos interpretáveis, vale para a Fonologia e para a Sintaxe. Em francês, as seqüências *verchon* e *fourgu* (cf. a tradução do "Jabberwocky" de Lewis Carroll) ou ainda *pafé* ou *féka* (cf. Jakobson, 1963*a*, p. 60) não têm sentido; elas são, entretanto, compostas de fonemas franceses encadeados segundo os princípios de encadeamento dos fonemas em francês. Elas são, pois, "fonologicamente gramaticais", e um falante francês poderia considerá-las como palavras francesas possíveis, ou até mesmo como palavras existentes, mas que ele desconhece. Em compensação as seqüências [fexa], [ɔŋõ], [mba] serão consideradas estranhas, "fonologicamente não-gramaticais", as duas primeiras porque compreendem fonemas estranhos ao francês, e a terceira porque contém fonemas franceses numa ordem inabitual. Entretanto, isto não quer dizer que algumas dessas seqüências não possam ser interpretadas; assim [ɔŋõ] poderá ser tomado como uma pronúncia anormal de *oignon* (cf. além de Jakobson, *loc. cit.*, Halle, 1962). O caso de *verchon* é, portanto, análogo, no plano fonológico, ao de [10*a*] no plano sintático, enquanto que o de [ɔŋõ] é análogo ao de [1*b*] **Pomme un manger Jean.*

24. Isto é particularmente verdadeiro quando se trata de *corpus* espontâneos, como o das conversas gravadas improvisadamente, cf. para a análise de uma amostra desse tipo, Garvin, 1964, p. 44 e s.

25. Tomemos como exemplo, entre uma multidão de outros possíveis, a frase de Gide: *Si pourtant je lui disais qu'on ne vous laisse seul pas une heure de jour ou de nuit* (citada, entre outras do mesmo tipo, por Blinkenberg, 1933, II, p. 200). É claro que uma sintaxe do francês que

não indicasse que esta frase se afasta de algum modo da gramaticalidade, não daria uma imagem fiel da competência normal dos falantes franceses. Isto não significa, nem que esta frase não possa receber uma interpretação, nem que não possa ser justificada em termos estilísticos ou estéticos. Repitamos, com Chomsky (1961*b*, p. 231, n. 23) que o fato de marcar um enunciado como agramatical não implica nenhuma espécie de juízo normativo, e tampouco implica que este enunciado não possa ser utilizado de maneira adequada, com um fim expressivo qualquer, em literatura (ou mesmo na linguagem cotidiana). Ao contrário, a distinção de um lado dos enunciados gramaticais (ou ainda dos enunciados semanticamente "normais") e de outro dos enunciados que, de alguma forma, apresentam desvios formais ou semânticos, pode ser útil aos estudos literários. Ver, neste aspecto, Todorov, 1966 (artigo sobre as "Anomalies Sémantiques"). É preciso também não cometer a confusão inversa, e construir uma estilística ou uma poética unicamente em termos de "desvios" lingüísticos.

26. É evidentemente, em parte, como reação às confusões deste tipo que se desenvolveu a Lingüística estrutural descritiva, com sua insistência na descrição de estados de língua, na observação da linguagem oral, no exame objetivo dos *corpus*. Infelizmente, essa reação trouxe muitas vezes consigo a recusa do que havia de justo na noção de correção gramatical, a saber, o fato de que a competência, a língua, não pode ser descrita diretamente em termos de observações, mas somente por meio de um sistema de regras que enumerem as frases bem formadas. Notemos, aliás, que há algo de contraditório em querer limitar o estudo à observação dos *corpus* (sempre heterogêneos), por um lado, e em isolar estilos ou dialetos homogêneos, de outro (cf. Harris, 1951, Cap. II e, em particular, p. 9).

27. Estas considerações não têm nada a ver com o fato de que estas duas frases poderiam ambas ser encontradas e tidas por normais, em tal ou tal contexto. Assim, a primeira poderia figurar numa conversa entre caçadores de caça grande, na África, e a segunda na boca de um operário que monta um luminoso. Como dissemos, o fato de uma frase ser ou não observada nada tem a ver com sua gramaticalidade, e é sempre possível, qualquer que seja o grau de extravagância ou de anomalia gramatical de uma frase, imaginar um contexto onde ela seria aceitável.

28. Aqui estão outros exemplos: há algum tempo atrás, pode-se dizer que as seguintes frases tinham probabilidades de ocorrência muito diferentes, nos jornais, por exemplo: (*a*) *o general de Gaulle foi assassinado*; (*b*) *o general de Gaulle corre o risco de ser assassinado*; (*c*) *o presidente Kennedy foi assassinado*. Estas diferenças não as impedem, entretanto, de serem as três perfeitamente gramaticais. O fato de uma frase ter uma estrutura muito simples (*os homens comem*) não a torna necessariamente mais freqüente que uma frase mais complexa (*toda semelhança com pessoas vivas ou mortas é mera coincidência*) (Cf. Lees, 1957, p. 383).

29. Por exemplo, não podemos contentar-nos com tipos de frases tão gerais como Artigo + Nome + Cópula + Adjetivo, mas cada uma dessas classes deve ser subdividida, se não quisermos engendrar seqüências agramaticais (ou fracamente gramaticais), como *o homem é numeroso* ou *a rosa é decisiva* etc. (cf. abaixo, § 5, (*f*)). Por outro lado, desde que se considerem frases de uma certa extensão, percebe-se que o número de tipos de frases, definidos desta forma, multiplica-se sem limites. Por exemplo, qual pode ser a freqüência relativa do tipo de frase – da seqüência de classes – ilustrado pela seguinte frase, que é perfeitamente gramatical e que não é, aliás, muito complicada:

> Le regret qu'ont les hommes du mauvais emploi du temps qu'ils ont déjà vécu ne les conduit pas toujours à faire de celui qui leur reste à vivre un meilleur usage (La Bruyère).

(basta tentar construir uma outra frase, composta exatamente da mesma seqüência de classes de morfemas, mas com morfemas diferentes, para se dar conta da pequena possibilidade de encontrar uma segunda vez este mesmo "tipo de frase").

Encontraremos argumentos de ordem psicológica, que tendem a excluir as considerações probabilistas da sintaxe, nos trabalhos de G. A. Miller e de seus colaboradores; cf. Miller, Galanter e Pribram, 1960; Miller e Isard, 1963 (p. 224), Miller e Chomsky, 1963; para um resumo bastante claro, ver Miller, 1964*b*.

Uma coisa completamente diversa seria, sem dúvida – uma vez constituída a gramática sobre bases que nada têm a ver com procedimentos assentados na freqüência das frases – perguntar-se sobre a freqüência relativa, em certos *corpus*, de certos tipos de frases muito específicas (descritas primeiramente em termos puramente gramaticais, isto é, não-probabilistas), e tentar fornecer uma explicação às variações de freqüência segundo os tipos e subtipos considerados. Parece ser este o objetivo a que se propôs Dubois em seu estudo sobre o passivo (1966) (ainda que ele empregue, como acima dissemos cf. n. 20, uma terminologia, inspirada em Chomsky, que se presta a confusões). Mas a pesquisa se refere, então, não mais à gramática (a uma teoria da competência), mas ao uso que os falantes concretamente fazem do mecanismo da linguagem; a pesquisa tampouco se refere à gramaticalidade das frases, mas a sua *aceitabilidade* (cf. Chomsky, 1965*a*, p. 10 e ss., e aqui abaixo, § 4.2. e Cap. III, § 3.3., em particular as notas 19 e 20).

30. Cf. Benveniste, 1966, p. 129: "Os fonemas, os morfemas, as palavras [lexemas], podem ser contados; eles são número finito. As frases, não". Claude Lévi-Strauss também reconheceu claramente este fato e viu as conseqüências que acarretaria em relação à sintaxe: "A sintaxe não espera para manifestar-se que uma série teoricamente ilimitada de acontecimentos possam ter sido apontados, porque ela consiste precisamente no corpo de regras que preside o seu engendramento". (LÉVI-STRAUSS, Claude, *Le cru et le cuit*. Paris, Plon, 1964, pp. 15-16.)

31. A gramática G_3, que engendra todas as frases de L_3, é um pouco mais complexa; Aqui está ela:

$$
\begin{aligned}
G_3 : R_1 &: F \rightarrow aa \\
R_2 &: F \rightarrow bb \\
R_3 &: F \rightarrow aPa \\
R_4 &: F \rightarrow bPb
\end{aligned}
$$

No capítulo III, estudaremos mais demoradamente alguns modelos gramaticais considerados com "sistemas de reescritura".

32. Quando soubermos um pouco mais sobre a natureza e a forma das regras recursivas subjacentes à formação das frases nas línguas naturais, voltaremos aos efeitos da aplicação repetida dessas regras sobre a performance, e à necessidade de distinguir claramente as frases gramaticais e as frases "aceitáveis" – dependendo este último conceito de uma teoria da performance. Cf. abaixo, Cap. III, § 3.3 (notas 19 e 20).

33. Cf. também as seguintes notas citadas por Godel: "Do lado interno (esfera língua) não há jamais premeditação, nem mesmo meditação, de reflexão sobre as formas, fora do ato, do momento da fala, exceto uma *atividade inconsciente quase passiva, e, em todo caso, não criativa*: *a atividade de classificação*" (Godel, 1957, p. 145; os grifos são meus). Notemos que, se Saussure e Chomsky se opõem no que diz respeito ao caráter criador da língua, eles estão no entanto de acordo quanto ao seu caráter inconsciente: a competência lingüística é um saber inconsciente, ou, ao menos, implícito (cf. principalmente, Chomsky, 1965*a*, p. 21 e s.; 1966*a*, p. 3); mas Saussure parece ligar os dois aspectos, como sugere esta citação. Por outro lado, é possível que Saussure tenha visualizado uma superação dessa concepção estritamente taxinômica, por exemplo, quando distingue, ao lado das unidades discretas, delimitáveis, o que chama de procedimentos

(cf. Godel, *op. cit.*, pp. 127, 227), ou sobretudo quando fala do "mecanismo de linguagem" (*ibid*, pp. 176, 250; também Saussure, 1916, p. 154). Mas, como diz Chomsky (1964*b*, p. 59/23), esta última noção é "antes obscura"; quanto à diferença entre as "entidades concretas" e os "procedimentos", parece referir-se sobretudo a duas variantes possíveis do modelo taxinômico, elaboradas posteriormente pelos lingüistas americanos sob os nomes de modelos "a item e arranjo" e "a item e processo" (cf. Hockett, 1954, e aqui abaixo, Cap. III, § 7).

34. Em Godel, as citações testemunham certas hesitações quanto a este aspecto; cf. p. 68 e s. Saussure sentiu claramente que era neste ponto que se situava uma das grandes dificuldades de sua concepção da linguagem.

35. Uma formulação equivalente seria a seguinte: uma gramática explícita (uma gramática gerativa) consiste num conjunto finito de regras que engendram (enumeram) um conjunto infinito de pares, cada um deles constituído de uma frase gramatical (isto é, de uma seqüência de elementos sintáticos minimais, "morfemas") e de uma ou mais descrições estruturais (uma frase receberá várias descrições estruturais se for ambígua sintaticamente, cf. abaixo, § 5.1. (*c*)). É preciso acrescentar que uma gramática deve ser também capaz de atribuir a cada seqüência não-gramatical de morfemas um determinado grau de desvio em relação à norma gramatical, e indicar como, em certos casos, uma frase não-gramatical pode receber uma interpretação semântica, por comparação com frases perfeitamente bem formadas (assim, uma gramática deveria ser capaz de indicar precisamente como a frase **eu nada não vi* recebe uma interpretação, na medida em que pode ser aproximada de *eu nada vi*); entretanto, este é um ponto sobre o qual não insistiremos.

36. Cf. Brunot, 1922, p. 60 e Jespersen, 1924, p. 162; ver também Bally, 1932, p. 173.

37. Muitos lingüistas (Bally, 1932; Jespersen, 1924; Hockett, 1958, p. 152 e s.) se interessaram pelas ambigüidades sintáticas às vezes chamadas "homonímias sintáticas" (Bally) ou "homonímias de construção" (Hockett) e as viram como indícios preciosos da estrutura das línguas estudadas. Outros, entretanto, (Uhlenbeck, 1963) relutaram em admitir a legitimidade de seu estudo, na medida em que certas ambigüidades, se não todas, podem ser desfeitas recorrendo a traços especiais, tais como uma entonação contrastante – possível, por exemplo, para [11], mas não para [10] – ou ao contexto. Na verdade, temos aqui uma das razões para separar nitidamente o estudo gramatical das frases do estudo do contexto, quer ele seja lingüístico ou de situação (cf. § 2.1.). Com efeito, recorrendo ao contexto, é sempre possível compreender uma frase, por mais aberrante que ela seja. E, da mesma forma que as frases semanticamente anômalas têm necessidade, para serem compreendidas, de um comentário, ou de serem imaginadas num contexto particular (cf. o comentário de Jakobson a *Colorless green ideas sleep furiously*, 1963*a*, p. 204 e aqui, acima § 3.2.), também as frases ambíguas têm necessidade de uma informação suplementar para ver a sua ambigüidade resolvida. Como observa Lees (1960*a*, 3.ª ed., p. XXXIX), é precisamente o que distingue [9 - 12] frases não-ambíguas tais como *O menino chuta a bola* ou *eu espero a chegada de Pedro*, que são imediatamente compreendidas, sem necessidade de recorrer a uma informação suplementar. A ambigüidade constitui, assim, um traço estrutural de frases como [9 - 12], e este traço exige uma descrição. Por outro lado, é preciso distinguir esses casos de ambigüidade sintática dos casos de ambigüidade lexical (decorrentes da homonímia no sentido clássico do termo), como encontramos por exemplo em *aluguei este livro*; nem sempre é fácil e é justo perguntar se nossa frase [12] depende de um ou de outro tipo, ou provavelmente de uma combinação dos dois. Na verdade, a ambigüidade parece ser um traço estrutural das línguas naturais (basta compará-las às linguagens lógicas para nos convencermos) e começa a constituir objeto de

estudos de Lingüística matemática (cf. Chomsky, 1963, p. 387 e s.). A questão de saber em que níveis e sob que formas se manifestam as ambigüidades, assim como a questão do grau de ambigüidade que uma língua pode tolerar, são muito importantes para uma teoria sintática; além disso, elas desempenharão um importante papel numa teoria da performance. Notemos a este propósito que a questão das ambigüidades permite ilustrar, sob um aspeeto, a distinção entre competência e performance e, correlativamente, a distinção entre frases gramaticais e frases aceitáveis. As frases [9 - 12] são gramaticais, isto é, serão engendradas, com duas descrições diferentes de cada vez pela gramática mais simples concebida para explicar frases não-ambíguas. Mas, precisamente por causa de sua ambigüidade, elas podem — ao menos algumas — ser julgadas mais ou menos inaceitáveis pelos falantes; e este julgamento é sancionado pelos gramáticos tradicionais, que aconselham substituí-las por uma perífrase (cf. Grevisse, p. 130, a propósito da frase "quel auteur cite ce conférencier?" — "que autor cita este conferencista?"). Notemos que, ambíguo também em português, este julgamento não vale para todos os casos de ambigüidade; assim, as frases do tipo [10] parecem ser geralmente admitidas sem dificuldade. A ambigüidade de uma frase não pode ser pura e simplesmente identificada com um fator de agramaticalidade.

A maneira pela qual um modelo lingüístico explica os fatos de ambigüidade em geral fornece um dos índices indiretos mais seguros para sua validade, como muitas vezes observou Chomsky (1956, p. 118; 1957*a*, p. 86). Com efeito, se o modelo mais simples e mais geral, concebido para explicar frases não-ambíguas, é precisamente aquele que atribui duas ou mais descrições estruturais distintas às frases ambíguas, é muito provável que este modelo seja empiricamente correto.

38. Notaremos que uma gramática capaz de tratar relações de seleção desse tipo resolverá automaticamente a questão da ambigüidade de [13], acima, em face da não-ambigüidade de [14] e [15]. É porque [29] é excluído como agramatical — *temer* não admitindo sujeito inanimado — que [14] só admite uma interpretação; da mesma forma [15] é não-ambígua na medida em que *ameaçar* exige em princípio um objeto animado; mas [13] é ambígua na medida em que, *temer* exigindo um sujeito animado, tanto *inimigos* como *soldados* preenchem esta condição. Encontramos aqui um dos casos de que falávamos na nota 36, onde um tipo de descrição concebida para explicar um certo tipo de problemas — no caso, as relações de seleção — que, em princípio, nada tem a ver com a questão das ambigüidades, serve indiretamente para explicar um certo tipo de ambigüidade (ou, inversamente, o fato de que certos tipos de frase não possam ser compreendidos como ambíguos).

39. Como já assinalamos na nota 6, o sentido muito amplo dado ao termo *gramática* cria certos problemas terminológicos. Enquanto este termo cobre ao mesmo tempo os componentes sintático, semântico e fonológico, a noção de "gramaticalidade" aplica-se unicamente aos níveis sintático e fonológico e se opõe às noções de normalidade ou de anormalidade semântica.

39. *bis*. A questão das relações entre sintaxe e semântica, em geral, e a questão do tratamento das relações de seleção, em particular, continuam muito controvertidas. Para uma concepção diferente da de Chomsky, ver McCawley (1968). Ver também Chomsky (1968) e Kuroda (1969).

40. No essencial, esta concepção parece estar de acordo com a de Benveniste: "a Lingüística tem um duplo objeto, é a ciência da linguagem e ciência das línguas [. . .] a linguagem, faculdade humana, característica universal e inamovível do homem, é diferente das línguas, sempre particulares e variáveis, nas quais ela se realiza. O lingüista dedica-se às línguas, e a Lingüística é antes de tudo a teoria das línguas. Mas [. . .] esses diferentes caminhos se cruzam freqüentemente e finalmente se confundem

porque os problemas infinitamente diversos das línguas têm em comum o fato de, num certo grau de generalidade, trazerem sempre à baila a linguagem" (Benveniste, 1966, p. 19).

Tirando estas notáveis exceções, Benveniste e Jakobson, os estruturalistas sempre se mostraram desconfiados no que diz respeito ao estudo dos universais de linguagem. Durante muito tempo, eles, ao contrário, insistiram sobre a diversidade das línguas humanas e praticamente limitaram a alguns princípios muito simples – a dupla articulação, o arbitrário do signo – as afirmações relativas aos traços universais. As citações de Hjelmslev e de Joos feitas acima (§ 2.2.) são típicas; podemos acrescentar-lhes a seguinte, de Martinet: "Uma língua é um instrumento de comunicação segundo o qual a experiência humana se analisa, diferentemente em cada comunidade, em unidades dotadas de um conteúdo semântico e de uma expressão fônica, os monemas; esta expressão fônica articula-se por sua vez em unidades distintas e sucessivas, os fonemas, em número determinado em cada língua e cuja natureza e relações mútuas também diferem de uma para outra língua [. . .] Fora desta base comum [a dupla articulação e o caráter vocal, N. R.] *nada há de propriamente lingüístico que não possa diferir de uma para outra língua*" (Martinet, 1960, p. 25, sublinhado pelo autor). Para os teóricos da Gramática Gerativa, ao contrário, a partir do momento em que se atribuem à Gramática as tarefas de que falamos, somos obrigados a postular-lhe uma estrutura muito mais específica, que se encontra em toda gramática, e que representa os traços universais, comuns a todas as línguas humanas.

O estudo das tarefas da teoria geral está no centro das preocupações de Chomsky e se encontra em todos os seus trabalhos; ver, em particular, 1961*a*, 1962*b*, 1964*b*, 1965*a*, Cap. I, 1966*a*; ver também Katz e Postal, 1964, e Katz, 1966. O problema dos universais é abordado em particular em Chomsky, 1965*a*, Cap. I e *passim*, e em Katz-Postal, 1964, § 5-3.

41. O "sempre" vale para as tomadas de posição teóricas dos estruturalistas, para suas declarações de princípio. Um grande número de pesquisas concretas indicam que só raramente eles respeitam este princípio.

42. Podemos, por exemplo, decidir escolher, como contexto típico, uma certa classe com número limitado de membros, como a dos afixos verbais. Em seguida, definimos distribucionalmente duas classes de elementos, os que podem ser encontrados neste primeiro contexto (e que serão os verbos – ou melhor, as raízes verbais) e os que não se encontram (os "não-verbos"); em seguida, subdividimos de novo esta última classe, por exemplo em nomes, de um lado (os elementos que podem ser encontrados, no contexto *artigo* –) e, em partículas, do outro (os elementos que não se encontram no contexto *Artigo* –) etc. Vemos que este exemplo coloca imediatamente a questão: "como justificar a escolha do primeiro contexto típico?"

43. Entre as obras francesas mais recentes que se situam numa perspectiva distribucional podemos citar Dubois, 1965*a*, e Jacqueline Thomas, 1963. Mas é fácil ver que, apesar das aparências, elas não fornecem um procedimento de descoberta efetivo. Com efeito, a gramática de Dubois se dá desde o início um quadro, o do "enunciado minimal formado de um sintagma nominal e de um sintagma verbal"; ora, este quadro não é "descoberto" mas dado *a priori*; o método de Dubois representa, assim, um caso da técnica de substituição em contextos idênticos. Da mesma forma, Jacqueline Thomas se dá no início o enunciado minimal e toma também o monema como um termo primitivo não definido. O método distribucional aparece assim, nestas duas obras, mais como um modo de apresentação do que como um método de justificação dos resultados.

44. Como já disse e redisse Chomsky, a questão: "Como é possível construir uma gramática sem recorrer ao sentido? " é mal colocada [. . .] A questão que seria preciso fazer é: "Como construir uma gramática?"

(Chomsky, 1957*a*, p. 93). Com efeito, não é absolutamente evidente que seja possível construir uma gramática recorrendo ao sentido. Se isto significa, por exemplo, que é possível definir a descrição estrutural das frases imediatamente em termos semânticos, sem passar por uma elaboração formal desenvolvida – e dando por exemplo desde o início uma definição semântica das categorias, funções e relações gramaticais – parece, a julgar pelas diversas tentativas efetuadas no passado, que esta pretensão não se justifica. Como já dissemos, é uma outra questão – aliás extremamente interessante – saber se é possível, dado que se possua uma descrição sintática formal suficientemente elaborada, dar-lhe uma interpretação semântica.

45. Na realidade, Greenberg mostra outras condições nas quais é possível decompor um enunciado em morfemas; mas essas condições são de fato mais fracas que estas e ainda mais fáceis de criticar.

46. Assim, teríamos, no primeiro caso, um morfema *bon-* = "amplo, vasto", um morfema *guin-* = "estreito, apertado", *-der* = "sufixo verbalizante", *-barde* = "instrumento de música". No segundo, teríamos (com morfemas descontínuos, possibilidade amplamente admitida pelos estruturalistas, inclusive Greenberg) *-i-* = "diminutivo", *-ou-* = "aumentativo", *p - ss* = "atividade centrífuga", *s-ffl* = "deslocamento de ar".

Para os exemplos portugueses, teríamos no primeiro caso *-rt-* = morfema de lugar, *o* = "grande", *ó* = pequeno = *o* = "de chegar", *a* = "de passar" etc. No segundo caso, teríamos: *-ar* = sufixo verbalizante, *-ch* (x)- "ação feita com certa violência", *i* (*n*) = "de dentro para fora", *u* (*r*) = "de fora para dentro". Com um pouco de engenhosidade, como diz Chomsky, não é difícil imaginar outros exemplos do mesmo gênero (1959*c*, pp. 208-209). Esses exemplos parecem absurdos apenas porque falamos a língua em que são dados e temos acesso, intuitivamente, ao sistema da língua. Lembremos que, na perspectiva de Greenberg, o lingüista não tem, por definição, acesso a este sistema, que ele deve descobrir. Os elementos de sentido que ele pode conhecer são, em princípio, esparsos e pouco diferenciados (ele não pode, por exemplo, fazer a distinção entre os empregos metafóricos e os empregos comuns das palavras). Acrescentemos ainda que certas relações de sentido, do tipo da que foi indicada entre *siffler* e *souffler* ou entre *puxar* e *pinchar*, podem perfeitamente ser observadas pelos falantes destas línguas e desempenhar um certo papel no uso que fizerem da linguagem (por exemplo, em poesia); mas este é um terreno que nada tem a ver com a análise morfemática. Este problema das entidades inframorfemáticas dotadas de sentido foi evocado – com as dificuldades que ele cria para uma definição "operacional" dos morfemas – por D.L. Bolinger, já em 1948.

47. Trata-se, mais uma vez, da intuição que o falante tem do sistema formal da língua (no caso, o sistema fonológico) – que é diferente de sua intuição do sentido. Por exemplo, um falante do francês sabe intuitivamente que uma dada ocorrência de *port* é fonematicamente idêntica a uma dada ocorrência de *porc*, da mesma forma que uma ocorrência de *port* é idêntica a uma outra ocorrência de *port* e diferente de uma ocorrência de *bord*. Este saber é totalmente diverso daquele que lhe permite perceber as diferenças de sentido entre *port*, *porc* e *bord*.

48. Os enunciados-ocorrências dados para o francês são os seguintes:

[. . . Kɔt ǀ . .]	cf. (une) cotte (de mailles)	[1]
[. . . Kot . . .]	cf. (une entre) côte	[2]
[. . . Kot . . .]	cf. (grimper une) côte	[3]
[. . . Kɔ̣t ǀ . .]	cf. (la) cote (en bourse)	[4]
[. . . Kot . . .]	cf. (une) côte (de porc)	[5]
[. . . Kɔt ǀ . .]	cf. (il a reçu une bonne) cote	[6]

onde há uma única oposição fonológica entre, de um lado, [1], [4], [6] e, de outro, [2], [3], [5].

Notemos as dificuldades que apresenta o recurso ao sentido. Tradicionalmente, distinguem-se aqui três palavras, *côte*, *cote* e *cotte*, das quais as duas últimas são (fonematicamente) homônimas. Entretanto, do ponto de vista puramente semântico, há, a primeira vista, mais relação entre *côte* em [3] e *cote* em [4] (a idéia de algo suscetível de subir e descer, ou de ser levado a subir e a descer) do que entre *côte* em [3] e *côte* em [2] ou [5].

49. Encontraremos uma discussão semelhante, com exemplos ingleses, em Lees, 1959, p. 396.

50. A argumentação de Chomsky é aqui dirigida contra H. Frei (1961, pp. 41-42). Este admite, contraditoriamente, que só se pode atribuir sentido aos elementos de língua e que é necessário recorrer ao sentido para determinar as oposições fonemáticas.

Existe, de fato, um método que permite, nos casos duvidosos (como *côte/cote*, *port/porc* etc. em francês, (troco(s)/troco(u), sessão/seção/cessão etc. em português) determinar se dois enunciados-ocorrências são ou não idênticos, fonematicamente; trata-se do "teste dos pares" (*pair test*) proposto por Harris (1951, pp. 31-32; ver também Halle, 1954; Chomsky, 1955*c*); resumidamente, este teste consiste em substituir, a um dado som na gravação de um dado enunciado (por exemplo o /o/ de *côte* ou de *troco* (s)) um outro som emprestado de um outro enunciado (por exemplo, o /ɔ/ de *cote* ou de troco (u)), depois apresentar o novo enunciado ao informante e ver se ele o aceita como sendo ou não uma "repetição" do primeiro enunciado; em caso positivo, os dois enunciados são considerados idênticos fonematicamente. Este teste pode ser aperfeiçoado de diversas maneiras, fazendo, por exemplo, o informante ouvir uma série de ocorrências, distribuídas ao acaso, de duas seqüências fônicas (por exemplo, troco/troco) e pedindo-lhe para identificar as repetições.

O fato de as diferenças fonemáticas serem efetivamente utilizadas para exprimir diferenças de sentido – mais precisamente, para diferenciar morfemas (isto é a "função distintiva dos fonemas") – é um outro problema, que é preciso distinguir cuidadosamente do da possibilidade ou da impossibilidade de um procedimento de descoberta efetivo. Como diz Chomsky (1957*a*, p. 101, n. 9), "dados o instrumento linguagem e seus mecanismos formais, podemos e devemos estudar suas funções semânticas", mas o estudo funcional pressupõe necessariamente o estudo formal. Evidentemente, há numerosas correspondências entre o aspecto formal (fonológico ou sintático) da linguagem, e suas funções semânticas, mas essas correspondências não são nunca perfeitas (como prova a questão dos homônimos); identificando os dois aspectos ou fazendo o estudo formal depender do estudo funcional, condenamo-nos a não ter jamais uma visão precisa ou diferenciada do mecanismo formal da linguagem (cf. n. 44).

Enfim, se é necessário fixar um "nível de representação" fonemático, distinto do nível dos morfemas e da representação puramente fonética, é em virtude de considerações de simplicidade, que têm apenas uma relação indireta com a "função distintiva". Retornaremos a este problema capital – dos "níveis de representação" no Cap. II, § 1.

51. Isto vale também, numa certa medida, para os glossemáticos. Tanto em Hjelmslev (1953), como em Togeby (1951), a *forma* da descrição (da gramática) é identificada com a do *procedimento* que deve, em princípio, permitir descobri-la: trata-se aqui de um procedimento analítico, que decompõe o "texto ainda não-analisado" (Hjelmslev, 1953, pp. 12-13) em elementos cada vez menores, para chegar, finalmente, aos elementos últimos indecomponíveis (cf. abaixo, Cap. III, § 7).

52. Sobre esta redução da teoria ao que não é, em definitivo, mais do que a prática do lingüista descritor, nos estruturalistas neobloomfiel-

dianos, ver Teeter (1964), onde esta questão é considerada sob o ângulo da evolução histórica da lingüística americana.

53. Saussure, como Chomsky, preocupava-se muito mais com teoria geral do que com metodologia. Entretanto, o fato de haver representado a língua sob a forma de um inventário, pode ter encorajado os estruturalistas a acreditar que seria possível, a partir de procedimentos simples de segmentação e substituição, estabelecer mecanicamente a gramática de uma língua.

54. A questão do critério de simplicidade aparece constantemente na obra de Chomsky. Ver, em particular, 1962*a*, § 10, 1965*a*, Cap. I, § 4, § 7, 1966*a*, p. 11 e s.). Ver também Chomsky e Halle, 1965. É sobretudo no domínio da Fonologia, onde os problemas estão mais circunscritos que em Sintaxe, que a questão da elaboração de um procedimento de avaliação progrediu: ver Halle, 1961, 1962 e Chomsky e Halle, 1968. Sobre as relações entre a notação e a simplicidade, ver além de Chomsky, 1965*a*, Cap. I, § 7, Bach, 1964*a*, e Matthews, 1965, ver sobretudo Chomsky, 1967.

55. Cf. Hjelmslev, 1953, p. 18: "Se [. . .] a teoria lingüística chegar à construção de vários métodos possíveis de procedimento, todos fornecendo uma descrição coerente e exaustiva [. . .], escolheremos aquele que leve à descrição mais simples. Se vários métodos fornecerem descrições igualmente simples, escolheremos aquele que conduz a este resultado pelo procedimento mais simples". Mas, como Hjelmslev fazia uma concepção essencialmente taxinômica da descrição lingüística, a descrição mais simples significa para ele o inventário mais simples, isto é, aquele que apresentasse o número menor de elementos. Esta concepção aplicada sistematicamente por Togeby (1951) levou-o muitas vezes a resultados absurdos; cf., por exemplo, sua redução do sistema dos advérbios franceses (1951, p. 180 e s.): *presque*, *alors*, *beaucoup*, *toujours*, *jamais*, *déjà*, *jadis* etc., são excluídos do sistema, na medida em que seria possível decompô-los (*jamais* = *ja* + *mais*, *déjà* = *dès* + *ja* etc.). Esta verdadeira "redução ao absurdo" mostra os perigos tanto de uma concepção simplista da simplicidade, como de uma teoria que faz abstração da competência implícita do falante, para reter, como dados, apenas o "texto ainda não analisado"; notemos de passagem que o procedimento de decomposição seguido por Togeby está bastante próximo do de Greenberg oferecendo ainda menos garantias, uma vez que Togeby parece não exigir nem mesmo a presença de um quadrado para justificar suas decomposições.

Para Chomsky, ao contrário, a simplicidade em questão não é a do inventário dos elementos últimos, mas a do conjunto da descrição, a da gramática – como sistema de regras – considerada como um todo. Cada decisão particular – por exemplo, sobre o problema de saber se tal ou tal palavra deve ser decomposta em elementos menores – é tomada em função de suas repercussões no conjunto da gramática. A questão decisiva é sempre a seguinte: "Ao escolher a descrição de uma determinada maneira de um dado problema, estarei contribuindo para simplificar ou para complicar o conjunto da descrição?" É certo que eliminando, como faz Togeby, *toujours*, *déjà* etc., do inventário dos advérbios, colocamo-nos na incapacidade de formular certas generalizações interessantes sobre o comportamento dos advérbios em geral (cf. abaixo, Cap. IV, § 2.3).

2. Alguns Modelos Sintáticos Elementares

1. Tendo estabelecido para a gramática os objetivos que indicamos, Chomsky procurou estudar as propriedades formais que deveriam possuir os modelos gramaticais para serem capazes de preencher estes objetivos. Começou especificamente por perguntar se determinados modelos gramaticais, mais ou menos correntes, sob uma forma mais ou menos explícita, na Lingüística estrutural, correspondiam efetivamente às exigências fixadas. Isto o levou a dar a estes modelos uma forma totalmente explícita, isto é, a representá-los sob a forma de um mecanismo gerativo.

Antes de abordar o primeiro destes modelos, é necessário que retomemos a definição provisória que demos de uma frase (Cap. I, n. 5). Dissemos que uma frase podia ser considerada como uma seqüência de elementos minimais encadeados ou concatenados (daqui em diante utilizaremos a palavra *seqüência* como um termo técnico, designando uma sucessão qualquer de elementos quaisquer concatenados). Admitimos, sem mais, que estes elementos ao nível sintático, eram morfemas (aproximativamente, os morfemas da terminologia de Martinet). Na verdade, esta definição contém certos pressupostos e exige certos esclarecimentos.

Em primeiro lugar, esta definição pressupõe que as frases são constituídas de elementos *discretos*. Representamo-nos uma frase como "uma seqüência de átomos discretos, que são imediatamente justapostos ou concatenados, um depois do outro" (Chomsky e Miller, 1963, pp. 273-274). Observemos que esta idéia, por mais banal que seja, – ela corresponde particularmente à afirmação de Saussure sobre o caráter linear do significante – não é necessàriamente evidente. Em última análise, ao nível fonético, uma frase consiste numa série de sinais acústicos: ora, do ponto de vista puramente acústico, os sons da fala formam um *continuum*; não há na representação dos sons no espectógrafo, "indícios evidentes que nos permitam segmentar o sinal em entidades que se encontrem numa relação biunívoca com os fonemas que, para o lingüista, compõem o enunciado" (Halle, 1964, pp. 324-325). A representação de um enunciado sob uma forma fonemática (ou mesmo sob uma forma fonética, conforme, por exemplo, os princípios da Associação Fonética Internacional) já constitui, portanto, uma idealização, uma abstração. Ela implica uma hipótese científica sobre a natureza das línguas humanas, hipótese segundo a qual, para explicar um certo número de caracteres interessantes da linguagem, é suficiente dar-lhes uma representação em termos de átomos discretos. Esta hipótese é de fato banal, e foi admitida como ponto de partida por todos aqueles que, desde os gramáticos hindus, se ocuparam com a linguagem[1].

Em segundo lugar, nossa definição provisória se refere implicitamente a uma distinção entre dois níveis lingüísticos, o dos fonemas e o dos morfemas. E aí está outra vez uma distinção freqüentemente admitida pelos estruturalistas; ela corresponde à hipótese da "dupla articulação" de Martinet e reaparece, sob formas bastante próximas, em Jakobson, Benveniste, nos americanos e, sob uma forma um pouco diferente, na glossemática. Esta distinção, em geral, é acompanhada de considerações semânticas; diz-se que a linguagem se articula em dois níveis; o primeiro, o dos morfemas, consiste em unidades que têm ao mesmo tempo uma forma fônica (um significante) e um conteúdo semântico (um significado), enquanto que o segundo, o dos fonemas, compreende unidades puramente fônicas, que têm como única função a de distinguir os morfemas.

É preciso notar que, atribuindo aos morfemas um conteúdo semântico e insistindo sobre o fato de que os morfemas "se decompõem em" fonemas, deparamos com um certo número de dificuldades. Muitas vezes é bastante difícil atribuir um sentido preciso a certos morfemas (por exemplo a preposição *de* na expressão *aproximar-se de alguma coisa*), e mesmo, em certos casos, somente ao renunciar a atribuir um sentido a tal morfema conseguimos compreender sua função sintática (como o exemplo do auxiliar inglês *do*, abaixo, Cap. IV, § 4). Por outro lado, a idéia de que os morfemas se compõem literalmente de fonemas implica toda uma série de complicações: seremos, com efeito, levados ora a admitir morfemas que não são representados por nenhum fonema (os "morfemas-zeros"; cf. a ausência de marca do singular em inglês: *king* em face de *kings*), ora a atribuir a um único morfema várias formas fônicas diferentes (cf.) os três "alomorfes" do morfema lexical *ir* em português: *i* - *v* - *f* -) ora a agrupar várias significações distintas numa única seqüência de fonemas (são os fenômenos de "amálgama"; cf. em latim *-us*, que representa ao mesmo tempo o nominativo, o singular, o masculino), ora, enfim, a falar de morfemas "descontínuos" (cf. em inglês, o morfema lexical *t-k* "tomar", em *take/took*).

Para evitar todas estas dificuldades, freqüentes nos trabalhos dos estruturalistas (cf. Martinet, 1960, e diversos artigos reunidos em Joos, 1958), é preferível renunciar a pretender definir de chofre, antes de conhecer-lhes melhor a forma da gramática, os morfemas e os fonemas; é preciso, de alguma forma, abandonar a idéia de que estes constituem entidades concretas. Diremos simplesmente, por razões de simplicidade, que é necessário representar as frases por meio de (pelo menos) dois *níveis de representação abstratos* distintos.

O que entendemos por isso? A resposta é a seguinte: já admitimos que as frases devem ser representadas, ainda que não fosse senão ao nível fonético ou fonológico (que não é preciso distinguir aqui) por seqüências de elementos discretos (classes de sons ou fonemas), o que constitui já uma abstração. Verificamos que, se nos contentarmos em representar as frases como seqüências de fonemas – dizendo por exemplo que a frase "o menino chutou a bola" é representada por o meninu sutou a bola ou qualquer coisa deste tipo – a gramática que engendrará todas as seqüências de fonemas que correspondam a frases gramaticais será extremamente complexa (supondo-se que ela seja possível) e que, além disso, ela será incapaz de fornecer toda uma série de informações necessárias à descrição estrutural destas frases. Por exemplo, esta gramática será incapaz de dar duas representações distintas às frases [1] *eu apelo* e [2] *eu a pelo*, ou ainda a [3] *vou amar-te, ainda que não queiras* e a [4] *vou a Marte, ainda que não queiras*. Diremos então que a gramática é constituída de pelo menos dois níveis distintos, um que pode ser chamado fonemático e o outro, morfemático. Por exemplo, ao nível fonemático, [1] e [2] terão uma única representação, ou seja:

/euapelu/ [5]

Em contraposição, ao nível morfemático, haverá duas representações distintas[2] correspondentes a [5], ou seja:

eu apelo [6]
eu a pelo [7]

De modo geral e numa primeira aproximação (cf. Chomsky e Miller, 1963, p. 274; Chomsky, 1957*a*, pp. 11, 18, 58), representaremos a gramática como constituída de um conjunto de níveis lingüísticos (cujo número é necessário determinar), sendo que cada um representará uma frase sob a forma de uma seqüência de elementos concatenados. Estes níveis terão entre si uma relação hierárquica; cada nível será definido por um conjunto de elementos minimais (os fonemas ou os morfemas, nos dois casos aqui considerados) e por um conjunto de regras particulares; cada nível será ligado ao nível imediatamente inferior por *regras de representação*, indicando como os elementos do nível superior são representados pelos elementos do nível inferior. Não haverá necessariamente relação simples e imediata entre os elementos de um nível e os do nível inferior – no sentido em que, por exemplo, se diz que os morfemas "se compõem de fonemas", ou "se decompõem em fonemas". Basta comparar as duas representações de "amá-lo":

/amalu/ [8*a*]
amar-o [8*b*]

para se convencer de que as relações entre níveis podem ser bastante indiretas, tendo assim de recorrer a regras de representação bastante complexas (tais como regras de elisão, de amálgama etc.)[3].

2.1. Admitimos pois que as frases são representadas em dois níveis distintos; a estrutura sintática das frases será descrita em termos de morfemas, e a representação dos morfemas em termos de fonemas será descrita por um conjunto de regras ditas fonológicas (ou, às vezes, morfofonológicas) que aqui não nos interessam diretamente (ver Cap. V, §4.2).

Sendo as frases representadas ao nível sintático por seqüências finitas de morfemas qual é o modelo gramatical mais simples capaz de engendrar estas frases? Encontramos de imediato uma concepção muito conhecida da sintaxe; que já em Saussure encontra uma expressão bastante clara (1916, p. 170):

> no discurso, as palavras [os morfemas] estabelecem entre si, em virtude de seu encadeamento [de sua concatenação], relações fundadas no caráter linear da língua, que exclui a possibilidade de pronunciar dois elementos ao mesmo tempo. Estes se dispõem uns após os outros na cadeia da fala. Estas combinações [. . .] podem ser chamadas *sintagmas*. O sintagma se compõe, portanto, de duas ou mais unidades consecutivas.

Assim, esta concepção considera as relações entre os morfemas essencialmente do ponto de vista da sucessividade, da ordem linear; é a noção de *relações sintagmáticas*, que se encontra em Jakobson, Martinet, Hjelmslev etc. Como certas sucessões de morfemas são admitidas e outras não, porque certos morfemas são admitidos em início de frase enquanto outros o são apenas no fim etc., somos levados a representar a estrutura de uma frase essencialmente como uma seqüência finita de *lugares* ou de *posições*, cada uma das quais pode ser ocupada por certos morfemas. Há, para algumas, se não para todas estas posições, uma escolha possível entre um certo número de morfemas, o que permite definir *classes de morfemas*: pertencem a uma mesma classe os morfemas que podem se encontrar todos numa mesma posição (aqueles entre os quais a escolha é possível nesta posição); assim as frases: *o menino brinca*, *um menino canta*, *o moleque brinca*, definem três posições onde a cada vez, uma escolha é possível.

As relações que existem entre os morfemas que pertencem a uma mesma classe assim definida, são, a partir de Hjelmslev, chamadas *relações paradigmáticas*, e a distinção dos dois eixos – paradigmático e sintagmático – é tida (cf. Martinet, 1960, p. 53; Jakobson, 1963*a*, p. 45 e s.; etc.) como a distinção fundamental de linguagem. Acrescentemos que certas posições podem não ser preenchidas (cf. *o pequeno menino brinca* em face de *o menino brinca*), e que outras podem apresentar-se várias vezes – e mesmo um número indeterminado de vezes – em sucessão (cf. *o belo pequeno menino brinca*, ou ainda *ele é muito forte, ele é muito muito forte*, . . ., em face de *ele é forte*), o que introduz a possibilidade de certos mecanismos recursivos.

Esta concepção teve bastante eco na Lingüística estrutural, combinando-se, de modo mais ou menos claro (cf. já em Saussure, 1916, p. 172, p. 177), com um modelo mais complexo de que falaremos no capítulo seguinte (cf. Cap. III, §7). Notemos que ela já permite caracterizar certos aspectos da descrição estrutural das frases. Assim, certos tipos de frases (cf. Cap. I, §5.1 (e)) poderiam ser caracterizados por seqüências diferentes de posições (cf. *Pedro está cansado* em face de *está Pedro cansado?*), certas categorias – nomes, verbos, etc. – por certas classes de posições, certas funções ou relações pela ordem respectiva de certas classes etc.

Ora, existe um modelo, familiar aos engenheiros das comunicações (cf. Shannon e Weaver, 1949), e que já teve muitas aplicações em outros domínios, capaz de formalizar esta concepção sob uma forma gerativa bastante simples. É este o modelo que Chomsky (1956, p. 114 e s.; 1957*a*, Cap. III; 1963, p. 331 e s.; ver também Chomsky e Miller, 1958) estudou sob o nome de mecanismo (ou autômato) "a estados finitos" (*finite state automaton*) (poder-se-ia traduzir mais corretamente por "mecanismo a conjunto finito de estados"). Não o representarei aqui sob a forma de um conjunto de regras – as regras que o definem são na realidade um caso particular de um tipo de regras que consideraremos no capítulo seguinte – mas dar-lhe-ei sobretudo, de acordo com Chomsky (1957*a*), uma representação por imagem.

Pode-se representar este mecanismo como uma máquina de calcular de um tipo bastante banal que pode passar por um número finito de *estados*. Admite-se que esta máquina, em cada passagem (em cada *transição*) de um estado para outro, emite um certo símbolo (por exemplo um morfema do português). Cada transição de um estado a outro, com a emissão correspondente de um símbolo, corresponde a uma instrução da máquina (a uma regra da gramática). A máquina comporta um *estado inicial* e um *estado final*. Parte do estado inicial passa sucessivamente por uma série de estados, emitindo um morfema em cada transição e chega ao estado final. Pode-se assim dizer que cada seqüência produzida deste modo é uma frase, e que cada máquina deste tipo define uma linguagem, a saber, o conjunto das seqüências de morfemas que podem ser produzidos (emitidos) deste modo. As linguagens assim produzidas serão denominadas *linguagens a estados finitos*, e as máquinas que as produzem poderão, por sua vez, ser consideradas como *gramáticas a estados finitos*.

Uma gramática a estados finitos pode ser representada por um gráfico, chamado diagrama de estados (*state diagram*). O diagrama da Fig. 1, por exemplo, representa a gramática que engendra todas e não mais que as frases seguintes: *o menino é educado*, *o moleque é educado*, *o menino é travesso*, *o moleque é travesso*, *o menino é amável*, *o moleque é amável* (E_1 representa o estado inicial, E_5 o estado final). O diagrama da Fig. 2 representa a gramática que engendra

Figura 1

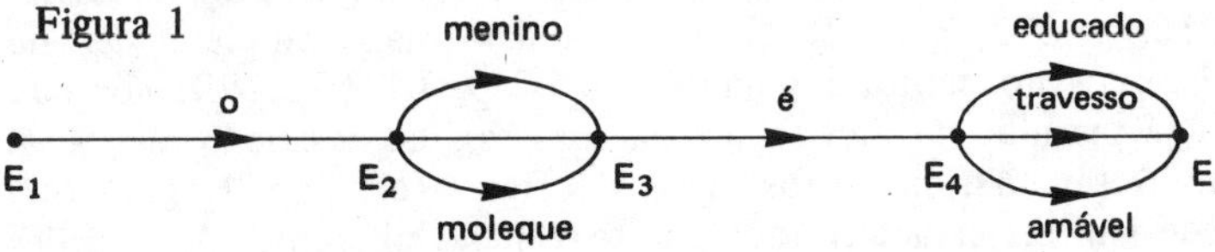

Figura 2

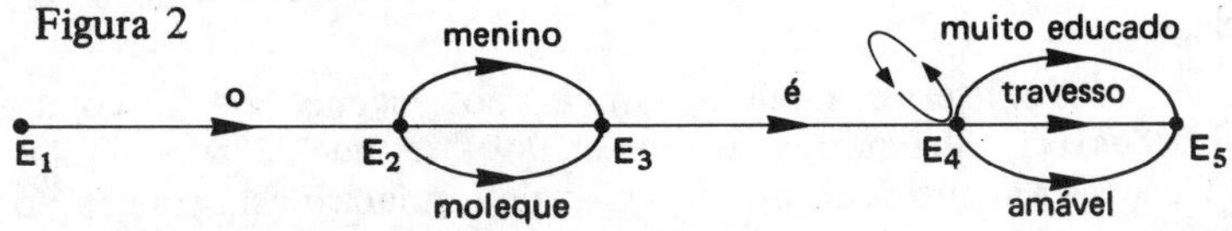

além das frases em questão, *o menino é muito educado*, *o moleque é muito educado*, *o menino é muito muito educado* etc. Vê-se que este tipo de autômato admite mecanismos recursivos elementares, obtidos graças à transição de um dado estado para si mesmo, transição que é representada no diagrama por um *anel*.

"Dado um diagrama de estados, produz-se uma frase traçando um caminho que vai do ponto inicial à esquerda ao ponto final à direita, seguindo sempre o sentido das flechas. Uma vez atingido um certo ponto do diagrama, pode-se seguir qualquer um dos caminhos que partem deste ponto, quer ele já tenha sido percorrido ou não anteriormente [. . .] Cada nó do diagrama corresponde a um estado da máquina. Pode-se admitir diversas espécies de transições de um estado a outro, e tantos e tão longos anéis quanto quisermos" (Chomsky, 1957*a*, p. 20; cf. também 1963, p. 334 e s.; para exemplos de diagramas mais complexos).

Este modelo, também chamado "modelo de Markov" ou "processo markoviano", é o mais simples que se pode conceber para um mecanismo finito capaz de engendrar um conjunto infinito de frases. Ele formaliza, como se pode ver facilmente, o essencial da intuição expressa na teoria dos dois eixos, sintagmático e paradigmático: cada transição de um estado a outro corresponde a uma posição na frase, os anéis correspondem às posições que podem ser omitidas, as diversas transições admitidas entre dois estados sucessivos correspondem a uma classe paradigmática.

Pode-se completar este modelo, atribuindo a cada transição de estado a estado uma *probabilidade* determinada. É sob esta forma que o modelo é em geral mais conhecido e encontra aplicações na Teoria da Informação (Shannon e Weaver, 1949, ver também Chomsky, 1963, p. 336, Miller e Chomsky, 1963, p. 422 e s., p. 427 e s.). Como já observamos (Cap. I, § 3.2 (d)) não haver relação significativa entre a gramaticalidade de uma frase ou de um tipo de frase e sua probabilidade, este aspecto não nos interessa diretamente aqui.

É preciso assinalar que, neste modelo, a gramática (o modelo da competência) coincide com o modelo da performance; ele representa ao mesmo tempo o modo pelo qual a gramática engendra as frases e o modo pelo qual o locutor efetivamente as produz (ou o modo pelo qual o auditor as recebe); o locutor, por exemplo, partindo do estado inicial, "produz a primeira palavra da frase, passa, em seguida, a um segundo estado que limita a escolha da segunda palavra, etc. Cada um dos estados pelos quais ele passa representa as restrições gramaticais que limitam a escolha da palavra seguinte neste ponto do enunciado" (Chomsky 1957*a*, p. 20). Esta concepção foi amplamente difundida: ela se encontra, sob uma forma mais ou menos clara, em Martinet (1960, p. 31 e s., p. 187 e s.) e, misturada ao modelo de constituintes imediatos (cf. Cap. III aqui abaixo), em Dubois (1965*a*); foi explicitamente elaborada por Hockett (1955, § 02).

2.2. Seja qual for o interesse das aplicações deste modelo fora da Lingüística, se tentarmos construir seriamente sob tal padrão uma gramática um pouco desenvolvida de uma língua natural, esbarraremos imediatâmente em enormes dificuldades. A gramática se revela extremamente complexa, e incapaz de fornecer as informações necessárias para a descrição estrutural das frases; basta pensar, para que tenhamos uma medida do problema, nas complicações que se introduziriam no diagrama da Fig. 1, se quiséssemos simplesmente engendrar ainda a frase, *a menina é educada*, excluindo tanto * *o menino é educada* como * *a menina é educado*: de fato, uma gramática deste gênero é simplesmente incapaz de tratar de modo natural um fenômeno tão banal como o da concordância.

Na verdade, não é necessário que nos delonguemos sobre essas dificuldades. Com efeito, Chomsky (1956, p. 115; 1957*a*, pp. 21-22) pode mostrar que era não difícil, mas *impossível* construir uma gramática a estados finitos para as línguas naturais. Sua demostração é válida para o inglês, mas ela se aplica imediatamente ao francês, e, visivelmente a todas as línguas naturais conhecidas. Chomsky pôde, com efeito, demonstrar que, excetuando-se problemas apresentados pela incapacidade do modelo em informar adequadamente sobre a estrutura das frases, uma gramática a estados finitos era intrinsecamente incapaz de engendrar todas e não mais que as frases gramaticais de uma determinada língua.

A demostração de Chomsky se desenvolve em duas etapas. Inicialmente, mostra que linguagens artificiais do tipo de L_1 ou L_3 (cf. Cap. I, § 4.1) não são linguagens a estados finitos; elas não podem ser engendradas por um autômato markoviano. Tomemos, por exemplo L_3, que é constituída pelas seqüências *aa*, *bb*, *abba*, *baab*, *aabbaa*, etc., isto é, por todas as frases formadas de uma seqüência de *a* e/ou *b* seguida da mesma seqüência em ordem inversa. Esta linguagem é caracterizada por um sistema de *dependências intercaladas*, isto é, por exemplo em *aabbaa*, há uma dependência entre o primeiro e o sexto termo, uma outra entre o segundo e o quinto, uma outra entre o terceiro e o quarto (é este sistema de dependências encaixadas que permite caracterizar esta linguagem como uma linguagem "de imagens em espelho"). Ora, é preciso lembrar que o número das frases possíveis de L_3 é infinito; isto supõe que uma gramática a estados finitos que pretendesse engendrar esta linguagem deveria comportar um número infinito de estados, o que é contraditório (para esta demostração, ver Chomsky, 1956, p. 115). Vimos, por outro lado, que é possível construir uma gramática muito simples (G_3, Cap. I, § 7) que é capaz de engendrar todas as frases de L_3, mas que não é uma gramática a estados finitos. (Veremos no capítulo seguinte que ela constitui um caso particular de um outro modelo lingüístico muito importante e muito mais potente que o modelo markoviano).

Chomsky passa em seguida para linguagens mais complexas, comportando igualmente dependências *intercaladas*, mas onde os elementos em dependência mútua não são consecutivos (como são os *a* e os *b* de L_3, mas intercalados no interior de outras seqüências. Por uma evidente extensão, pode-se mostrar que também estas linguagens não são linguagens com estados finitos. Ora, o francês, o inglês ou as outras línguas naturais, como vimos, possuem a propriedade de poder intercalar elementos recursivos um número indefinido de vezes no interior de outros elementos, o que cria dependências intercaladas. Assim, na frase,

O governo que pretende que, se Pedro ama a alegria, é que ele é
1 2 3 3
doente, é um fantasma [1]
2 1

há entre outras uma dependência entre *se* e *é que*, e esta dependência está ela mesma intercalada no interior de uma outra dependência entre *o governo* e *é*. Há dependência entre estes elementos, no sentido em que a natureza do segundo termo da dependência é condicionada pelo primeiro; assim, no lugar de *é*, eu não posso ter *são*: a frase não seria mais gramatical.

De um modo geral, todas as frases complexas tendo as seguintes formas (em que F_1, F_2 etc, representam frases – proposições – quaisquer):

se F_1, *então* (ou *é que*) F_2 [2]
ora F_3, *ora* F_4 [3]
quer F_5, *quer* F_6 [4]
o homem que disse que F_7 chegou ontem à noite [5]

etc., comportam dependências entre os elementos *em itálico* (os fenômenos de concordância de tempo, os anafóricos etc., representam casos de dependência): se, por exemplo, eu substituir em [3] o segundo *ora* por *quer* ou por *então*, obterei uma frase não-gramatical.

Ora, é teoricamente possível considerar, por exemplo, que em [2], F_1 = [4], em seguida que, em [4] assim intercalada, F_5 = [3], e assim por diante. Pode-se portanto encontrar, nas línguas naturais, dependências intercaladas umas às outras sem que se possa fixar um limite teórico para o número de encaixes sucessivos. Daí as línguas naturais comportarem um conjunto infinito de frases que não podem ser engendradas por uma gramática a estados finitos; as línguas naturais não são portanto linguagem a estados finitos.

Encontramos aqui problemas do mesmo tipo que os abordados no Cap. I, § 4 – quando falávamos das regras recursivas que intercalam certos elementos um número indefinido de vezes no interior de elementos do mesmo tipo. Poder-se-ia, evidentemente, tentar fixar um limite teórico para o número de dependências intercaladas possíveis. Isto faria automaticamente do português (ou do francês, do inglês etc.) uma linguagem a estados finitos. O mesmo resultado seria obtido se se decidisse bloquear as regras recursivas, ou limitar o comprimento das frases a um número determinado de morfemas. Mas, é preciso observar que esta decisão seria arbitrária: onde colocar, na verdade, este limite? Além disso, esta decisão significaria simplesmente que seria possível fazer a lista das frases de uma língua (sendo uma lista precisamente uma forma pouco interessante de gramática a estados finitos). Mas vimos que ninguém jamais pensou seriamente em reduzir uma gramática a uma simples lista (desaparecendo simultaneamente o problema da descrição estrutural). A verdade, como observa Chomsky (1956, p. 115), é que "há processos de formação das frases que este modelo elementar da linguagem é intrinsecamente incapaz de tratar". Ora, não vemos nenhuma razão para fixar um limite a estes processos, tanto mais que é precisamente na medida em que os tratamos como processos infinitos que nos é permitido, como no caso de G_3 (e no do modelo tratado no capítulo seguinte), construir gramáticas simples que expliquem estes processos de forma elegante, fornecendo ainda as informações de que temos necessidade para a descrição estrutural das frases. Com efeito, no caso de G_3, não só a gramática, tal como é formulada, permite engendrar todas as frases ou L_3, mas ainda, coloca em evidência o caráter principal desta linguagem, isto é, o fato de que estas frases têm uma estrutura "de imagens no espelho"[4].

Abandonamos pois a idéia de que o modelo a estados finitos possa constituir uma forma razoável de gramática para uma língua natural. Este abandono nos leva, como conseqüência, a reorganizar a concepção dos *níveis* lingüísticos apresentada no início deste capítulo. Dizíamos aí que uma frase é representada, em diferentes níveis, por uma seqüência de elementos concatenados – fonemas ao nível fonemático, morfemas ao nível morfemático. Se estes dois níveis forem mantidos, devemos admitir a existência de pelo menos um nível superior, onde as frases serão representadas de um modo mais abstrato, que não terá – ao menos diretamente – a aparência de uma seqüência de elementos concatenados. Além disso, devemos igualmente abandonar a idéia de que uma gramática possa engendrar as frases "da esquerda para a direita", isto é, seguindo a ordem temporal – engendrando a gramática progressivamente os elementos na ordem em que eles aparecem no enunciado. Ao mesmo tempo devemos esperar que haja grandes diferenças entre um modelo da competência e um modelo da performance[5].

3. Antes de considerar, no capítulo seguinte, um modelo evidentemente mais interessante que o modelo a estados finitos, pode ser útil passar rapidamente em revista algumas concepções da sintaxe que são bastante correntes (freqüentemente misturadas, aliás, com idéias que se prendem ao modelo a estados finitos ou ao modelo de constituintes, de que falaremos no Cap. III). É bastante fácil, sem ter necessidade de explicitá-las muito, mostrar que estas concepções não podem dar origem a uma teoria sintática adequada.

3.1. Uma primeira concepção é representada pela chamada *sintaxe fonológica* (*phonemic syntax*); tal concepção foi prestigiada por certos estruturalistas americanos e encontrou sua formulação mais precisa no livro de A. A. Hill (1958). Repousa no princípio, em si mesmo correto, encontrado em todos os estruturalistas, de que não se tem direito de estabelecer uma diferença significativa, – por exemplo, fazer a distinção entre duas categorias sintáticas – a não ser que esta diferença seja de um ou de outro modo marcada formalmente. A originalidade da sintaxe fonológica está em tomar este princípio num sentido bastante estrito. A noção de forma se encontra aí identificada com a de expressão fônica e desta forma chega-se a definir as categorias, funções e estruturas sintáticas em termos de diferenças fônicas, situando-se, por exemplo, ao nível da entonação, do acento, das "junturas" (isto é, dos traços fônicos demarcativos) etc. De acordo com esta concepção, a estrutura sintática de uma frase deveria, de certa forma, ser imediatamente "legível" no aspecto sonoro do enunciado.

Ora, se é verdade que em muitos casos o aspecto sonoro do enunciado fornece imediatamente um certo número de indícios relativos à estrutura sintática, e se, como diz Lees (1960*b*, p. 209), todo lingüista admitirá que "os traços formais [sintáticos, N.R.] das frases [...] estão, num certo sentido, "presentes" fisicamente nos enunciados [...], estes traços não devem necessariamente [...] consistir em traços de arranjo e de demarcação evidentes visualmente [ou melhor, auditivamente, N.R.]"; estes traços podem consistir num conjunto de características abstratas, cuja relação com o aspecto perceptível do enunciado é indireta e exprimível somente por regras bastante complicadas.

De fato, já encontramos (cf. Cap. I § 5, (b), (c)) frases em que nenhuma diferença perceptível na acentuação ou na entonação corresponde a diferenças profundas na estrutura sintática: a expressão ambígua *a crítica de Chomsky* se pronuncia exatamente da mesma maneira nas duas interpretações, e, do mesmo modo, não há diferença de entonação entre *o trânsito foi desviado pela polícia* e *o trânsito foi desviado por um erro de cálculo*. Neste gênero de frases, a sintaxe fonológica é levada quer a negar as diferenças de estrutura (ou a ambigüidade), quer a multiplicar arbitrariamente os traços demarcativos ou entonacionais "zeros", o que conduz a resultados absurdos, complicando gratuitamente a descrição.

Há, sem dúvida, casos em que, conhecendo a estrutura sintática, podem-se predizer certos traços fônicos "supra-segmentais"[6]. Assim, na expressão francesa *un savant aveugle* sabemos que há ou não ligação (*liaison*) segundo a natureza de epíteto de *savant* ou de *aveugle* (cf. (œ̃ savã t avœglə)~(œ̃ savã avœglə)). Mas esta relação não é sistemática; na expressão, exatamente paralela sintaticamente, *une bonne espagnole*, nenhum traço demarcativo permite saber se se trata de uma "doméstica espanhola" ou de uma "boa patriota". De um modo geral, o francês apresenta, para uma teoria fonológica da sintaxe, uma multidão de contra-exemplos, que indicam claramente que esta teoria, como teoria geral, é inadequada. Assim, as seguintes frases, cujas estruturas sintáticas são muito diferentes umas das outras, também não apresentam nenhuma diferença em seus traços supra-segmentais: *tu l'as vu trop tard, Pierre a bu du marc, j'ai bu dans son verre, Barnabé a tort,* etc.

3.2. Numa outra concepção, que no fundo é apenas uma variante do modelo a estados finitos, as frases são representadas como sucessões de morfemas lexicais (de lexemas) incluídos num "quadro" de morfemas gramaticais, os quais fornecem a estrutura sintática. Esta concepção é bastante conhecida: é adotada pelo psicólogo Skinner (1957; cf. Chomsky, 1959*d*, p. 574) e aparentemente também por A. J. Greimas no seu livro (1966, pp. 115-116) tanto quanto podemos julgar a partir de uma formulação bastante elíptica.

Esta concepção parece, à primeira vista, sedutora, na medida em que parece explicar por que uma frase como *les verchons fourgus bourniflaient* (Lewis Carroll, "Jabberwocky", tr. fr.) cujos lexemas são desprovidos de sentido, é percebida como tendo uma estrutura sintática francesa. Com efeito esta frase tem um quadro de morfemas gramaticais: *les ... s ... s ... aient* que é o mesmo, por exemplo, que o da frase *les cochons fourbus reniflaient*. Esta frase seria pois sintaticamente gramatical e aberrante somente no plano lexical. O quadro de morfemas gramaticais nos permitiria dizer, por exemplo, que *bournif-* é uma raiz verbal, que *verchons* está no plural, etc. (cf. Hockett, 1958, p. 262).

Esta concepção tem, sem dúvida, sua origem no estudo de línguas ricas em flexões, como as línguas clássicas, mas é inadequada quando se tenta aplicá-la a uma língua pobre deste ponto de vista, como é o caso do inglês[7]. Em francês, como também em português, mais ricas que o inglês em flexões, bastaria, no entanto, passar da língua escrita para a língua falada para que diminuísse sensivelmente o "quadro" de morfemas gramaticais. Este quadro pelo menos já não é representado a não ser parcialmente no enunciado. As marcas do plural, por exemplo, desaparecem em parte (cf. Dubois, 1965*a*). Se, entretanto, é possível atribuir às frases – quer ditas ou escritas – uma estrutura sintática, é em virtude de considerações mais abstratas, que a teoria do quadro não explica. Acrescentemos que, mesmo no caso de línguas com sistema flexional desenvolvido, não se vê como esta teoria poderia satisfazer à maior parte das exigências que fixamos para as gramáticas (cf. Cap. I, § 5 (b), (c), (d), (f)). Assim, a teoria do "quadro" é incapaz de nos informar sobre a ambigüidade *les verchons fourgus*, assim como *une bonne espagnole*, porque não permite distinguir o adjetivo epíteto do substantivo quando sua posição é livre.

3.3. Direi, para terminar este curto capítulo, algumas palavras sobre a sintaxe "funcional" de André Martinet (1960, 1965*a*, 1965*b*, 1966). É, na verdade, difícil julgar com justiça esta sintaxe, na medida em que sua formulação é muito pouco explícita[8]. Encontramos aí, misturados, em estado de esboço, vários modelos diferentes. Assim, o papel fundamental dado à distinção dos dois eixos, sintagmático e paradigmático, a insistência sobre o caráter linear da linguagem (1966, p. 51), a tendência para tratar as funções sintáticas em termos de elementos minimais (cf. a noção de "monema predicativo", 1966, p. 54) aproximam esta sintaxe do modelo a estados finitos, assim como da teoria do "quadro" que acabamos de criticar. Mas outros aspectos, como a teoria da expansão (1960, p. 127 e s.), fazem pensar sobretudo no modelo de constituintes (cf. aqui abaixo, Cap. III).

Examinarei aqui, muito brevemente, apenas um dos aspectos da sintaxe de Martinet, a saber sua tripartição dos monemas em *autônomos*, *dependentes* e *funcionais*; mais precisamente, perguntar-me-ei em que medida a noção de autonomia sintática pode ser útil para resolver algumas das tarefas que fixamos para uma gramática gerativa.

Lembremos que os monemas autônomos tais como *ontem* ou *depressa* e os sintagmas autônomos, tais como *boulevard Saint-Michel, de carro, de Roma*, são aqueles que "implicam não apenas uma referência a um elemento de experiência, mas também uma relação definida com os outros elementos da experiência a comunica" (Martinet, 1960, p. 108). Em termos sintáticos, isto quer dizer que um monema (ou um sintagma) autônomo é uma unidade "cuja função não depende de seu lugar no enunciado" (*op. cit.*, p. 109).

Se quisermos incluir estas noções numa gramática gerativa, isto significará que as regras que introduzem *ontem*, *depressa*, *de Roma*, etc., nas frases, não especificarão sua posição. Entretanto, se considerarmos as seguintes frases:

Pedro chegou ontem [1]
Ontem Pedro chegou [2]
* Pedro ontem chegou [3]

é claro que se [1] e [2] são gramaticais, [3] é agramatical (se bem que o lugar que *ontem* ocupa nesta frase é o lugar normal para outros advérbios tais como *já* no português e *toujours*, *déjà* etc., no francês). Martinet (1965*a*, p. 173) aliás reconhece que [3] "não é normal" (em francês, *Pierre est hier arrivé*), mas "se um poeta ou qualquer estrangeiro tentasse esta sintaxe, o valor de *ontem* permaneceria idêntico a si mesmo". Aparentemente, portanto, a noção de autonomia não é destinada a explicar os fenômenos de gramaticalidade, mas sobretudo o fato de que a interpretação semântica de uma frase não varia, se elementos definidos como autônomos mudam livremente de lugar no seu interior [9]. Ao mesmo tempo, a tese de Martinet parece implicar que, se elementos definidos como não-autônomos (tais como os monemas dependentes, *maçã, carro* etc.) mudarem de lugar na frase, a interpretação semântica será afetada.

Sem insistir nas sérias limitações que acarreta a incapacidade desta teoria de explicar fenômenos de gramaticalidade, pode-se mostrar que ela também não é adequada se a considerarmos apenas como uma teoria da interpretação das frases. Com efeito, as seguintes frases:

Você fazer eu rir [4]
Pedro maçã comeu [5]
Barco rio se afasta [6]

por mais agramaticais que sejam, são interpretáveis; entretanto, os elementos, cujas mudanças de lugar provocam a agramaticalidade da frase são, no caso, monemas classificados como dependentes (*me/eu, maçã, rio*). Consideremos, inversamente, o próprio exemplo de Martinet (1966, p. 55) válido tanto para o francês como para o português. Tomemo-lo em português:

Não conheço senão as igrejas de Roma [7]
de Roma, não conheço senão as igrejas [8]

Para Martinet, mudando de lugar o sintagma autônomo *de Roma*, não se modificam as suas relações com o resto do enunciado. Na realidade, estas duas frases não são pura e simplesmente sinônimas; o fato de não podermos tratá-las como simples paráfrases torna-se evidente se as imaginarmos como respostas a questões: [7] é a resposta a "quais igrejas você conhece?" enquanto que [8] é a resposta a "o que você conhece (ou "que monumentos você conhece") de Roma?". Da mesma forma, a teoria da autonomia é incapaz de explicar a ambigüidade da seguinte frase:

Recebi o livro de Pedro [9]

(onde *de Pedro* é ou adjunto adnominal de *livro*, ou complemento de "origem" do verbo).

De qualquer modo, a distinção dos monemas autônomos, funcionais e dependentes não seria interessante a não ser que situada ao nível do sistema da língua. Ora, o próprio Martinet admite que ela é relativa aos diversos enunciados nos quais os monemas se encontram (1965*a*, p. 179; 1966, p. 57). Com efeito, *ontem*, por exemplo, autônomo em [1]-[3], é dependente em *o dia de ontem foi estafante.* Encontramo-nos então na seguinte alternativa: ou deixar a especificação do caráter autônomo ou não-autônomo dos elementos para uma vaga noção do contexto, ou então construir uma gramática gerativa, que por meio de um sistema elaborado de regras especifique as condições de emprego dos elementos, condições que são extremamente complexas. A noção de autonomia é demasiado simples para ajudar a representar a rede complicada de relações que explica simultaneamente, em definitivo, a gramaticalidade e a interpretabilidade das frases.

Notas

1. Cf. HALLE, 1964, p. 325: "A justificação mais importante que podemos dar para esta hipótese é a de que quase todas as descobertas da lingüística moderna, da lei de Grimm aos traços distintivos de Jakobson, dependem de maneira crucial da hipótese de que o discurso (*speech*) é uma seqüência de elementos discretos".

2. Observe-se que temos aqui uma definição formal da ambigüidade. É ambígua uma frase que, tendo uma única representação num dado nível, tem ao menos duas em ao menos um outro nível. Observe-se também que a escritura, em francês ou em português, tem um caráter misto, do ponto de vista das relações entre os níveis fonemático e morfemático, o que

exprime o fato de a escritura dar duas representações [1] e [2] onde não existe, a nível fonemático, senão uma [5] e duas, também ao nível morfemático [6] e [7]. Cf. em francês:

nível da escritura:	tu l'appelles	[1']
	tu la pèles	[2']
nível fonemático:	/tülapela/	[3']
nível morfemático:	tu-la-pèles	[4']
	tu-le-appelles	[5']
	tu-la-appelles	[6']

Simplificamos, enfim, a representação morfemática, que deveria indicar os morfemas gramaticais do verbo, cuja representação fonemática é, no caso do francês, zero e no caso do português /u/.

A partir desta discussão sobre os níveis, vemos imediatamente que será necessário fixar níveis suplementares. Da mesma forma que a representação fonemática é insuficiente para exprimir a ambigüidade de [5] ou de [3'], assim também a introdução do nível morfemático não resolve a ambigüidade da frase *eu matei o homem com a carabina* (= ou "eu matei, com uma carabina, o homem", ou "eu matei o homem que tinha uma carabina").

3. A introdução da noção de nível abstrato de representação permite escapar das dificuldades encontradas pelos lingüistas, tanto tradicionalistas como estruturalistas, quando tentam definir as entidades teóricas da Lingüística, tais como a *palavra*, o *fonema*, o *morfema* etc. Até agora, a maioria dos lingüistas têm admitido que é possível definir estas noções antes da constituição da gramática, e em termos que dependem em suma da linguagem "de todo dia". A definição do morfema como "unidade minimal de duas faces" é um exemplo. Na verdade, não há razão para que as coisas se passem na Lingüística de modo diverso do das outras ciências: as entidades teóricas não podem ser definidas senão indiretamente, no quadro geral da teoria. É neste ponto que sem dúvida se acha a grande originalidade de Chomsky: ao invés de se perguntar: "o que é uma palavra? ", ou: "o que é uma frase? " ou: "o que é um morfema? ", colocou-se primeiro a questão: "o que é uma gramática? " – ou, mais precisamente: "o que devemos exigir de uma gramática para que ela preencha tal ou tal tarefa? ". A diferença de diversos tipos de entidades teóricas aparece então apenas como um corolário da elaboração da gramática (cf. Chomsky, 1962*a*, e aqui abaixo, Cap. IV, § 4, para uma ilustração particular).

4. Como diz Chomsky (1957*a*, p. 23), aqui tocamos realmente numa das razões, de ordem lógica e não mais psicológica (cf. Cap. I, § 2) que levam a considerar uma linguagem como infinita; como tinha visto Quine (1951), a de podermos dispor de um poderoso meio para simplificar a descrição.

5. Miller e Chomsky, 1963, passam em revista diversos modelos de performance, todos eles finitos. Mostram, no entanto, que um modelo markoviano do tipo (ao qual aludimos acima) que atribui uma probabilidade para cada transição (autômato *K*-limitado) é inadequado, não apenas como modelo da gramática, mas também como modelo da produção ou da recepção, nos seres humanos (Miller e Chomsky, 1963, pp. 429-430).

6. Os lingüistas americanos chamam de "supra-segmentais" os traços fônicos que não são fonemáticos, isto é, que tomam a forma de uma sucessão de segmentos (fonemas) – como a entonação – ou que funcionam na fronteira entre segmentos – como as "junturas".

7. Chomsky (1959*d*, p. 574; 1961*b*, p. 231) mostra, por exemplo, que *sheep provide wool* ("as ovelhas fornecem lã"), que não tem nenhum quadro gramatical representado fisicamente no enunciado, é gramatical em inglês, e que a única disposição admissível para estas três palavras é esta.

Além disso, se considerarmos estas quatro frases:

furiously sleep ideas green colorless [1]
friendly young dogs seem harmeless [2]
colorless green ideas sleep furiously [3]
harmless seem dogs young friendly [4]

perceberemos que somente [2] e [3] são gramaticais em inglês (cf. Cap. I, § 3.2. (*a*)). Ora, [1] tem o mesmo "quadro" que [2]: ... *ly* ... ϕ ... *s* ... ϕ ... *less*, e [3] o mesmo "quadro" que [4]: ... *less* ... ϕ ... *s* ... ϕ ... *ly* (rigorosamente, o ϕ, que significa "zero", deveria ser omitido nesta representação). Estas frases poderiam, aproximativamente, ser traduzidas por [1]. "Furiosamente dormir idéias verde incolor", [2] "Cachorros novos amigáveis parecem inofensivos", [3] "Incolores idéias verdes dormem furiosamente", e [4] "Inofensivo parecer cachorro novo amigável".

8. A sintaxe de Martinet não tinha, até o presente, sido objeto de nenhuma crítica por parte dos teóricos da gramática gerativa. Foi somente depois de ter terminado este trabalho que tomei conhecimento da resenha que Paul Postal fez do livro de Martinet (1960) (cf. Postal, 1966*c*); esta resenha dedica-se principalmente a uma crítica das concepções teóricas gerais de Martinet, e fala muito pouco de sua sintaxe. Postal mostra, entretanto, que esta sintaxe não permite nem mesmo definir a noção de "constituinte" (cf. abaixo, Cap. III).

9. Como as definições dadas por Martinet ao monema não são muito claras (cf. 1965*b*, p. 52) não é muito seguro que ele aceite a divisão, geralmente admitida, de formas verbais como *arrivé* ou *arrivera* em francês e *chegado* ou *chegará* em português em dois monemas (ou mesmo três no segundo caso): *arrivé* = *arriv* + *é*, e *arrivera* = *arriv* + *er* + *a*; *chegado* = = *cheg* + *ado* e *chegará* = *cheg* + *ar* + *á*. Se adotarmos esta divisão e se tomarmos a noção de autonomia ao pé da letra, poderemos engendrar frases como *Pierre est arriv hier é, Pierre arriv demain era* ou, no português, *Pedro tinha cheg ontem ado* e *Pedro cheg amanhã ará* cuja gramaticalidade é pelo menos evidente.

3. O Modelo Sintagmático

1. Tendo mostrado que o modelo da linguagem a estados finitos era inadequado, Chomsky propôs-se examinar, em seguida, as propriedades de um outro modelo que, embora mais complexo, é mais tradicional. Reduzido a sua expressão mais simples, ele se constitui na representação da estrutura de uma frase sob a forma de uma construção hierarquizada. Seja, por exemplo, a frase [1] *o pequeno ditador comia os abacaxis*. Diremos que esta frase se compõe, primeiramente, de um sintagma nominal sujeito, *o pequeno ditador*, e de um sintagma verbal predicado, *comia os abacaxis*; em seguida, o próprio predicado se decompõe em um verbo, *comia*, e, novamente, um sintagma nominal (desta vez objeto), *os abacaxis*; o primeiro sintagma nominal compreende um artigo, *o*, um adjetivo epíteto, *pequeno*, e um nome, *ditador*; o segundo sintagma nominal compreende somente um artigo, *os*, e um nome, *abacaxis*; o verbo compreende uma raiz verbal, *com-* e um afixo temporal, *-ia*; em seguida, precisamos por exemplo que o primeiro nome é masculino e está no singular, que *com-* é transitivo, que *abacaxis* está no plural etc.

Apresentado sob esta forma rudimentar, este modelo nada tem de revolucionário. Ele já se encontra nos modelos de análise escolar, que os ingleses chamam *parsing* "decomposição". Visa cumprir ao menos uma das tarefas relativas à descrição estrutural das frases, a saber: aquela que consiste em caracterizar as categorias e as funções gramaticais (cf. Cap. 1, § 5, (a))[1].

Este modelo, que sob uma ou outra forma, tem o seu papel em toda sintaxe por menos elaborada que seja, foi consideravelmente apurado pelos defensores de diversas escolas estruturalistas. Restringir-nos-emos à forma que ele tomou no estruturalismo americano herdado de Bloomfield. Tornou-se aí o que em geral se chama de análise em constituintes imediatos (*Immediate Constituent Analysis*, freqüentemente abreviado em *IC Analysis*). É este modelo que se encontra na origem das pesquisas de Chomsky.

A análise em constituintes imediatos, esboçada em *Language* de Bloomfield (1933, p. 160, p. 209 e s., p. 221 e s.), foi elaborado no decorrer dos anos 40 por diversos lingüistas americanos. As formulações mais clássicas se encontram em Wells (1947) e em Harris (1946; 1951, Cap. XVI). Entre as suas aplicações ao estudo das línguas concretas, é preciso assinalar principalmente o estudo de Bloch sobre o japonês (1946), e o livro de Nida sobre o inglês (1943), assim como diversas descrições de línguas ameríndias, publicadas no *International Journal of American Linguistics*.

A originalidade da análise em constituintes imediatos está, primeiro, em ter sistematizado as formulações tradicionais. A estrutura de cada frase, por mais complexa que seja, é aí representada sob a forma de uma construção hierarquizada de elementos encaixados uns nos outros, sob a forma de uma espécie de pirâmide. A decomposição da frase é levada até os elementos últimos, os morfemas (enquanto que as análises sintáticas tradicionais detinham-se nas palavras, e a decomposição das palavras em morfemas tomava outras formas e era tratada num ramo especial, a morfologia).

Em segundo lugar, os lingüistas americanos, que particularmente se propunham descrever línguas ameríndias de estruturas muito diferentes das línguas ocidentais ou clássicas colocaram em parênteses as categorias das gramáticas tradicionais (não desprezando a possibilidade de encontrar algumas, em seguida); esforçaram-se por construir procedimentos uniformes e puramente formais que permitissem, para cada língua em particular, decompor cada frase nos elementos que imediatamente a constituem (seus *constituintes imediatos*) e em seguida decompô-los nos seus próprios constituintes, e assim por diante.

Como aqui nos interessamos sobretudo pela forma do modelo, não insistirei sobre a natureza dos procedimentos utilizados, nem sobre as divergências entre os que foram propostos pelos diversos lingüistas (particularmente por Wells e por Harris). No seu conjunto, estes procedimentos se reduzem sempre a uma combinação de operações de segmentação e de substituição; dado um enunciado – por exemplo uma dada ocorrência da frase [1] – ele é, como tentativa, dividido num dado ponto e, aos segmentos assim obtidos, procura-se substituir outros para verificar se os novos enunciados obtidos são gramaticais. Escolhem-se, finalmente, as divisões que permitem uma separação em segmentos "maximalmente independentes" (Wells, 1947, p. 190). Qualquer que seja a utilidade heurística destes procedimentos, é impossível, como vimos (Cap. 1, § 6) formalizá-los completamente: um procedimento de descoberta rigorosa está fora de cogitação. Nada mais direi, pois, sobre este assunto.

Notemos inicialmente que é possível representar graficamente a estrutura de uma frase qualquer a partir do momento em que a concebemos sob esta forma hierarquizada – pouco importando, aliás, as decisões particulares que tomemos (que a frase seja, por exemplo, dividida em dois ou três constituintes). Várias representações gráficas (Ver Grunig, 1965) foram propostas, as quais colocam em evidência a estrutura abstrata do enunciado, e as relações que ela define entre os seus elementos – esta estrutura e estas relações não aparecem imediatamente ao nível do discurso que, escrito ou falado, é por definição linear. Eis aqui, primeiramente, a representação sob forma de "caixa" proposta por Hockett (1958, p. 147 e s., p. 157 e s.). Aplicada à frase [1], teríamos:

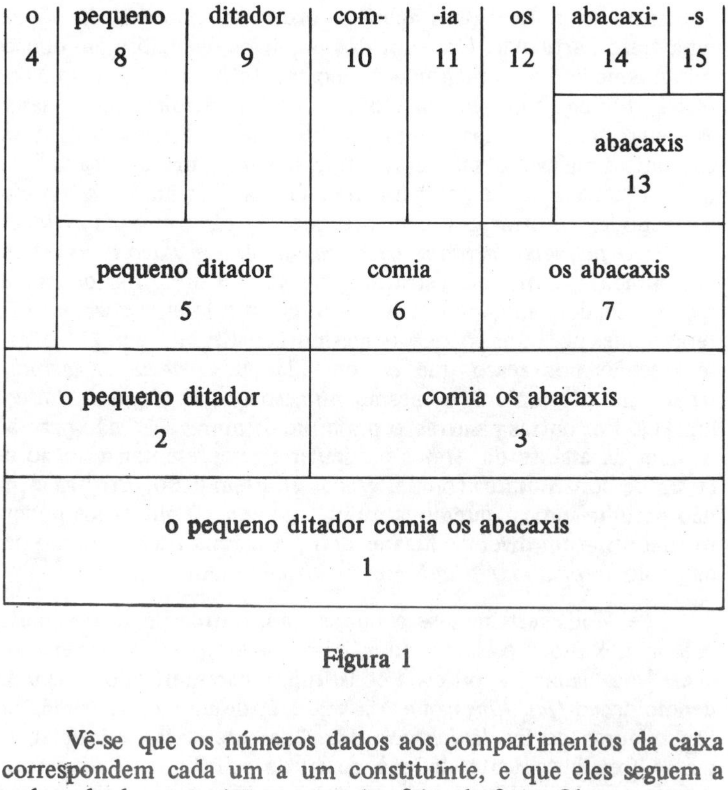
o
4
pequeno
8
ditador
9
com-
10
-ia
11
os
12
abacaxi-
14
-s
15
abacaxis
13
pequeno ditador
5
comia
6
os abacaxis
7
o pequeno ditador
2
comia os abacaxis
3
o pequeno ditador comia os abacaxis
1

Figura 1

Vê-se que os números dados aos compartimentos da caixa correspondem cada um a um constituinte, e que eles seguem a ordem da decomposição progressiva feita da frase. Observe-se também que a caixa poderia ser apresentada "de cabeça para baixo", se assim se pode dizer, com o compartimento que traz o número 1 no alto e não embaixo. Isto tem pouca importância[2].

A mesma frase poderia, de acordo com Wells, ser representada por meio de um esquema que usa parênteses imbricados sucessivamente uns nos outros. Este esquema, menos fácil de ser lido, tem sobretudo vantagens tipográficas. É o que os americanos chamam *bracketing* ou "parentetização". O mesmo exemplo parentetizado daria:

(((o)((pequeno)(ditador)))(((com-)(-ia))(((o-)(-s))((abacaxi-)(-s)))))

Para tornar este esquema mais legível, podem-se marcar os parênteses que correspondem a um constituinte imediato com os mesmos algarismos que numeravam os compartimentos da "caixa de Hockett". Assim, para um fragmento de nosso exemplo, teríamos:

(((o) ((pequeno) (ditador))) . . .)
1 2 4 4 5 8 8 9 9 5 2 1

Foi certamente observado que, até o presente momento, os constituintes dos diversos níveis não foram designados senão por números que representam apenas a ordem seguida pela divisão de uma frase particular. Ora, um dos objetivos da análise em constituintes imediatos é precisamente mostrar (cf. Cap. I, § 5, (a)) que frases, diferentes no seu aspecto exterior – particularmente quanto a número de morfemas – têm parcialmente uma mesma estrutura; em outras palavras, sua representação em forma de "caixa" ou de "parentetização", é parcialmente idêntica. É assim que se pretenderia poder mostrar graficamente que [2] *ele comia os abacaxis* ou [3] *o pequeno lavrador triste comprava um novo arado*, tem, parcialmente, a mesma estrutura que [1]. O princípio da numeração é inadequado, pois, em [2], o constituinte *os abacaxis* não terá o mesmo número que o mesmo constituinte em [1] e não será senão por acaso que *ele* em [2] ou, *o pequeno lavrador triste*, em [3] tenham o mesmo número que o *pequeno ditador* em [1]. Em outras palavras, o princípio da numeração não permite ir além da análise das frases particulares e representar a noção de *classe* de constituintes (ou de *categoria*). Além disso, este princípio não permite indicar que constituintes de uma mesma classe podem se encontrar em diversos lugares de uma mesma frase – como por exemplo *o pequeno ditador* e *os abacaxis* em [1].

Se Wells restringiu-se à numeração, outros lingüistas, particularmente Bloch e Harris, admitiram que era preciso prover cada "casa" da "caixa" – ou cada constituinte parentetizado – de uma denominação (*labelling*) que é a etiqueta de uma classe sintática. Daí o nome de *labelled bracketing*, "parentetização etiquetada", que é freqüentemente dado à descrição estrutural de uma frase nos termos da análise em constituintes imediatos, quando esta não se contenta apenas em numerar os constituintes. Aqui está, modificada pelo acréscimo de *labels*, a caixa de Hockett de nosso exemplo [1]:

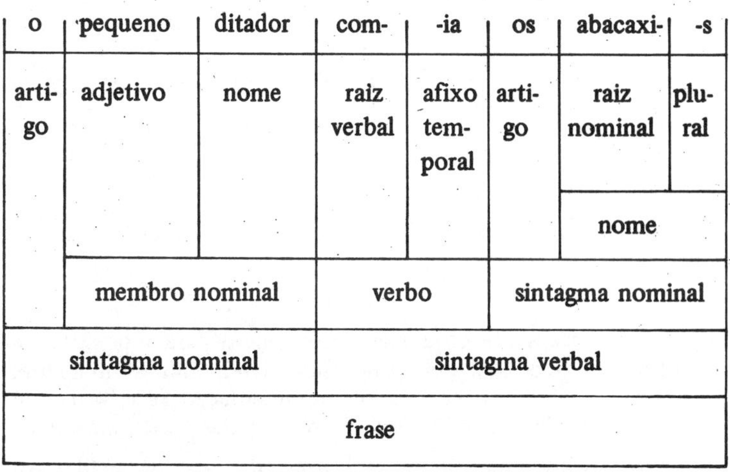
o
pequeno
ditador
com-
-ia
os
abacaxi-
-s
artigo
adjetivo
nome
raiz verbal
afixo temporal
artigo
raiz nominal
plural
nome
membro nominal
verbo
sintagma nominal
sintagma nominal
sintagma verbal
frase

Figura 2

As denominações introduzidas devem — por enquanto — ser tomadas como puramente convencionais, sem implicar em nenhuma tomada de posição substancial.

Chomsky mostrou (particularmente 1956, p. 117) que o melhor meio de representar ao mesmo tempo a decomposição de uma frase em constituintes e a pertinência de seus constituintes a categorias é recorrer a uma *árvore* (também chamado *branching diagram*, "diagrama em ramos". Eis (Fig. 3) a representação, sob forma de árvore da frase [1]. Cada *nó* da árvore corresponde a um constituinte, a *raiz* da árvore corresponde ao constituinte mais elevado (a frase) e os *nós terminais* correspondem aos constituintes últimos, às menores unidades sintáticas, os morfemas. Adotaremos doravante as seguintes notações abreviadas: F = frase; SN = sintagma nominal; SV = sintagma verbal; MN = membro nominal (veremos mais adiante que este último tipo de constituinte em uma gramática mais complexa é supérfluo); V = verbo; N = nome; Art = artigo; Adj = adjetivo; RN = raiz nominal (mais uma vez, simplificamos a representação; *ditador* deveria ser também especificado como raiz nominal, seguida de um morfema zero de singular); RV = raiz verbal; TPS = afixo verbal temporal; Sg = morfema (nominal) de singular; Pl = morfema nominal de plural.

Pode-se dizer que uma árvore deste gênero representa, sob uma forma simples, a *descrição estrutural* de uma frase tal como ela é concebida na análise em constituintes imediatos. Doravante,

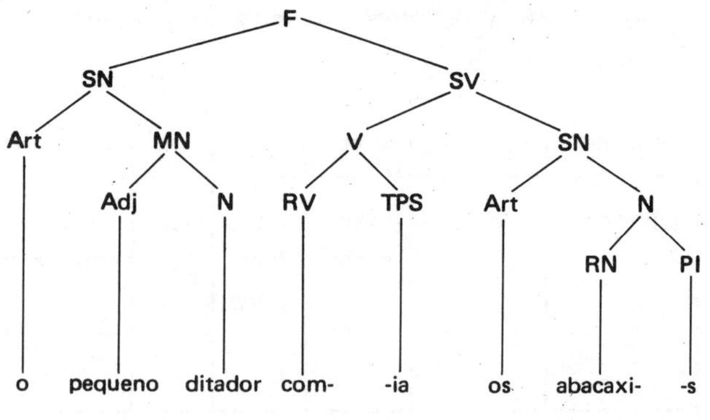

Figura 3

empregarei unicamente esquemas deste gênero para representar a estrutura das frases, e, com Chomsky, darei, indiferentemente, à descrição de uma frase e à sua representação sob forma de árvore o nome de *indicador sintagmático* (inglês *phrase-marker*)[3].

Este termo indica de modo suficiente que, na análise em constituintes imediatos, o essencial de uma descrição estrutural consiste em mostrar como uma frase se decompõe em sintagmas, e como estes, por sua vez, se decompõem em unidades menores. Reciprocamente, um indicador sintagmático permite descrever a estrutura de uma seqüência de morfemas (de *elementos terminais*). Permite representar claramente a idéia de que tal morfema pertence a tal categoria, que, por exemplo, na Fig. 3, *o* "é um" artigo (pertence à categoria dos artigos), que *ditador* "é um" nome etc[4]. O indicador sintagmático também permite representar a idéia de que dois ou mais elementos terminais *contíguos* "são" juntos, um constituinte de um certo tipo (que eles se combinam para formar um constituinte de um certo tipo): por exemplo, *os*, *abaxi-* e *-s* "são" juntos um sintagma nominal; *com-*, *-ia*, *os*, *abacaxi*, *-s*, "são" juntos um sintagma verbal. Inversamente, o indicador sintagmático também permite mostrar que uma seqüência de elementos contíguos (por exemplo *ditador* e *com-*; *ditador*, *com-*, *-ia* e *os*) "não são" um único constituinte. Em resumo, todos os elementos (terminais e não-terminais) que podem ser ligados a um determinado *nó* da árvore "são um" constituinte do tipo designado pela etiqueta que acompanha este nó; reciprocamente diremos que o constituinte cujo nome está preso a tal nó *domina* todos os elementos (terminais ou não-terminais) que podem ser ligados a este nó, com exclusão dos outros. Por exemplo, na Fig. 3, o primeiro SN *domina* Art, *o*, MN, Adj, N, *pequeno*, *ditador*. Se *ditador* e *com-* não "são", em [1], um constituinte, é porque não podemos prendê-los a nenhum nó que os dominaria com exclusão de outros elementos (o único nó que eles têm em comum é aquele etiquetado F ("frase") (a respeito disto tudo, ver Postal, 1964*a*, p. 7).

Vê-se que a noção de indicador sintagmático permite desde já preencher uma das tarefas que atribuímos à descrição estrutural das frases, ou seja, a de dar uma caracterização das noções de categoria e de constituinte. Notemos rapidamente (para mais tarde desenvolvê-lo; cf. Cap. VI) que ela permite igualmente definir, em termos de certas configurações dos indicadores sintagmáticos, as noções de *função* e de *relação* gramaticais. É assim que as funções de sujeito de uma frase, de predicado de uma frase, e a relação concomitante de sujeito a predicado, podem ser descritas por meio da configuração constituída pelos nós "superiores" do indicador sintagmático (F, SN, SV) e pelos ramos que os ligam. Voltarei, no entanto, a esta questão, que, aparentemente fácil de ser tratada quando se trata de frases muito simples como [1],apresenta grandes dificuldades quando se trata de frases mais complexas.

2. Introduzindo a noção de indicador sintagmático, fiz uma antecipação sobre a formalização que Chomsky trouxe ao modelo dos constituintes imediatos. Se agora sabemos, grosso modo, como se apresenta a descrição estrutural das frases particulares neste modelo, resta ainda saber qual forma toma a gramática no seu conjunto. Pode-se dizer neste caso que, nesta concepção, uma gramática é essencialmente – como o indica claramente Harris no resumo final de seu livro (1951, p. 376) uma *gramática de listas*, isto é, um inventário, uma classificação de elementos, de seqüências ordenadas de elementos, de classes de elementos e de classes de seqüências de elementos. É por isso que Chomsky (1964*b* p. 52/II) batizou este modelo com o nome de *modelo taxinômico*. Cada uma das listas que compõem a gramática especifica a composição de um certo tipo de constituinte nos termos de seus constituintes imediatos. Por exemplo, uma destas listas dirá que uma frase pode se compor de um sintagma nominal seguido de um sintagma verbal etc. Uma outra lista dirá que um sintagma verbal pode consistir num verbo intransitivo só (como em *Pedro dorme*) ou *em um verbo intransitivo* seguido de um sintagma preposicional (*Pedro dorme no jardim*), ou num verbo transitivo seguido de um sintagma nominal (*Pedro come o abacaxi*) etc. Algumas destas listas especificarão a composição das categorias "pré-terminais" (tais como Nome, Verbo transitivo etc.) em termos de elementos terminais (de morfemas), podendo ser muito longas.

Mais precisamente, pode-se dizer (cf. Postal, 1964*b*, p. 139) que uma gramática de constituintes consiste numa lista finita de pares ordenados de elementos, nos quais o elemento à esquerda do par representa um constituinte ou uma categoria única, e onde o elemento à direita consiste numa seqüência finita de elementos (eventualmente num só elemento). Exemplos de pares são: *frase: SN SV, SV: V SN, N: ditador, N: abacaxi.* "Tais pares podem ser interpretados dizendo-se que o elemento à esquerda tem como constituintes a seqüência formada com os elementos à direita, ou ainda que o elemento à esquerda tem como expansão a seqüência à direita etc." (Postal, *ibid.*).

Dada uma gramática deste tipo, o problema que se apresentou a Chomsky foi o seguinte: que propriedades formais deve ter uma gramática se quisermos que ela seja capaz de enumerar automaticamente as frases gramaticais de uma língua, e de atribuir-lhes igualmente, de forma automática, descrições estruturais representáveis em forma de árvore?Mais especificamente, que forma devem ter as regras numa gramática gerativa deste gênero? Este problema não é absolutamente insignificante. Veremos com efeito que somente a partir do momento em que Chomsky pôde formular de maneira precisa, sob forma gerativa, o modelo de constituintes imediatos, é que foi possível estudar as possibilidades exatas deste modelo, e, em particular, apontar suas limitações e defeitos.

Vimos (Cap. I, § 4.1) que uma regra de gramática pode ser apresentada como uma instrução, que toma um certo elemento, ou uma seqüência de elementos, e indica que este elemento ou esta seqüência deve ser convertido em um outro elemento ou seqüência de elementos. Esta instrução pode ser representada sob a seguinte forma:

$$X \rightarrow Y$$

onde X (o símbolo "de esquerda") representa uma seqüência qualquer de elementos, onde Y (o símbolo "de direita") representa uma outra seqüência, e onde a flecha deve ser lida "para reescrever", significando assim a instrução que X deve ser reescrito como Y; (ou sob a forma de Y). Uma regra desta forma é denominada *regra de reescritura*, e um conjunto de regras desta forma (isto é, uma gramática) é denominado *sistema de reescritura.*

Doravante chamaremos de *gramática sintagmática* o tipo de gramática gerativa que corresponde a uma gramática de constituintes imediatos. Uma gramática sintagmática representa um caso particular de sistema de reescritura. Ela traduz, sob forma de regras de reescritura, os pares ordenados de que fala Postal. Se quisermos dizer, por exemplo, que em português uma frase compreende um sintagma nominal seguido de um sintagma verbal, a gramática sintagmática do português compreenderá a seguinte regra:

$RS_1 : F \rightarrow SN + SV$ (RS significa "regra sintagmática"; o sinal + é o signo da concatenação).

Da mesma forma, se se quiser dizer que um sintagma verbal se compõe seja de um verbo intransitivo apenas, seja de um verbo transitivo seguido de um sintagma nominal, escreveremos:

RS_2: $SV \rightarrow V_i$ (V_i é a abreviação de "verbo intransitivo")
RS_3: $SV \rightarrow V_t + SN$ (V_t é a abreviação de "verbo transitivo").

Para deixar clara a estreita relação que há entre estas duas regras, podemos combiná-las numa só, sob a seguinte forma:

$$RS_4: SV \rightarrow \begin{Bmatrix} V_i \\ V_t + SN \end{Bmatrix}$$

O emprego das chaves significa que, para reescrever SV, tem-se a possibilidade de duas escolhas; é preciso escolher uma das duas seqüências compreendidas nas chaves. Notemos que a relação de escolha exclusiva que existe entre os termos compreendidos entre as mesmas chaves corresponde ao tipo de relações denominadas "paradigmáticas" na Lingüística pós-saussuriana. Uma outra notação equivalente é, às vezes, utilizada. Consiste, ao invés de colocar os termos entre chaves uns em cima dos outros, em dispô-los sucessivamente, separados por vírgulas. A regra RS_4 tem neste caso a seguinte forma $SV \rightarrow \{V_i, V_t + SN\}$. Este tipo de notação é mais cômodo quando, para reescrever tal elemento, temos a escolha entre uma longa lista de possibilidades; é em particular o que ocorre quando se trata de reescrever as categorias lexicais; por exemplo, N → *ditador*, *menino*, *homem*, *abacaxi*, *bolo*, ... (o emprego das chaves é inclusive inútil neste caso)[5]. Se quisermos ainda dizer que um sintagma nominal pode compreender, seja um artigo seguido de um nome, seja um artigo seguido de um adjetivo seguido de um nome, escreveremos:

RS_5: SN → Art (Adj.) N

onde os parênteses contêm um elemento facultativo. Notemos que o signo +, signo da concatenação, significa que elementos *distintos* são encadeados; como os parênteses ou as chaves assinalam suficientemente que os elementos que se situam de um e de outro de seus lados são distintos, eles têm, de alguma forma, duplo emprego com o sinal +, e em geral os lingüistas da escola gerativa fazem, neste caso, economia do sinal +.

Basta agora acrescentar a este fragmento de gramática algumas regras suplementares, tais como:

RS_6 : Art → *o, um*
RS_7 : N → *ditador, menino, cachorro, homem,...*
RS_8 : Adj → *pequeno, grande,...*
RS_9 : V_i → *dorme,...*
RS_{10} : V_t → *ama, chuta*

e podemos desde já, aplicando estas regras numa ordem evidente, engendrar frases tais como *o menino ama o homem*, *o pequeno ditador dorme*, *o homem ama o ditador*, *o menino ama o cachorro*, *o homem chuta o cachorro* etc. Bastará acrescentar, após esta pequena gramática, um conjunto de regras fonológicas – que reescreverão, por exemplo, *menino* sob a forma [meninu] ou *cachorro* sob a forma [kasoru] – para dar a estas frases sua forma exterior definitiva.

Já insistimos bastante sobre a necessidade de uma gramática de possuir propriedades recursivas que a tornem capaz de engendrar um conjunto infinito de frases. É fácil introduzir propriedades recursivas numa gramática sintagmática. Suponhamos, por exemplo, que modificássemos a regra RS_5 da seguinte maneira:

RS_5 : SN → Art (Adj) N (S Prep) (ou SPrep = sintagma preposicional)

e acrescentássemos a regra RS_{11}:

RS_{11} : SPrep → de + SN

Completando as regras lexicais (acrescentando à direita de RS_7 *pai*, *irmão* etc.) e aplicando sucessivamente RS_5, depois RS_{11}, depois novamente RS_5 (um número indefinido de vezes) obtemos sintagmas nominais tais como *o pai do menino*, *o irmão do pai do menino*, *o filho do irmão do pai do menino* etc[6]. Da mesma forma, uma outra regra poderia especificar que SN pode ser reescrito *que* + F, o que permitiria (completando uma vez mais a gramática com as regras e elementos adequados) engendrar *o menino acredita que o cachorro dorme*, *o menino pensa que o homem acredita que o ditador dorme* etc.

Uma modificação de um outro tipo pode igualmente ser introduzida numa gramática sintagmática. Consideremos novamente a regra RS_4. Notemos primeiramente que cada símbolo, SN, SV, N, e também V_i e V_t, deve ser considerado como um elemento único. Nossa regra RS_4 diz que um sintagma verbal pode ser reescrito, seja como um verbo intransitivo, seja como um verbo transitivo seguido de um sintagma nominal. Mas esta regra não comporta – uma vez que V_i e V_t são símbolos únicos distintos – a informação de que V_i e V_t "são" um e outro *verbos*. Ora, por razões evidentes, a gramática vai precisar desta informação. Esta pode ser introduzida se modificarmos nossa regra, substituindo-a, primeiramente, pela regra RS_{12}:

RS_{12} : SV → V (SN)

Esta regra diz portanto simplesmente que um sintagma verbal compreende um verbo, seguido ou não de um sintagma nominal.

Mas vemos imediatamente que, se deixarmos a gramática desta forma, ela engendrará frases gramaticais tais como **o menino dorme o ditador* etc. Para evitar esta conseqüência, é preciso pois reintroduzir a distinção entre verbos transitivos e intransitivos; é possível, sob condição de utilizar um tipo de regra ligeiramente diferente, que leva em conta o *contexto* lingüístico (contexto limitado ao quadro da frase); temos então a seguinte regra, que, com RS_{12} substitui as regras iniciais RS_2 e RS_3:

$$RS_{13} : V \rightarrow \left\{ \begin{array}{ll} V_t / & - \text{ SN} \\ V_i & \end{array} \right\}$$ (onde /– SN significa "no contexto em que V é seguido de SN")[7].

Aqui está um outro exemplo de regra que faz intervir o contexto. Lembramos que tínhamos exigido de uma gramática que ela explicasse a subcategorização das categorias gramaticais (Cap. I, § 5, (*f*)). Esta tarefa será realizada numa gramática sintagmática substituindo-se a regra RS_7 por regras mais complexas, tais como:

$$RS_{14} : N \rightarrow \begin{Bmatrix} N_{an} \\ N_{inan} \end{Bmatrix} \begin{matrix} \text{(=nome animado)} \\ \text{(=nome inanimado)} \end{matrix}$$

RS_{15} : N_{an} → *menino, homem, cachorro, ...*

RS_{16} : N_{inan} → *bolo, ordem, ...*

Ora, gostaríamos de poder excluir da gramática, como agramaticais, frases tais como * *a ordem admira o menino* ou * *o menino assusta o bolo*. Em outras palavras, gostaríamos que a gramática explicasse as relações de seleção entre elementos (Cf. igualmente Cap. I, § 5, (*f*)). Podemos assim subcategorizar os verbos (os verbos transitivos neste caso), mas desta vez por meio de regras que se referem ao contexto, ou seja:

$$RS_{17} : V_t \rightarrow \begin{Bmatrix} V_{t1}/N_{an}- \\ V_{t2}/- Art + N_{an} \\ \text{etc.} \end{Bmatrix}$$

Em seguida, outras regras especificariam:

RS_{18} : V_{t1} → *admira, teme ...*

V_{t2} → *assusta, surpreende, ...*

Distinguimos assim duas variedades de regras sintagmáticas, regras sintagmáticas *independentes do contexto* (*context-free*) e regras sintagmáticas *dependentes do contexto* (*context-sensitive*). Na mesma oportunidade distinguem-se dois tipos de gramáticas sintagmáticas, conforme tolerem ou não regras dependentes do contexto; falaremos assim de *gramáticas sintagmáticas independentes do contexto* (*context-free phrase structure grammars*, abreviado na literatura em CF-PSG), e de *gramáticas sintagmáticas dependentes do contexto* (*context-sensitive phrase structure grammars*, abreviado em CS-PSG). Esta distinção é importante na medida em que uma gramática dependente do contexto é intrinsecamente mais forte que uma gramática independente do contexto (dizemos que ela tem uma *capacidade gerativa* maior); uma gramática dependente do contexto é capaz de engendrar linguagens que uma gramática independente do contexto é incapaz de engendrar. De fato, a maior parte das teorias sintáticas estruturalistas (com exceção da de Harris cf. 1951, p. 265 n. II) mostram-se como variantes do modelo independente do contexto, logo do mais fraco dos dois.

3.1. Após estas ilustrações preliminares, podemos passar para uma caracterização mais precisa das regras que definem uma gramática sintagmática, e mostrar como estas regras podem se associar automaticamente a indicadores sintagmáticos, para fornecer a descrição estrutural das frases[8]. Se nos contentássemos com regras que não tivessem senão a forma geral X → Y, regras que não estão submetidas a nenhuma restrição especial, onde X e Y podem ser seqüências quaisquer de elementos (e ser mesmo nulos), estaríamos tratando com o que se chama um *sistema de reescritura não-limitado* (*unrestructed rewriting system*) (Cf. Chomsky, 1963, p. 357 e s.); é importante associar um tal sistema a um indicador sintagmático. É preciso pois submeter as regras a restrições especiais.

As regras de uma gramática sintagmática podem ser apresentadas sob a seguinte forma geral:

X A Y → X Z Y

que está submetida a três condições:

[I] (*a*): *X, Y, Z, representam seqüências de símbolos, onde X e Y podem eventualmente ser nulos* (se X e Y são nulos, trata-se de uma regra independente do contexto; se não, se X e/ou Y são não-nulos, a regra é dependente do contexto); *quanto a A, ele representa um símbolo único não-nulo*[9].

[I] (*b*): *Z é não-nulo*

[I] (*c*): *A é diferente de Z.*

Estas três condições equivalem a dizer que "cada regra de reescritura [sintagmática N.R.] substitui um símbolo único por uma seqüência não-nula distinta do original" (Postal, 1964*a*, p. 10). Em outras palavras, as regras sintagmáticas são regras de expansão que reescrevem cada vez um elemento sob a forma de ao menos um elemento diferente, e que não admitem supressões.

Gramáticas constituídas por um conjunto de regras deste tipo baseiam-se num *vocabulário* finito de elementos (a saber, o conjunto dos símbolos que figuram nas regras, à esquerda e à direita da flecha); entre estes elementos é preciso distinguir os *elementos iniciais* e os *elementos terminais* (assim como seqüências iniciais e terminais). Um elemento (ou uma seqüência) é chamado inicial se não figurar jamais à direita da flecha, em nenhuma regra da gramática. Um elemento é chamado terminal se não figurar jamais à esquerda da flecha (em outras palavras, se não for objeto de nenhuma expansão); uma seqüência é chamada terminal se não compreender senão elementos terminais. Nas gramáticas das línguas naturais o único elemento inicial é o símbolo F (= "frase")[10]. Quanto aos elementos terminais, nas gramáticas naturais, eles correspondem aos morfemas. O conjunto das *seqüências terminais* é chamado *linguagem terminal* e constitui a *língua* em questão (considerada como um conjunto de frases). Os *elementos não-terminais* compreendem, além do elemento inicial F, os elementos que correspondem às diversas categorias de sintagmas ou de palavras.

Uma gramática permite atribuir um indicador sintagmático às frases engendradas por meio de uma *derivação*. Uma derivação (cf. Cap. I, § 4.1) consiste numa seqüência ordenada finita de seqüências de símbolos, da qual a primeira é uma seqüência inicial (isto é # F #) e onde cada seqüência *decorre* da precedente pela aplicação de uma regra (Cf. Bach, 1964*a*, p. 15). De uma linha a outra de uma derivação, uma só regra por vez pode ser aplicada a um único elemento. Uma derivação é chamada *terminada* quando resulta numa seqüência terminal, isto é, quando nenhuma regra pode mais ser aplicada a qualquer elemento desta seqüência.

Eis dois exemplos de derivações aplicadas a nossa gramática portuguesa elementar do § 2 (regras RS_1 RS_{10}). Notemos que estas duas derivações engendram a mesma frase, *o menino dorme*. Entre colchetes, depois de cada seqüência, figura o número da regra que foi aplicada:

D_1:	1) # F #	
	2) SN + SV	[RS_1]
	3) SN + V_i	[RS_2]
	4) Art + N + V_i	[RS_5]
	5) *O* + N + V_i	[RS_6]
	6) *O* + *menino* + V_i	[RS_7]
	7) *O* + *menino* + *dorme*	[RS_9]
D_2:	1) # F #	
	2) SN + SV	[RS_1]
	3) Art + N + SV	[RS_5]
	4) Art + *menino* + SV	[RS_7]
	5) *O* + *menino* + SV	[RS_6]
	6) *O* + *menino* + V_i	[RS_2]
	7) *O* + *menino* + *dorme*	[RS_9]

(os elementos terminais estão em grifo)

Vê-se que estas duas derivações engendram a mesma seqüência terminal, e que elas não diferem senão pela ordem em que as regras são aplicadas.

Podemos, agora, compreender como a noção de derivação está ligada à de indicador sintagmático. As condições expressas em [I] garantem, com efeito, (*a*) que cada linha numa derivação difira da precedente por, ao menos, um símbolo, (*b*) que uma seqüência não seja mais curta que aquela que a precede, e (*c*) que não se repitam seqüências idênticas. Isto permite, num número finito de etapas, representar uma derivação por uma árvore "etiquetada": escreve-se o elemento inicial (F) na raiz da árvore e escrevem-se os elementos de direita das regras, sucessivamente, nos nós inferiores da árvore, para chegar finalmente a associar os elementos terminais aos pontos terminais da árvore. Assim, D_1 dá origem à árvore [1] e D_2 à árvore [2] (Fig. 4):

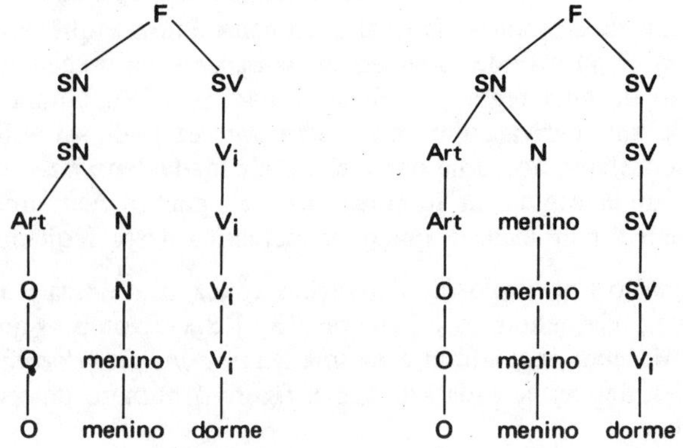

(1) (2)

Figura 4

Estas duas árvores que representam a mesma frase são ainda diferentes. Mas uma regra muito simples – que fará parte do algoritmo que associa um indicador sintagmático a uma seqüência terminal (II) – permite eliminar todos os elementos exceto um (o mais alto), nos ramos que têm a forma:

(onde todos os elementos representados por *x*, são idênticos; cf. Postal, 1964*a*, p. 12). Disto resulta que os diagramas [1] e [2] se reduzem a um indicador sintagmático único (Fig. 5):

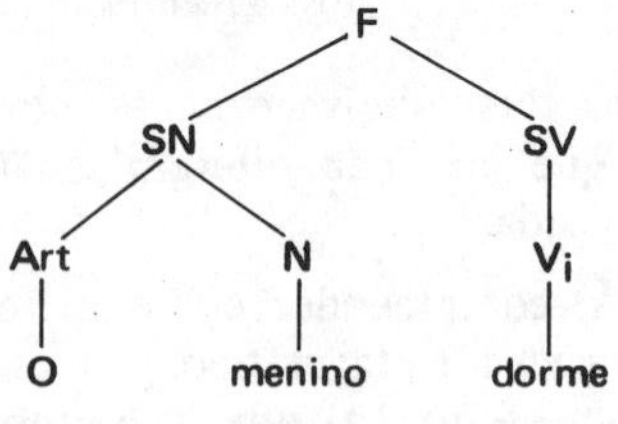

Figura 5

Um indicador sintagmático é pois, estritamente falando, a representação não de uma única derivação, mas de um *conjunto de derivações equivalentes* (em outras palavras, "da classe de todas as derivações que não diferem senão pela ordem na qual seus elementos foram desenvolvidos" Postal, 1964*a*, p. 12).

Uma mesma frase pode no entanto receber a atribuição de dois indicadores sintagmáticos diferentes, se ela é engendrada por derivações não-equivalentes. Temos aí um meio de representar, numa gramática sintagmática casos de *ambigüidade sintática* (o que Hockett, 1954, p. 391, chama *homonímia de construção*). Seja, por exemplo, a frase *o homem recebe o livro do menino*. A ambigüidade desta frase (em que, em termos tradicionais, *do menino* pode ser compreendido, seja como adjetivo adnominal – determinativo – de *livro*, seja como ligando-se diretamente ao verbo, como complemento de "origem") pode ser representada por uma gramática sintagmática, que é uma versão modificada da do § 2:

$$RS_1 : F \rightarrow SN + SV$$

$$RS_2 : SV \rightarrow \begin{Bmatrix} V_i \\ V_{tx} + SN \\ V_{ty} + SN \ (SPrep) \end{Bmatrix} \quad \text{(cf. nota 12)}$$

$$RS_3 : SN \rightarrow Art + N \ (SPrep)$$

$$RS_4 : SPrep \rightarrow \textit{de} + SN$$

$$RS_5 : N \rightarrow \textit{livro}, \ldots$$

$$RS_6 : V_{ty} \rightarrow \textit{recebe}, \ldots \text{ etc.}$$

Conforme se introduza o sintagma preposicional (SPrep) *do menino*, por meio de RS_2 ou de RS_3, ter-se-ão duas derivações não equivalentes, que serão associadas, respectivamente, aos indicadores sintagmáticos [1] e [2] (Fig. 6)[13].

(1)

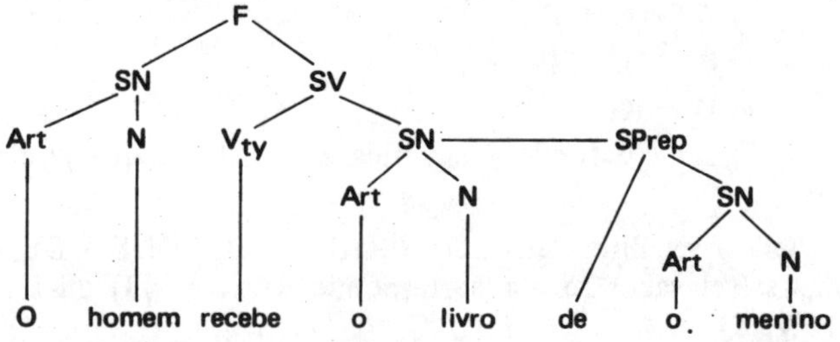

Figura 6

(2)

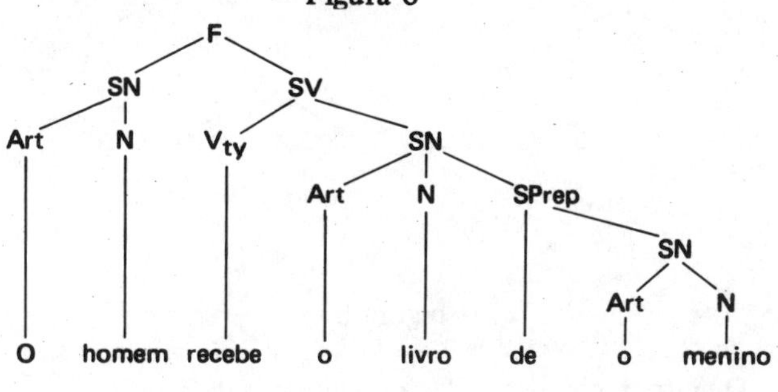

Figura 6 bis

de + *o* será em seguida convertido, pelas regras fonológicas, em [*do*].

Compreendemos agora por que é necessário submeter as regras sintagmáticas às restrições [I] (*a-c*). Com efeito, se não as respeitássemos, seria impossível atribuir univocamente um indicador sintagmático a cada conjunto de derivações equivalentes.

Suponhamos, por exemplo, que violássemos a condição [I] (*a*) que proíbe reescrever mais de um elemento por vez. Admitamos que a gramática de uma linguagem comporte as regras F → ABC, e BC → DEG (onde B e C são reescritos ao mesmo tempo, por uma única regra). Teríamos, assim, uma derivação F, ABC, ADEG; seria, então, impossível dizer se a árvore correspondente é a árvore [1] ou a árvore [2] (Fig. 7)[14]:

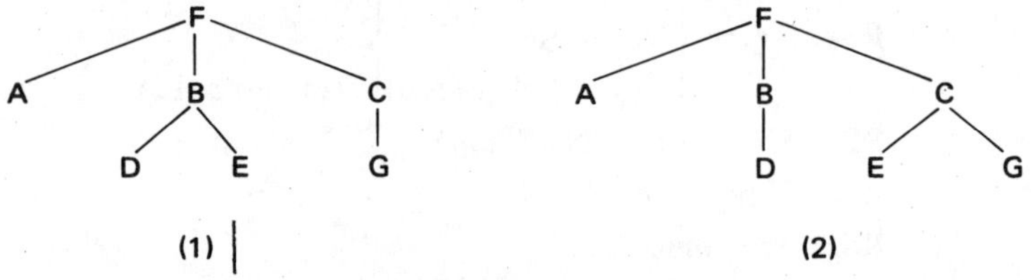

Figura 7

A necessidade da condição [I] (*b*) que equivale à proibição de suprimir elementos, aparece se se considera a seguinte gramática:

1) F → A + B
2) A → C + D
3) B → D + E
4) D → G
5) D → ∅ (onde ∅ significa zero, isto é, que D é suprimido).

Seja a seguinte derivação: F, AB, CDB, CDDE, CDE, CGE. É impossível saber se ela corresponde à árvore [3] ou à árvore [4] (Fig. 8):

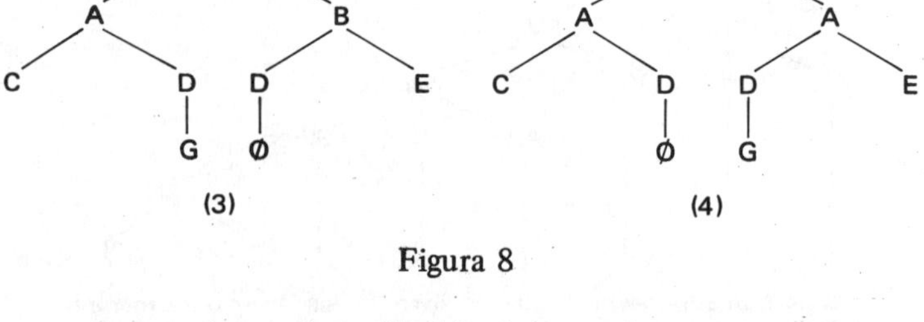

Figura 8

Quanto à condição [I] (*c*), ela equivale a proibir derivações do tipo F, AB, AB, . . ., ACD, isto é, a limitar as derivações a um número finito de etapas.

3.2. As restrições expressas em [I] (*a-c*) são aquelas que originalmente (Chomsky, 1956), serviram para definir as gramáticas sintagmáticas. No entanto, estas condições, se elas são necessárias para uma construção correta dos indicadores sintagmáticos, não são, entretanto, suficientes. Outras condições devem ser impostas (cf. principalmente Bach, 1964*a*, p. 38). Assinalarei sobretudo uma delas que concerne à questão das permutações (cf. Chomsky, 1959*a*, p. 148; Postal, 1964*a*, p. 13 e s.). Numa gramática independente do contexto as permutações são excluídas (é impossível ter, numa derivação, duas linhas sucessivas da forma XABY, XBAY). Mas, numa gramática que admite regras dependentes do contexto, é possível proceder a permutações de uma maneira indireta. Seja a seguinte gramática:

1) F → A + B
2) A → C/ – B
3) B → A/C –
4) C → B

Esta gramática permite derivações que produzem, por exemplo, o indicador sintagmático seguinte (Fig. 9):

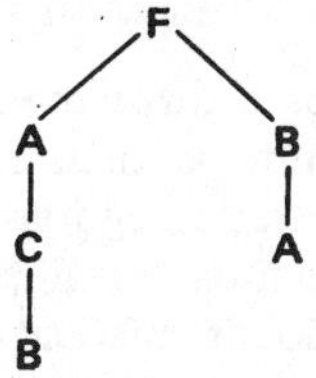

Figura 9

o que significa que A + B acabou por dar nascimento a B + A; o que também significa (cf. § 1) que A domina B e que B domina A ou, reciprocamente, que B "é um" A, e que A "é um" B.

Ora, do ponto de vista lingüístico, esta possibilidade de realizar, em termos de gramática sintagmática dependente do contexto, permutações, tem conseqüências catastróficas. Com efeito, suponhamos que quiséssemos engendrar as duas frases *você tem cantado* e *tem você cantado*. A gramática seguinte permitirá fazê-lo (onde a regra RS_3 é facultativa):

RS_1: F → Pronome + SV
RS_2: SV → Auxiliar + V
RS_3: Pronome → Auxiliar /– Auxiliar
RS_4: Auxiliar → Pronome / Auxiliar –
RS_5: Pronome → *você*
RS_6: Auxiliar → *tem*
RS_7: V → *cantando*

Pela aplicação destas regras, obtemos os indicadores sintagmáticos seguintes (Fig. 10) (*Aux* é a abreviação de Auxiliar):

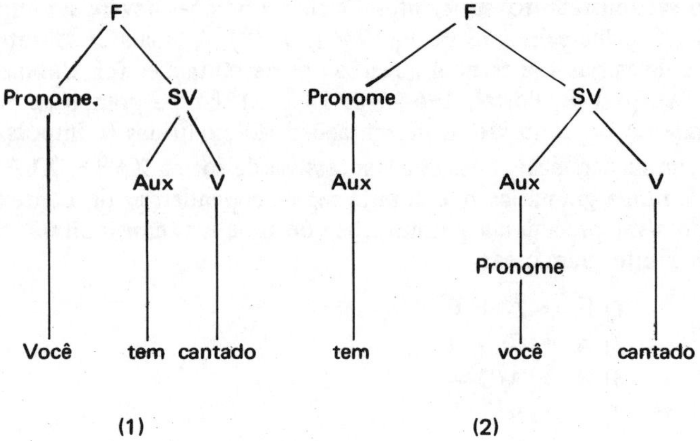

Figura 10

Somos assim levados a dizer que, nos termos do indicador sintagmático [2], *você* "é um" auxiliar e que *tem* "é um" pronome, uma vez que os nomes destas categorias figuram entre os símbolos que dominam estes elementos terminais. Este resultado violenta a mais elementar intuição lingüística[15]. É, portanto, necessário introduzir uma nova condição [II], que proíba recorrer, numa gramática sintagmática, a regras que permitam permutações. Esta condição é formulada por Postal (1964*a*, p. 15):

[II]. Se XAY → XBY, não pode haver regras com a forma:

$U_1\ B\ W_1 \rightarrow U_1\ C_1\ W_1$

$U_2\ C_1\ W_2 \rightarrow U_2\ C_2\ W_2$

....

$U_n\ C_{n-1}\ W_n \rightarrow U_n\ C_n\ W_n$

onde $C_n = A$ (é preciso notar que $C_1, \ldots C_n$, são símbolos únicos). Esta condição significa que "se A é desenvolvido em B num certo contexto, não há contextos tais que B possa ser desenvolvido em A, nem em qualquer coisa que possa ser desenvolvida em A, nem em qualquer coisa que é desenvolvida em qualquer coisa que é desenvolvida em A etc." (Postal, *loc. cit.*). Notemos que esta condição exclui a regra RS_4 acima (p. 115)[16].

3.3. Retornemos à noção de elemento recursivo que já abordamos (cf. acima, § 2, e Cap. I, § 4, Cap. II, § 2.2). No Capítulo I,

§ 4 apresentamos uma pequena gramática artificial, G_2 (que, como G_3 no mesmo §, é uma gramática sintagmática independente do contexto). Esta regra comportava principalmente a regra $F \rightarrow aFb$. Dissemos que o elemento F, que figura ao mesmo tempo à esquerda e à direita da flecha, é um elemento recursivo, e que é graças a regras deste gênero que é possível engendrar um número infinito de frases.

Na verdade, esta formulação era inexata, e tivemos ocasião de ver (cf. acima, § 2, p. 107) que um elemento (SN nas regras RS_5 e RS_{11}) podia ser recursivo sem figurar dos dois lados da flecha ao mesmo tempo, numa única regra.

É preciso, portanto, definir os elementos recursivos de maneira mais precisa, e veremos que é em termos de derivações e não de regras particulares que convém defini-los.

Lembremos a noção de *dominância* que foi apresentada (acima, pp. 105-106) informalmente em termos de indicadores sintagmáticos. Em termos de derivações, diremos (Cf. Chomsky, 1964*a*, p. 123), que X domina Y se existe uma derivação $\sigma_1 \ldots, \sigma_n$ (onde $\sigma_1, \ldots \sigma_n$, representam linhas sucessivas numa derivação) tal que $X = \sigma_1$, e $Y = \sigma_n$. Em outros termos, Y é uma etapa numa *X– derivação*. (Diremos que X *domina imediatamente* Y se não há etapas intermediárias, isto é, se $\sigma_n = \sigma_2$.)

Um elemento A será, então, denominado recursivo, se ele se dominar a si mesmo, se for *autodominante.* Traduzido em termos de indicadores sintagmáticos, isto quer dizer que, $A_1 \ldots, A_n$, sendo um *ramo* de um indicador sintagmático, $A_1 = A_n$. ("Por *ramo* de uma árvore, entendemos uma seqüência de linhas em que cada uma tem ligação com a precedente", Chomsky e Miller, 1963, p. 290).

É possível agora distinguir em termos de autodominância ou de recursividade quatro grandes tipos de elementos não-terminais. Seja um elemento não-terminal A.

(1) A é *não-recursivo* se, para X, Y, não-nulos, jamais tivermos $A \Rightarrow XAY$ (onde $\Rightarrow$ significa "domina");

(2) A é *recursivo à esquerda* se existir um X não-nulo tal que $A \Rightarrow A\ X$;

(3) A é *recursivo à direita* se existir um X não-nulo tal que $A \Rightarrow X\ A$;

(4) A é auto-encadeante *(self-embedding)* se existirem X, Y, não-nulos, tais que $A \Rightarrow X\ A\ Y$.

Se uma gramática contiver símbolos recursivos à esquerda, engendrará indicadores sintagmáticos que se ramificam indefinidamente para a esquerda como na Fig. 11 (*a*); se ela contiver símbolos recursivos à direita, engendrará configurações do tipo da Fig. 11 (*b*); se ela contiver símbolos auto-encadeantes, engendrará configurações do tipo da Fig. 11 (*c*), e nos casos interessantes, ela conterá "dependências intercaladas" [cf. Cap. II, § 2.2., N.R.] de profundidade

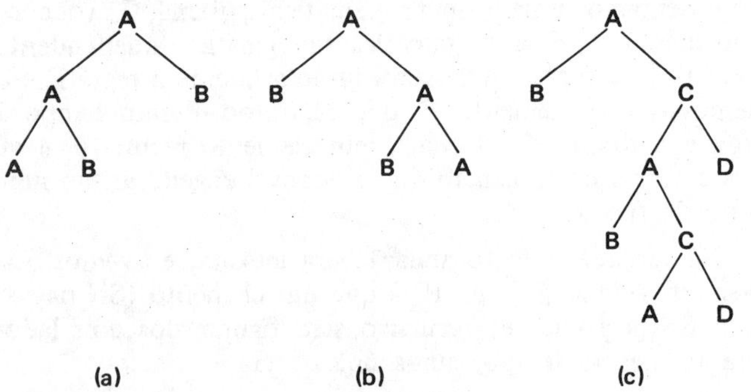

Figura 11

arbitrária nas seqüências terminais resultantes" (Chomsky 1961*a*, p. 123; cf. também Chomsky e Miller, 1963, p. 290).

Notemos que o elemento F na gramática G_2 (Cap. I, § 5) é um caso particular de [4]; F é não somente auto-encaixante, mas ainda, domina imediatamente a si mesmo. O indicador sintagmático que corresponde à frase *aaabbb* de L_2 é o seguinte (Fig. 12):

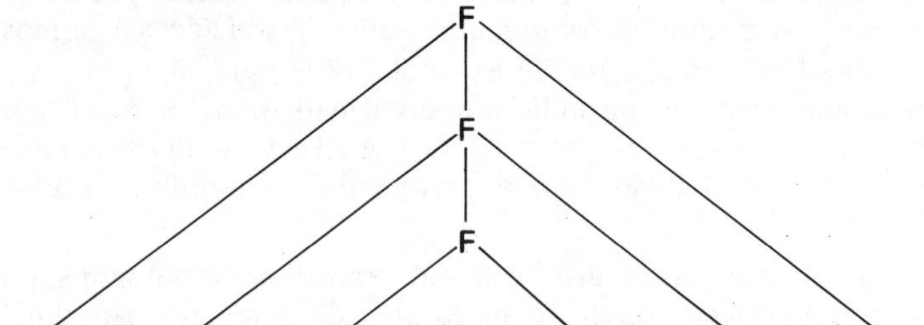

Figura 12

É fácil encontrar nas línguas naturais exemplos de elementos recursivos dos três tipos [2], [3], [4]. Por exemplo, *o filho do pai do menino* comporta dois elementos, SN e SPrep, ambos recursivos à direita (Cf. acima, § 2, p. 108). Do mesmo modo, o elemento Proposição Relativa é recursivo à direita em *o cachorro que pegou o gato que matou o rato que comeu o queijo*. *Uma velha pequena mala comprida e baixa* combina a recursividade à esquerda e à direita. Em geral, o português, como o francês e mesmo o inglês tendem a privilegiar a recursividade à direita. Em inglês, no entanto, encontram-se exemplos de recursividade à esquerda, como *automobile assembly plant* (Lees, 1960*a*, p. 140) ou *flue pipe* *support strap* (Halliday, 1963, p. 14); nestes sintagmas, um elemento que se pode qualificar de determinante nominal é recursivo à esquerda[17]. Em outras línguas, tais como o japonês ou o turco, as estruturas recursivas à esquerda parecem predominar (para um exemplo do japonês, ver Bloch, 1946, p. 182, e sua representação sob forma de indicador sintagmático em Chomsky, 1961*a*, p. 123, n. 9). Os exemplos de dependências intercaladas dados no Cap. II, § 2.2, são todos exemplos de auto-encaixe do elemento *Frase*, da mesma forma que as seguintes frases:

o rato que o gato que o cachorro pegou comeu o queijo [1]

o homem que o bandido que foi preso tinha ferido morreu esta manhã no hospital[18] [2]

A distinção entre estes diversos tipos de elementos recursivos é importante na medida em que parece ter implicações diretas para a construção de modelos de performance. No Cap. I, § 2, § 4, insisti sobre a necessidade de distinguir o modelo de competência (isto é, a gramática) do modelo de performance, que explica a maneira pela qual os indivíduos produzem e/ou percebem efetivamente as frases. Indiquei que, na medida em que um modelo de performance repousa principalmente numa memória finita haverá um grande número de frases perfeitamente gramaticais que, ao nível da performance, serão inaceitáveis ou incompreensíveis (como é em grande parte o caso da frase [1], acima). Ora, realmente parece que um organismo dotado de uma memória finita é perfeitamente capaz de se acomodar com a recursão de esquerda e/ou de direita, isto é, de produzir e ou compreender um número indefinido de frases que comportam elementos recursivos à esquerda e/ou à direita em número indefinido. Em compensação, sabe-se que um organismo dotado de uma memória finita (como as máquinas de calcular e como o organismo humano) é incapaz de compreender ou de emitir frases que comportam um grau muito grande de intercalações (cf. Miller e Chomsky, 1963, p. 468 e s.); lembremos que há intercalação toda vez que uma seqüência B "estiver inteiramente incluída numa seqüência A com algum elemento não-nulo à sua esquerda e algum elemento não-nulo à sua direita" (Chomsky, 1965*a*, p. 12) (é o caso em que A = XBY, sendo X e Y não-nulos). A intercalação (*nesting*) é pois o caso geral de que o auto-encaixe não é senão um caso particular. Esta limitação do grau de intercalação resulta simplesmente do fato de a memória ser finita. Ora, o que é curioso, é que os indivíduos humanos parecem suportar ainda mais dificilmente o auto-encaixe e o encaixe simples (Cf. o caráter inaceitável da frase [1]). Para explicar este fato é preciso admitir que o modelo de performance possui propriedades mais específicas que a simples limitação da memória. Chomsky sugeriu recentemente a hipótese de que "o mecanismo perceptivo tem um estoque de procedimentos analíticos à sua disposição, cada um correspondendo a um tipo de construção lingüística, e que ele é organizado de tal forma que é incapaz (ou acha difícil) utilizar um dado procedimento quando já está engajado na execução deste mesmo procedimento" (Chomsky, 1965*a*, p. 14; ver também Miller e Isard, 1964)[19].

É interessante observar, na linha de Yngve (1960, 1961), que as línguas desenvolveram procedimentos que permitem converter estruturas que comportam um certo grau de intercalação ou de auto-encaixe em estruturas que são, essencialmente, ou recursivas à esquerda, ou recursivas à direita. Assim, a frase (3*a*) *Que o fato de que ele partiu é desagradável é evidente*, é muito mais aceitável sob a forma (3*b*) *É evidente que o fato de que ele partiu é desagradável*, que comporta um grau a menos de auto-encaixe e um elemento recursivo à direita a mais[20]. Estes procedimentos podem freqüentemente ser descritos como transformações. E, no entanto, é preciso precaver-se contra a crença de que o modelo transformacional tenha sido elaborado principalmente para explicar fatos deste gênero, tanto mais que existem transformações que têm, ao contrário, como resultado, aumentar a complexidade das frases. Assim, a frase (4*a*) *É o livro de que você me falou que eu li*, que resulta de uma transformação, é mais complexa que (4*b*) *Eu li o livro de que você me falou*. (Exemplos emprestados traduzidos, de Miller e Chomsky, 1963, p. 372; para maiores detalhes sobre estas questões, ver também Chomsky, 1961*a*, e diversos trabalhos em curso de Miller e seus colaboradores).

4.1. Estamos agora em condições de comparar o modelo sintagmático com o modelo a estados finitos. Um primeiro ponto é evidente: uma gramática sintagmática é muito mais poderosa que uma gramática a estados finitos. Vimos que uma gramática a estados finitos era intrinsecamente incapaz de engendrar as linguagens L_2 e L_3 (Cap. I, § 4.1.); ora, no § anterior, vimos que as gramáticas que engendram estas linguagens, G_2 e G_3, são exemplos de gramáticas sintagmáticas (do tipo menos poderoso, aquele em as regras são independentes do contexto). Ainda não sabemos se uma gramática sintagmática é suficientemente poderosa para engendrar todas as frases gramaticais das línguas naturais, mas é desde já seguro que estruturas do tipo de L_2 ou L_3 – que, como vimos, são encontráveis nas línguas naturais (Cap. II, § 2.2.) – não ultrapassam a *capacidade gerativa* de uma gramática sintagmática.

Em segundo lugar, uma gramática sintagmática apresenta um caráter essencialmente mais *abstrato* que uma gramática a estados finitos. Isto se torna claro se compararmos as diferentes maneiras pelas quais estes dois tipos de gramáticas engendram as frases. Uma gramática a estados finitos engendra as frases "da esquerda para a direita" (seguindo a ordem temporal), e ela "bate", de alguma forma, com a concepção da linguagem como um processo linear. Em contrapartida, uma gramática sintagmática engendra as frases "de cima para baixo", partindo dos elementos mais abstratos e mais gerais ("frase", SN, SV etc.) para chegar aos elementos mais concretos (os morfemas). Em outros termos, este caráter mais abstrato se liga ao fato de que uma gramática sintagmática faz intervir, na descrição de uma linguagem, símbolos (F, SN, V etc.) que não aparecem nas frases concretas desta linguagem; mais rigorosamente, isto quer dizer que o vocabulário de uma gramática sintagmática não se identifica com o seu *vocabulário terminal* (isto é, com o conjunto dos elementos terminais morfemas) (Cf. Chomsky, 1956, p. 119; 1957*a*, p. 31). Notemos que a palavra *vocabulário* está aqui tomada num sentido mais geral que o sentido habitual do termo; este corresponde ao sentido do termo *vocabulário terminal* (ainda que se trate de um vocabulário de morfemas e não de palavras).

Em terceiro lugar, e precisamente porque recorre a símbolos não-terminais, uma gramática sintagmática permite simplificar consideravelmente a descrição de uma linguagem. Tomemos como exemplo uma classe complexa como a dos sintagmas nominais. Um sintagma nominal pode ocupar várias posições diferentes numa frase; pode figurar como sujeito, como objeto direto, como objeto indireto, pode pertencer a diversos tipos de complementos circunstanciais etc. Uma gramática a estados finitos, que engendra as frases da esquerda para a direita, seria obrigada a especificar a composição desta classe para cada posição; deveria indicar que a mesma escolha de elementos é possível em diversos lugares da frase, de onde um grande número de repetições inúteis na gramática. Em compensação, uma gramática sintagmática pode se permitir especificar uma só vez a composição de um sintagma nominal, por meio de uma só regra, ou de algumas regras, do tipo SN → X, Y etc.; em seguida "esta classe pode ser utilizada como um elemento de construção (*building block*) em diversos lugares na construção das frases" (Chomsky 1956, p. 117).

Dissemos mais acima (Cap. II, § 1) que uma frase devia ser representada em termos de diversos *níveis de representação*. Dissemos que a cada um desses níveis – tais como o nível fonemático ou o nível morfemático (que corresponde agora ao conjunto das seqüências terminais) – uma frase era representada por uma *seqüência* de elementos concatenados. É preciso agora modificar, ainda que ligeiramente, esta concepção do nível. Com efeito, ao nível sintagmático (Cf. Chomsky, 1957*a*, 31-32), uma frase não é representada simplesmente por uma seqüência de elementos mas por um *conjunto de seqüências*; assim a frase *o menino dorme* (cf. acima, § 3.1., p. 112) é representada, por exemplo, pelas seqüências F, SN + SV, Art + N + V_i, *o* + *menino* + V_i etc.; em outras palavras, ao nível sintagmático, uma frase é representada pelo conjunto das derivações que são *linhas* possíveis no conjunto das derivações possíveis desta frase. Observemos que, uma vez que não podemos fixar um limite superior para o comprimento das frases, não se pode também fixar um limite superior para o número de seqüências que podem representar as frases; ou seja, não é possível subdividir o nível sintagmático num conjunto finito de níveis de representações distintas, ordenados hierarquicamente (tais como, por exemplo, o da frase, dos sintagmas etc.) e tais que cada nível seria ligado ao seguinte por regras de representação distintas (como era possível para os níveis morfemático e fonemático). Com efeito – e basta considerar o indicador sintagmático representado na nota 17 para nos convencermos disto – não é possível ordenar, por exemplo, os elementos F, SN, SV, uns em relação aos outros; encontramos estes elementos engastados uns nos outros, sem limite teórico possível. O nível sintagmático deve ser pois considerado como um nível de representação próprio com regras próprias, e onde cada frase é representada por um conjunto de seqüências[21].

4.2. Podemos determinar de maneira ainda mais precisa as relações entre o modelo a estados finitos e o modelo sintagmático. Chomsky, com efeito, mostrou (1956, pp. 118-119; 1959*a*, p. 150; ver também 1963, pp. 369-370) que uma gramática a estados finitos correspondia a um caso particular das gramáticas sintagmáticas cujas regras estão submetidas a restrições especiais.

De um modo geral, se toda gramática pode ser representada como um *sistema de reescritura*, cujas regras têm a forma X → Y, é possível estabelecer uma hierarquia das gramáticas conforme se imponham restrições cada vez mais severas sobre a forma das regras. Quanto mais severas forem as regras, mais a classe das linguagens engendráveis por estas gramáticas será limitada. Chomsky pôde particularmente estudar as propriedades de uma série de gramáticas que constituem uma hierarquia, e mostrou que, em cada caso, o conjunto das linguagens engendráveis pela gramática mais particular formava um *subconjunto próprio* do conjunto das linguagens engendráveis pela gramática imediatamente superior. Demonstrou igualmente a equivalência que existe entre estes diversos tipos de sistemas de reescritura e diferentes tipos de autômatos.

Em primeiro lugar, conforme vimos (aqui acima, § 3.1.) temos os *sistemas de reescritura não-limitados* (Chomsky, 1963, p. 357 e s.) cujas regras têm unicamente a forma X → Y, sem nenhuma restrição; correspondem ao tipo de autômato infinito chamado *máquina de Turing* (Chomsky, 1963, p. 352 e s.; cf. também Trakhtenbrot, 1963; Davis, 1958).

Em seguida, temos, como caso particular dos sistemas não-limitados, as *gramáticas sintagmáticas dependentes do contexto*, cujas regras são limitadas à forma XAY → XZY.

Em terceiro lugar, as *gramáticas sintagmáticas independentes do contexto* são um caso particular das gramáticas dependentes do contexto, uma vez que estão submetidas à restrição suplementar que, em XAY → XZY, X e Y sejam nulos. Em outras palavras, as regras têm aqui a forma A → Z. Estas gramáticas são equivalentes aos tipos de autômatos chamados *com pilha de memória* (*Pushdown storage automata*, cf. Chomsky 1963, p. 339 e s., p. 371 e s.).

Chomsky, em seguida, considerou várias subclasses das gramáticas sintagmáticas independentes do contexto (cf. 1963, p. 368 e s.); cada uma se caracteriza por um tipo particular de restrição sobre a forma das regras A → Z. O caso particular que aqui nos interessa é o de uma gramática (chamada *linear à direita*) na qual todas as regras têm a forma A → *a*B ou A → *a* (onde *a* representa um símbolo terminal, e onde B representa um símbolo não-terminal, distinto do símbolo inicial). Uma gramática dessa natureza é uma *gramática a estados finitos*, equivalente a um *autômato estritamente finito* (cf. Chomsky, 1963, p. 331, p. 369).

Em outros termos – se lembrarmos (cf. Cap. II, § 2.1.) que um autômato finito é um mecanismo que comporta um número finito de estados, que parte de um estado inicial, percorre uma série de estados emitindo um símbolo (morfema) em cada transição, para chegar a um estado final – um mecanismo assim pode ser integralmente representado por regras do tipo A → *a*B e, A → *a*, onde A representa a cada vez um estado, *a*, o morfema emitido no decorrer da transição, e B o novo estado para o qual passa o mecanismo. A regra A → *a* se aplica apenas quando o mecanismo chega ao estado final.

4.3. Uma gramática a estados finitos é portanto um caso particular de gramática sintagmática, e as linguagens engendráveis por gramáticas a estados finitos (chamadas também *linguagens regulares*, cf. Chomsky, 1963, p. 334; Kleene, 1956) são um subconjunto das linguagens engendráveis por gramáticas sintagmáticas independentes do contexto. É possível, no entanto, num outro sentido, (Chomsky, 1956, p. 119) imaginar uma gramática sintagmática, sob a forma de um autômato finito, concebido para engendrar, não mais simplesmente frases, mas *derivações*. Esse autômato é precisamente um *autômato com pilha de memória* (cf. acima, § 4.2.). Esta possibilidade se explica, essencialmente, da seguinte maneira: uma gramática sintagmática é sem dúvida capaz de engendrar um conjunto infinito de seqüências, mas, a cada etapa de uma derivação, a informação necessária para derivar uma nova seqüência é inteiramente determinada pela seqüência anterior. Se, por exemplo, a derivação chegou ao estágio representado pela seqüência [1] X + SN + Y (com X, Y, quaisquer), o elemento SN pode ser reescrito Art + N (ou Pronome etc.), quaisquer que sejam as etapas que precederam [1] – em outras palavras, quer SN tenha sido introduzido como sujeito, como objeto num SV, num grau qualquer de encaixe etc. Isto significa que um autômato, dotado de uma memória limitada, será capaz de calcular de modo a engendrar a seqüência [2], X + Art + N + Y, a partir de [1][22]. Esta equivalência das gramáticas sintagmáticas com uma certa categoria de autômatos "finitos-limitados" é particularmente interessante porque permite compreender como organismos finitos – como o organismo humano – são capazes, para citar Humboldt, de "fazer um uso infinito de meios finitos" (cf. Cap. I, § 4. 21).

5. Consideramos as propriedades do modelo sintagmático e mostramos que ele era incomparavelmente mais poderoso que o modelo a estados finitos. Sabemos que ele já é capaz, numa larga medida, de atribuir às frases descrições estruturais, e de realizar ao menos uma parte das tarefas que impusemos às gramáticas (cf. Cap. I; § 5); ele é capaz, em particular, de representar as noções de categoria e de constituinte, de descrever certos tipos de ambigüidades e, na versão dependente do contexto, de descrever relações de seleção. Trata-se, no entanto, de considerar agora um pouco mais de perto a questão de saber se este modelo é realmente adequado como modelo das línguas naturais.

As deficiências de uma gramática que deve explicar um dado tipo de linguagem podem situar-se em dois planos distintos. Pode ser deficiente do ponto de vista de sua *capacidade gerativa fraca* ou do ponto de vista de sua *capacidade gerativa forte* (Chomsky, 1963, p. 325; 1965*a*, p. 60). A capacidade gerativa fraca de um certo tipo de gramática designa o conjunto das *linguagens* – consideradas como conjuntos de frases – que este tipo de gramática é capaz de engendrar (e diremos que duas gramáticas G_1 e G_2 são *fracamente equivalentes* se são capazes de engendrar o mesmo conjunto de linguagens); a capacidade gerativa forte designa o conjunto dos sistemas de *descrições estruturais* que podem ser enumeradas pelo mesmo tipo de gramática (de modo análogo, diremos que duas gramáticas distintas G_1 e G_2 são fortemente equivalentes se engendram o mesmo conjunto de descrições estruturais).

Uma gramática é, pois, deficiente em capacidade gerativa fraca se não é capaz de engendrar todas e não mais que as frases gramaticais de uma linguagem. É deficiente em capacidade gerativa forte se não é capaz de engendrar as descrições estruturais corretas destas frases. Do ponto de vista propriamente lingüístico, é evidentemente a capacidade gerativa forte que é a mais interessante; esperamos de uma gramática sobretudo que ela seja capaz de atribuir automaticamente descrições estruturais às frases; a capacidade para engendrar as frases representa na verdade apenas um mínimo necessário. As pesquisas matemáticas sobre a capacidade gerativa fraca das gramáticas têm sobretudo o interesse de permitir eliminar de uma vez de nossas preocupações as gramáticas que não são nem mesmo capazes de cumprir esta tarefa (vimos ser este o caso do modelo a estados finitos). Mas, ainda que seja provado que uma gramática possui a capacidade gerativa fraca, relativamente a tal língua natural (ou mesmo relativamente a todas as línguas naturais) isto ainda não significa que esta gramática constitua um modelo adequado destas línguas. Pode-se, com efeito, imaginar um número infinito de gramáticas que possuiriam esta capacidade mas que nem por isso seriam menos deficientes em matéria de capacidade gerativa forte (cf. o exemplo de gramática dado acima, p. 115).

O que se passa com as gramáticas sintagmáticas do ponto de vista desta distinção? É digno de nota que, no momento em que Chomsky elaborava o modelo transformacional, com o objetivo de superar as deficiências do modelo sintagmático (1956, 1957*a*), nada era ainda conhecido sobre a capacidade gerativa fraca das gramáticas sintagmáticas relativamente às línguas naturais. Não se sabia ainda se, sim ou não, uma gramática sintagmática era capaz de enumerar todas as frases gramaticais de uma língua como o português, o francês ou o inglês. Todas as razões que levaram Chomsky a elaborar o modelo transformacional ativeram-se às deficiências da gramática sintagmática em matéria de capacidade gerativa forte.

Contudo, o estudo da capacidade gerativa fraca das gramáticas sintagmáticas fez posteriormente alguns progressos, ao menos no que concerne às gramáticas *independentes do contexto*. No que concerne às gramáticas sintagmáticas dependentes do contexto, é bem possível (cf. Chomsky, 1966*a*, p. 43) que sejam capazes de enumerar as línguas naturais (de engendrá-las fracamente, como diz Chomsky); seria, no entanto, à custa de uma extrema complicação como logo veremos. Mas Postal (1964*b*), através de uma demonstração análoga à utilizada por Chomsky no caso do modelo a estados finitos, mostrou que existia ao menos uma língua natural – o mohawk, língua iroquesa falada no Estado de Nova York – que continha um tipo de construção que não pode ser engendrado por uma gramática sintagmática independente do contexto. "É impossível construir um conjunto finito de regras independentes do contexto que enumerem todas e não mais que as frases mohawk" (*op. cit.* 146). Não reproduzirei em detalhes o argumento de Postal. Ele repousa na demonstração feita por Chomsky (1959*a*, p. 145 e s.) de que uma linguagem artifical L_4, que contém as frases *aa*, *bb*, *abab*, *baba*, *aabaab* etc., isto é, todas e não mais que as frases que consistem numa certa seqüência seguida da mesma seqüência (cf. também Chomsky e Miller, 1963, p. 285), não pode ser engendrada por uma gramática independente do contexto (ela pode ser engendrada, à custa de uma grande complicação, por uma gramática dependente do contexto; e, muito facilmente, por uma gramática transformacional). Ora, segundo Postal, existe em mohawk um subconjunto infinito de frases que apresentam as propriedades formais de L_4. "Este subconjunto está baseado no fato de que as frases mohawk podem conter ao mesmo tempo temas nominais incorporados no verbo e objetos nominais exteriores ao verbo e que contêm um tema nominal. Estes temas nominais devem ser idênticos, e existe um processo recursivo para derivar temas nominais a partir das bases verbais, que podem elas mesmas incluir temas nominais incorporados. Não há pois limite teórico para o comprimento de um tema nominal, nem para o número dos temas nominais. Este fenômeno é simplesmente um caso de concordância infinita, isto é, um caso em que os elementos repetidos são de comprimento ilimitado e em número infinito" (Postal, 1964*a*, pp. 75-76).

Como observa Postal (1964*b*, p. 151), a questão permanece evidentemente aberta quanto a saber se é logicamente possível que outras línguas – além do mohawk – podem ser enumeradas por uma gramática sintagmática independente do contexto (quaisquer que sejam as suas deficiências em capacidade gerativa forte); e, de outro lado, a questão é saber se esta particularidade do mohawk não representa senão uma curiosidade lingüística isolada, ou se ela se encontra freqüentemente em outras línguas. Bar-Hillel e Shamir (1960), e Chomsky (1963, p. 378) observam que construções deste gênero se encontram, ainda que de modo bastante marginal, no inglês. É o caso das construções que incluem o advérbio *respectively*, como em *John and Mary wrote to his and her parents, respectively* (onde há uma dependência do tipo *abab*, entre *John* e *his* – *a* . . . *a* . . . – por um lado, e entre *Mary* e *her* – . . . *b* . . . *b* – por outro)[23]. Chomsky acreditou um momento (1963*a*, p. 378) que um outro tipo de estrutura, próximo de L_4, e que é representado por certos tipos de comparativos (*Ricardo é mais gaiato que Jorge, otário*), estava além da capacidade gerativa fraca de uma gramática independente do contexto, mas admite agora ter-se enganado neste ponto (comunicação pessoal).

6. Como já indicamos no parágrafo anterior, o defeito principal de uma gramática sintagmática – dependente ou independente do contexto – reside sobretudo nas suas deficiências em matéria de capacidade gerativa forte, isto é, na sua incapacidade para fornecer, numa grande variedade de casos, as descrições estruturais corretas das frases. Em outros termos, uma gramática sintagmática é incapaz de dar conta, de um modo ao mesmo tempo completo e suficientemente simples, de um conjunto de intuições, concernentes à estrutura das frases, que fazem parte da competência dos falantes, e cujo papel é determinante na interpretação semântica destas frases.

Vamos passar em revista alguns pontos nos quais uma gramática sintagmática é seriamente deficiente[24]. Entretanto, antes de ir mais longe, uma observação se impõe. Tomadas uma a uma, algumas das dificuldades de que falamos – se não todas – poderiam encontrar uma solução no quadro do modelo sintagmático. Se, em última análise, ele deve ser abandonado – ou, antes, completado por um modelo mais poderoso, o modelo transformacional – é essencialmente porque uma gramática sintagmática que buscasse resolver todos estes problemas seria de uma complexidade tal que não seria totalmente razoável pensar que pudesse corresponder a um modelo da competência dos falantes. Em outras palavras, em última análise, o critério decisivo que nos faz preferir o modelo transformacional ao modelo sintagmático é um critério geral de simplicidade. Veremos, com efeito, que o modelo transformacional, ao mesmo tempo que projeta uma luz nova sôbre numerosos aspectos da linguagem, resolve de modo uniforme e simples problemas que o modelo sintagmático seria obrigado a tratar separadamente, por meio de procedimentos particulares produzidos pelas necessidades de cada circunstância[25].

6.1. Um dos defeitos mais evidentes das gramáticas sintagmáticas é o seguinte. Elas são incapazes – a menos que recorram a soluções muito arbitrárias – de explicar uma enorme quantidade de *relações* existentes, seja entre os elementos de uma mesma frase, seja entre frases diferentes. Estas relações, como indicamos no Cap. I, § 5, dependem do estudo sintático, e as gramáticas tradicionais não deixaram, aliás, de estudá-las.

Consideremos, em primeiro lugar, as relações de caráter sistemático, que ligam certas frases entre si. Diremos, por exemplo, que tal frase é a frase passiva que corresponde a tal frase ativa, ou ainda que tal outra frase é a frase interrogativa que corresponde a tal frase declarativa (cf. os exemplos do Cap. I, § 5 (*e*), e também (*b*)). Consideremos as seguintes frases:

Maria é amada por Pedro [1]
Pedro ama Maria [2]
O trânsito foi desviado pela polícia [3]
A polícia desviou o trânsito [4]

Não é difícil conceber uma gramática sintagmática capaz de engendrar cada uma destas frases. Uma gramática dessa natureza será igualmente capaz de mostrar a semelhança que existe respectivamente entre [1] e [3] e entre [2] e [4]. Ela indicará, por exemplo, que *por Pedro* em [1], e *pela polícia* em [3], são sintagmas preposicionais, que têm a mesma estrutura interna (Preposição + SN), e que se ligam da mesma forma ao conjunto do sintagma verbal. Em outras palavras, [1] e [3] serão enquadrados por derivações parcialmente equivalentes, derivações que aplicam inicialmente as mesmas regras e que diferem apenas pelas regras terminais (as que introduzem o léxico).

Em contrapartida, não se percebe como uma gramática sintagmática poderia indicar a relação, igualmente sistemática que liga, desta vez [1] a [2] e [3] a [4]. De fato, estas frases serão engendradas por derivações completamente distintas, e será impossível representar formalmente o fato de que [1] é a frase passiva que corresponde a [2] e [3] a que corresponde a [4]. Da mesma forma, será também impossível indicar que a relação que existe entre *Pedro* e *Maria* em [2] é a mesma que existe entre os mesmos termos em [1] e que nada tem a ver com a que liga os mesmos termos em [5] *Maria ama Pedro* (enquanto que uma gramática sintagmática mostrará muito facilmente que [5] tem uma estrutura semelhante à de [2]).

Ao mesmo tempo, percebemos que não há razão, numa gramática sintagmática, para representar diferentemente, de um lado [3] e de outro [6]. *O trânsito foi desviado por duas horas*: "por duas horas" será igualmente descrito como um sintagma preposicional. Aliás, uma gramática sintagmática, de modo geral, é incapaz, em muitos casos, de representar as diferenças entre frases cujas estruturas são aparentemente semelhantes, da mesma forma que não pode também representar as semelhanças entre frases cujas estruturas são aparentemente muito diversas (cf. Cap. I, § 5 (*b*)).

Evidentemente, seria possível indicar a diferença entre [3] e [6] introduzindo, pelas regras sintagmáticas, constituintes portadores de nomes diferentes tais como – no caso de [3] – "complemento agente", ou – no caso de [6] – "complemento de tempo". Estes constituintes seriam, em seguida, reescritos "Preposição + SN". Vemos com facilidade que tal solução, se aplicada sistematicamente, multiplicaria os constituintes diferentes, complicaria seriamente a descrição, sem por isso ajudar a resolver nosso primeiro problema, restaria sempre o problema de indicar formalmente a relação entre a passiva [3] e a ativa [4]. Por outro lado, esta solução introduziria, para diferençar certos tipos de complementos, considerações semânticas postas até então de lado para caracterizar os outros constituintes. Tal solução oblitera sobretudo a distinção entre as categorias (tais como SN, V, SPrep etc.) e as funções (tais como sujeito, predicado etc.). Ora, não há mais dúvidas de que a noção de agente de uma frase passiva seja uma noção funcional, assim como não há razão, aliás, para distingui-la da noção de sujeito de frase ativa. Ora, como já sugerimos (cf. acima § 2, p. 110) e como veremos mais adiante pormenorizadamente (Cap. VI), é possível representar as funções gramaticais em termos de certas configurações no interior dos indicadores sintagmáticos.

Ao invés de uma solução arbitrária (*ad hoc*) deste tipo o que necessitamos é um meio de engendrar, de alguma forma, uma passiva como [3] a partir de uma ativa como [4], conservando a informação – que deve evidentemente figurar na gramática – de que [3] e [6] têm estruturas "superficiais" muito semelhantes. Veremos que uma gramática transformacional fornece um meio muito simples para resolver este problema. Ela permite, ao mesmo tempo, explicar o fato de que uma frase passiva é sentida pelos falantes como possuidora de um caráter tanto derivado como mais complicado relativamente à ativa correspondente (pode-se dizer a mesma coisa sobre a relação entre as interrogativas e as negativas e as simples declarativas, e este é um tipo de informação que uma gramática sintagmática não pode dar[26].

De um modo geral, uma gramática sintagmática não pode, de forma alguma, explicar a noção de *tipo de frase* (cf. Cap. I, § 5 (*e*)). Da mesma forma que ela não pode indicar, senão artificialmente, o que há de comum entre [3] e [4] e que as diferencia de [6]; não pode também representar formalmente o que há de comum nas seguintes frases (todas interrogativas): *veio alguém, quem veio, quem é que veio*. Além disso, na medida em que são excluídas as permutações (cf. acima, § 3.2.), uma gramática sintagmática não pode evidentemente descrever a relação que liga todas estas frases a *alguém veio*, assim como não pode igualmente descrever, pelas mesmas razões, aquela que liga esta última frase a *veio alguém*.

6.2. Enquanto se trata de frases muito simples – como *Pedro ama Maria*, *Pedro chegou ontem* etc. – uma gramática sintagmática pode facilmente descrever, não apenas os constituintes e as categorias, mas também as relações entre os elementos, e suas funções nas frases. A ordem dos elementos na seqüência terminal, e, o que é mais importante, os lugares respectivos dos constituintes no indicador sintagmático, permitem figurar estas relações e estas funções. Mas, desde que se trate de frases um pouco mais complexas, torna-se impossível representar formalmente relações que são, no entanto, fundamentalmente, da mesma natureza que as que se encontram nas frases simples. Sejam as seguintes frases (cf. Cap. I, § 5 (*d*)):

Pedro é difícil de conviver [7]
Pedro é difícil de entender[27] [8]

A única maneira natural de descrever estas duas frases em termos sintagmáticos é atribuir-lhes a mesma descrição estrutural, representável pela seguinte árvore (Fig. 13):

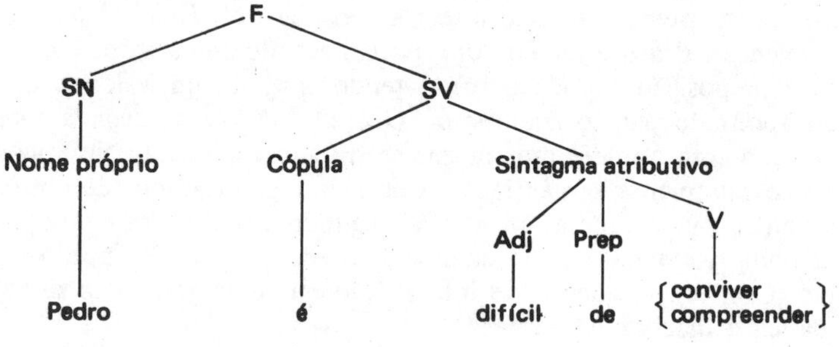

Figura 13

Não há dúvida de que esta descrição representa uma parte importante da informação estrutural necessária à compreensão destas duas frases. O que não impede que ela ignore completamente os seguintes fatos: (*a*) em [7] há entre *Pedro* e *conviver* uma relação que é a mesma que se encontra, por exemplo, em *Convivi muito tempo com Pedro* – isto é, a relação de um circunstancial com o verbo; (*b*) em [8], a relação entre *Pedro* e *entender* é a mesma que em *eu tenho dificuldade para entender Pedro*: é a relação do objeto com o verbo transitivo. Ainda uma vez, não podemos nos contentar em dizer que se trata de uma relação de caráter semântico. Se renunciamos a definir diretamente em termos semânticos relações tais como as de sujeito com predicado, ou de verbo transitivo com objeto, não é para reintroduzir estas formulações semânticas quando encontramos as mesmas relações, transpostas em outras formas. Também não basta dizer que certos adjetivos podem ser acompanhados de um complemento do tipo "Prep + Infinitivo", deixando para o contexto o cuidado em explicar as diferenças. Neste caso, com efeito, não se compreende mais por que, entre as seguintes frases francesas, somente [11] é gramatical:

*Pierre est capable à plaire [9]
*Pierre est facile à plaire [10]
Pierre est facile à contenter [11]

Nem por que, em [12], emprega-se *de* em lugar de *à*:

Pierre est capable de plaire [12]

Todas estas diferenças tornar-se-iam, ao contrário, mais claras se dispuséssemos de regras que indicassem que a relação sujeito/verbo e a relação objeto direto/verbo, mas não a relação objeto indireto/verbo, podem ser transpostas na construção Adj + Prep + Infinitivo, e que, no primeiro caso, a preposição é *de,* enquanto que no segundo é *à.* (Notemos que o inglês não faz esta diferença, e emprega *to* nos dois casos; cf. *John is easy to please / John is eager to please*; o português emprega em geral a preposição *de* para ambos os casos; cf. *O livro é fácil de ler*, *o livro é capaz de agradar*, enquanto que, em outros casos, a substituição de uma por outra preposição não altera as relações; cf. *Pedro é fácil de convencer. Pedro é fácil a convencer*, havendo ainda casos em que só a preposição *a* pode ocorrer, tendo contudo um valor diverso do apontado para o francês; cf. *O livro é apto a agradar*; a comparação com o inglês mostra que se trata de fenômenos sintáticos, e não puramente semânticos). Tais regras implicariam, de um ou de outro modo, que a informação segundo a qual *Pedro* é o objeto de *compreender* faz parte da descrição estrutural de [8], por exemplo. Ora, é este gênero de informação que uma gramática sintagmática é incapaz de fornecer.

Casos deste tipo não são absolutamente excepcionais. São, ao contrário, extremamente freqüentes. As duas frases seguintes

Pedro aconselhou a João consultar um especialista [13]
Pedro prometeu a João consultar um especialista [14]

têm exatamente a mesma estrutura, em termos sintagmáticos. É claro, entretanto, que em [13] *João* é o sujeito de *consultar*, não tendo *Pedro* nenhuma relação gramatical direta com este verbo, enquanto que em [14] é exatamente o inverso. A análise estrutural destas duas frases deveria pois indicar, de algum modo, a relação que existe, respectivamente entre [13] e *João consulta um especialista*, e entre [14] e *Pedro consulta um especialista*. Notemos que uma gramática que explicasse tais fatos, explicaria automaticamente, ao mesmo tempo, a ambigüidade de frases como a [12] do Cap. I, § 5 (*c*): *Sartre propõe a Merleau-Ponty escrever este artigo em Les Temps Modernes*.

Problemas deste gênero se encontram em construções onde intervêm adjetivos. Sejam as frases:

Pedro viveu pobre [15]
Acho Pedro estúpido [16]
Maria tem a boca vermelha [17]

e no verso de Racine:

Je t'aimais inconstant, qu'aurais-je fait fidèle [18]

As gramáticas tradicionais dizem corretamente que, em [15], *pobre* é predicativo do sujeito, e que em [16] e [17], *estúpido* e *vermelha* são predicativos dos objetos *Pedro* e *a boca* respectivamente. Uma gramática sintagmática pode facilmente engendrar estas frases, e mesmo indicar que [17] tem uma estrutura diferente de *Maria tem uma boca vermelha* (através, por exemplo, de uma regra SV → grupo verbal + Adj; sendo em seguida o grupo verbal reescrito V (SN). Mas não marcaria a diferença entre [15], de um lado, e [16] e [17], do outro (além disso, dificilmente ela indicaria que *a boca* é a *boca de Maria*). Enfim, não vemos como ela poderia indicar que [18] é ambíguo, podendo *inconstant* e *fidèle* ligar-se tanto ao sujeito como ao objeto (escolhi de propósito esta frase para ilustrar a necessidade de separar a análise das frases do contexto; no contexto, a ambigüidade desta frase é evidentemente desfeita. Acrescentemos que está por fazer o estudo completo dos mecanismos que permitem, recorrendo ao contexto, suprimir a ambigüidade das frases). Uma gramática sintagmática não poderia resolver estes problemas a não ser que multiplicasse artificialmente os constituintes e as restrições de seleção e transformasse indevidamente noções funcionais (como a de predicativo) em noções categoriais.

6.3. Uma das condições exigidas para uma gramática (cf. Cap. I, § 5 (*c*)) é que ela seja capaz de explicar ambigüidades que se encontram nas frases da língua. Formulada com maior precisão, esta condição estipula que uma gramática adequada deve fornecer para uma frase tantas descrições estruturais distintas quantas forem as leituras semanticamente distintas que tiver esta frase (o que implica que uma gramática deve também explicar as ambigüidades lexicais – fenômenos de homonímia – que aqui deixaremos de lado). Isto não significa apenas que uma frase que é compreendida de duas maneiras distintas deva receber duas descrições estruturais distintas, diferindo ao menos em um ponto; quer também dizer que uma frase não-ambígua não deve receber mais que uma única descrição estrutural[28].

Ora, se, como vimos, uma gramática sintagmática é capaz de explicar certos tipos de ambigüidade (cf. acima, § 3.1., pp. 112-113) há contudo numerosos casos em que ela fracassa, e isto nos dois sentidos: dará várias descrições de frases não-ambíguas e uma única de frases ambíguas.

6.3.1. Consideremos primeiramente o segundo caso. No parágrafo precedente já vimos alguns exemplos. Chomsky analisou longamente, em várias ocasiões, exemplos ingleses tais como *Flying planes can be dangerous* ou *I don't approve of his drinking*, cuja ambigüidade não pode ser descrita em termos sintagmáticos. (cf. Chomsky, 1962*a*, pp. 236-237; ver também Lees, 1960*a*, p. 64 etc.). Exemplos franceses ou portugueses não são difíceis de encontrar. De fato, nenhum dos exemplos de ambigüidade dados no Cap. I, § 5 (*c*) pode ser adequadamente tratado por uma gramática sintagmática.

Tomemos o exemplo clássico do genitivo objetivo/subjetivo: *a crítica de Chomsky*, *o amor de Deus* etc. Não apenas a composição destas expressões é idêntica, em termos de morfemas ou de palavras, nas duas interpretações, como também não vemos de que modo uma gramática sintagmática poderia dar-lhes duas descrições estruturais distintas. Existe, entretanto, para este caso uma interpretação totalmente natural, e bem conhecida, segundo a qual, por exemplo, em *a crítica de Chomsky*, a relação entre os termos é ora a mesma que existe o verbo e o objeto na frase *X critica Chomsky*, ora a mesma que liga o verbo ao sujeito em *Chomsky critica X*. Veremos que é possível representar formalmente e de maneira simples esta intuição, se introduzirmos um novo tipo de regras, ou seja, transformações (cf. Cap. IV, § 5.3.).

Um problema comparável é colocado pela frase *Os Mariners julgam os Vietcongs sem piedade*. Numa interpretação, ela significa que "os mariners julgam que os vietcongs são sem piedade", e teria mais ou menos a mesma descrição estrutural que *Os mariners acham os vietcongs perigosos*. Na outra interpretação, a frase significa que "Os mariners julgam sem piedade (impiedosamente) os vietcongs" e deveria receber a mesma descrição que, por exemplo, *Os mariners torturam os vietcongs selvagemente*. Este gênero de ambigüidade não é, como dissemos, representável em termos sintagmáticos, e encontrará uma formalização natural em termos transformacionais.

Notar-se-á que o problema colocado pelas ambigüidades é no fundo exatamente o mesmo que o que se apresentava no parágrafo precedente (§ 6.2.). Trata-se, em ambos os casos, de encontrar um meio de representar relações entre elementos que não são dadas imediatamente na "estrutura aparente" da frase. Além disso, este problema está bastante próximo do que foi considerado no § 6.1., uma vez que, para mostrar como estas relações estão presentes nas frases, trata-se sempre, de um ou de outro modo, de indicar que a descrição estrutural de uma frase um pouco complexa implica uma referência à descrição de frases mais simples, que estão de algum modo incluídas na representação desta frase mais complexa. Disto resulta que, se encontrarmos um meio para resolver um destes problemas, haverá muitas possibilidades de que ao mesmo tempo os outros sejam igualmente resolvidos.

6.3.2. É também importante observar que uma gramática sintagmática será, às vezes, levada a fornecer várias descrições estruturais a frases não-ambíguas. Lees (1957, p. 386) e Chomsky (1962*b*, p. 533) mostraram que, se nos conformarmos com um critério de simplicidade muito elementar a frase inglesa *The dog is barking* "o cachorro late" receberá uma descrição tripla. Com efeito, uma gramática sintagmática é essencialmente uma gramática categorial; nela o essencial da descrição estrutural é atribuir categorias aos morfemas e às seqüências de morfemas. Ora, se quisermos construir uma gramática sintagmática relativamente simples do inglês, seremos obrigados a associar *barking* a três categorias diferentes. Com efeito, teremos necessidade, para explicar, por exemplo, uma frase como *Barking dogs never bite* "os cães que ladram não mordem", de tratar *barking* como um adjetivo (cf. *Black dogs never bite*); do mesmo modo, *barking* deve poder ser tratado como um sintagma nominal, se quisermos engendrar *Barking is dangerous* "latir é perigoso" (Cf. *The dog is dangerous*); enfim, *is* + *bark* + *ing* faz parte, evidentemente, do paradigma verbal, e *barking* é pois uma parte do verbo. Ora, cada um destes constituintes pode ser encontrado no contexto *The dog is* – (cf. *The dog is dangerous* (Adj); *the dog is a danger* (SN)). Se quisermos engendrar cada uma destas diversas frases de maneira simples, seremos levados a dizer que *barking* pode "ser", seja um adjetivo seja um sintagma nominal, seja uma parte do verbo; daí a tripla ambigüidade de *The dog is barking*. Seria impossível evitar tal absurdo a não ser que recorrêssemos a uma série de regras de seleção, concebidas unicamente para explicar este caso particular, e destituídas de qualquer generalidade[29].

6.4. Tratemos agora de um outro tipo de dificuldade. Até aqui, admitimos que uma gramática sintagmática analisasse uma frase como uma seqüência de morfemas, agrupados em constituintes de diversos tipos que se encaixam uns nos outros, mas sempre de tal modo que os morfemas agrupados num único e mesmo constituinte sejam contíguos. Ora, como notaram desde o início os teóricos da análise em constituintes imediatos (cf. por exemplo, Wells, 1947, p. 199 e s.; Nida, 1943, § 2.5.3.; Harris, 1951, p. 182 e s.) é, por diversas razões, quase sempre desejável que se admita a existência de *constituintes descontínuos*; em outras palavras, trata-se de reconhecer que morfemas que, na frase, não são contíguos, juntos constituem, no entanto, constituintes de uma ordem superior, ou, o que dá no mesmo, devem ser atribuídos, em conjunto, a uma mesma categoria. Exemplos bastante conhecidos são os do grupo "verbo + partícula" em inglês (cf. *I'll give it up*; *I took it over*; *I looked the word up*, sinônimo de *I looked up the word* etc.) ou ainda a unidade que juntos formam o adjetivo no comparativo e o complemento em expressões do tipo *o melhor homem do mundo*. É sem dúvida na análise do verbo que se encontram os exemplos mais evidentes. Até o momento, não me preocupei, nos exemplos de regras sintagmáticas, com a complexidade interna do constituinte Verbo; contentei-me em representá-lo através de formas conjugadas simples tais como *chega*, *com-ia* etc. Não podemos, evidentemente, ficar nisto. Mas consideremos as seguintes frases francesas:

Pierre arrive [19]
Pierre n'arrive pas [20]
Pierre est arrivé [21]
Pierre n'est pas arrivé [22]

Deixemos de lado, para simplificar, o elemento temporal que, em *arrive* como em *est arrivé,* deve ser representado por um morfema de presente (este aspecto será tratado no capítulo seguinte). Muitos lingüistas estariam certamente de acordo para analisar *est arrivé* em dois elementos, um dos quais consiste na raiz lexical *arriv-* e o outro (que é a marca do "perfeito", cf. Benveniste, 1959) compreende o auxiliar e o particípio passado. Ora, este último constituinte é descontínuo (*est . . . é*). Por outro lado, em [20], é claro que *n'arrive pas* deve ser decomposto no verbo, por um lado, e *ne - - - pas* por outro, que é a marca da negação, e que poderíamos então ligar a um "constituinte único, denominado por exemplo "Negativo". Notemos que estas análises não implicam nenhum pressuposto semântico. Repousam simplesmente na constatação de que a presença de um dos dois morfemas *ne* e *pas* implica a presença do outro (da mesma forma que para *est* e *é*). Nem * *Pierre n'arrive* nem * *Pierre arrive pas* são gramaticais em francês culto (da mesma forma que **Pierre arrivé* ou **Pierre est arriv-* são também excluídas). Há, pois, em cada caso, uma relação de solidariedade, de seleção mútua entre os dois elementos não-adjacentes que traduzimos agrupando-os num constituinte superior único. A frase [22], onde estes dois constituintes descontínuos se combinam, poderia então, numa primeira aproximação, ser representada da seguinte forma:

Pierre ne . . . pas
est . . . . é
arriv-

da mesma forma que a frase portuguesa

Pedro não tem trabalhado nada [22*a*]

seria representada como segue:

```
Pedro não .............. nada
          tem ....... ado
               trabalh
```

É evidente que, no caso do português, não haveria quanto ao constituinte "Negativo" pressuposição recíproca dos dois elementos (não e nada) como acontece com o francês culto, mas não com o francês coloquial (Cf. *Je sais pas* por *je ne sais pas*).

De qualquer forma, há no português construções que uma análise descritiva teria forçosamente de tratar como morfemas descontínuos da negação. É o que acontece com frases do tipo:

Pedro não morreu nada	[22*b*]
Pedro não escreveu a carta nada	[22*c*]
Pedro não gosta de fruta nada	[22*d*]

frases que têm o mérito de tornar mais evidente o fato de que *nada* pertence ao constituinte "Negativo" juntamente com o *não*, ao contrário de frases do tipo:

Pedro não tem escrito nada

que são portadoras de uma certa ambigüidade, na medida em que o *nada* pode ser analisado como preenchendo a posição de objeto direto, formando neste caso um paradigma com nomes como *cartas*, *artigos* etc., isto é, sendo um constituinte do tipo SN.

Não é o que acontece com as frases 22b – c na medida em que se trata de frases cujos verbos são ou intransitivos ou transitivos (mas) com a posição de objeto já preenchida.

Este fato é bastante revelador no sentido de que ele permite também compreender o valor sintático de outras expressões como:

Pedro não morreu	coisa alguma	[22*e*]
Pedro morreu	coisa nenhuma	[22*f*]
Pedro morreu	uma pinóia	[22*g*]
Pedro morreu	uma ova	[22*h*]
	uma merda	[22*i*]
	uma banana	[22*j*]

Por outro lado, estas construções, cuja análise descritiva é imprescindível para um estudo (que está por fazer) do português e mais as construções do tipo 22b – c, com *nada* e ainda as que excluem o *não* (cf. *Pedro morreu nada*) merecem atenção especial, do ponto de vista de seu valor semântico. Ao contrário das construções em que o constituinte "Negativo" é representado apenas pelo morfema *não,* como, por exemplo, em

Pedro não morreu [22*k*]

a frase *Pedro não morreu nada* ou ainda *Pedro morreu nada* pressupõe a afirmação anterior da morte de Pedro. Neste caso ela introduz um componente que não aparece em [22*k*].

É este componente que permite estabelecer, a exemplo do que faz Ducrot ao distinguir dois tipos de negação – o polêmico e o descritivo – (Cf. Ducrot, *Dire et Ne Pas Dire*, Paris, 1972, pp. 37, 104, 147, o valor polêmico das frases) 22*b* – j, à diferença do valor puramente descritivo da frase [22*k*].

Embora a análise descritiva não possa, como demonstra a nossa última observação, exaurir os problemas que o português apresenta ao trabalho do lingüista, só será possível chegarmos a ter uma visão clara do que está por fazer quando dispusermos de pesquisas descritivas pacientemente realizadas.

Poderíamos evidentemente imaginar um sistema de regras de reescritura que permitisse engendrar a frase [22], ou seja:

1. F → SN + SV
2. SV → (Negativo) (Perfeito) V (SN)
3. Negativo → *ne* + *pas*
4. Perfeito → *est* + *-é*
5. *est* + *-é* + V → *est* + V + *-é*
6. $ne + pas + \left\{\begin{matrix} est \\ V \end{matrix}\right\} \rightarrow ne + \left\{\begin{matrix} est \\ V \end{matrix}\right\} + pas$

ou para a frase [22a], sem levar, evidentemente, em conta os problemas que a forma verbal *tem trabalhado* apresenta sobretudo no que concerne ao aspecto mais importante, a nosso ver, que as marcas temporais.

1. F → SN + SV
2. SV → (Negativo) (Perfeito) V (SN)
3. Negativo → *não* + *nada*
4. Perfeito → *tem* + *-ado*
5. *tem* + *-ado* + V → *tem* + V + *ado*
6. $não + nada + \left\{\begin{matrix} tem \\ V \end{matrix}\right\} \rightarrow não + \left\{\begin{matrix} tem \\ V \end{matrix}\right\} + nada$
7. V → trabalh-, fal-, etc.

Infelizmente, sabemos (§ 3.1.) que as regras que compreendem permutações (cf. § 5, 6) são, por definição, excluídas das regras sintagmáticas, que podem reescrever apenas um elemento por vez; se isto fosse permitido, a gramática não seria mais do que um sistema de reescritura não-limitado, e seria impossível associar indicadores sintagmáticos às derivações. Além disso, vimos (§ 3.2.) que, se numa gramática dependente do contexto fosse possível, por meios indiretos, obter permutações, seria a custa de conseqüências inadmissíveis do ponto de vista puramente lingüístico. Uma gramática sintagmática clássica não pode, portanto, tratar os constituintes descontínuos, e é um fato (cf. Postal, 1964*a*, p. 67 e s. principalmente) que os lingüistas que elaboraram a análise em constituintes imediatos, ainda que conscientes deste problema, não propuseram nenhum meio para resolvê-lo[30]. Veremos no capítulo seguinte que a gramática transformacional fornece uma solução a este problema, solução que, além do mais, e particularmente no caso da análise do verbo, esclarece toda uma série de outros aspectos, à primeira vista desligados da questão dos constituintes descontínuos.

Um outro problema que foi, às vezes, tratado em termos de constituintes descontínuos (cf. Harris, 1951, p. 205; Martinet, 1960, p. 100), concerne aos fenômenos de *concordância*. É, sem dúvida, incorreto (cf. Hjelmslev, 1956; Benveniste, curso do Collège de France 1963/64) reduzir estes fenômenos a uma questão de constituintes descontínuos, mas o que é claro é que uma gramática sintagmática não pode, de forma alguma, tratá-los adequadamente. Uma regra tão simples como a que diz que "o artigo (ou o adjetivo) concorda em gênero e número com o substantivo" não pode ser tratada em termos sintagmáticos a não ser que se recorra a um conjunto complicado de regras dependentes do contexto, de uma forma muito pouco conforme com a intuição lingüística – como mostrou Postal em exemplos do espanhol (1964*a*, p. 43 e s.) e do mohawk (1964*c*). Contento-me aqui em assinalar tal dificuldade; veremos mais adiante que a teoria transformacional permite solucioná-la de forma bastante simples em concordância, aliás, com as formulações tradicionais.

6.5. A *coordenação*, um dos processos mais produtivos da linguagem, apresenta problemas insolúveis para uma gramática sintagmática. Notemos primeiramente que a noção de constituinte, contudo, tal como é definida por uma gramática sintagmática, deve desempenhar um papel considerável no estudo da coordenação. Com efeito, em geral, só os elementos ou seqüências de elementos que são constituintes podem ser coordenados. Assim é que nas frases *Um amigo de Pedro morreu* e *Um amigo de Paulo morreu*, "de Pedro" e "de Paulo" são igualmente definidos em termos sintagmáticos como constituintes (ambos são "sintagmas preposicionais"), e podem efetivamente ser coordenados, para formar uma frase gramatical, *Um amigo de Pedro e de Paulo morreu*. Em compensação, seqüências de morfemas que não são constituintes não podem, em geral, ser coordenadas. Deste modo é impossível formar [25] a partir de [23] e de [24], arbitrariamente divididos em seqüências (separados pelos travessões) que não são constituintes.

O – general prendeu o – presidente [23]
O – conspirador assassinou o – presidente [24]
*O – general prendeu o e conspirador assassinou o – presidente [25]

Este exemplo, entre outros, indica claramente que o modelo sintagmático, apesar de suas insuficiências, tem um certo valor, e que o problema é menos de substituí-lo por um outro modelo que de integrá-lo num modelo mais completo, que conservará a parte de informações estruturais exatas que ele formalizou.

No entanto, no momento em que se tenta tratar mais de perto o problema da coordenação esbarramos com dificuldades. Como nota Chomsky (1957*a*, p. 35), não basta, com efeito, dizer que "se tivermos duas frases Z + X + W e Z + Y + W, sendo X e Y efetivamente seus constituintes, podemos em geral formar uma nova frase Z – X e Y – W". Na verdade, geralmente, para que a coordenação seja possível, é necessário que os constituintes coordenados sejam constituintes *do mesmo tipo*, e isto num sentido, quase sempre, bastante estrito[31]. Retomemos o exemplo da frase *Um amigo de Pedro morreu*: "de Pedro" é um constituinte do SN. Ora, um outro constituinte possível do SN, que vem exatamente no mesmo lugar, e que tem a mesma função de "determinante" do nome, poderia ser uma preposição relativa, como por exemplo "que eu respeitava". Entretanto, a frase obtida, coordenando-os, *um amigo de Pedro e que eu respeitava morreu* é de uma gramaticalidade duvidosa. Da mesma forma, posso dizer *O roteiro do filme é original, O roteiro que imaginei é original*, mas não **o roteiro do filme e que imaginei é original*. Seria, pois, necessário, para explicar a coordenação, introduzir uma regra do seguinte tipo (Chomsky, 1957*a*, p. 36; esta regra foi aperfeiçoada por Gleitman, 1965; cf. também Chomsky, 1965*a*, p. 212, nº 9):

> Se F_1 e F_2 são frases gramaticais, e se F_1 difere de F_2 unicamente pelo fato de que X aparece em F_1 onde Y aparece em F_2 (isto é, F_1 = . . . X . . . e F_2 = . . . Y . . .), e se X e Y são constituintes do mesmo tipo em F_1 e em F_2, respectivamente, então F_3 é uma frase [gramatical N.R.], quando F_3 for o resultado de uma substituição de X por X + *et* + Y em F_1 (isto é, F_3 = . . . X + *et* + Y . . .)[32]

Ora este tipo de regra não pode ser integrado numa gramática sintagmática. Não se trata apenas de uma regra que constrói uma frase a partir de outras frases, mas, além disso, ela se aplica a frases plenamente desenvolvidas (representadas por seqüências terminais de morfemas), e sobretudo ela se aplica a estas seqüências terminais na medida em que elas têm *uma certa estrutura* (na medida em que sabemos que tal seqüência de elementos X ou Y "é um" constituinte de um certo tipo). Ora, um aspecto essencial das regras sintagmáticas é que elas se aplicam a seqüências não-terminais, e que se aplicam a estas seqüências "enquanto tais", isto é, de modo totalmente independente do que pode ter sido a derivação anterior que produziu estas seqüências. Se, em um dado momento de uma derivação, tivermos uma seqüência Z - SN - W, o elemento SN pode ser reescrito Art + N, qualquer que seja a maneira pela qual a seqüência Z - SN - W foi produzida. Em outras palavras, as regras sintagmáticas, para serem aplicadas, não pressupõem nenhum conhecimento da "história derivacional" da seqüência à qual elas se aplicam. É precisamente uma informação deste tipo que é exigida para aplicar a regra dada acima e isto é um dos traços que caracterizam as transformações.

Poder-se-ia à primeira vista contornar tal dificuldade, permitindo, em todos os níveis em que constituintes podem ser coordenados, regras como F → F + *e* + F, ou ainda SN → SN + *e* + SN etc. Notemos que esta formulação (que é aliás a aceita por Togeby, 1951, 68 e s.) não permitiria evitar frases agramaticais como *por que você vai e feche a porta* a não ser a custa de uma quantidade enorme de regras de seleção dependentes do contexto. Mas isto não é o mais grave. Com efeito, estas regras violam a restrição (cf. § 3.2. n. 15) que proíbe reescrever XAY como XZY se Z = (U) A (W); ora, esta restrição é necessária, se quisermos ser capazes, dada uma derivação, de obter o indicador sintagmático que a ela corresponde (Cf. Postal, 1964*a*, p. 16).

Além disso, um aspecto essencial da coordenação (ao menos da coordenação com *e*, à qual nos restringimos aqui) é que ela é potencialmente infinita; não há limites para o número de constituintes do mesmo tipo que podem ser coordenados; a uma série de seqüências coordenadas, é sempre possível acrescentar mais uma; cf. *Pedro é pequeno, magro, louro, amável . . . e ardiloso*, onde um número infinito de adjetivos poderia ser introduzido no lugar das reticências. Para resolver esta dificuldade, seria preciso, ou admitir um número infinito de regras, o que por princípio está fora de questão, ou permitir às regras F → F + *e* + F, SN → SN + *e* + SN etc. que se apliquem recursivamente[33]. Mas neste caso somos forçados a atribuir às seqüências de elementos coordenados uma estrutura arbitrária. Com efeito, numa frase como *John e Paul e George e Ringo gostam dos submarinos amarelos* (ou em *John, Paul, George e Ringo . . .*) o indicador sintagmático correto

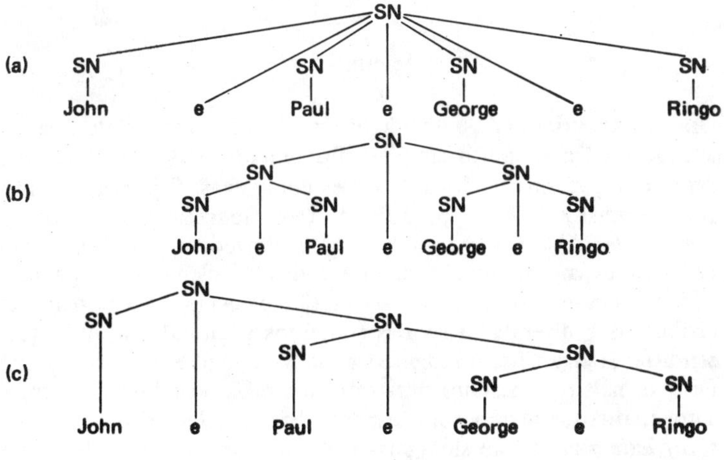

Figura 14

(abstraindo-se as reservas expressas no parágrafo anterior) deveria ser o da Fig. 14 (*a*): os quatro termos estão aí diretamente ligados ao nó SN, sem estrutura intermediária (Cf. Chomsky, 1961*a*, p. 128); em outras palavras, não há nenhuma hierarquia interna entre os elementos coordenados. Ora, a aplicação recursiva da regra SN → SN + *e* + SN nos força a engendrar árvores como as da Fig. 14 (*b*) ou (*c*). Estruturas deste gênero são evidentemente possíveis (por exemplo se, em *Johnny e Sylvie, e Chomsky e Halle, estão de passagem por Pequim*, quisermos marcar que os termos estão agrupados dois a dois). Mas este tipo de regra as torna obrigatórias.

6.6. A coordenação representa um caso típico de uma falha bastante generalizada das gramáticas sintagmáticas (ao menos das gramáticas sintagmáticas clássicas, do tipo da análise em constituintes imediatos): elas têm a tendência, como diz Chomsky (1961*a*, p. 128; cf. também Chomsky e Miller, 1963, p. 298), a atribuir "muita estrutura" às frases, isto é, a conferir-lhes uma estrutura hierarquizada de constituintes que é demasiado complexa. Esta tendência é clara na clássica análise em constituintes imediatos que favorece a divisão binária dos constituintes (ver também Togeby, 1951, pp. 15, 65). Com efeito, claro que uma frase, cuja seqüência terminal seja $a + b + c + d$, terá uma estrutura mais complexa se ela foi representada antes pela árvore [1] que pela árvore [2] (Fig. 15):

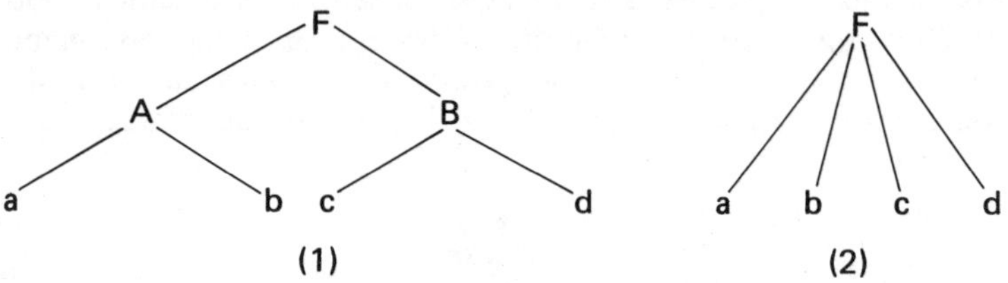

Figura 15

Ora, se este princípio de divisão binária é, em geral, correto quando aplicado a frases muito simples, dificilmente pode ser aplicado à representação sintagmática de frases complexas. Seja por exemplo (cf. Chomsky, 1961*a*, p. 128) a frase francesa [26] *pourquoi, Pierre a-t-il toujours été un homme si difficile à vivre?* Uma vez isolados os morfemas e dito que todos os elementos separados por espaços em branco na escrita são palavras, que podem ser atribuídas a diversas categorias (notemos a dificuldade que apresentaria já a análise sintagmática de *a-t-il*), não temos nenhum motivo mais para atribuir uma estrutura mais complexa em termos sintagmáticos; podemos simplesmente dizer que *Pierre,* e *un homme si difficile à vivre*, são sintagmas nominais. Se quisermos distinguir nesta frase outros constituintes, correremos imediatamente o risco de chegar a soluções arbitrárias (por exemplo, se dissermos que todo o final, de *a-t-il* a *vivre*, é um sintagma verbal, em função de predicado: o *il*, que retoma o sujeito, coloca um problema, e haveria, por outro lado, razões para incluir *pourquoi* no SV). Do mesmo modo, na frase em português [27] *Fui ao cinema ontem, depois da janta, para me distrair*, não há nenhuma razão para estabelecer uma hierarquia entre os três últimos constituintes (*ontem, depois da janta, para me distrair*). Isto não significa evidentemente que uma frase como [26] não tenha uma estrutura bastante complexa; mas esta estrutura não pode ser representada adequadamente em termos de constituintes imediatos.

Ocorre neste caso o mesmo que com a questão das ambigüidades. Vimos (§ 6.3.) que uma gramática sintagmática era levada a tratar como ambíguas frases não-ambíguas, e reciprocamente. Assim também, uma gramática sintagmática tanto pode dar uma representação demasiado complexa das frases, como negligenciar aspectos essenciais de sua estrutura (cf. § 6.2. principalmente). Aqui estão alguns exemplos deste caso. Sejam as frases:

Pedro é mais forte que Paulo	[28]
Pedro é mais corajoso que prudente	[29]
Pedro é mais dado que antes	[30]
Pedro chegou e Paulo também	[31]
Pedro me disse que ele tinha vindo	[32]

Não é muito difícil dar uma análise sintagmática destas frases, mas, se quisermos que a análise sintática forneça uma base para sua interpretação, é claro que sua descrição estrutural deverá comportar informações de uma outra ordem de informações que uma gramática sintagmática não pode fornecer. É assim que em [28-30], uma gramática sintagmática pode nos dizer que *Paulo*, *prudente*, *antes*, são "complementos de comparativo", (*étalons*, segundo Wagner – Pinchon, 1962, p. 141 a quem os exemplos são emprestados e adaptados ao português) e ao mesmo tempo atribuir a cada um uma categoria diferente (N, Adj., Advérbio); mas ela não pode nos dizer que, num sentido, a informação de que "Paulo é (mais ou menos) forte" está presente em [28], assim como a de que "Pedro é (mais ou menos) prudente", está presente em [29]. Em outras palavras, a descrição estrutural destas frases deveria poder indicar que, em [28], *Paulo* é, num sentido, sujeito, como *Pedro*, que em [29] *prudente* é uma espécie de predicativo, e que, em [30], *antes* é um circunstancial (como aparece bem na frase [33] *Pedro é mais dado do que era antes*). Uma maneira evidente de tratar este problema seria engendrar por exemplo [30] a partir de [33] por uma operação de elipse; da mesma forma, [28] seria engendrada a partir de [34] *Pedro é mais forte que Paulo é forte* (cf. *Pedro é mais forte que Paulo é gordo*; notemos que isto permitiria dar aos comparativos um tratamento uniforme). Do mesmo modo, explicaríamos [31] a partir de [35] *Pedro chegou e Paulo chegou também*, e de [32] (num de seus sentidos possíveis) a partir de [36] *Pedro me disse que Pedro veio*. Mas todos estes problemas fundamentais de *elipse* e de *anáfora* não podem ser tratados por uma gramática sintagmática, que, como vimos (§ 3), não se permite regras de supressão (regras que têm a forma XAY → XY), regras que não permitiriam construir indicadores sintagmáticos.

6.7. Não seria difícil encontrar outras falhas nas regras sintagmáticas. No capítulo seguinte, assinalarei mais algumas, e principalmente a complicação inútil que o tratamento sintagmático das relações de *seleção* (cf. Cap. I, § 5 (*f*), e Lees, 1957 p. 387) acarreta. Como já disse várias vezes, todas estas falhas se reduzem essencialmente a uma só: a extrema complicação, e o caráter pouco revelador, de uma descrição sintagmática quando aplicada a fenômenos lingüísticos de uma certa complexidade. Um modelo que chegasse a resolver estas dificuldades de modo uniforme e bastante simples, conservando o que existe de exato na representação sintagmática, constituiria um grande passo no estudo da linguagem. Foi um modelo dessa natureza que Chomsky propôs com a teoria transformacional, que estudaremos no capítulo seguinte.

7. No começo deste capítulo, indiquei que o modelo sintagmático de gramática gerativa tinha sua origem na análise em constituintes imediatos (*I C Analysis*) elaborada por diversos lingüistas americanos no decorrer dos anos 40. De fato, o modelo gerativo de Chomsky é uma formalização direta do modelo "do morfema ao enunciado" de Harris, que representa sem dúvida a forma mais acabada e mais rica da análise em constituintes imediatos (cf. Harris, 1946; 1951, Cap. XVI)[34].

Paralelamente ao desenvolvimento da *I C Analysis*, e, em seguida, da gramática transformacional, numerosas teorias sintáticas vieram à luz no decorrer dos últimos 20 ou 30 anos, nos domínios da Lingüística estrutural, da teoria lógica das linguagens formalizadas, e da tradução automática. Um dos resultados mais evidentes da formalização realizada por Chomsky é que ela permitiu mostrar que todas estas teorias, apesar das divergências terminológicas quase sempre consideráveis, são variantes da gramática sintagmática (mais freqüentemente sob a forma mais fraca, independente do contexto), e que elas têm, pois, as mesmas insuficiências.

Não retomarei aqui as demonstrações feitas por Chomsky (1963) e por vários de seus colaboradores (cf. Gross, 1964) concernentes aos modelos propostos pelos lógicos ou engenheiros. Trata-se, neste caso, de modelos já formalizados, cuja equivalência com o modelo sintagmático pode ser facilmente demonstrada em termos matemáticos, enquanto que os modelos lingüísticos, às vezes mais ricos mas freqüentemente mais vagos, apresentam difíceis problemas de interpretação. Assinalemos, contudo, entre os modelos introduzidos pelos lógicos, as diversas espécies de *gramáticas cate-*

goriais; tendo sua origem em Ajdukiewicz (1935), foram desenvolvidas principalmente por Bar-Hillel (1953), Lambek (1958; 1959; 1961) Curry (1961) etc.; Bar-Hillel, Gaifman e Shamir (1960) mostraram que elas eram equivalentes, em capacidade gerativa fraca, às gramáticas sintagmáticas independentes do contexto (v. também a resenha em Chomsky, 1963, p. 410 e s.). Entre os trabalhos dos engenheiros, especialistas de máquina de traduzir, Chomsky (1963) mostrou que a *análise predicativa* (cf. Oettinger, 1961; Sherry, 1960; 1962; Sherry e Oettinger, 1960; Rhoder, 1961) é da mesma forma fracamente equivalente a uma gramática sintagmática independente do contexto; o mesmo acontece com o sistema (cf. Matthews, 1963) de Yngve (1960; 1961). Enfim, Gross (1964) demonstrou que a *gramática de dependências*, cuja origem está em Tesnière (1959) e foi elaborada, principalmente, por Hays (1960), é igualmente equivalente em capacidade gerativa fraca a uma gramática sintagmática independente do contexto.

Quanto aos modelos propostos pelos lingüistas estruturalistas, parece, quando são suficientemente explícitos para se prestar a uma interpretação em termos gerativos, que eles se reduzem a diversas variantes do modelo sintagmático – quando não se revelam simples casos do modelo a estados finitos[35]. Em Saussure, como já observei mais acima (cf. Cap. II, § 2.1), a noção do caráter linear da linguagem (ver também Godel, 1957, p. 170), a predominância da teoria dos dois eixos, fazem pensar no modelo a estados finitos. Contudo, algumas passagens do *Cours* parecem indicar que Saussure imaginava a estrutura do enunciado sob a forma de uma pirâmide de constituintes[36]. A escola de Praga, cujo esforço principal recaiu sobre a fonologia, ou sobre o estudo dos sistemas morfológicos (cf. Jakobson, 1932, 1936) não elaborou nenhuma teoria sintática e a partir do único artigo – notável aliás – de Trubetzkoy neste domínio (1939*b*), é difícil saber para que direção tal artigo teria orientado sua teoria sintática se tivesse vivido mais tempo. Da teoria sintática de Martinet, já falei (cf. Cap. II, § 3.3). Enfim, é sem dúvida a Benveniste que devemos os estudos sintáticos mais ricos (1966, 4ª parte) escritos num quadro estruturalista (e fora de certos trabalhos americanos de Bloch e de Harris). Ele atinge, em suas pesquisas concretas, resultados muito próximos daqueles a que mais tarde chegará Chomsky por caminhos diversos. Alguns de seus estudos, (1952; 1957-58; 1962) prefiguram de forma direta o modelo transformacional. Falaremos disso no capítulo seguinte (§ 6.1). Contudo, a formulação teórica geral que ele apresentou no IX Congresso Internacional dos Lingüistas (1964, especialmente p. 122 e s.) sobre os níveis da análise lingüística, não difere muito da concepção estruturalista corrente de uma hierarquia de constituintes, evidenciados por procedimentos de segmentação e de substituição.

A demonstração de que os modelos sintáticos estruturalistas são equivalentes ao modelo sintagmático (ainda que freqüentemente só em capacidade gerativa fraca) foi bem sucedida nos trabalhos de Postal, para o domínio anglo-saxônico. Em seu livro (1964*a*), Postal examina sucessivamente oito teorias americanas e uma inglesa; são (por ordem cronológica) a sintaxe japonesa de Bloch (1946), a análise em constituintes imediatos de Wells (1947), o sistema "do morfema ao enunciado" de Harris, o sistema "com item e arranjo" de Hockett (1954; 1958), a "gramática estratificacional" de Lamb (1962; ver também Lamb, 1964, e Gleason, 1964), a "tagmêmica" de Pike e de seus colaboradores (Pike, 1954-60; Elson e Pickett, 1962; Longacre, 1960, 1964), a "gramática constitucional" de Hockett (1961), a "análise das seqüências" (*string analysis*) de Harris (1962), e, enfim, a teoria das categorias gramaticais de Halliday (1961).

Inútil retomar aqui as análises de Postal[37]. É preciso apenas assinalar que as divergências que separam todos estes modelos, à primeira vista consideráveis, são, no conjunto, superficiais. Muitas dessas diferenças são puramente terminológicas, e se desfazem quando o modelo recebe uma formulação gerativa. Outras são mais profundas, mas se referem apenas a um número limitado de problemas: os fenômenos de concordância, os constituintes descontínuos, os elementos cuja ordem é livre, e, enfim, a questão de saber se é ou não necessário admitir constituintes múltiplos (isto é, admitir divisões não-binárias). Note-se que todos estes problemas fazem parte dos que um modelo sintagmático é intrinsecamente incapaz de resolver de modo convincente. Muitos estruturalistas tinham evidentemente compreendido que estes problemas apresentavam dificuldades; na medida em que não podem ser resolvidos em termos sintagmáticos, não é de admirar que as soluções casuais propostas para superá-los apresentem divergências consideráveis.

Como já foi dito (Cap. I, § 6, e acima, § 1), os estruturalistas, com algumas exceções, de forma alguma se preocuparam em caracterizar abstratamente a forma das gramáticas; dedicaram-se, ao contrário, a elaborar procedimentos de descoberta que permitissem estabelecer a estrutura sintagmática dos enunciados a partir dos dados. Vimos (Cap. I, § 6.2) que não era razoável esperar fornecer um procedimento de descoberta efetivo; mais uma vez, é a própria impossibilidade da tarefa empreendida que sem dúvida explica as divergências entre os procedimentos propostos por diferentes lingüistas. Aliás, estas divergências são, também elas, bastante superficiais: todos estes procedimentos se resumem finalmente em operações bastante elementares de segmentação e de substituição. E estamos agora em condições de compreender por que estes procedimentos sempre revestiram um caráter tão elementar; a simplicidade das operações que eles implicam liga-se à própria natureza da concepção sintagmática da linguagem: entre os diversos elementos lingüísticos, esta concepção admite tão-somente três tipos de relações possíveis — relações de encadeamento, relações da parte ao todo ou do todo à parte, e relações de substituição mútua (ou de escolha).

Já falamos (Cap. I, § 6.2) das divergências entre os procedimentos de descoberta, conforme sejam concebidas simplesmente como técnicas heurísticas parciais (Longacre, 1964) ou como procedimentos efetivos (Harris, 1951), ou ainda conforme impliquem ou não recurso ao sentido. Uma outra divergência merece ser assinalada: é a que trata da questão de saber se o procedimento deve ir "de baixo para cima" ou "de cima para baixo". Alguns (Harris, 1946, e a maior parte dos americanos) procedem "de baixo para cima"; partem das unidades menores, os morfemas (obtidos, em princípio, por operações de combinação dos fonemas), e agrupam-nos progressivamente em unidades mais vastas, para chegar finalmente ao nível da frase. Outros, como Wells (1947) ou os glossemáticos (Hjelmslev, 1953, p. 12; Togeby, 1951, p. 16) procedem ao contrário "de cima para baixo", decompondo o enunciado em proposições, sintagmas, palavras, para chegar finalmente às "últimas unidades indecomponíveis" (Jakobson, 1963*a*, p. 163). Outros enfim (Harris, ainda; Pike, 1954-60) recorrem a uma espécie de ciclo, indo ora "de cima para baixo", ora "de baixo para cima". Podemos considerar os procedimentos que vão "de baixo para cima" como *sintéticos*, e os que vão "de cima para baixo" como *analíticos* (Hjelmslev, 1953, p. 13). Se chamo a atenção para esta oposição, é que é importante não confundir a *démarche* de uma gramática gerativa com um ou outro destes pontos de vista. Na medida em que uma gramática gerativa parte efetivamente dos símbolos mais abstratos (# F #), para engendrar, ao final, as frases na sua representação mais concreta, poder-se-ia, com efeito, confundir esta *démarche* com a *démarche* analítica no sentido de Hjelmslev. Ora, uma gramática gerativa não tem nada a ver com um procedimento de descoberta; não é mais que (cf. Chomsky, 1962*a*, p. 240) uma "caracterização e uma descrição, nos termos mais neutros que se possam imaginar, das frases de uma língua". Esta neutralidade da gramática gerativa diante da análise e da síntese coincide com a que ela observa diante do ponto de vista do locutor e o do auditor (o locutor produzindo, "sintetizando", frases, enquanto que o auditor as capta e compreende, isto é, "analisa-as").

Uma outra divergência merece também ser lembrada. Já não se trata da questão dos procedimentos de descoberta, mas de uma primeira tentativa de representar as propriedades formais das gramáticas: opõe o modelo *com item e processo* ao modelo *com item e arranjo*. Uma comparação dos dois modelos e de seus respectivos méritos foi elaborado por Hockett num importante artigo (1954). É, no entanto, Harris (1944, p. 199) quem caracterizou mais sucintamente o primeiro destes modelos (notar-se-á, pelo que segue abaixo, que Harris fala apenas de diferença de "estilo" entre estes dois modelos):

> A diferença entre duas formas parcialmente similares é freqüentemente descrita [...] como um processo que fornece uma forma

a partir de outra. Assim, onde existem temas ou bases com diversas formas vocálicas, diremos que estas diversas formas são o resultado de processos de alternância vocálica que operam sobre a base ou o tema. [Assim, em inglês, diremos que o pretérito *sang* e o particípio passado *sung* do verbo *to sing* são derivados da base *sing* por um processo de alternância vocálica, N.R.] [. . .] da mesma forma que a diferença entre uma base [sozinha] e [um grupo] base + sufixo será descrita como o resultado de um processo de sufixação [. . .]. [Poderíamos, assim, falar de processo de derivação, de flexão, de composição, N.R.] [. . .]. Este modelo evidentemente nada tem a ver com a modificação histórica ou com um processo através do tempo: trata-se simplesmente de um processo que se produz na configuração, indo de uma a outra parte do *pattern*, ou a uma outra parte mais vasta.

Este modelo, cuja fonte está na Lingüística tradicional, foi introduzido na Lingüística americana por Boas (cf. o *Handbook of American Indian Languages*) e elaborado por Sapir (v. o Cap. IV, "Grammatical Processes" de seu livro *Language*, 1921 – impropriamente traduzido, na edição francesa (Paris, 1953), "Les procedés grammaticaux", e acertadamente, na edição brasileira, tradução de J. Mattoso Câmara Jr. (Rio de Janeiro, 1954), "Os Processos Gramaticais").

Quanto ao modelo *com item e arranjo*, ele corresponde à prática da análise em constituintes imediatos e, de um modo geral, à dos lingüistas neobloomfieldianos (ou ainda à de Martinet). Hockett a caracteriza da seguinte forma:

> Supomos que todo enunciado, numa determinada língua, consiste inteiramente num certo número de elementos minimais gramaticalmente pertinentes, chamados morfemas, dispostos num certo arranjo uns em relação aos outros. Especifica-se a estrutura do enunciado dando morfemas e seu arranjo.

A questão de saber como "traduzir" estes modelos um para o outro, assim como a de decidir se um é mais prático que o outro, quando da descrição de uma língua – sendo o modelo com item e processo mais prático no caso da alternância vocálica e o modelo com item e arranjo, nos casos da sufixação – são questões, segundo nosso ponto de vista, de interesse secundário. Com efeito, estes dois modelos não apenas duas variantes do modelo sintagmático, tanto que Postal pôde dizer (1964*a*, p. 29) que a diferença que os separa é puramente terminológica, substituindo o termo "processo" em um o termo "construção" no outro. Com efeito, se, num caso, falarmos de processo de sufixação, onde, no outro, falarmos da construção| base + sufixo, estas duas formulações receberão exatamente a mesma tradução, num sistema de regras sintagmáticas: se se tratar da sufixação dos nomes, a gramática comportará a regra: N → base + sufixo.

É preciso assinalar ainda o perigo de uma possível confusão. Por causa de seu aspecto igualmente "dinâmico" poder-se-ia crer, segundo uma visão totalmente superficial, que uma gramática gerativa está mais próxima do modelo com "item e processo" que do modelo "com item e arranjo". Evidentemente, não é assim. Como nota Chomsky (1962*a*, p. 240), regras como F → SN + SV, ou Passado → *ed*/*learn* –, são tipicamente regras com item e arranjo, enquanto que regras como *take* + passado → *took* (/tuk/) são tipicamente com item e processo. No nosso sistema, não há nenhuma diferença essencial (além da generalidade) entre estas regras". (Observemos que as duas últimas regras citadas por Chomsky são regras fonológicas, que convertem seqüências de elementos sintáticos em seqüências de fonemas).

Notas

1. Deixo de lado a questão, que é de ordem empírica, de saber se o exemplo de análise que demos da frase [1] é correto. Outras decomposições são, *a priori,* possíveis, mesmo para uma frase tão simples. Poderíamos, por exemplo, saltar a divisão da frase em sujeito e predicado e analisá-la logo em três termos: sujeito, verbo, objeto. O que nos interessa, por enquanto, é apenas as propriedades formais do modelo. De qualquer forma, a decisão de escolher esta ou aquela análise (tal ou tal divisão) só pode ser tomada quando consideramos suas repercussões no conjunto da gramática: tomando uma e não outra decisão, simplificamos ou não o conjunto da descrição, tornamos ou não possíveis generalizações mais interessantes etc.? Voltaremos a este problema no capítulo VI, nota 1.

2. A rigor, seria preciso decompor ainda mais, e representar o primeiro *o* como artigo definido + singular e o segundo, como artigo definido + plural. Não o fizemos para não complicar demais a representação. Notaremos, por outro lado, que a divisão segue um princípio binário. É um princípio que geralmente foi seguido pelos defensores da análise em constituintes imediatos (aliás, também pelos glossemáticos, cf. Togeby, 1951, p. 61 e s.); entretanto, não se trata de um princípio absoluto (cf. Wells, 1947, p. 199).

3. Para designar o tipo de estrutura descrita pela análise em constituintes imediatos, Chomsky e seus colaboradores falam indiferentemente de *phrase structure* (abreviado em PS) e de *constituent structure* (abreviado em CS). Quanto ao modelo gramatical gerativo, que Chomsky tirou da análise em constituintes imediatos, batizou-o com os nomes de *phrase structure grammar* (PSG) ou *constituent structure grammar* (CSG). Os dois termos encontram-se indiferentemente na literatura. Sua tradução apresenta algumas dificuldades na medida em que os termos ingleses gozam da ambigüidade própria a muitos compostos nominais em inglês. Assim, *constituent structure* tanto pode significar "estrutura dos constituintes" como "estrutura por (ou em) constituintes". Optei pelas traduções *estrutura de constituintes,* e, para CSG, *gramática de constituintes.* Por outro lado, o equivalente de *phrase,* em francês, é "syntagme", palavra que, em geral, é utilizada para designar uma unidade de nível intermediário entre a frase e a palavra; também decidi traduzir *phrase structure* por "structure syntagma-

tique", e PSG por "grammaire syntagmatique"; *phrase-marker* pode, então, ser, naturalmente, traduzido por "indicateur syntagmatique". Na tradução para o português resolvemos manter as escolhas feitas para o francês. Assim, *phrase* (ingl.) = syntagme (fr) = sintagma (port), phrase structure (ingl.) = = structure syntagmatique (fr) = estrutura sintagmática (port), phrase-marker (ingl.) = indicateur syntagmatique (fr) = indicador sintagmático (port). O termo "sintagmático" é aqui empregado num sentido muito diverso daquele com que ele aparece em Saussure (ainda que eles tenham relação – cf. Saussure, 1916, pp. 170, 177). Como o modelo de linguagem a estados finitos – que estava mais próximo da concepção saussuriana – foi eliminado, o termo está disponível.

4. A expressão "é um" será doravante empregada como um termo técnico, que designa a pertinência de um elemento a uma categoria.

5. Mais informações sobre as convenções de notação utilizadas em Gramática Gerativa podem ser encontradas em Bach, 1964*a*, Cap. II, e em Matthews, 1965, § 1.4. Quanto ao fato de não se tratar de simples comodidade de convenções mas sim de generalizações importantes que estas convenções abreviadas servem para exprimir, cf. Chomsky, 1965*a*, Cap. I, § 7, 1967 e Chomsky e Halle, 1965.

6. Na realidade, a aplicação das regras dará seqüências como *o irmão de o menino, o irmão de o pai de o menino* etc. Uma regra posterior converterá *de* + *o* em *do* (cf. também a Fig. 6, abaixo).

7. Inversamente, os símbolos "/SN–" significariam "num contexto em que tal elemento é *precedido* por SN". Adotamos a seguinte convenção: de dois elementos entre os quais a escolha é possível, aquele que implicar uma restrição a um contexto particular será especificado em primeiro lugar; assim, nossa regra significa que V é reescrito V_t no contexto /–SN, e que é reescrito V_i *em todos os outros contextos,* isto é, no caso de que tratamos, num contexto que equivale à fronteira da frase. De modo geral, este princípio, que consiste em *ordenar as regras* umas em relação às outras, permite muitas vezes simplificar a descrição; as regras mais particulares, como, por exemplo, aquelas que se limitam a contextos muito restritos, serão formuladas em primeiro lugar, de tal modo que, quando formularmos as regras mais gerais, não tenhamos mais necessidade de assinalar as exceções. A ordem das regras permite assim representar facilmente as *exceções* às regras lingüísticas (para maiores detalhes sobre esta questão, ver Bach 1964*a*, p. 26).

8. O estudo formal das Gramáticas Sintagmáticas, e dos sistemas de reescritura em geral pode ser encontrado, principalmente, nos seguintes trabalhos: Chomsky, 1955*a*, 1956, 1959*a*, 1959*b*, 1963; Chomsky e Schützenberger, 1963; essas pesquisas estão resumidas em Chomsky, 1961*a*; Chomsky e Miller, 1963; Postal, 1964*a*, 1964*b*.

9. Doravante, adotaremos a seguinte convenção: os símbolos únicos serão representados por letras do início do alfabeto, A, B, C etc., e as seqüências de símbolos serão representadas por letras do fim do alfabeto, X, Y, Z, W etc. Lembremos que uma seqüência pode comportar zero, um ou vários símbolos.

10. Mais precisamente, seria preciso dizer que só a seqüência tem a forma #F #, onde o símbolo # designa uma fronteira de frase; em geral, este símbolo não aparece; nós o encontraremos novamente no capítulo seguinte, utilizado também para marcar as fronteiras de palavras.

11. Para uma apresentação rigorosa da maneira pela qual um indicador sintagmático pode ser engendrado, cf. Chomsky, 1963, pp. 367-368.

12. Adotaremos, daqui por diante, a seguinte convenção: utilizaremos os índices subscritos $_{x}$, $_{y}$, $_{a}$ etc. para designar certas subcategorizações de certas categorias de elementos (por exemplo, aqui, a subcategorização dos verbos transitivos nos que admitem e nos que não admitem um

"complemento de origem"). Utilizarei esta convenção, cada vez que quiser indicar que uma determinada regra só se aplica a uma certa categoria, sem ter que indicar, no entanto, a composição exata desta subcategoria.

13. A frase inglesa *I saw the man in the street* poderia, igualmente, receber duas derivações não-equivalentes, assim como (por meio de outras regras) a frase *eu matei o homem com a carabina* (cf. acima, Cap. II, n. 2). Encontraremos outros exemplos de representações das ambigüidades sintáticas em termos de Gramática Sintagmática em Chomsky, 1956, p. 118 (para a frase *they are flying planes* "são aviões em vôo" ou "eles pilotam aviões") e em Bach, 1964*a*, p. 40 (para a frase alemã *es ist natürlich* "é bastante natural" ou "é naturalmente bastante").

14. Traduzido em termos de regras relativas a uma língua natural, isto daria, por exemplo, SV → V + SN, e V + SN → *come* + *uma* + *banana* onde seria dizer que *uma banana* "é um" sintagma nominal (poderíamos muito bem dizer que *come uma* "é um" verbo).

15. Nesta incapacidade para tratar corretamente as permutações, já podemos perceber uma das principais limitações do modelo sintagmático, limitações que só um modelo mais poderoso – o modelo transformacional – será capaz de superar de modo natural. Notemos que esta forma de tratar as permutações é a mais simples possível no quadro de um modelo sintagmático. Em geral, quando a maneira mais simples de tratar um determinado problema no quadro de um dado modelo se revela em contradição com a intuição lingüística mais elementar, temos então um bom indício do caráter inadequado do modelo em questão. Há muitos outros casos em que a representação mais simples em termos sintagmáticos leva a grandes absurdos (ver, por exemplo, abaixo, § 6.3.2).

16. As Gramáticas Sintagmáticas dependentes do contexto devem ser ainda submetidas a outras condições. Uma delas (Postal, 1964*a*, pp. 15-16) diz que, se XAY → XZY, Z deve ser diferente de (U) A (W). Esta condição não permite ter, numa derivação, duas linhas sucessivas ABC, ADBC, onde é impossível determinar se A foi desenvolvido em AD, ou se é B que foi desenvolvido em DB. Esta condição, observa Postal, exclui a única representação natural, em termos de Gramática Sintagmática, dos fenômenos de *coordenação*. Se quiséssemos explicar a frase *o cachorro é grande e bravo* em termos sintagmáticos, o único método natural seria utilizar as regras (*a*) F → SN + *é* + Adj. (simplifico) e (*b*) Adj → Adj + *e* + Adj. A regra (*b*) é excluída por nossa nova condição. Não insisto sobre este ponto, na medida em que, de qualquer maneira, mesmo se renunciássemos a esta condição, o tratamento da coordenação em termos sintagmáticos apresentaria defeitos, sendo este fenômeno tratado de modo muito mais adequado em termos transformacionais.

17. Aí está, a título de ilustração, o indicador sintagmático, simplificado, da frase inglesa *That you think that I am a fool is unfortunate,* que foi escolhida de preferência à equivalente francesa "Il est malheurense que tu penses que je suis fou" ou portuguesa "É triste que você pense que sou louco", na medida em que estas trazem complicações que só podem ser tratadas se recorrermos ao modelo transformacional.

Notaremos que: (*a*) F é ao mesmo tempo auto-encaixante ($F_1 \Rightarrow F_2 \Rightarrow F_3$), e recursivo à direita ($F_2 \Rightarrow F_3$); (*b*) SN é auto-encaixante ($SN_1 \Rightarrow SN_2$), recursivo à direita ($SN_1 \Rightarrow SN_3$, $SN_3 \Rightarrow SN_5$), e novamente auto-encaixante ($SN_3 \Rightarrow SN_4$); (*c*) SV é recursivo à direita ($SV_2 \Rightarrow SV_3$); SV_1, evidentemente, não participa da recursividade, uma vez que não há nenhum ramo que, partindo de SV_1, chegue a um dos outros SV (notemos que a definição de *ramo,* tal como é dada por Chomsky e Miller, deveria ser especificada de modo a excluir a possibilidade de considerar, por ex., $SV_1 - F_1 - SN_1$, etc., como um ramo; em outras palavras, a "orientação" das linhas em um ramo deve ser a mesma para todas (todas devem ser "de cima para baixo" ou de "baixo para cima").

18. O elemento encaixado é sempre, nestes elementos, o elemento *frase,* que se apresenta sob a forma de proposições relativas. Assim, em [2] *o bandido foi preso* está encaixado em *o bandido feriu o homem* (ou *um homem*) que está por sua vez encaixado em *o homem morreu esta manhã no hospital.* De fato, para representar corretamente o encaixe em casos deste gênero (e, na verdade, em todos os outros casos), é preciso passar pelo modelo transformacional (cf. abaixo, Cap. IV, § 5.2). É por isso que não damos aqui a representação destas frases na forma de árvore, representação que não corresponderia à que elas recebem numa versão mais avançada da teoria gerativa.

19. Estas observações levam a entender melhor a noção de gramaticalidade.

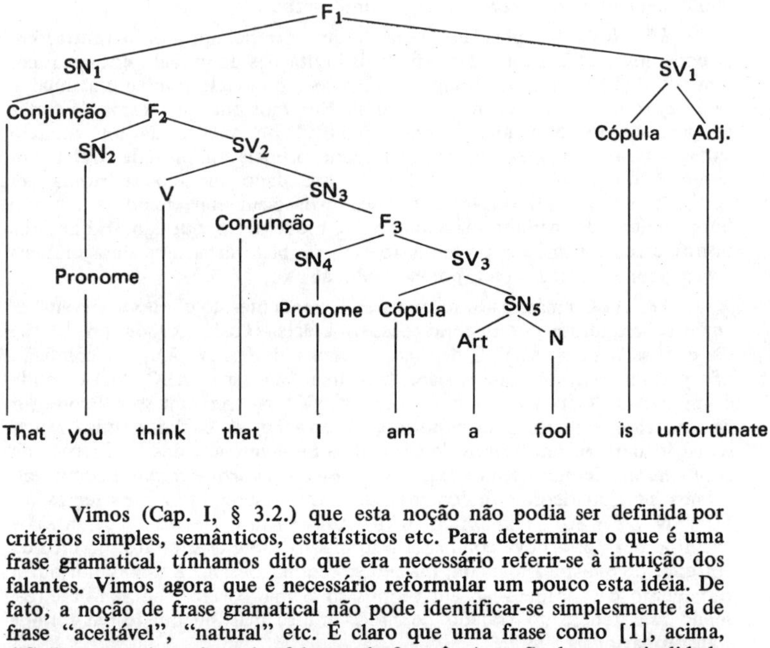

Vimos (Cap. I, § 3.2.) que esta noção não podia ser definida por critérios simples, semânticos, estatísticos etc. Para determinar o que é uma frase gramatical, tínhamos dito que era necessário referir-se à intuição dos falantes. Vimos agora que é necessário reformular um pouco esta idéia. De fato, a noção de frase gramatical não pode identificar-se simplesmente à de frase "aceitável", "natural" etc. É claro que uma frase como [1], acima, dificilmente seria aceita pelos falantes do francês. A noção de gramaticalidade é, então, ainda mais abstrata, mais teórica; as frases gramaticais serão definidas como um determinado conjunto de frases aceitáveis, mais um conjunto de outras frases, que seriam igualmente engendradas pelos processos recursivos mais simples postulados na base do primeiro conjunto. O que justifica a distinção entre frases gramaticais e frases aceitáveis – distinção impossível de induzir da simples observação – é, finalmente, o fato de que esta distinção permite formular hipóteses interessantes, em que não teríamos nem mesmo pensado, não fosse esta distinção; com efeito, foi ela que permitiu a Chomsky formular a hipótese, de que acabamos de falar, sobre a natureza da memória humana. A noção de gramaticalidade é, assim, essencialmente uma construção teórica, a partir da qual é possível colocar certas questões, que um ponto de vista puramente empirista nos condenaria a ignorar para sempre.

20. Observemos também que a frase [1] torna-se imediatamente mais aceitável quando realizamos uma simples inversão: *o rato que matou o gato que o cachorro pegou comeu o queijo* (evidentemente, diferenças de entonação – de pontuação – podem também contribuir para tornar uma frase mais ou menos aceitável). Notemos que isto é um argumento para

tratar [1] como uma frase gramatical. Com efeito, regras estilísticas como as diversas regras de inversão figurarão normalmente no fim de uma Gramática (Transformacional), e para que possam ser aplicadas é evidentemente preciso que tenham sido primeiramente engendradas estruturas do tipo de [1]; por outro lado, muitas dessas estruturas serão perfeitamente aceitáveis, com ou sem inversão. Notemos, por fim, que o grau de aceitabilidade de uma frase – seu grau de "naturalidade" – parece não poder ser tratado em termos de regras particulares da gramática, nem em termos do número de aplicações desta ou daquela regra (a frase [2], acima, tem exatamente o mesmo grau de auto-encaixe que [1]; este grau de aceitabilidade parece ser antes de mais nada função de uma certa complexidade "global" da frase, complexidade que ainda é muito difícil avaliar (cf. sobre tudo isto Chomsky, 1965*a*, Cap. I, § 2, assim como, sobre a avaliação da complexidade, Bar-Hillel, 1964, p. 194 e s.).

21. A tentativa de representar as frases por meio de um conjunto de níveis distintos deste tipo é precisamente um dos traços que caracterizam certas escolas sintáticas recentes, como a "tagmêmica" de Pike e seus discípulos (cf., por exemplo, Longacre, 1964), e a escola inglesa (cf. Halliday, 1961, onde estes níveis são chamados *rangs*). Esta concepção serve apenas para trazer complicações inúteis, incapazes de permitir a superação dos defeitos inerentes ao modelo sintagmático (cf. abaixo, § 6); Para uma crítica dessas concepções, ver Postal, 1964*a*).

22. Eis a tradução da passagem em que Chomsky mostra, resumidamente, como uma Gramática Sintagmática pode ser representada por um autômato finito (1956, p. 119): "Consideremos um sistema que tenha um número finito de estados $E_0, \ldots, E_q$. Quando ele está no estado E_0, pode produzir qualquer seqüência de Σ [= as seqüências iniciais de um sistema sintagmático, N.R.], passando assim para um novo estado. Seu estado em cada ponto é determinado pelo subconjunto de elementos de $X_1, \ldots, X_m$ contidos como subseqüências na última seqüência produzida, e passa a um novo estado aplicando uma das regras a esta seqüência. O sistema retorna ao estado E_0 com a produção de uma seqüência terminal. Este sistema produz assim derivações [. . .]. O processo é determinado em cada ponto por seu estado presente e pela última seqüência produzida havendo um limite superior finito para a quantidade de inspeção desta seqüência que é necessária antes que o processo possa continuar, produzindo uma nova seqüência que difere da precedente dentre um dos modos possíveis e que são em número finito das quais ela pode diferir" (o fim está bem mal formulado, lendo-se no original inglês: "*. . . producing a new string that differs in one of a finite number of ways from its last output*"). Sobre os autômatos de pilha, ver ainda Oettinger, 1961. O teorema que diz que "dada uma linguagem L independente do contexto, é possível construir um autômato com pilha de memória, de controle limitado, que aceite L", é demonstrado por Chomsky, 1963, p. 373; Matthews (1963) mostrou que esse resultado podia em parte ser estendido às linguagens dependentes do contexto.

23. Dependências do tipo *abab*, . . ., são extremamente freqüentes em francês falado; cf. frases como *Elle n'y est pas encore allée, ta soeur en Amérique?* (R. Queneau); *Je vais la lui casser, moi, sa sale tête, à cet individu.* Estas construções são, num certo sentido, mais complicadas que os exemplos ingleses de Chomsky, uma vez que é sempre o primeiro termo da dependência que depende do segundo. Mas permanece a questão de saber se estas dependências constituem um conjunto infinito, tratando-se, por outro lado, de fenômenos estilísticos, que dependem, sem dúvida, de um nível de análise distinto do nível sintático (cf. Chomsky, 1965*a*, p. 126).

24. Os lingüistas transformacionalistas produziram uma importante literatura sobre as deficiências das Gramáticas Sintagmáticas. Ver, em particular, Chomsky, 1955*a*, Cap. VII; 1956; 1957*a*, Cap. V; 1961*a*; 1962*a*; Lees, 1957; 1961*a*; 1961*d*; Postal, 1962; 1964*a*; 1964*c*; Bach, 1964*a*; § 3.6 etc.

25. Se, como veremos no § 7, todos os modelos sintáticos pouco explícitos formulados antes do aparecimento da Gramática Gerativa foram do tipo sintagmático, nenhum deles procurou, realmente, resolver as dificuldades que vamos assinalar. Ao contrário, foram os lingüistas da escola transformacional que mostraram como era possível, num quadro sintagmático, inventar uma solução para resolver este ou aquele problema particular. É, principalmente, o caso do problema das descontinuidades (Matthews, 1963).

26. Experiências psicológicas recentes tendem a confirmar esse caráter derivado das frases passivas e negativas. Cf. Miller, 1962; Miller e Chomsky, 1963, p. 480 e s. Ver também, numa perspectiva diferente, Dubois, 1966.

27. Este exemplo foi escolhido por sua semelhança parcial com o célebre exemplo de Chomsky, *John is easy to please / John is eager to please* (cf., por exemplo, 1964*b*, p. 67/34).

28. Podemos generalizar esta condição dizendo que uma frase *n* vezes ambígua deve receber *n* descrições estruturais (isto é, *n* derivações não-equivalentes).

29. Eis um fragmento da Gramática Sintagmática (que não dão nem Chomsky nem Lees), que seria capaz de engendrar as diversas frases dadas aqui e que atribuiria uma tripla ambigüidade a *The dog is barking:*

1. F → SN + SV

$$2.\ \mathrm{SV} \rightarrow \left\{ \begin{array}{l} \textit{is} + \left\{ \begin{array}{l} \mathrm{Adj} \\ \mathrm{SN} \end{array} \right\} \\ \mathrm{V\ (SN)} \end{array} \right\}$$

$$3.\ \mathrm{V} \rightarrow \left\{ \begin{array}{l} \textit{is} + \text{Raiz verbal} + \textit{ing} \\ \text{Raiz verbal} + \text{-s}\ (*) \\ \text{etc. } ((*) = \text{cf. } \textit{the dog barks}) \end{array} \right\}$$

$$4.\ \mathrm{SN} \rightarrow \left\{ \begin{array}{l} \text{Art} + \text{N} \\ \text{Raiz Verbal} + \textit{-ing} \end{array} \right\}$$

$$5.\ \left\{ \begin{array}{l} \text{Adj} \rightarrow \text{Raiz verbal} + \textit{-ing} \\ \textit{old, dangerous} \text{ etc.} \end{array} \right\}$$

6. Raiz verbal → *bark, eat, bite* etc.

Chomsky mostrou (cf., sobretudo, 1962*a*, p. 217, pp. 237-238) que, completando a Gramática Sintagmática com regras transformacionais, poderíamos, não apenas resolver este problema mas também simplificar a sua descrição (onde *barking* não seria introduzido senão uma única vez, como um desenvolvimento de V), explicando outros aspectos da gramática do inglês, e principalmente o fato de * *A very barking dog* ser agramatical (cf. *A very black dog*) etc.

30. É interessante que seja um dos melhores colaboradores de Chomsky, G. H. Matthews (1963) quem tenha mostrado, estudando as propriedades formais das Gramáticas Sintagmáticas, que é possível construir um certo tipo de Gramática Sintagmática que permite tratar certas descontinuidades; uma gramática deste tipo permite regras do tipo A → *a. . . b*. Aplicado ao caso que nos ocupa, tal gramática comportaria, por exemplo, a regra Negativo → *ne . . . pas*, e, a partir da seqüência *Pierre* + *Negativo* + + *arrive,* engendraria a seqüência *Pierre* + *ne* + *arrive* + *pas.* Mas é importante notar que este tipo de gramática (cf. também Chomsky, 1963, p. 414) está necessariamente submetido a restrição especiais, sobretudo quanto à ordem de aplicação das regras, que diminuem muito a sua capacidade gerativa. Como observa Postal (1964*a*, pp. 69-70), este tipo de gramática não apresenta, para o estudo das línguas naturais, uma solução que se possa preferir à solução transformacional.

31. Algumas restrições suplementares são necessárias. Assim, *o* e *um* por mais que sejam constituintes do mesmo tipo, é impossível coordená-los: * *o e um amigo (s) veio (vieram)* é agramatical (cf. Gleitman, 1965). Da mesma forma, não se pode coordenar, por exemplo, uma frase interrogativa e uma imperativa, cf. * *por que você vai e feche a porta.*

32. Notemos que esta definição esconde alguns problemas, principalmente os que dizem respeito à concordância. Se fosse aplicada ao pé da letra, obteríamos, a partir de *Pedro veio* (F_1) e *Paulo veio* (F_2) onde (Pedro = X e Paulo = Y) a frase agramatical, * *Pedro e Paulo veio.* Esta regra deve, pois, combinar-se com outras regras, sobretudo com as de concordância e estas, como aquelas, estão além das capacidades de uma Gramática Sintagmática.

33. Chomsky e Miller (1963, p. 298) e Chomsky e Schützenberger (1963, p. 133) vêem a possibilidade de admitir esquemas de regras como, por exemplo, Sintagma Atributivo → Adj^n e Adj ($n \geqslant 1$). Evidentemente, isto significa que a noção de Gramática Sintagmática é modificada consideravelmente; além disso, este tipo de extensão apresenta diferentes problemas, ainda não elucidados do ponto de vista da capacidade gerativa forte das gramáticas. Como já dissemos (e isto também é válido para a questão dos constituintes descontínuos, cf. 30), muitas vezes é possível encontrar um meio particular para resolver uma determinada dificuldade particular das Gramáticas Sintagmáticas, mas seria muito preferível formular "uma revisão conceitual que conseguisse evitar estas dificuldades de modo uniforme, permitindo a uma Gramática Sintagmática simples operar, sem sofrer alterações essenciais, para a classe de casos em que ela é adequada e que originalmente havia motivado sua elaboração" (Chomsky e Miller 1963, p. 299).

34. Como já assinalamos, o modelo de Harris, por sua referência explícita ao contexto dos constituintes (cf. 1951; p. 265, n. 11) apresenta-se como uma variante de Gramática Sintagmática dependente do contexto, isto é, da forma mais rica de gramática de constituintes; na verdade, a maior parte das teorias sintáticas elaboradas sob esse prisma são variantes da forma mais fraca, aquela cujas regras são independentes do contexto. Notemos ainda que Harris desempenhou um papel decisivo no início da Gramática Transformacional; voltaremos a falar disto mais adiante.

35. É o caso, como dissemos, do modelo apresentado por Hockett (1955); parece também que o lingüista inglês Firth – ou os seus discípulos, como, por exemplo, Halliday – não foi muito mais longe do que o modelo a estados finitos (cf. Firth, 1957*a*, 1957*b*; ver Langedoen, 1964, p. 313 e 1967).

36. Cf., por exemplo, Saussure, 1916, p. 172: "Não basta considerar a relação que une as diversas partes de um sintagma entre si [...] é preciso também levar em conta a relação que liga o todo a suas partes." Parece que isto esboça a noção de constituinte. Ver também, *op. cit.* p. 177: "O todo vale por suas partes, as partes também valem em virtude de seu lugar no todo e aí está por que a relação sintagmática da parte ao todo é tão importante quanto a das partes entre si". Contudo, é significativo do pouco de elaboração da sintaxe de Saussure que ele se contente com o mesmo termo – *sintagmático* – para designar as duas relações, essencialmente diferentes, uma unindo elementos encadeados por concatenação e a outra ligando um constituinte à categoria superior de que ela faz parte.

As citações acima são emprestadas do *Cours,* redigido por Bally e Séchehaye. A julgar pelo livro de Godel (1957), Saussure parece ter hesitado bastante a este respeito. Ao menos em uma passagem das notas (cf. Godel, p. 175), a relação que existe entre *contre* e *contremarche* (ou entre *animus* e *magnanimus*) é chamada associativa (paradigmática) e não mais sintagmática; em outras palavras, ela seria antes semelhante à relação entre *chante* e *joue* nas frases *l'enfant chante* e *l'enfant joue.* Estas hesitações e o fato de

Saussure só haver considerado dois tipos de relação – sintagmáticas e associativas ou paradigmáticas – são fortes indícios de que ele permaneceu aquém de uma formulação clara do modelo de constituintes (modelo aqui batizado de *sintagmático,* num sentido não-saussuriano). Os editores do *Cours* foram muitas vezes acusados (cf., por exemplo, Jakobson, 1962, "Retrospect", p. 637) de empobrecer o pensamento do mestre, mas, neste caso, as citações indicam o contrário, isto é, que eles o enriqueceram ou, ao menos, o tornaram mais preciso.

37. Seria interessante mostrar, em contrapartida, que a sintaxe glossemática – em particular na forma que tomou na sintaxe francesa de Togeby (1951, p. 61 e s.) – é também, no essencial, um caso particular de gramática independente do contexto. Aliás, Togeby tem consciência do parentesco de sua análise com a análise em constituintes imediatos (*op. cit.*, pp. 64-65); com efeito, o essencial desta análise consiste em dividir progressivamente o enunciado em constituintes para chegar aos elementos últimos, os morfemas, e definir as relações que existem entre os constituintes em cada nível. A divisão em constituintes assim como o estabelecimento dessas relações podem ser inteiramente formalizados por regras sintagmáticas. Assim, a idéia de que a proposição (*op. cit.* p. 71) se divide em um complemento circunstancial e um "núcleo de proposição", e a idéia de que "o complemento circunstancial pressupõe a existência do núcleo da proposição, que pode, por si só, desempenhar o papel da proposição" (p. 72), pode ser integralmente representada pela regra sintagmática:

Proposição → (Circunstancial) Núcleo

O único ponto importante, que impede identificar o modelo de Togeby com uma Sintaxe Sintagmática, é o fato de que para ele (como para Hjelmslev), a ordem dos elementos não é pertinente. Em outras palavras, sua sintaxe não é uma sintaxe de concatenação, mas uma sintaxe de conjuntos, e a regra acima deveria ser substituída pela seguinte (onde os elementos entre chaves representam, não uma seqüência, mas um conjunto em que a ordem dos elementos não é pertinente):

Proposição → {(Circ.), Núcleo}

Na verdade, esta regra é mais pobre que a anterior e fornece menos informação. Voltaremos mais adiante (Cap. VI, § 5) às relações entre uma sintaxe de concatenação e uma sintaxe de conjuntos (cf. Chomsky, 1965*a,* Cap. II, § 4.4.). Alguns aspectos da Sintaxe Glossemática são também considerados no Cap. V, n. 17).

4. O Modelo Transformacional - I

1. Sendo as transformações regras de um tipo complexo, que supõem uma concepção mais abstrata da estrutura das frases que aquela à qual o modelo sintagmático nos habituou, começarei com exemplos. Tomarei, inicialmente, a análise, já clássica, que Chomsky (1956, p. 120; 1957*a*; p. 38 e s.; 1962*a*, p. 217) fez do sintagma verbal em inglês. Esta análise ilustra, com efeito, de modo particularmente claro e simples, as virtudes do modelo transformacional. Veremos, aliás, que ela se aplica também ao francês e ao português, ainda que de modo menos espetacular. Além disso, é necessário começar por esta análise, na medida em que seus resultados condicionam quase todas as outras aplicações do modelo; muitas regras de transformação não podem ser aplicadas a não ser que a análise do sintagma verbal (e principalmente do auxiliar) tenha sido antes feita segundo as linhas indicadas por Chomsky.

Vimos que é fácil engendrar, por meio de regras sintagmáticas, frases simples como *o homem pegou o livro* ou, em inglês, *the man took the book*, com o indicador sintagmático representado pela Fig. 1.

Mas, como já observei (para o francês e o português, Cap. III, § 6.4), no contexto *the man – the book*, não encontramos somente formas (aparentemente) simples como *took*, mas também toda uma série de combinações de formas, como *take-s, has taken, has been taking, is taking, can* (*will, shall, may, must*) *take, can have taken, can be taking, can have been taking, could have taken* etc. (Para simplificar as coisas levarei em conta, aqui, apenas as formas da terceira pessoa.) Se se quiser ir além de uma simples lista dos elementos que podem assim figurar neste contexto – do tipo da que fornece Jakobson (1963*a*, p. 200) – é possível fornecer uma descrição sintagmática; mas ela será extremamente complexa. Com efeito, será necessário indicar as dependências que existem entre os diversos elementos minimais (como *can*, *will*, *have*, *be*, *-en*, *-ing* etc.) que podem figurar neste contexto; é somente recorrendo a um conjunto bastante complexo de regras dependentes do contexto que poderemos excluir as seqüências

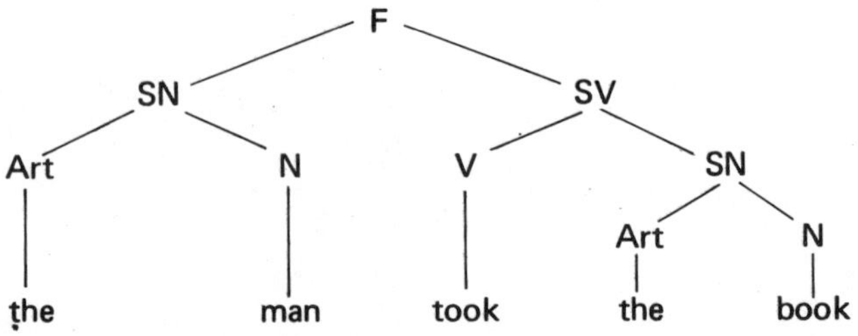

Figura 1

agramaticais como **has taking*, **can will take*, **has take*, **is take*, **has take-s*, **can is taking* etc. De fato, se olharmos de perto a lista das formas permitidas, veremos que existe um conjunto de dependências sistemáticas entre elementos não-contíguos, por exemplo entre *have* e *-en* (o particípio passado, que doravante simbolizaremos por PP), entre *be* e *-ing* etc. Como "é sempre mais fácil descrever uma seqüência de elementos independentes que uma seqüência de elementos ligados por dependências mútuas" (Chomsky, 1957*a*, p. 41), seria interessante poder agrupar todos os elementos interdependentes, cada vez, em um constituinte superior único, e, por exemplo, reunir *be* e *-ing* (que marcam o "progressivo") ou *have* e *PP* (que marcam o "perfeito") etc. Seria, então, bastante fácil descrever a estrutura do sintagma verbal em termos destes constituintes superiores. Mas, infelizmente, trata-se de *constituintes descontínuos*; a estrutura de *will have been taking*, por exemplo, deveria ser representada como segue (sendo os elementos situados numa mesma linha interdependentes):

will
    have . . . . . -en
        be-. . . . . . . -ing
            take-

Ora, vimos (Cap. III, § 6.4) que uma gramática sintagmática não pode explicar os constituintes descontínuos. Por outro lado, o que complica ainda mais a descrição é que todas estas formas (inclusive as formas "simples" como *took*) devem ser consideradas como compreendendo todas um constituinte temporal (marcado

TPS), que é ora o Presente, ora o Pretérito ou Passado; suas formas fonológicas são diversas, mas ele é sempre combinado com o primeiro morfema do sintagma verbal, quer seguindo-o imediatamente (*take-s*), quer fundindo-se com ele (cf. *could* = *can* + Passado; *is* = *be* + Presente), quer realizando-se fonologicamente como zero (*will* = *will* + Presente, *can* = *can* + Presente).

Entretanto, é possível fazer uma descrição simples do sintagma verbal que explique todos os fatos, mas com a condição de se admitir que as regras sintagmáticas fornecerão apenas uma parte da descrição estrutural; não mais engendrarão diretamente a frase, mas somente uma seqüência de elementos terminais, que será relativamente abstrata; em outras palavras, esta seqüência apresentará apenas uma relação indireta – principalmente do ponto de vista da ordem na qual os elementos aí estão encadeados – com a forma final da frase. Esta forma final será, por sua vez, obtida através de um novo tipo de regras, que serão chamadas *transformações*.

Para fornecer esta análise simples, consideraremos os constituintes descontínuos do tipo *be... ing*, *have... PP*, como formadores de uma só unidade; as regras sintagmáticas as engendrarão como se tratasse de constituintes contínuos. Em seguida estes constituintes se combinarão entre si, livremente, e não será mais necessário assinalar restrições sobre as combinações. A parte sintagmática da gramática terá, então, a seguinte forma[1]:

RS_1 : F → SN + SPred (SPred = sintagma predicativo)
RS_2 : SPred → Aux + SV (Aux = Auxiliar)
RS_3 : SV → V(SN)
RS_4 : V → *take*, *burn*, . . .
RS_5 : Aux → TPS (Modal) (*have* + *PP*) (*be* + *ing*)
RS_6 : Modal → {*can*, *may*, *must*, *shall*, *will*} .
RS_7 : TPS → {Presente, Passado}

Estas regras vão agora engendrar, por exemplo, a seguinte seqüência (agora chamada *seqüência* (*sintagmática*) *terminal*, e portanto não será mais idêntica à frase na sua forma final):

the + *man* + Passado + *have* + PP + *be* + *ing* + *take* + + *the* + *book* [1]

Ela corresponde à frase:

the man had been taking the book [2]

Podemos constatar que a seqüência [1] tem uma estrutura que está ainda bastante longe daquela da frase definitiva [2]. Como passar de [1] a [2]?

Procederemos do seguinte modo:

(*a*) Definimos, de um lado, uma classe *Af* de afixos (verbais) que compreende os elementos PP, *ing*, Presente e Passado, e, de outro, uma classe *v* que compreende os Modais, *have*, *be*, e V;

(*b*) a última linha [1] da derivação sintagmática é convertida numa seqüência de morfemas, ordenada normalmente, por meio da seguinte regra, que é uma transformação (da mesma forma que as regras sintagmáticas são designadas abreviadamente por RS, assim designarei as transformações pela letra T, acompanhada de um símbolo subscrito):

> T_{Afixo} : Af + V → V + Af + # (onde # designa desta vez uma fronteira de palavra).

Aplicando esta regra, tantas vezes quanto for necessário, a todas as sub-seqüências de elementos dos quais o primeiro é um afixo e o segundo um *v* (como Passado + *have*, PP + *be*, *ing* + *take*), converte-se [1] na seqüência [3], onde os morfemas se apresentam, agora na ordem normal

> *the* + *man* + *have* + Passado + # + *be* + *en* + # + *take* + *ing* + # + *the* + *book*. [3]

Enfim, diversas regras fonológicas converterão [3] na seqüência de elementos fonéticos representados na escrita por [2]. Entre estas regras, algumas serão muito gerais, e dirão, por exemplo, que, em geral, V + Passado → V + *ed* (fonologicamente: /iD/, simplifico a representação); outras serão mais particulares e estipularão que *take* + Passado → *took* (/tuk/), que *have* + Passado → *had* (/haed/), que *be* + PP → *been* (/bin/) etc. Uma destas regras inserirá o símbolo # em todas as fronteiras de morfemas, salvo diante de *Af* (ou melhor, ela substituirá + por # em toda parte salvo diante de *Af*[2].

Descrevemos assim, de modo muito simples, uma estrutura à primeira vista bastante complexa. Logo veremos que esta análise tem ainda outras virtudes, e que ela permite tratar de modo uniforme alguns aspectos do comportamento do auxiliar inglês, à primeira vista muito irregulares. Notemos, desde logo, que ela explica as diferenças fundamentais que existem entre os Modais, *have* e *be* de um lado e os outros verbos ingleses. De fato, o único ponto comum entre estes diversos constituintes reside no fato de pertencerem à classe *v*. Quanto ao resto, não há razão alguma para considerar os Modais, *have*[3] e *be* como verbos (V). As gramáticas tradicionais tratavam-nos como verbos irregulares e indicavam toda uma série de pontos em que eles se diferenciam dos outros verbos (por exemplo, os Modais não fazem distinção de pessoa ou de número, *be*, ao contrário, faz distinções que não existem nos outros verbos etc.); vemos que, de fato, todas estas irregularidades são tão-somente uma conseqüência do lugar especial que ocupam no sistema de regras descritas – nada mais são que uma manifestação de uma regularidade mais profunda.

O ponto essencial em tudo isso é que esta análise do auxiliar só se tornou possível pela introdução de uma regra de um tipo completamente novo, T_{Afixo}. Lembremos que uma regra sintagmática se aplicava a um elemento não-terminal A para reescrevê-lo sob a forma de uma seqüência Z, terminal ou não-terminal. Além disso, para poder aplicar uma regra sintagmática, não era preciso saber "de onde vinha" este elemento A, isto é, não era preciso conhecer as etapas anteriores da derivação que tinha engendrado a seqüência de que A fazia parte.

Em compensação, T_{Afixo} é uma regra que se aplica a elementos terminais, como Presente + *have*, PP + *be* etc., *enquanto pertencentes a uma certa classe* (*Af* ou *v*), isto é, enquanto constituintes de uma certa espécie, enquanto têm uma certa estrutura. Isto significa que para poder aplicar T_{Afixo} a uma dada seqüência terminal, é preciso dispor de certas informações sobre a derivação que engendrou esta seqüência; uma transformação não pode mais se definir simplesmente como uma regra que converte uma seqüência em uma outra seqüência. Notemos, além disso, que T_{Afixo} não está submetida a algumas das restrições a que estavam presas as regras sintagmáticas (em particular à que proibia as permutações).

2.1. A análise precedente se esclarecerá, sem dúvida, se mostrarmos não somente que ela se aplica também ao auxiliar francês, mas que ainda corresponde, no essencial, à que lhe deu Benveniste (1965*b*; curso do Collège de France, 1965-66).

Criticando Tesnière (1939; 1959, pp. 397-399), Benveniste mostrou que, em *Pierre est arrivé*, ou em *Le garçon a frappé le ballon*, não podemos nos contentar em dizer que o verbo compreende um auxiliar, portador da função gramatical, e um verbo no particípio passado, portador do conteúdo lexical. Com efeito, esta concepção torna incompreensível o fato de que um verbo no presente (*a*, *est*) exprima o passado (ou melhor o "perfeito", cf. Benveniste, 1959, p. 246); além disso, nesta perspectiva, não se percebe muito bem por que o verbo deveria estar no particípio passado e não no infinitivo, por exemplo.

Para Benveniste, o auxiliar (ou "auxiliante") e o verbo no particípio passado (ou "auxiliado") têm ambos uma dupla função. Os dois têm ao mesmo tempo uma função gramatical e uma função lexical: a função lexical do auxiliar reside no conteúdo lexical de *avoir* ou *être*, e a função gramatical do verbo reside no particípio passado. Em outros termos, diz Benveniste, é preciso distinguir três constituintes:

(*a*) o auxiliar como morfema puramente gramatical (portador das funções de tempo, de pessoa, de modo, de número);

(*b*) o verbo como lexema (*arriv-*, *frapp-* etc.);

(*c*) a "soma do auxiliante e do auxiliado, associando o *sentido* específico do auxiliante à *forma* específica do auxiliado, [que] garante a função de temporalidade e produz o valor de perfeito" (1965*b*, p. 7).

De fato, e levando em conta a ausência em francês dos Modais e do Progressivo, estes três constituintes correspondem exatamente aos constituintes distinguidos por Chomsky. Com efeito, (*a*) corresponde ao constituinte TPS; (*b*) corresponde ao constituinte V; e (*c*) corresponde ao constituinte *have* + PP. Deste modo é interessante ver uma análise puramente formal, concebida sobretudo para dar representação mais simples possível do auxiliar inglês, coincidir com a análise mais intuitiva de Benveniste que faz intervir considerações semânticas. Notemos que a formulação de Chomsky evita a imprecisão que permanece na análise de Benveniste; há, com efeito, um certo equívoco – cf. a citação dada acima em (*c*) – em falar da associação de uma forma (= aspecto gramatical) e de um sentido (= conteúdo lexical), e não se percebe como esta associação de coisas heterogêneas possa produzir uma função. Para Chomsky, *have* e PP são ambos constituintes, descritos formalmente, e suscetível a cada um deles de receber uma interpretação semântica: será a soma das duas interpretações que dará o valor temporal próprio do perfeito[4]. Quanto ao português, ainda uma vez confirmaríamos a validade da proposta de Chomsky. Assim se atentarmos para a chamada forma composta do Perfeito (*tenho* + PP), veremos que a análise formal feita em termos de constituintes (TPS, V, *tenho* + PP) resolve da mesma forma que no inglês e no francês o problema do auxiliar no português.

Podemos agora formular um conjunto de regras sintagmáticas que, acompanhadas de uma transformação análoga a T_{Afixo} do inglês, engendrarão as formas do auxiliar francês e do auxiliar em português. Estas regras precisam ser lidas junto com as observações do parágrafo seguinte (2.2)

– para o francês

RS_1 : F → SN + SPred

RS_2 : SPred → Aux + SV

RS_3 : SV → V (SN)

RS_4 : V → $\begin{Bmatrix} V_t/\text{-SN} \\ V_i \end{Bmatrix}$

RS_5 : V_i → $\begin{Bmatrix} V_{ie} \\ V_{ia} \end{Bmatrix}$

RS_6 : Aux → TPS (Perfeito)

RS_7 : Perfeito → $\begin{Bmatrix} \textit{être} + PP/\text{-}V_{ie} \\ \textit{avoir} + PP \, ☆ \end{Bmatrix}$

RS_8 : TPS → (R) $\begin{Bmatrix} \text{Prste} \\ \text{Impfto} \end{Bmatrix}$

RS_9 : V_{ie} → *arriver, . . .*

RS_{10}: V_{ia} → *marcher, . . .*

RS_{11}: V_t → *frapper, . . .*

(para simplificar utilizo aqui as formas do infinitivo a fim de representar as *raízes lexicais* de *être* e *avoir* – o mesmo nas regras RS_9 – 11).

Estas regras – completadas por aquelas já dadas no capítulo precedente, que desenvolvem o sintagma nominal – engendrarão, por exemplo, as seguintes seqüências terminais:

le + *garçon* + Presente + *être* + PP + *arriver* [4]

le + *garçon* + Presente + *avoir* + PP + *frapper* + *le* +
+ *ballon* [5]

Em seguida, será aplicada a estas seqüências terminais uma regra T_{Afixo} semelhante essencialmente à do inglês, onde os elementos agrupados sob TPS (Presente ou Imperfeito, precedidos ou não de R) assim como PP, são definidos como *Af*, e *avoir* e *être*, V com *v*; esta regra permite então engendrar as seqüências:

le + *garçon* + *être* + Presente + # + *arriver* + PP + # [4 bis]
le + *garçon* + *avoir* + Presente + # + *frapper* + PP + # +
le + *ballon* [5 bis]

Enfim, regras fonológicas converterão *être* + Presente em *est*, *avoir* + Presente em *a*, *arriver* + PP em *arrivé* etc. Da mesma forma elas converterão *arriver* + R + Presente em *arrivera*, *arriver* + Imperfeito em *arrivait* etc. (Dou a notação escrita, estando clara a representação fonológica desta seqüência.)

Quanto ao português, é evidente que a regra RS_7 que no francês reescreve o Perfeito deveria ser eliminada, podendo assim o Perfeito ser introduzido diretamente como desenvolvimento do TPS,

$$TPS \to \left\{ \begin{array}{l} (R) \left\{ \begin{array}{l} \text{Prste} \\ \text{Impfto} \end{array} \right\} \\ \textit{Pfto} \end{array} \right.$$

ficando a cargo das regras fonológicas converter, por exemplo, *chegar* + Pfto, depois da aplicação de T_{Afixo}, em *chegou*.

Caso se quisesse introduzir uma regra que desse conta da geração de um tempo composto, seria então necessário incluir na gramática regras do tipo:

RS_5 : Aux → TPS (Composto)
RS_6 : Composto → $\left\{ \begin{array}{l} ter \\ haver \end{array} + PP \right\}$

(ver mais adiante, neste capítulo mesmo, § 3.1, a relação incompleta de regras sintagmáticas que deveriam entrar numa gramática do português).

Esta gramática não deveria, é evidente, conter regras do tipo RS_5 que, no francês, introduzem a dupla possibilidade de reescrever o V_i como V_i que se constrói com *être* (V_{ie}) e V_i que se constrói com *avoir* (V_{ia}).

2.2. Esta análise, para ser compreensível, reclama algumas observações. Ela está, evidentemente, muito simplificada e seria necessário completá-la em muitos aspectos, se quiséssemos, em especial, levar em conta a complexidade morfológica do sistema verbal; este aspecto será, de fato, tratado numa gramática gerativa na parte fonológica (ou morfofonológica) da gramática (para um estudo gerativo destes problemas, ver Shane, 1966, 1968).

(*a*) A regra RS_5 tem como finalidade distinguir, entre os verbos intransitivos, aqueles que se conjugam com *être* (V_{ie}) e os que se conjugam com *avoir* (V_{ia}); esta subcategorização permite dar uma forma muito simples à regra RS_7, que deve ser lida: "reescrever Perfeito como *être* + PP no contexto V_{ie}, e *avoir* + PP em todos os outros contextos". Notemos que certos verbos, como *passer*, *paraître* etc., deverão figurar tanto sob V_{ie} como sob V_{ia}. Deixo aberto o problema levantado por Benveniste (Collège de France, 1965/66) de saber se é possível caracterizar semanticamente estas duas classes (exprimindo os verbos conjugados com *avoir* um "conhecimento de operação" e os conjugados com *être* um "conhecimento de situação".

(*b*) A introdução (RS_6) do constituinte Perfeito permite representar de modo simples o paralelismo, notado por Benveniste (1959, p. 246), entre as formas simples e as formas compostas (cf. *il écrit* face a *il a écrit*, *il écrivait* face a *il avait écrit* etc.).

(*c*) A regra RS_8 desenvolve o constituinte temporal. Indica que podemos escolher entre um constituinte de Presente e um constituinte de Imperfeito, precedido ou não de um constituinte simbolizado por *R* e que representa o elemento comum ao futuro e ao condicional (cf. *il écrira*/ *il écrirait*; *il aura écrit*/ *il aurait écrit*). Esta apresentação permite representar de modo simples a relação observada por Dubois (1964, pp. 3-4, p. 18), entre o presente, o imperfeito, o futuro e o condicional. Para Dubois, estes quatro termos se organizam em duas posições binárias que opõem a cada vez um termo marcado a um termo não-marcado; pode-se representar o sistema pelo seguinte quadro (em que as flechas – que nada têm a ver com as utilizadas na gramática gerativa – vão do termo marcado ao termo não-marcado).

		Anterioridade		
	il arrive	←	*il arrivait*	
Posterioridade	↑		↑	Posterioridade
	il arrivera	←	*il arriverait*	
		Anterioridade		

O sistema não tem entretanto a simetria que o quadro lhe confere. Em particular, é preciso desconfiar da noção de marca que alguns estruturalistas tiveram tendência a exagerar; seu valor descritivo é no mais das vezes ilusório na medida em que não é possível predizer, a partir dela, o comportamento dos termos qualificados como marcado e não-marcado (4 *bis*). Se esta noção significa que o termo não-marcado pode "incluir em si os empregos do termo marcado" (Dubois, 1964, p. 18), a noção não pode certamente se aplicar à oposição Presente/Imperfeito do mesmo modo que à oposição Presente/Futuro como indicam os seguintes exemplos:

Pierre arrivera demain/Pierre arrive demain [6 *a*/*b*]
Pierre arrivait hier/*Pierre arrive hier [7 *a*/*b*]

O mesmo ocorre com o português.

Se [6*a*] e [6*b*] são igualmente possíveis, em compensação [7*b*] é agramatical. Não há pois simetria entre as duas distinções; nossa notação explica esta assimetria, sendo, além disso, mais simples e mais compacta que a descrição de Dubois; além do mais, ela é facilmente traduzível em termos fonológicos[5] *.

(*d*) A representação do elemento TPS é evidentemente incompleta. Limitei-me aqui ao que Benveniste (1959, pp. 241-242) chama o sistema do *discurso*, que exclui o *passé défini* (chamado aoristo por Benveniste), assim como sua forma composta o passado anterior. Não seria, entretanto, difícil introduzi-lo nas regras. Por outro lado, não introduzirei aqui nem o subjuntivo, nem a pessoa, nem o número. Na verdade, trata-se de elementos que é preciso introduzir por transformação, a pessoa e o número por transformações de concordância com o sujeito, e o subjuntivo por uma transformação especial, que opera quando certas frases são encaixadas em outras frases sob a forma de proposições subordinadas. Isto será retomado mais adiante.

(*e*) Observaremos que estas regras não introduzem as formas sobrecompostas. Seria fácil fazê-lo, substituindo RS_8 pelas seguintes regras:

RS_8 (*a*) : Aux → TPS (Sobrecomposta) (Perfeito)

RS_8 (*b*) : Sobrecomposta → *avoir* + PP

Entretanto, algumas considerações fazem pensar que seria melhor engendrar as formas sobrecompostas por regras especiais, que seriam, sem dúvida, transformações. Não tratarei aqui, em detalhe, deste problema; contudo observemos, primeiramente, que a ocorrência das formas sobrecompostas está submetida a diversas restrições: não podem se encontrar senão em certos tipos de subordinadas (*quand il a eu fini son travail, il est parti*), ou numa principal, em co-ocorrência com certos complementos circunstanciais ou certos advérbios (*il a eu fini en un instant*). É pois necessário, para introduzi-las, recorrer a regras que especifiquem o contexto.

Por outro lado, não devemos considerar (cf. Benveniste, 1959, p. 247) que a forma sobrecomposta vem simplesmente juntar-se à forma composta. Consideremos as seguintes frases.

Quand il a eu terminé son travail, il est rentré chez lui [8]
Quand il a terminé son travail, il rentre chez lui [9]

Se nos contentássemos em engendrar as formas verbais pelas regras RS_8 (*a-b*), obteríamos as seguintes representações:

il a eu terminé = *il* + Prste + Sobrecomposta + Perfeito + + V [*a*]
il est rentré = *il* + Prste + Perfeito + V [*b*]
il a terminé = *il* + Prste + Perfeito + V [*c*]
il rentre = *il* + Prste + V [*d*]

Esta representação introduz um paralelismo entre [*b*] e [*c*] contrário à intuição – enquanto que, como observa Benveniste com justeza, o paralelismo é entre [*a*] e [*c*], de um lado e entre [*b*] e [*d*] de outro; em outras palavras, [*a*] e [*c*] estão ambos numa relação de anterioridade diante de [*b*] e [*d*] respectivamente. A representação mais justa seria então a seguinte:

il a eu terminé = *il* + Prste + "anterior" + Perfeito + V [*a*]
il est rentré = *il* + Prste + Perfeito + V [*b*]
il a terminé = *il* + Prste + "anterior" + V [*c*]
il rentre = *il* + Prste + V [*d*]

Esta análise sugere que as duas frases complexas [8] e [9] sejam engendradas, cada uma por uma transformação generalizada (ver abaixo, § 5), respectivamente a partir das frases simples:

il a terminé } [8]
il est rentré }

il termine . . . } [9]
il rentre }

a transformação introduzindo obrigatoriamente um constituinte *avoir* + PP que marca a anterioridade.

(*f*) Pudemos observar que as regras (contrariamente às de Chomsky para o inglês) não introduzem nenhum auxiliar modal. A razão formal disto é que – ao contrário do que se passa em inglês – o comportamento de conjunto dos verbos freqüentemente classificados sob esta rubrica (como *vouloir*, *espérer*, *désirer* etc.) não é em nada diferente do de outros verbos. Benveniste (1965*a*, p. 10 e s., Collège de France, 1965/66) já observou que não há diferença, por exemplo, entre *vouloir* e *aimer*: diante de *je veux chanter* encontra-se *j'aime chanter*; diante de *je veux que tu chantes*, *j'aime que tu chante*; diante de *je veux cette maison*, *j'aime cette maison*. Como, além disso, a conjugação de *vouloir* não apresenta nenhuma singularidade comparável às de *will* ou de *can* em inglês, não há razão para tratá-lo de forma diversa da dos outros verbos transitivos.

Benveniste, entretanto, conserva dois auxiliares modais, *pouvoir* e *devoir*. Se, abstraindo as considerações semânticas, nos ativermos a uma análise formal, constataremos que, na verdade, o comportamento destes dois verbos está submetido a restrições que um pseudomodal como *vouloir* desconhece. Por exemplo, **Je peux que tu chantes*, **Je dois que tu chantes*, **Je peux cette maison*, são agramaticais. Entretanto, estas particularidades do comportamento sintático de *pouvoir* e de *devoir* não são suficientes; por razões de simplicidade, devemos igualmente excluir estes dois verbos do constituinte Auxiliar. Consideremos as seguintes frases:

On peut ne pas aimer ce film [10]
On ne peut pas aimer ce film [11]
On ne peut pas ne pas aimer ce film [12]

Pierre peut devoir travailler [13]
Pierre doit pouvoir travailler [14]
Pierre a dû oublier cette histoire [15]
Pierre doit avoir oublié cette histoire [16]

Se quisermos engendrar as frases [10 - 16] utilizando unicamente as regras sintagmáticas (mais as transformações de concordância e T_{Afixo}) chegaremos a uma considerável complicação; tudo o que se ganha em simplicidade com a análise que até aqui propusemos para o constituinte Auxiliar desaparecerá. Seríamos obrigados apenas para explicar [13-14] a substituir a regra RS_6 pelas duas regras seguintes:

RS_6(a) : Aux. → TPS (Modal) (Perfeito)

RS_6(b) : Modal → (Perfeito) $\left\{\begin{matrix} (\textit{devoir} + \text{INF})\ (\textit{pouvoir} + \text{INF}) \\ (\textit{pouvoir} + \text{INF})\ (\textit{devoir} + \text{INF}) \end{matrix}\right\}$

onde *devoir* e *pouvoir* representam as raízes verbais destes verbos e onde INF é um afixo de infinitivo, que será posteriormente submetido a T_{Afixo} da mesma forma que os outros afixos verbais. Notemos que a introdução do constituinte Perfeito em RS_6(*b*) é necessária, se quisermos engendrar tanto [15] como [16]. Mas, ao mesmo tempo, tornam-se possíveis frases como *Pierre a dû avoir chanté*, cuja gramaticalidade é pelo menos duvidosa. Se quisermos excluir frases deste tipo, seríamos levados a complicar ainda mais a descrição, por meio de regras dependentes do contexto. Além disto, estas regras nem sempre permitem engendrar [10-12]. Até o presente, não abordei o problema das frases negativas; veremos no parágrafo seguinte como Chomsky trata a negação em inglês. É claro que, se quisermos tratar a negação do modo simples, é preciso, de qualquer forma, considerar que teremos, no máximo, uma única negação por proposição (por frase simples). Se quisermos tratar *pouvoir* como um auxiliar – isto é, engendrá-lo, sintagmaticamente, como um membro do constituinte Auxiliar – seremos obrigados a admitir que duas negações podem figurar em dois lugares diferentes, numa mesma proposição simples. A complicação é tanto maior na medida em que só é necessária neste único caso.

Na verdade, os exemplos [10-16] indicam claramente que em todos estes casos tratamos não com frases simples mas com frases complexas. Veremos no § 5, que existe um modo muito simples de tratar gerativamente as frases complexas, engendrando, por transformações de um tipo especial, ditas transformações generalizadas, a partir de duas ou mais frases simples. Assim (simplificando ao excesso) pode-se dizer que *J'aime chanter* ou *J'aime que tu chantes*, são engendradas combinando as frases simples *J'aime quelque chose* e *Je chante*, *J'aime quelque chose* e *tu chantes*. Veremos que é possível engendrar estas frases, assim como muitas outras através de algumas regras de grande generalidade (cf. Cap. V, § 3.1.) Não há razão para proceder diferentemente no caso de *pouvoir* e de *devoir*; deveremos apenas especificar que o emprego destes dois verbos é submetido a certas restrições (que excluem **Je peux que tu chantes* etc.). Notemos, aliás, que restrições do mesmo tipo devem, de qualquer forma, ser igualmente formuladas a respeito de outros verbos, de modo a excluir por exemplo, **Je vais que tu chantes*, **J'ai failli que tu meures* etc. Estas restrições se resumem em dizer que, no caso destes verbos – *pouvoir*, *devoir*, *faillir* etc. – o sujeito das duas frases simples subjacentes à frase complexa deve ser o mesmo.

Este tratamento (cf. Cap. V, § 3.1) terá assim a vantagem de apresentar de modo uniforme a formação de certas estruturas infinitivas do francês. Permite evitar uma conseqüência bastante paradoxal da análise de Benveniste; este é, com efeito, levado a ver no infinitivo "a forma modalizada do verbo" (1965*b*, p. 11). Não é fácil de ver como esta concepção se justifica em frases como *J'aime chanter*, *je n'arrive pas à travailler*, ou *je te propose de venir*. Por outro lado, é pouco plausível que o infinitivo tenha funções diferentes no caso de [10-16] e no caso das frases que acabam de ser citadas.

Definitivamente, o caráter modal de *pouvoir* e de *devoir* (como de *vouloir* etc.) é em francês de ordem puramente semântica. Ele não justifica que estes verbos recebam um tratamento sintático especial, que os dissociaria radicalmente dos outros verbos transitivos. Numa gramática gerativa, todos eles serão pois engendrados como membros da classe V e seus traços particulares, semânticos e sintáticos, serão especificados no léxico (cf. Chomsky, 1965*a*, e abaixo, Cap. V, § 4) (5 *bis*).

Quanto ao português, as observações aqui desenvolvidas são da mesma forma pertinentes.

(*g*) Podemos agora, completando as regras dadas acima (§ 2.1), introduzir categorias de constituintes de que ainda não falei – os complementos circunstanciais e certas categorias de advérbios – e ao mesmo tempo descrever de modo bastante simples certos fenômenos relativos ao lugar dos advérbios em francês.

Tornou-se lugar comum (cf. Bally, 1932, p. 125; Pottier, 1962, *passim*) dizer que a noção de advérbio é muito mal determinada. As definições puramente semânticas não são de nenhum modo úteis (cf. por ex. Wagner-Pinchon, 1962, p. 410, onde *toujours*, cujo comportamento vamos descrever, é classificado entre os "circunstanciais de tempo" da mesma forma que "*hier*" ou *demain*, cujo comportamento é bem diverso). Adotemos um ponto de vista puramente formal, e consideremos as seguintes frases:

	Pierre dort toujours	[17]
	Pierre dort partout	[18]
	Pierre dort toujours partout	[19]
*	Pierre dort partout toujours	[20]
	Pierre a toujours dormi	[21]

	Pierre a dormi partout	[22]
	Pierre a toujours dormi partout	[23]
*	Pierre a dormi toujours	[24]
*	Pierre a partout dormi	[25]
*	Pierre a toujours partout dormi	[26]
*	Pierre a partout dormi toujours	[27]

Lembro que não considero aqui senão o estilo mais neutro do francês. Nele vemos que algumas das frases acima são gramaticais e que outras não o são; notemos, entre parênteses, que estas frases são um exemplo a mais da necessidade de separar as noções de gramaticalidade e de "interpretabilidade": o sentido de todas estas frases, gramaticais ou não, é com efeito perfeitamente claro.

Notemos, por outro lado, o paralelismo entre [19-20] e [28-29]

	Pierre dort toujours en voiture	[28]
*	Pierre dort en voiture toujours	[29]

Em outros termos, há formalmente uma grande semelhança entre os advérbios do tipo *partout* (*ici*, *là*; *hier*, *demain* etc.) e os complementos circunstanciais, enquanto que os do tipo *toujours* (*encore*, *déjà*, *parfois* etc.) parecem ter uma certa afinidade com o constituinte Auxiliar (e especialmente, sem nenhuma dúvida, com o constituinte *TPS*). É possível dar conta destes fatos modificando um pouco as regras do § 1.2.1. Teremos então (6):

RS_2 : SPred → Aux + SV (CIRC)
(CIRC = Circunstancial)

RS_6 : Aux → TPS (Adv_1) (Perfeito)

$$RS_{12} : \text{CIRC} \rightarrow \begin{Bmatrix} \text{SPrep} \\ \text{Adv}_2 \end{Bmatrix} \quad \text{(Sintagma preposicional)}$$

RS_{13} : Adv_1 → *toujours*, *encore*, *déjà*, . . .

RS_{14} : Adv_2 → *partout*, *ailleurs*, . . .

A transformação que coloca os afixos depois da raiz verbal deve então ser formulada como segue:

$$T_{Afixo} : Af\ (Adv_1)\ v \rightarrow v + Af + \# + (Adv_1)$$

Estas regras sintagmáticas engendrarão então as seguintes seqüências terminais, que correspondem às frases [19] e [23]:

Pierre + Prste + *toujours* + *dormir* + *partout*	[30]
Pierre + Prste + *toujours* + *avoir* + PP + *dormir* + partout	[31]

Em seguida, T_{Afixo} engendrará as seguintes seqüências, que serão convertidas pelas regras fonológicas, respectivamente, em [19] e [23]:

Pierre + *dormir* + Prste + # + *toujours* + *partout* [32]

Pierre + *avoir* + Prste + # + *toujours* + *dormir* + PP + # + + *partout* [33]

No caso do português, como a posição do advérbio, tanto do tipo Adv_1 (*sempre, ainda, já, ...*) como do tipo Adv_2 (*em toda parte, aqui, lá*), Cf.

{ Pedro sempre dormiu
Pedro dormiu sempre
Sempre Pedro dormiu

{ Pedro aqui dormiu
Pedro dormiu aqui
Aqui Pedro dormiu

Sempre Pedro aqui dormiu
Sempre Pedro dormiu aqui
Sempre aqui Pedro dormiu
Pedro aqui dormiu sempre
Aqui Pedro dormiu sempre
Pedro dormiu sempre aqui
etc.

esta distinção tal como ela é feita para o francês não é da mesma forma adequada.

3.1. Não considerei até aqui senão uma única transformação, T_{Afixo}, e não dei ainda senão poucas indicações sobre as propriedades formais das regras de transformação, sobre as condições de sua utilização, e sobre as modificações que acarreta a sua introdução para a própria noção de descrição estrutural. Algumas considerações sobre o passivo (de que, como vimos, Cap. III, § 6.1 – uma gramática sintagmática não podia dar conta adequadamente) permitirão esclarecer um pouco estas questões.

Consideremos as seguintes frases do português:

Pedro tem maltratado Paulo	[34]
Paulo tem sido maltratado por Pedro	[34*a*]
O juiz interroga o criminoso	[35]
O criminoso é interrogado pelo juiz	[35*a*]

As frases [34] e [35] são representadas na gramática sintagmática (antes da aplicação de T_{Afixo}) pelas seqüências:

Pedro + Prste + *ter* + PP + *maltratar* + *Paulo*	[34*b*]
o + *juiz* + Prste + *interrogar* + *o* + *criminoso*	[35*b*]

Em compensação não é possível engendrar (34*a*) e (35*a*) a partir das regras dadas. Poderíamos engendrá-las, entretanto, se formulássemos a regra RS_6, que reescreve o Auxiliar, da seguinte maneira: Aux → TPS (Composto) (*ser* + PP), e se estipulássemos que a regra RS_{12} que desenvolve o Circunstancial (CIRC), pode reescrevê-lo como *par* + SN. As seqüências produzidas seriam então convertidas por T_{Afixo} nas frases [34*a*] e [35*a*]. Já foi observado (Cap. III, § 6.1.) que esta apresentação não permite indicar que [34*a*] é a frase passiva correspondente a [34]. Mas ela teria ainda outros inconvenientes; obrigaria, com efeito, a introduzir toda espécie de restrição de seleção: por exemplo, seríamos obrigados a indicar que o constituinte *ser* + PP assim introduzido não pode ser utilizado senão com verbos transitivos. Por outro lado, se quisermos que a gramática, ainda que engendrando *os soldados* *temem o perigo*, não engendre também **o perigo teme os soldados* (cf. Cap. I § 5 (*f*)) – o que será possível se classificarmos os verbos conforme a natureza de seus sujeitos e de seus objetos – deveremos também cuidar para que ela, engendrando *o perigo é temido pelos soldados*, exclua **os soldados são temidos pelo perigo*. Isto nos obrigará a assinalar duas vezes na gramática restrições de seleção sobre a escolha dos elementos; deveremos assinalar de um lado ás restrições de seleção que incidem sobre a escolha do sujeito e do objeto de um verbo transitivo ativo, e, de outro, aquelas que incidem sobre a escolha do agente e do sujeito do mesmo verbo, desta vez na passiva; estas restrições são evidentemente as mesmas, mas uma gramática sintagmática não oferece nenhum meio de assinalá-lo.

Todos estes inconvenientes podem ser evitados se, sem modificar as regras sintagmáticas do § 2, introduzirmos a seguinte regra (cf. Chomsky, 1957*a*, p. 43):

> Se P1 é uma seqüência gramatical, que pode ser analisada da seguinte forma: SN_1 – Aux – V_t – SN_2 – (CIRC), então a seguinte seqüência é também gramatical (7):
> SN_2 – Aux + *ser* + PP – V_t – por + SN_1 – (CIRC).

Esta nova regra permite precisar o que é uma transformação. Ela se aplica às seqüências [34*b*] e [35*b*], na medida em que se pode ver (a partir da derivação ou do indicador sintagmático dessas seqüências) que elas são *analisáveis* nos termos indicados, no sentido que *Pedro* (ou o *juiz*) "é um" SN, Prste + *ter* + PP (ou só Prste em (35*b*)) "é um" Aux, *Maltratar* (ou *interrogar*) "é um" V_t, *Paulo* (ou *o criminoso*) "é um" SN. A transformação passiva pode então ser aplicada, e converter (34*b*) e (35*b*), respectivamente em:

Paulo + Prste + *ter* + PP + *maltratar* + por + *Pedro* (34*c*)
o + *criminoso* + Prste + *ser* + PP + *interrogar* + *por* + *o* +
+ *juiz* (35*c*)

Em seguida, T_{Afixo} é aplicado, e dá (com as regras fonológicas) [34] e [35].

Uma transformação é portanto uma regra que se aplica essencialmente em duas etapas. Como ela não se aplica a uma seqüência terminal a não ser que esta seqüência tenha uma certa estrutura, ela terá por primeira etapa uma *análise estrutural* (ou um *esquema estrutural*) das seqüências às quais ela pode ser aplicada; em segundo lugar, ela fará sofrer algumas modificações à seqüência assim analisada – esta segunda etapa pode ser chamada *mudança estrutural*. A transformação passiva pode assim ser representada da seguinte maneira:

$T_{Passivo}$: (*a*) A.S. (= análise estrutural):
SN - Aux – Vt - SN
1 2 3 4

(*b*) M.S. (= Mudança estrutural)
1-2-3-4- → 4-2 + ser + PP-3-por + 1

Notaremos, como já pudemos ver para T_{Afixo}, que as transformações permitem operações sobre as seqüências muito mais variadas que as que permitiam as regras sintagmáticas. $T_{Passivo}$ opera não somente sobre vários símbolos ao mesmo tempo, mas comporta operações (*a*) de *substituição* (SN_2 que se substitui a SN_1); (*b*) de *rearranjo* na ordem dos elementos (SN_1 e também SN_2); (*c*) de *adição* de certos elementos (*ser* + PP e *por*). Uma transformação pode também, em certas condições, sobre que falaremos depois, *suprimir* certos elementos. Assim, se quisermos engendrar não apenas [34*a*] *Paulo foi maltratado por Pedro*, mas também, simplesmente, *Paulo foi maltratado*, poderemos ou apresentar *por* + SN como facultativo em $T_{Passivo}$, ou (o que é mais correto) recorrer a uma transformação de *elipse* que, aplicada depois de $T_{Passivo}$, suprime obrigatoriamente *por* + SN_1 *em certas condições*[8]. Uma transformação é, pois, um tipo de regra mais "rica" que as regras sintagmáticas. Esta "riqueza" é uma das fontes de dificuldades do modelo transformacional. Veremos que é necessário introduzir algumas restrições, limitando esta riqueza, se quisermos que as descrições estruturais das frases sejam adequadas.

Teremos observado que $T_{Passivo}$ foi aplicada a uma seqüência que não tinha sido ainda submetida a T_{Afixo}. Encontramos aí um aspecto que é crucial na teoria transformacional. As transformações devem, com efeito, ser, ao menos parcialmente, *ordenadas* (e, por exemplo, a gramática do português ou do francês deverá especificar que $T_{Passivo}$ deve ser aplicada antes de T_{Afixo}). As regras sintagmáticas eram igualmente submetidas a uma certa ordem, mas esta ordem era, num certo sentido, banal; significava simplesmente que não se pode aplicar a regra que desenvolve um certo símbolo (por exemplo SN → Art + N), enquanto as regras que introduzem este símbolo não tivessem sido aplicadas (no caso, P → SN + SPred, ou SV → V (SN)). No caso de $T_{Passivo}$ e de T_{Afixo} a questão da ordem pode ainda parecer banal, mas veremos outros casos em que ela é absolutamente determinante (Cap. IV, principalmente § 4), e em que uma simples diferença na ordem em que são aplicadas as regras serve para esclarecer aspectos fundamentais da linguagem (para um exemplo simples, ver Fillmore, 1965; também Fillmore, 1963; Klima, 1964*b*).

No caso do português e também do francês seria necessário que a regra de transformação de adição que acrescenta o constituinte *por* + *SN*, previsse também a possibilidade de que este constituinte (Circ) se realizasse como *de* + *SN*. Acredito, no entanto, que a solução mais simples seria a que marcasse tal constituinte na sua forma mais genérica (por + SN) e que, ao nível fonológico, a gramática estipulasse as condições que permitem a sua realização em *de* + *SN*. Assim verbos como *preceder, seguir, acompanhar*, realizam o *CIRC* tanto como por + SN como de + SN.

Há uma diferença fundamental entre T_{Afixo} e $T_{Passivo}$. A primeira é, com efeito, uma transformação obrigatória. É necessário aplicá-la se quisermos obter uma frase gramatical. A segunda, ao contrário, é *facultativa*, no sentido de que só é aplicada para engendrar frases passivas. As diversas transformações que encontraremos posteriormente se repartem todas em transformações obrigatórias e transformações facultativas. Esta distinção permite também distinguir dois tipos de frases (cf. Chomsky 1957*a*, p. 45; 1962*a*, p. 223): se chamarmos *seqüência sintagmática terminal* (ou seqüência S-Terminal) uma seqüência produzida unicamente pela aplicação das regras sintagmáticas, chamaremos *frase nuclear* (*"Kernel sentence"*) uma frase que é engendrada aplicando apenas a uma seqüência S-Terminal as transformações obrigatórias; chamaremos *frases derivadas* as frases produzidas, aplicando igualmente transformações facultativas. Na prática, as frases nucleares, numa língua como o francês, o português ou o inglês, são frases declarativas simples; as frases derivadas compreendem as frases passivas, as interrogativas, as frases complexas etc.[9]

A introdução da transformação passiva resolve as dificuldades assinaladas no Cap. III, § 6.1, e acima. Ela permite explicar as diferenças estruturais entre as frases *os carros foram desviados do local do acidente pela polícia* e *os carros foram desviados do local do acidente por um caminho de terra* (cf. Cap. I, § 5, (*b*)). Com efeito, a primeira destas frases é engendrada por $T_{Passivo}$, a partir de *A polícia desviou os carros do local do acidente,* enquanto que a segunda é engendrada pela aplicação sucessiva de $T_{Passivo}$ e da transformação de elipse do agente, a partir de *alguém desviou os carros do local do acidente por um caminho de terra* (frase em que "por um caminho de terra" é um circunstancial, CIRC)[10].

3.2. Teremos notado, no caso do francês, que a aplicação sucessiva de $T_{Passivo}$ e de T_{Afixo} dá automaticamente a posição correta dos advérbios do tipo de *toujours* (Adv_1) em [36 - 37]; sendo essas frases mais gramaticais que [38 - 39].

	Pierre a toujours été aimé de Marie	[36]
	Paul a encore été frappé par Pierre	[37]
?	Pierre a été toujours aimé de Marie	[38]
?	Paul a été encore frappé par Pierre	[39]

É possível agora abordar um pequeno problema, relativo ao lugar das diversas categorias de advérbio, problema com o qual os gramáticos não se preocupam absolutamente. Ele concerne à diferença de comportamento dos advérbios da classe *toujours*, de um lado, e daqueles como *bien*, *mal*, *beaucoup*, certos advérbios em *-ment* etc., de outro. Em geral, os gramáticos se contentam em observar que estes diversos advérbios têm seu lugar depois do verbo conjugado numa forma simples, e que, no caso das formas compostas, se inserem entre o auxiliar e o particípio passado (cf. [17 - 27] acima, e frases como *Pierre a terriblement souffert*, *Pierre a bien dormi*, *Pierre a mal compris ce livre* etc.).

Ora, quando consideramos formas sobrecompostas, tais como as que resultam da transformação passiva (cf. também *Pierre a eu vite fini*, e não **Pierre a vite eu fini*), observamos uma divergência entre as duas classes de advérbios. Comparemos, deste ponto de vista, as frases [36 - 37] com as seguintes:

Pierre a été mal compris [40]
Pierre a été terriblement surpris par ces événements [41]

Notemos igualmente que, quando um advérbio da classe de *toujours* acompanha um advérbio desta nova classe (vamos chamá-la Adv_3), é sempre Adv_1 que precede Adv_3 e não o inverso;

Pierre a toujours bien dormi [42]
* Pierre a bien toujours dormi [43]
Pierre a toujours été mal compris [44]
* Pierre a mal été toujours compris [45]
* Pierre a été mal toujours compris [46]

O mesmo para o português. Cf. *Pedro sempre foi mal compreendido*, *Pedro foi sempre mal compreendido*, *Sempre Pedro foi mal compreendido*, mas *Pedro foi mal compreendido sempre*. Isto mostra que a posição do advérbio do tipo *sempre* é relativamente mais livre no português que no francês, a restrição não estando em vir antes ou depois do advérbio de tipo *mal*, mas em vir imediatamente depois deste tipo de advérbio. Cf. **Pedro foi mal sempre compreendido.*

Na verdade, é fácil explicar estas diferenças. Primeiramente, é preciso completar as regras sintagmáticas, de modo a introduzir os advérbios Adv_3. Modificaremos a regra RS_3 (§ 2.1., acima) de tal forma que estes advérbios sejam introduzidos, facultativamente, logo depois da raiz verbal V. A regra RS_3 terá então a seguinte forma:

$$RS_3 : SV \rightarrow V\ (Adv_3)\ (SN)$$

(Regras lexicais reescreverão, posteriormente, Adv_3 como *bien*, *mal*, Adjetivo + *-ment* etc.)

Em seguida, introduziremos uma nova regra de transformação, que deve aplicar-se antes de T_{Afixo}. Vamos chamá-la T_{Adv_3}. Ela terá a seguinte forma (daqui por diante darei as transformações abreviadamente, desde que isto não prejudique a clareza da exposição; os símbolos X e Y são aqui empregados, conforme as convenções utilizadas no capítulo anterior, para designar seqüências quaisquer, eventualmente nulas, de elementos, cuja composição não é necessário especificar mais).

$$T_{Adv_3} : \underset{1}{X}\text{-}\underset{2}{PP}\text{-}\underset{3}{V}\text{-}\underset{4}{Adv_3}\text{-}\underset{5}{Y} - 1\text{-}4\text{-}2\text{-}3\text{-}5$$

Esta transformação tem, pois, como efeito, situar o advérbio Adv_3 imediatamente antes do constituinte PP, que será em seguida juntado à seqüência da raiz verbal V por T_{Afixo}[11].

A mesma regra vale também para o português, dado que o lugar destes advérbios é sempre antes do particípio passado como já pudemos observar.

Eis aqui, à guisa de ilustração, as derivações (parciais) das frases [40] e [42]:

(*a*) [40] Depois da aplicação das regras sintagmáticas, de $T_{Passivo}$ e de elipse do agente indeterminado, esta frase é representada pela seqüência:

Pierre + Prste + *avoir* + PP + *être* + PP + *comprendre* + *mal*

T_{Adv_3} analisa em seguida esta seqüência da seguinte maneira:

Pierre + Prste + *avoir* + PP + *être*	– PP	– *comprendre*	– *mal*	– Ø
1	2	3	4	5

e realiza a seguinte mudança estrutural:

Pierre + Prste + *avoir* + PP + *être* – *mal* – PP – *comprendre*

Enfim, T_{Afixo} fornece a seqüência terminal:

Pierre + *avoir* + Prste + *être* + PP + *mal* + *comprendre* + PP

que as regras fonológicas converterão em [40].

(*b*) [42] As regras sintagmáticas dão:

Pierre + Prste + *toujours* + *avoir* + PP + *dormir* + *bien*

que T_{Adv_3} analisa em:

Pierre + Prste + *toujours* + *avoir*	– PP	– *dormir*	– *bien*	– Ø
1	2	3	4	5

e transforma em:

Pierre + Prste + *toujours* + *avoir* + *bien* + PP + *dormir*

Enfim, T_{Afixo} engendra

Pierre + *avoir* + Prste + *toujours* + *bien* + *dormir* + PP

que as regras fonológicas convertem em [42]

No caso do português a frase [40*a*] *Pedro foi mal compreendido*, depois da aplicação das regras sintagmáticas, de $T_{Passivo}$ e de elipse do agente indeterminado, é representada pela seqüência:

Pedro + *Perfeito* + *ser* + PP + *compreender* + *mal*

T_{Adv_3} analisa em seguida esta seqüência da seguinte maneira:

Pedro + Perfeito + *ser*	– PP	– *compreender*	– *mal*	– Ø
1	2	3	4	5

e traz a seguinte mudança estrutural:

Pedro + Perfeito + *ser* – *mal* – PP – *compreender*

Enfim, T_{Afixo} dá a seguinte terminal:

Pedro + *ser* + Perfeito + *mal* + *compreender* + PP

que as regras fonológicas converterão em [40*a*]

Pedro sempre dormiu bem

Para a frase [42*a*], ainda do português, as regras sintagmáticas dão:

Pedro + *sempre* + Perfeito + *dormir* + *bem*

que pela simples aplicação de T_{Afixo} se converte na seqüência $T_{terminal}$:

Pedro + *sempre* + *dormir* + Perfeito + *bem*

que as regras fonológicas convertem em [42*a*].

Dois problemas se colocam aqui. O primeiro é relativo ao lugar do advérbio *sempre,* que, sem muito esforço, verificaremos ser livre na frase, podendo o leitor fazer os testes devidos. Se assim é, o tratamento que este advérbio deve receber em português é antes o de um circunstancial (CIRC) e não o de um advérbio de tipo especial, tal como é proposto para a gramática do francês (Adv_1) (Cf. as regras RS_2, RS_6; RS_{12}, RS_{13}, RS_{14}, Cap. IV, § 2.2. (*g*)). Engendrado facultativamente como um constituinte do tipo CIRC, no desenvolvimento do SPred, ficaria explicada a liberdade com que *sempre* se move no interior da frase.

Desta forma não haveria por que distingui-lo do constituinte CIRC, e se os outros advérbios que constituem esta classe se comportarem da mesma maneira livremente, então teríamos que distinguir em português apenas duas classes sintáticas de advérbios: a do constituinte CIRC, podendo se desenvolver tanto como preposição + sintagma nominal quanto um tipo de advérbio que chamaremos de Adv_a e que compreenderia além dos advérbios do tipo *alhures*, *aqui*, *lá* etc., também aqueles que no francês são apresentados como integrando a classe de advérbios Adv_1, tais como *sempre*, *ainda*, *já* etc. A outra classe sintática de advérbios no português seria aquela representada pelos advérbios do tipo *bem*, *mal*, a que chamaremos Adv_b, ficando os advérbios do tipo Adjetivo + *-mente* classificados como Adv_a.

Resumindo, teríamos:

CIRC { Adv_a: *aqui*, *lá*, *sempre*, *ainda*, *longamente* etc.
SPrep.: *em São Paulo*, *na esquina* etc. }

Adv_b: *bem*, *mal* etc.

Alguns exemplos podem ajudar a fixar melhor esta distinção. Tomemos as seguintes frases:

Pedro dormiu sempre	[I]
Pedro dormiu em São Paulo	[II]
Pedro dormiu longamente	[III]
Sempre Pedro dormiu	[IV]
Em São Paulo Pedro dormiu	[V]
Longamente Pedro dormiu	[VI]
Pedro sempre dormiu	[VII]
Pedro em São Paulo dormiu	[VIII]
Pedro longamente dormiu	[IX]

Embora algumas destas frases possam parecer mais gramaticais, e outras menos, o fato é que o critério de decisão é, no caso, quando muito um critério estatístico, uma vez que todas estas configurações ocorrem, variando apenas a sua freqüência. Mas como os critérios estatísticos não podem, como mostrou Chomsky (cf. *Syntactic Structures*, p. 16 e também o Cap. I, § 3.2, acima), ser levados a sério para determinar a gramaticalidade ou a não-gramaticalidade de uma frase, desde já devemos abandonar este caminho. Por outro lado, as gramáticas tradicionais sempre insistiram na liberdade de configuração de certos advérbios como os que são formados por sufixação (felizmente, tristemente etc.) ou simplesmente deixaram em doce esquecimento o assunto, observando quando muito as variações expressivas que se podem obter com a deslocação do advérbio e isto de maneira apenas intuitiva (cf. por exemplo, Rodrigues Lapa, *Estilística da Língua Portuguesa*, pp. 188-192, Livraria Acadêmica, 5.ª edição, Rio de Janeiro, 1968). Sobra-nos, ao menos por enquanto, a motivação empírica dada por estes exemplos, e por outros que o leitor facilmente encontrará e ainda a motivação metodológica que advém da maior simplicidade que este tratamento do advérbio implica.

Deste modo, uma gramática do português deveria dispor das seguintes regras sintagmáticas para dar conta dos problemas apresentados até aqui:

RS_1 : F → SN + SPred
RS_2 : SPred. → Aux + SV (CIRC)
RS_3 : SV → V(adv_b) (SN)
RS_4 : V → V_t/-SN
V_i
RS_5 : Aux → TPS (Composto)
RS_6 : Composto → { *ter* + PP / *haver* }
RS_7 : TPS → Prste
Perfeito
Imperfeito
RS_8 : V_i → *chegar*, *dormir* . . .
RS_9 : V_t → *maltratar*, *chutar*, . . .
RS_{10}: CIRC → Aprep.
Adv_a
Adjetivo + *-mente*
RS_{11}: Adv_a → *sempre*, *ainda*, *já*, *aqui*, *lá*, *ontem*, . . .
RS_{12}: Adv_b → *bem*, *mal*, . . .

Portanto, para o português, dentro da nossa distinção, teríamos de falar de uma regra de transformação que chamaremos T_{Adv_b} que deve substituir nos nossos exemplos [40*a*] e [42*a*] a regra T_{Adv_3} do francês e que a ela corresponde, mas não inteiramente.

E aqui está o segundo problema de que queríamos falar, quando tratamos da frase [42*a*] (cf. p. 173).

Como podemos observar, não foi necessário aplicar nesta frase a transformação T_{Adv_b}, que deve ser aplicada antes de T_{Afixo} para situar o advérbio imediatamente antes do constituinte PP, uma vez que ele deve, ao contrário da frase [40a], ser mantido na posição em que é gerado pelas regras sintagmáticas, isto é, depois do constituinte PP.

A solução para este novo problema não nos parece, entretanto, difícil, podendo ser buscada no próprio interior das regras transformacionais até agora apresentadas.

Assim, se atentarmos para a frase [40*a*] *Pedro foi mal compreendido* e para a frase [42*a*] *Pedro sempre dormiu bem,* verificaremos imediatamente que o primeiro caso envolve uma frase passiva enquanto que o segundo, uma frase com verbo intransitivo.

Comparem-se agora as seguintes frases:

	Pedro dormiu bem	[X]
	Pedro tem dormido bem	[XI]
	Pedro tem dormido sempre bem	[XII]
*	Pedro tem bem dormido sempre	[XIII]
*	Pedro tem sempre bem dormido	[XIV]
	Pedro cantou mal a música de João	[XV]
	A música de João foi mal cantada	[XVI]
*	Pedro mal cantou a música de João	[XVII]
*	A música de João foi cantada mal	[XVIII]

É evidente que a construção da frase [XVII] é portuguesa, mas com um sentido totalmente diverso daquele que a frase [XV], com o advérbio posposto ao verbo, apresenta. Bastaria, sem entrar em considerações semânticas mais profundas, comparar a possibilidade de [XVII], com a impossibilidade total de [XIX] * *Pedro bem cantou a música de João* e com a possibilidade de [XX] *Pedro nem bem cantou a música de João*, e teríamos um forte índice desta diferença.

Em todas estas frases, observamos que o lugar do advérbio é necessariamente depois do constituinte V, nas frases passivas e antes deste constituinte nas frases ativas ou com verbo intransitivo. A afirmação desta necessidade não é feita apenas a partir dos poucos casos apresentados, mas é também motivada pela observação que acima fizemos e sobre a possibilidade de ocorrência de [XVII], mas com outro sentido. Neste caso a posição do advérbio seria lingüisticamente pertinente e não apenas de efeito estilístico. Note-se ainda que o mesmo se dá na frase passiva correspondente a [XVII]:

Mal cantada a música de João por Pedro . . . [XVIIa]

frase que evidencia muito mais que [XVII] a dependência sintática desta frase em relação a outra frase, o que vem corroborar a distinção entre [XV] e [XVII], dada a independência sintática da primeira.

Feitas estas observações, podemos agora formular adequadamente a regra transformacional T_{Adv_b} para o português. Ela deverá, a exemplo do francês, ser aplicada antes de T_{Afixo}, mas obedecer a uma condição fundamental: T_{Adv_b} só pode ser aplicada a condição de que a frase em questão tenha antes sofrido a aplicação de $T_{Passivo}$.

Esta transformação que tem como efeito situar o advérbio Adv_b imediatamente antes do constituinte PP, deverá ser formulada da seguinte maneira:

$$T_{Adv_b} : \underset{1}{X} - \underset{2}{PP} - \underset{3}{V} - \underset{4}{Adv_b} - \underset{5}{Y} \rightarrow 1 - 4 - 2 - 3 - 5$$

Condição: X não é nulo e contém necessariamente a indicação que $T_{Passivo}$ foi aplicada.

3.3. Definindo as transformações como regras que operam sobre seqüências de elementos terminais, na medida em que estas seqüências são analisáveis de uma certa maneira, isto é, na medida em que elas têm uma certa estrutura, excluímos de uma só vez duas possibilidades: uma, significaria definir as transformações como regras que operam exclusivamente sobre seqüências de elementos terminais, e outra, defini-las como operando simplesmente sobre seqüências de elementos não-terminais. É fácil ver por que estas duas concepções devem ser rejeitadas.

Na primeira hipótese, diríamos por exemplo que a transformação passiva submete a certas operações a seqüência terminal *Pedro* + Prste + *maltratar* + *Paulo*, permutando por exemplo o primeiro e o quarto morfemas desta seqüência etc. Explicaríamos por isso mesmo, o fato de que *Paulo é maltratado por Pedro* é a frase passiva correspondente a *Pedro maltrata Paulo*. Mas, ao mesmo tempo, seríamos praticamente obrigados a dar a $T_{Passivo}$ uma formulação diferente para cada frase diferente; com efeito, se quisermos aplicá-la a *o menino tem aborrecido o cachorro* (*o* + *menino* + Prste + *ter* + PP + *aborrecer* + *o* + *cachorro*), perceberemos que não é mais o primeiro e o quarto morfemas que devem ser permutados, mas o primeiro e o sétimo, o segundo e o oitavo, ao mesmo tempo. A formulação deveria ainda ser diferente se quiséssemos pôr na passiva *a direção da fábrica despediu mais de duzentos operários*. Na verdade, seria preciso uma infinidade de formulações distintas de $T_{Passivo}$. O absurdo dessa solução salta aos olhos.

Na segunda hipótese – que foi sugerida por Householder, (1959, p. 233 e s.) – somos levados a considerar as transformações simplesmente como regras de reescritura que se aplicam a um "alto nível", isto é, antes que os símbolos não-terminais, que designam as categorias gramaticais, tenham sido desenvolvidos em símbolos terminais. Deste modo, $T_{Passivo}$ teria então simplesmente a seguinte forma:

$$SN_1 + Aux + V_t + SN_2 \rightarrow SN_2 + Aux + \textit{ser} + PP + V_t + \textit{por} + SN_1$$

Esta regra não seria, portanto, nada mais que uma regra sintagmática, com a diferença de que ela não estaria submetida às restrições que impusemos às regras sintagmáticas (cf. o Cap. precedente). Esta hipótese, inversa da anterior, equivale a suprimir todas as vantagens das transformações: com efeito, ela não permite nem dizer que *Paulo é maltratado por Pedro* é o passivo de *Pedro maltrata Paulo* (Uma vez que, no momento em que a regra se aplica, os elementos terminais não estão ainda escolhidos), nem formular de uma só vez as restrições de seleção sobre o sujeito e o objeto dos verbos transitivos. O que é talvez ainda mais grave é que esta hipótese equivale a admitir que a gramática de uma língua se reduz ao tipo de sistema de reescritura menos estruturado, aquele que chamamos (Cap. III, § 3.1) *um sistema de reescritura não-limitado*. Em outras palavras, esta hipótese equivale a renunciar a toda tentativa para definir de modo interessante os tipos de estrutura peculiares às gramáticas das línguas naturais e que as diferenciam de todos os outros tipos de linguagens possíveis (sobre tudo isso, ver Chomsky, 1961*a*, pp. 130-131).

Em compensação, é possível imaginar as transformações em termos diferentes dos que acima foram apresentados, mas de forma equivalente; ao invés de dizer que uma transformação se aplica a elementos terminais pelo fato de possuírem uma certa estrutura, é a mesma coisa dizer que ela se aplica a elementos não-terminais (a símbolos categoriais), *pelo fato de serem tratados como variáveis* (cf. Fillmore, 1963, p. 211; Katz-Postal, 1964, pp. 8-10; Bach, 1964*a*, p. 50, p. 60). Nas regras sintagmáticas, os símbolos a serem reescritos (A na regra A → Z) são tratados como *constantes*. Com efeito, as regras sintagmáticas (independentemente das diversas restrições às quais elas podem ser submetidas) têm sempre por efeito aplicar-se a ocorrências efetivas de símbolos nas derivações; a regra A → Z significa "substituir toda ocorrência de A por uma ocorrência de Z". Por exemplo, a regra SN → Art + N indica simplesmente que, onde quer que se encontre o símbolo SN numa derivação, é preciso substituí-lo pela seqüência Art + N. Mas também é possível tratar um certo símbolo (SN por exemplo) como uma *variável*, cujos valores são os diferentes elementos terminais pelos quais ele pode ser reescrito (por exemplo, valores de SN podem ser *Pedro*, *Paulo*, *o* + *pequeno* + *amigo* etc.) Quando $T_{Passivo}$ nos diz que o primeiro SN deve ser permutado com o segundo, ou quando T_{Afixo} diz que o elemento *Af* deve ser permutado com o elemento *v*, elas tratam estes elementos não-terminais exatamente como variáveis.

Percebemos assim que um número considerável de regras, ainda que das mais simples, da gramática tradicional, são de fato transformações. É o caso principalmente de todas as regras de *concordância*. Assim, a regra segundo a qual "o verbo concorda em número e pessoa com seu sujeito" (Grevisse, p. 656, regra válida também para o português e que qualquer gramática tradicional contém) trata todos estes elementos – sintagma nominal sujeito, verbo, número, pessoa – como variáveis: ela se aplica a todo elemento terminal que "é um" verbo etc. (que tem valor de verbo etc.). Como já dissemos (cf. Cap. III, § 6.4.), as gramáticas sintagmáticas não podem tratar os fenômenos de concordância senão de modo deselegante e complicado, recorrendo a um grande número de regras dependentes do contexto. Agora é possível tratá-los simples e naturalmente, de um modo que apenas formaliza as concepções tradicionais (é este um dos numerosos pontos em que a gramática gerativa se encontra mais próxima das concepções tradicionais que de certas concepções estruturalistas, ao menos daquelas que são representadas pelos descritivistas americanos, assim como por Martinet – cf. Martinet, 1960, pp. 100-101).

Faltam-nos ainda, na verdade, alguns elementos para tratar adequadamente os fatos de concordância em termos gerativos. Disto falaremos um pouco mais adiante (Cap. V, n.º 29). Enquanto isso, e no sentido de apresentar o mecanismo formal da transformação de concordância, (T_{conc}) aqui está uma formulação provisória da regra que exprime a concordância em número do artigo com o nome (que é mais simples de apresentar que a da concordância do verbo com o sujeito). Primeiramente, as regras sintagmáticas devem ser completadas pelas duas regras seguintes:

$$N \rightarrow RN + N.^o \qquad (RN = \text{raiz nominal, } N.^o = \text{número})$$
$$N.^o \rightarrow \left\{ \begin{matrix} Sg \\ Pl \end{matrix} \right\} \qquad (Sg = \text{singular, } Pl = \text{Plural})$$

(morfemas como *menino*, *poste* etc., serão daqui por diante considerados, portanto, não mais simplesmente como nomes, mas como raízes nominais; regras fonológicas representarão em seguida *Sg* por *Ø* – zero – e *Pl* por *s*; o sintagma nominal *o menino* será representado, depois da aplicação das regras sintagmáticas, pelo fragmento de seqüência S-terminal *o* + *menino* + Sg).

Em seguida, aplicar-se-á uma transformação de concordância obrigatória, que tem a seguinte forma[12]:

$$T_{conc} : (a) \text{ A.E.: } \underset{1}{X} - \underset{2}{Art} = \underset{3}{RN} - \underset{4}{N.^o} - \underset{5}{Y}$$
$$(b) \text{ M.E.: } 1 - 2 - 3 - 4 - 5 \rightarrow 1 - 2 + 4 - - 3 - 4 - 5$$

4. A fim de sublinhar a fecundidade e o poder descritivo das transformações assim como o interesse que há em introduzir um nível transformacional na gramática é útil continuar a expor a análise feita por Chomsky do auxiliar inglês, análise que não

foi esgotada pelo que foi dito no § 1. Há, com efeito, toda uma série de problemas que deixei de lado até o presente momento. Entre eles figuram os que apresentam a descrição das frases interrogativas e negativas. Vimos acima (Cap. I, § 5, e Cap. III, § 6.1.) que estes problemas não deixam de ter analogia com os que apresenta a questão da passiva, sendo possível encontrar-lhes uma solução do mesmo tipo.

Em inglês a descrição destes tipos de frase apresenta, a primeira vista, sérias dificuldades, principalmente por causa do papel particular, e, ao que parece irregular, que aí desempenha o auxiliar *do* (ver, por exemplo, Jespersen, 1933, p. 296 e s.) É claro que uma análise sintagmática das distribuições de *do* seria bastante complexa. Por outro lado, uma explicação semântica destas distribuições, do tipo da que propôs Jakobson (1963*a*, p. 199), é pouco convincente. Ora, Chomsky (1957*a*, p. 61 e s. 1962*a*, p. 227 e s., 233 e s.) mostrou que as diversas formas negativas e interrogativas (ao menos no caso da interrogação simples, que exige uma resposta por *sim* ou por *não*) se deixam engendrar de maneira simples e sistemática em termos transformacionais, esclarecendo-se ao mesmo tempo o papel particular de *do*. Além disso, esta análise, longe de complicar a descrição dada até agora, vem, ao contrário, acrescentar argumentos suplementares para justificá-la, e, principalmente, para justificar o recurso a T_{Afixo}.

Sejam as seguintes frases:

	(*a*)	(*b*)	(*c*)
[1]	the man dies	does the man die	the man does not die
[2]	the man will die	will the man die	the man will not die
[3]	the man has died	has the man died	the man has not died
[4]	the man is dying	is the man dying	the man is not dying

As seqüências subjacentes a [1*a* – 4*a*], anteriormente à aplicação de T_{Afixo}, são as seguintes:

[1] *the* + *man* + Prste + *die*
[2] *the* + *man* + Prste + *will* + *die*
[3] *the* + *man* + Prste + *have* + PP + *die*
[4] *the* + *man* + Prste + *be* + *ing* + *die*

Podemos explicar as frases interrogativas [1*b* – 4*b*] em duas etapas. Primeiramente, introduzimos uma transformação dita T_{Int} (transformação interrogativa); ela submete as seqüências [1] – [4] à seguinte *análise estrutural*:

[1] =	SN	–	TPS	–	SV = X
[2] =	SN	–	TPS + Modal	–	X
[3] =	SN	–	TPS + *have*	–	X
[4] =	SN	–	TPS + *be*	–	X
	1		2		3

Em outras palavras, a análise estrutural decompõe a seqüência terminal em três partes (representadas pelos números 1, 2, 3), a saber o sintagma nominal sujeito, o morfema temporal (TPS), seguido eventualmente do primeiro morfema que o acompanha, e, em seguida, uma seqüência não-especificada, que cobre o resto da seqüência (observaremos que, se na análise de [1], SV estiver indicado, é para tornar possíveis as análises de [2 – 4] – senão, Modal, *have*, *be*, seriam incluídos no X de [1]).

A *mudança estrutural*, aplicada às seqüências assim analisadas, vai simplesmente permutar os dois primeiros elementos:

$$1 - 2 - 3 \rightarrow 2 - 1 - 3$$

o que dá as seqüências:

[1] Prste + *the* + *man* + *die*
[2] Prste + *will* + *the* + *man* + *die*
[3] Prste + *have* + *the* + *man* + PP + *die*
[4] Prste + *be* + *the* + *man* + *ing* + *die*

Se aplicarmos agora a estas seqüências que resultam de T_{Int}, a transformação T_{Afixo}, perceberemos que ela se aplica facilmente nos casos [2-4], e que ela produz as seqüências que, submetidas às regras fonológicas, correspondem a [2*b*-4*b*]. Mas, no caso de [1], há um problema: com efeito, T_{Afixo} pode ser aplicado apenas a uma seqüência analisável em *Af* + *v*; ora, [1] tem a estrutura A*f* – SN – *v* (em outras palavras, A*f* e *v* não são contíguos); dizemos então que T_{Afixo} está "bloqueada".

Entretanto, é possível obter a frase gramatical [1*b*] se introduzirmos a seguinte transformação, aplicável *depois* de T_{Afixo} (isto é, depois que nos dermos conta de que T_{Afixo} não pode ser aplicada à seqüência em questão) assim como depois da transformação que introduz as fronteiras de palavras obrigatórias em toda parte menos diante de A*f* (cf. § 1, p. 158)[13]:

$$T_{do} : \# + Af \rightarrow \# + do + Af + \#$$

Esta transformação significa simplesmente que *do* é introduzido a título de "suporte fonológico" de um afixo que não é mais possível afixar – por causa do "bloqueio" de T_{Afixo}. Esta transformação converte assim a seqüência [1] em: *do* + Prste + *the* + + *man* + *die*. Em seguida, regras fonológicas precisarão que *do* + + Prste → *does*, *do* + Passado → *did* etc.

Esta solução poderia parecer, à primeira vista, arbitrária e forjada pelas "necessidades da causa". Mas não é nada disso, e a transformação T_{do} permite compreender todo o comportamento de *do*, não somente nas interrogativas, mas também, e principalmente, nas negativas. Com efeito, as frases [1*c*–4*c*] (p. 180) serão engendradas graças a uma transformação T_{Neg} (transformação negativa), que está estreitamente ligada a T_{Int}. T_{Neg} opera, com efeito, a partir da mesma análise estrutural das seqüências de que parte T_{Int}. Simplesmente, em vez de permutar os dois primeiros termos, T_{Neg} insere *not* depois do segundo. A mudança estrutural é, neste caso, a seguinte:

$$1 - 2 - 3 \rightarrow 1 - 2 + not - 3$$

Esta transformação, seguida uma vez mais de T_{Afixo} e da regra de fronteira de palavras, produz o resultado desejado no caso de [2*c* – 4*c*]. Mais uma vez, T_{Afixo} é bloqueada no caso de [1]; aplicamos então T_{do}, e o resultado é [1*c*] (a série de seqüências é a seguinte: (*a*) T_{Neg} : *the* + *man* + Prste + *not* + *die*; (*b*) Fronteira de palavras : *the* # *man* # Prste # *not* # *die*; (*c*) T_{do} : *the* # *man* # *do* + Prste # *not* # *die*; uma regra fonológica converte em seguida *do* + Prste em *does*).

Como observa Chomsky (1957*a*, p. 64), esta análise sublinha de modo evidente o parentesco que existe entre a interrogação e a negação, parentesco já muitas vezes observado (cf. Pottier, 1962, p. 312). Assim, quando encontramos transformações que, na sua forma são muito parecidas, e que, mais precisamente, aplicam a mesma análise estrutural às seqüências, dizemos que estamos tratando com uma *família de transformações* (cf. Katz-Postal, 1964, p. 153, n. 34, onde uma família de transformações é definida como "um conjunto [. . .] finitamente caracterizável por uma condição determinada sobre os esquemas estruturais").

Mas não é tudo. A mesma análise serve para descrever as frases de tipo "enfático", tais como *the man did die* etc. À primeira vista, neste caso, poder-se-ia dizer que *do* não é um simples suporte fonológico, mas exatamente um morfema, uma unidade "de duas faces" tendo por significante os fonemas /du/ e por significado a ênfase. Mas esta análise, como no caso das interrogativas e das negativas, não explicaria por que frases como **the man does will die* ou **the man does be dying* são agramaticais. É evidente que existem enfáticas correspondentes a [2*a* – 4*a*], mas a ênfase é representada somente, ao nível fonológico, pela presença de um acento sobre os morfemas *will*, *have*, *be*, como em:

the man wíll die [5]
the man hás died [6]

Convém, pois, introduzir a ênfase por uma transformação "enfática", que opera exatamente da mesma maneira que T_{Neg} : a mudança estrutural se aplica à própria análise estrutural, e insere simplesmente um morfema ÊNFASE em vez de *not*, ou seja:

$$T_{\hat{e}nfase} : 1 - 2 - 3 \rightarrow 1 - 2 + \text{ÊNFASE} - 3$$

Esta transformação engendra as seqüências:

the + *man* + Prste + ÊNFASE + *die* [7]
the + *man* + Prste + *will* + ÊNFASE + *die* [8]

A aplicação de T_{Afixo} dará, no caso de [2]:

the + *man* + *will* + Prste + ÊNFASE + *die* [8*a*]

No caso de [1], T_{Afixo} será novamente bloqueada, e T_{do} dará:

the + *man* + *do* + Prste + # + ÊNFASE + *die* [7*a*]

Enfim, uma regra fonológica (que intervém depois das regras que convertem *do* + Prste em *does* etc.) indicará que o morfema ÊNFASE é representado fonologicamente por um acento forte que recai sobre o morfema precedente – o que explica, ao mesmo tempo, que *do*, *does*, *did*, tenham este acento da mesma forma que *will*, *can*, *have* etc., o que não se compreenderia se *do* já "exprimisse" por si mesmo a ênfase.

A mesma análise permite também explicar frases elípticas tais como (*Did he come*?) – *He did*, em face de (*Will he come*?) – *He will*, assim como das construções coordenadas com o segundo membro elíptico, tais como *Peter came and so did John*, em face de *Peter will come and so will John*.

Vê-se o quanto esta análise puramente formal simplifica e esclarece a descrição. Ela é uma boa ilustração da *démarche* científica, para a qual trata-se sempre, ao preço de uma certa abstração, e situando-se a um nível que não é o das aparências imediatas, de descobrir regras gerais onde a observação empírica vê apenas um conjunto de fatos díspares. Como diz Chomsky (1962*a*, p. 235), "o comportamento efetivo de *have*, *be*, *do*, tratado habitualmente como excepcional, aparece aqui como uma conseqüência automática das mais simples regras formuladas com vistas a explicar casos não-excepcionais; [este comportamento] não é, pois, nada mais que um caso particular de uma regularidade mais profunda."

Esta análise só foi possível porque renunciamos a estabelecer uma relação direta entre as "formas" lingüísticas imediatamente dadas (as "palavras", os morfemas) e sua interpretação semântica. Como eu dizia na Introdução, a relação entre o som e o sentido é em geral uma relação extremamente indireta, que é mediatizada por um conjunto de estruturas abstratas, cujo estudo constitui precisamente o objeto de uma sintaxe gerativa, no sentido de Chomsky. Vemos também que é impossível dar – antes da elaboração de uma sintaxe – uma definição simples das entidades lingüísticas como os morfemas. Uma definição do morfema, por exemplo, como "unidade minimal de duas faces" fracassa completamente diante do caso de *do*, e nos impede de apreender seu verdadeiro papel sintático[14]. De fato, a definição das entidades lingüísticas deverá vir depois da constituída gramática, e como uma conseqüência desta. As entidades dos diversos tipos se definirão a partir daí por seu lugar no conjunto da gramática, pela totalidade das relações que elas mantêm com os outros elementos, pelo tipo de regras às quais elas estão associadas etc.[15] Poderíamos assim, definir os *morfemas* como os elementos que compõem as *seqüências sintagmáticas terminais* (seqüências S-terminais) fornecidas pelas regras sintagmáticas, anteriormente à aplicação das transformações: então *do* não seria mais um morfema. Poderíamos em seguida utilizar o termo *formante* (inglês *formative*, cf. Katz-Postal, 1964) para designar os elementos minimais, que constituem as seqüências que representam as frases após a aplicação de todas as transformações (poderíamos chamar estas seqüências de *seqüências transformacionais terminais* (ou seqüências T-terminais)) entre estes formantes, muitos, mas não todos, corresponderiam a morfemas (assim *do* não seria senão um formante). São os formantes que são então "traduzidos" em seqüências de sinais sonoros pelas regras fonológicas[16].

5. Todos os exemplos de transformações considerados até aqui concernem a regras que operam sobre uma única seqüência terminal, convertendo-a em uma outra seqüência. Estas transformações receberam vários nomes: transformações unárias (Harris), transformações de base simples (Fillmore), ou, mais freqüentemente, *transformações singulares* (*singulary transformations*). É este último termo, cujo uso se generalizou, que utilizarei daqui em diante.

Mas, ao lado destas transformações singulares, existem outras chamadas binárias, de base dupla, ou melhor *generalizadas*, que desta vez "convertem um par de frases numa única frase" (Chomsky, 1962*a*, p. 229). Em termos mais precisos, estas transformações se aplicam, não mais a uma única seqüência terminal, mas a duas seqüências (ou mesmo, de modo mais geral, a um conjunto de seqüências) que elas convertem numa nova seqüência, dita derivada – que é, por sua vez, convertida numa frase complexa pela aplicação das transformações obrigatórias.

Não se poderia subestimar a importância das transformações generalizadas. São elas, com efeito (cf., por exemplo, Chomsky, 1961*a*, p. 134), as portadoras da *propriedade recursiva* fundamental da gramática. É graças à sua aplicação repetida que a gramática é capaz de engendrar um conjunto infinito de frases; com efeito, é sempre possível aplicar uma vez mais transformações generalizadas a seqüências que, por sua vez, também foram produzidas por transformações generalizadas[17].

As transformações generalizadas pertencem a duas grandes categorias, que correspondem, *grosso modo*, à distinção clássica entre coordenação e subordinação. Uma grande parte dos casos de coordenação são produzidos por transformações de *conjunção* (ou de anexação), e os casos de subordinação se devem a transformações de *encaixe* (*embedding*), que inserem uma frase no interior de outra frase.

5.1. Não insistirei muito sobre o caso da coordenação. No capítulo anterior (§ 6.5.), falei dos problemas que ela apresenta às gramáticas sintagmáticas; vimos que o princípio geral que governa a coordenação é que só se podem coordenar constituintes que tenham a mesma estrutura interna. A regra proposta por

Chomsky (1957*a*; cf. aqui mesmo, Cap. III, § 6.5.) é assim uma regra típica de transformação: ela se aplica a seqüências terminais, *analisadas* de uma certa maneira, e ela as converte em outras seqüências terminais. Podemos representá-la como segue (Chomsky, 1957*a*, p. 113):

$$T_{\text{conjunção}} \quad \left. \begin{array}{ll} \text{A.E.} : (P_1) & Z - X - W \\ & 1 \quad\;\; 2 \quad\;\; 3 \\ & \\ (P_2) & Z - X - W \\ & 4 \quad\;\; 5 \quad\;\; 6 \end{array} \right\}$$

$$\text{M.E.} : 1\text{-}2\text{-}3\text{-}4\text{-}5\text{-}6 \rightarrow 1\text{-}2+e+5\text{-}3$$

É esta regra que, por exemplo, a partir de *Encontrei Pedro no cinema* e de *Encontrei João no cinema* (ou melhor, a partir das seqüências subjacentes a estas frases), engendra (a seqüência subjacente a) *Encontrei Pedro e João no cinema* (onde *Eu encontrei* = Z, *no cinema* = W, *Pedro* = X, *João* = X). A mesma regra engendraria *Pedro chegou e João partiu* a partir de *Pedro chegou* e de *João partiu* (onde, desta vez, Z e W são nulos, e X = cada uma das duas frases).

Como já era observado no capítulo precedente (n. 32, p. 390) a regra de $T_{\text{conjunção}}$, tal como a havia formulado Chomsky, não resolve todos os problemas apresentados pela coordenação. Encontraremos um estudo bem mais aprofundado do problema num artigo recente de L. Gleitman (1965)[17bis]. Assinalarei, simplesmente, que é possível, recorrendo a uma transformação que é essencialmente uma variante de $T_{\text{conjunção}}$, explicar as "coordenações abreviadas" do francês e do português, do tipo representado respectivamente por *Pierre est arrivé et Paul aussi* e *Pedro chegou e Paulo também*. Esta frase do português é engendrada em duas etapas, assim como a frase francesa.

Trabalharemos apenas sobre a frase do português. Primeiramente, aplicamos, às seqüências terminais subjacentes às frases *Pedro chegou*, *Paulo chegou*, a seguinte transformação:

$$T_{\text{também}} : \left. \begin{array}{ll} (P_1) & \text{SN} - \text{S Pred} \\ & \;\;1 \qquad\;\; 2 \\ & \\ (P_2) & \text{SN} - \text{S Pred} \\ & \;\;3 \qquad\;\; 4 \end{array} \right\} \; | 1 - 2 - e - 3 - 4 - \textit{também}$$

Condições: (*a*) 2 = 4; (*b*) 1 ≠ 3 (para impedir, p. ex.: *Pedro chegou e Pedro chegou também*).

Esta primeira transformação engendra a frase *Pedro chegou e Paulo chegou também*. Em seguida, uma transformação de *elipse* (cujo campo de aplicação é, na realidade, muito mais vasto) suprime os elementos repetidos (no caso, o segundo *chegou*), o que dá o resultado desejado.

5.2. Como exemplo simples de transformação de *encaixe*, podemos considerar aquela que está na base das proposições relativas. Sejam as três frases:

O homem morreu [1]
O homem chegou ontem [2]
Eu encontrei o homem ontem [3]

Podemos, por uma transformação de "relativização", encaixar [2] em [1] para obter [4], ou [3] em [1] para obter [5]:

O homem que chegou ontem morreu [4]
O homem que eu encontrei ontem morreu [5]

Segundo a terminologia de Lees (1960*a*, p. 55), a frase encaixada é chamada *frase-constituinte*, e a frase dentro da qual ela se encaixa é dita *frase-matriz*. A transformação que encaixa uma frase-constituinte numa frase-matriz é evidentemente um processo recursivo. É, com efeito, possível introduzir no interior de uma proposição relativa uma outra proposição relativa: uma frase-constituinte pode, por sua vez, servir de frase-matriz para uma outra frase, e assim por diante. Cf. *Peguei o cachorro que tinha matado o rato que comia o queijo* etc.

Simplificando, podemos dizer que a formação das relativas se dá em três tempos, por meio de três transformações sucessivas:

(*a*) encaixe (T_{QU}):

$$\left.\begin{array}{ccccc} X & - & SN & - & Y \\ 1 & & 2 & & 3 \\ & & & & \\ Z & - & SN & - & W \\ 4 & & 5 & & 6 \end{array}\right\} \rightarrow 1 - 2 - QU + 4 + 5 + 6 - 3$$

(Condição : 2 = 5)

Aplicada a [1] e [2], esta transformação engendra a seguinte seqüência:

$$\underset{2}{\text{o homem}} - \text{QU} + \underset{5}{\text{o homem}} + \underset{6}{\text{chegou ontem}} - \underset{3}{\text{morreu}} \qquad [6]$$

(onde X e Z são nulos).

Aplicada a [1] e [3], a transformação engendra:

$$\underset{2}{\text{o homem}} - \text{QU} + \underset{4}{\text{eu encontrei}} + \underset{5}{\text{o homem}} + \underset{6}{\text{ontem}} - \underset{3}{\text{morreu}} \qquad [7]$$

(onde X é igualmente nulo).

Nesta transformação, o símbolo com a notação QU representa um elemento cuja função é extremamente geral; ele se encontra num número considerável de transformações de encaixamento, das quais ele é uma espécie de indicador. Trata-se, precisamente, do elemento que é comum aos pronomes relativos e às conjunções de subordinação (cf. "creio *que* este homem morreu"); sua função, que é puramente sintática, é a de assinalar que uma frase é subordinada a uma outra, isto é, encaixada numa outra. Simbolizando-o por QU, sublinhamos assim este parentesco (já notado, por exemplo, por Pottier, 1962, p. 70, e por Togeby, 1966) entre pronomes relativos e conjunções de subordinação, uma vez que se trata da parte fonológica comum aos pronomes franceses *qui*, *que*, *quoi*, e à conjunção *que*, da mesma forma que no português temos *que*, *quem*, para os pronomes relativos e a conjunção *que* (faço simplesmente a adaptação ao francês e ao português do uso inglês: os transformacionalistas usam a notação WH para este elemento. Este símbolo constitui o elemento fonológico comum a *what*, *which*, *who*).

(*b*) Em seguida, vem uma transformação singular, obrigatória depois de T_{QU}, que tem por função "atrair" o sintagma nominal que pertence à frase-constituinte e que é idêntico ao da frase-matriz, para o símbolo QU; esta transformação tem a seguinte forma:

$$T_{\text{anexação a QU}}: \begin{array}{ccccccc} X - & SN - & QU - & Y - & SN - & Z - & W \\ 1 & 2 & 3 & 4 & 5 & 6 & 7 \end{array}$$

$$\rightarrow \quad 1 - 2 - 3 + 5 - 4 - 6 - 7$$

(onde $4 + 5 + 6 = P_2$ e onde $2 = 5$)

Aplicada a [6], esta transformação opera de alguma forma "no vazio", pois que o SN já é contíguo ao QU; ela indica simplesmente que QU e SN são daqui por diante dominados pelo mesmo constituinte no indicador sintagmático da seqüência derivada. Aplicada a [7], ela opera uma mudança mais sensível, e engendra [8]:

o homem -	QU +	o homem -	eu encontrei -	ontem -	morreu	[8]
2	3	5	4	6	7	

(*c*) No caso do francês, haverá, enfim, uma regra, de que não trataremos em detalhe, e que depende, na verdade, da parte morfofonológica da gramática, que converte QU + SN em *qui*, se o SN for sujeito da frase-constituinte, e em *que*, se ele for objeto, como nas frases:

L'homme qui est arrivé hier est mort [4*a*]
L'homme que j'ai rencontré hier est mort [5*a*]

Para o português, tal etapa é dispensável, na medida em que tanto num caso como noutro o pronome relativo se realiza como *que* (cf. as frases [4] e [5]).

Como ainda não abordamos todos os problemas que a formulação do modelo transformacional apresenta — problemas que trataremos no capítulo seguinte — não procurei dar às regras acima sua formulação mais geral. É, no entanto, possível formulá-las de modo que dêem conta, de uma só vez, de todo um conjunto de fatos, que compreendem, não somente a formação das relativas, mas também a formação das orações completivas "substantivas" (proposições-sujeito, objetivas diretas etc.), assim como das interrogativas e das frases francesas do tipo *C'est que*. . . , *C'est Pierre qui*. . . etc., ou das frases portuguesas do tipo *É Pedro quem* . . . , *É Pedro que*. . . *Foi a mesa que*. . . etc.

5.3.1. Um dos processos recursivos mais produtivos nas línguas naturais (e que é sem dúvida universal) consiste na formação de *nominalizações*[18]. Uma nominalização é essencialmente a conversão de uma frase em um nome ou em um sintagma nominal, e ela pode sempre ser descrita por meio de uma transformação que encaixa uma versão transformada de uma frase-constituinte no lugar de um nome ou de um sintagma nominal numa frase-matriz. Já fiz no § precedente alusão às proposições-sujeito (*É evidente que este homem morreu*, ou ainda (*O fato de*) *que Pedro esteja atrasado me inquieta*) ou às objetivas diretas (*Creio que este homem morreu*); a equivalência destas proposições com sintagmas nominais, sujeitos ou objetos respectivamente, é clara.

O estudo de um certo tipo de nominalizações inglesas forneceu a Chomsky (1957*a*, p. 41; 1962*a*, p. 217) um de seus melhores argumentos para justificar, ao mesmo tempo, a utilidade do modelo transformacional, e a análise sintagmática do sintagma predicativo (SPred) em Aux + SV. Trata-se de um tipo de nominalização que utiliza o morfema *-ing*, como na frase (Chomsky, 1957*a*, p. 41):

proving that theorem was difficult
("foi difícil demonstrar este teorema") [9]

Antes de mais nada, é claro que existe, em toda uma série de empregos, um paralelismo evidente entre o emprego de *-ing* e o de *to*. Assim, [9] é equivalente a [10]:

to prove that theorem was difficult [10]

Se quisermos representar este paralelismo de *to* e de *-ing*, seremos levados a considerar que, em [9], os constituintes do sintagma nominal sujeito, *proving that theorem*, são *-ing*, de um lado, e *prove that theorem*, de outro (e não, como na concepção clássica, *proving* e *that theorem*; *proving* não constitui uma unidade a não ser ao nível da palavra, nível que, como já vimos, é um nível misto entre a sintaxe e a fonologia); da mesma forma, em [10], os constituintes são *to* e *prove that theorem*. Somos assim levados a imaginar [9] oriundo, por uma transformação generalizada, de duas frases simples *it* (ou melhor *something*) *was difficult* (a frase-matriz) e *somebody* + Aux + *prove that theorem* (frase-constituinte). A transformação opera em dois tempos: (*a*) ela substitui por *-ing* (ou *to* no caso de [10]) o constituinte Aux da frase-constituinte; (*b*) ela substitui pela frase assim transformada o constituinte SN sujeito da frase-matriz. A anteposição do *-ing* não apresenta nenhum problema especial, pois, para descrever o sintagma verbal (cf. § 1.), já definimos *-ing* como um Afixo (e *prove* como um *v*); T_{Afixo} se aplicará, portanto, automaticamente à seqüência resultante, e produzirá a ordem desejada dos elementos terminais. (Em contrapartida, *to* não terá sido definido como um Afixo, e neste caso T_{Afixo} não se aplicará).

5.3.2. Tanto em francês como em português, um caso banal de nominalização concerne aos substantivos verbais tais como *chegada*, *partida*, *escolha*, *crítica*, *amor*, *destruição* etc. Consideremos primeiramente o caso mais simples, o dos substantivos formados a partir de verbos intransitivos. A frase [11] *a Chegada de Pedro surpreendeu João* pode ser descrita como o produto de uma transformação generalizada que opera sobre as seqüências subjacentes às frases *Pedro chegou* e *alguma coisa surpreendeu João*. Esta transformação pode provisoriamente ser descrita como segue:

$$T_{Nomin\ VS}: \left.\begin{array}{l} SN = S\ Pred \\ 1 \quad\ \ 2 \\ \\ SN - Aux - V_i - X \\ 3 \quad\ \ 4 \quad\ 5 \quad 6 \end{array}\right\} \rightarrow \begin{array}{l} Art - 5 + Ndo - \\ - de + 3 - 6 - 2 \end{array}$$

(esta formulação vale tanto para o português como para o francês; a designação abreviada da transformação por $T_{Nomin VS}$ significa tratar-se de uma transformação que interessa o verbo (V) e o sujeito (S) da frase-constituinte).

O símbolo Ndo significa "nominalizado" e indica que o verbo ao qual ele se aplica é substantivado. O X é indicado para reservar a possibilidade de um circunstancial, e permitir, por exemplo, *a chegada de Pedro a São Paulo surpreendeu João*. Esta formulação é bem provisória e deixa de lado, além da questão do gênero do substantivo verbal, que também seria necessário especificar, outra mais grave e que concerne ao problema da estrutura sintagmática interna dos elementos que vêm se substituir ao SN (termo 1 do esquema estrutural). Assinalemos que, provavelmente – como no caso do *-ing* inglês – o elemento Ndo deverá ser concebido como se substituindo ao constituinte Auxiliar (termo 4 do esquema estrutural)[19], e como permutando em seguida com V_i sob o efeito de T_{Afixo}. Voltaremos mais adiante a alguns destes problemas.

Se estendermos esta formulação para o caso dos verbos transitivos, entreveremos imediatamente a possibilidade de descrever transformacionalmente um tipo de ambigüidade que, como vimos (Cap. III, § 6.3.1.), ultrapassava as capacidades do modelo sintagmático: trata-se da velha questão do genitivo objetivo/subjetivo. Sejam as seguintes frases do francês e do português:

le choix de l'éditeur a surpris Jean	[12]
a escolha do editor surpreendeu João	[12*a*]
l'amour de Dieu est sublime	[13]
o amor de Deus é sublime	[13*a*]

À primeira vista, parece simples fazer corresponder a estas duas frases duas derivações – duas descrições estruturais – diferentes, dando conta de sua ambigüidade. No primeiro caso (o do "genitivo subjetivo") [12a] seria engendrada a partir das frases (*O editor escolheu X* (X = *alguém* ou *alguma coisa*) e *alguma coisa surpreendeu João*, por meio da transformação $T_{NominVS}$ ligeiramente modificada. No segundo caso, o do "genitivo objetivo", poderíamos pensar em recorrer a uma transformação análoga, que operasse a partir de uma frase-constituinte *Alguém escolheu o editor*, e onde é o objeto, desta vez que seria transposto em complemento adnominal. Com isso não teríamos feito nada mais que formalizar uma concepção bastante tradicional (cf. Blinkenberg, 1960, p. 267 e s.). As coisas são, no entanto, mais complicadas, e temos aqui uma oportunidade de mostrar como o modelo transformacional, ainda que retomando intuições tradicionais, permite ir além e formular de maneira sistemática fatos que até então permaneciam dispersos.

Consideremos, primeiramente, o que se passa em francês, e em português quando são conservados, simultaneamente nas nominalizações, o sujeito e o objeto da frase-constituinte. Com efeito, encontramos ao lado de [12] ou de [13], as seguintes frases:

le choix de l'auteur par l'éditeur a surpris Paulo	[14]
le choix de l'éditeur par l'auteur . . .	[15]
l'amour de Dieu pour l'homme est sublime	[16]
l'amour de l'homme pour Dieu . . .	[17]

e ao lado de [12*a*] ou de [13*a*]:

a escolha do autor pelo (por_1) editor surpreendeu Paulo	[14*a*]
a escolha do editor pelo (por_1) autor . . .	[15*a*]
o amor de Deus pelo (por_2) homem é sublime	[16*a*]
o amor do homem por (por_2) Deus . . .	[17*a*]

Em compensação, as frases abaixo são agramaticais:

*	le choix de l'auteur pour l'éditeur . . .	[18]
*	l'amour de l'homme par Dieu . . .	[19]

e no português:

*	a escolha do autor pelo (por_2) editor . . .	[18*a*]
*	o amor do homem por (por_1) Deus . . .	[19*a*]

(nos exemplos do português a notação entre parênteses é utilizada para distinguir o *por* que introduz o agente (por_1) do *por* que indica "movimento em direção a" (por_2) e que equivale à preposição *a*). Este último uso é em geral apontado como galicismo pelas gramáticas tradicionais e o testemunho de Epifânio Dias vem, contra sua vontade, mostrar-nos que ele é comum na língua: "Escritores modernos, menos cuidadosos da pureza da linguagem, empregam *por*, depois de substantivos e adjetivos que significam disposições de ânimo em relação a um objeto (v.g. *respeito pela vida alheia*). É galicismo. (. . .)" (*Sintaxe Histórica Portuguesa*, 3.ª edição, Porto, 1954, § 206, p. 157).

Quanto à gramaticalidade de [20] e [21], se ela é duvidosa (se estas frases são pronunciadas com uma entonação neutra), a das frases portuguesas [20*a*] e [21*a*] não pode ser aceita:

?	le choix de l'auteur de l'éditeur . . .	[20]
?	l'amour de Dieu de l'homme . . .	[21]
	a escolha do autor do editor . . .	[20*a*]
	o amor de Deus do homem . . .	[21*a*]

Se considerarmos os numerosos exemplos anotados por Blinkenberg (1960, p. 269 e s., p. 281 e s.), perceberemos que os substantivos verbais franceses se distribuem em duas classes. Primeiramente há aqueles, tais como *amour, haine, désir, mépris, respect* etc., que são acompanhados, pela ordem, por um complemento "sujeito" precedido de *de*, e de um complemento "objeto" precedido de *pour* (ou de *envers* etc.). Há, em seguida, aqueles que, como *choix*, *refus*, *traversée*, *attaque*, *échange*, *recherche*, assim como a maioria dos substantivos derivados por sufixação de *-ment*, *-age*, -(*a*)*tion* (com exceção de *admiration*) são seguidos por um complemento "objeto" com *de* e de um complemento "sujeito" com *par*. Notemos que, no conjunto, esta repartição corresponde a uma distinção semântica, os substantivos do primeiro grupo exprimindo sentimentos e os do segundo, ações.

No português, a mesma distinção pode ser feita. Teríamos, assim, de um lado substantivos como *amor*, *ódio*, *desejo*, *desprezo*, *respeito* etc., que expressam sentimentos e que são acompanhados de um complemento "sujeito" precedido de *de*, e de um complemento "objeto" precedido de *por* (por_2) ou *a*, *em relação a* etc., e de outro lado, substantivos como *escolha*, *recusa*, *travessia*, *ataque*, *troca*, *busca*, *condicionamento*, *adestramento*, *eleição*, *coroação* etc. (excetuando também *admiração*), que exprimem ações e que são acompanhado de um complemento "objeto" com *de* e de um complemento sujeito" com *por*.

Se tentarmos descrever esses fatos de um ponto de vista gerativo e da maneira mais simples e mais sistemática possível, seremos levados a aproximar esses dois tipos de estruturas de nominalizações de dois tipos de estruturas de frases, manifestadas, por exemplo, no caso do português, por:

o autor foi escolhido pelo editor [22]

por um lado, e por

Deus tem amor pelo homem [23]

por outro.

A priori, se nos prendermos a considerações de simplicidade, parece que a melhor maneira de tratar essas estruturas seria engendrar [14*a*] a partir de [22], e [16*a*] a partir de [23]. Várias conseqüências decorrem imediatamente desta maneira de encarar o problema.

5.3.2.1. Consideremos primeiramente o caso ilustrado por [14*a*] – ou ainda por [24] *a destruição de Roma por Alarico transformou o mundo*, ou por [25] *a nacionalização do petróleo pelo governo agitou a opinião pública* – que doravante chamarei o caso dos nomes de Ação. Se decidirmos engendrar [14*a*] a partir de [22], isto é, de uma frase que já sofreu a transformação passiva, perceberemos que podemos prescindir totalmente da transformação de nominalização "objetiva" – isto é, daquela sugerida mais acima, que engendraria *a escolha do editor* no sentido "objetivo", diretamente a partir da frase na ativa *alguém escolheu o editor*. Todas as nominalizações deste tipo podem, com efeito, ser engendradas tão-somente a partir da $T_{NominVS}$ acima descrita; simplesmente, na interpretação "subjetiva", esta transformação se aplicará diretamente a uma frase ativa (*o editor escolheu X*) cujo objeto não-especificado terá sido previamente suprimido por uma transformação de elipse do objeto que é necessária em outros casos (é ela que engendra *Pedro come* a partir de *Pedro come alguma coisa*). Na interpretação "objetiva", ao contrário, esta transformação se aplicará a uma frase que terá previamente sofrido a transformação passiva, o objeto da frase na ativa original tornando-se sujeito (*o autor* em [22]) e podendo doravante ser analisado como o SN marcado 3 em $T_{NominVS}$, enquanto que o complemento agente toma naturalmente o lugar do X (marcado 6). Nos casos em que o agente estiver ausente (como na interpretação "objetiva" de [12]), esta ausência será explicada pela transformação de elipse de um agente indeterminado, consecutiva a $T_{Passivo}$, transformação esta de que já falamos. Vemos, assim, o quanto se ganha em simplicidade: explicam-se os mesmos fatos sem introduzir nenhuma regra suplementar, pela simples utilização das regras que são aliás de qualquer forma necessárias. Notemos, além disso, que, se admitíssemos a transformação de nominalização "objetiva", seríamos obrigados a introduzir certas restrições suplementares, e principalmente aquela que impede realizar as duas nominalizações, ao mesmo tempo, se quisermos excluir, por exemplo, [20*a*] e [21*a*], ou ainda [26] **a nacionalização do governo do petróleo*, ou [27] **a destruição de Roma de Alarico*, como agramaticais.

Nestas condições, é evidentemente necessário modificar um pouco a formulação de $T_{NominVS}$. Primeiramente, é preciso especificar que ela pode estender-se aos verbos transitivos (ou ao menos a uma certa categoria de verbos transitivos). Em seguida, é preciso indicar que o constituinte Auxiliar pode, facultativamente, compreender *ser* + PP (índice da passiva). Enfim, é necessário especificar a composição do elemento X, que havíamos deixado completamente indeterminado, de modo que este elemento não compreenda um sintagma nominal objeto; se tal não se fizesse, engendraríamos frases agramaticais como [28]: **a escolha do autor o editor surpreendeu Paulo* (onde *o editor* é analisado como X). Poderíamos fazê-lo especificando, na transformação, que X é diferente de SN + Y. Isto traria, entretanto, o inconveniente de excluir frases como *a decisão do governo de nacionalizar o petróleo agitou a opinião pública* (oriunda de o *governo decidiu*...) onde *de nacionalizar o petróleo* é equivalente a um sintagma nominal objeto, tendo sido produzido por uma transformação de um tipo de que ainda não falamos. É melhor, pois, especificar que o segmento que acompanha o verbo começa por uma preposição: PREP + X. Assim, quando quisermos submeter à $T_{Nominalização}$ uma frase que comporta um sintagma nominal objeto não-preposicional e não suscetível de elipse, a transformação será bloqueada, a não ser que passe pela transformação passiva[20]. Notemos, rapidamente, que isto poderia servir para explicar por que *a industrialização de Stálin* ou *a nacionalização do governo* (com o sentido ativo, "subjetivo") são pouco gramaticais em face de *o ensinamento de Lévi-Strauss*: com efeito, *industrializar* e *nacionalizar*, contrariamente a ensinar, não admitem jamais a elipse do objeto. Do mesmo modo, compreendemos melhor por que *a destruição do inimigo* ou *a organização do partido* não admitem senão o sentido passivo (correspondente a *o inimigo é (foi) destruído*, o *partido é organizado*): *destruir, organizar,* tampouco admitem a elipse do objeto (enquanto que *a destruição das colheitas pelo inimigo*, *a organização da revolução pelo partido*, são perfeitamente normais). Este é, no entanto, um ponto que precisa ser melhor estudado.

Podemos agora dar uma nova formulação a $T_{NominVS}$, dando-lhe, ao mesmo tempo, uma forma mais geral que, por exemplo, ao lado de [11] ou de [12], permitirá engendrar *Paulo espera a chegada de Pedro* ou *Paulo teme a escolha do editor*[21].

$$T_{NominVS}: \left.\begin{array}{l} X - SN - Y \\ 1 \quad 2 \quad 3 \\ SN - Aux\,(\textit{ser} + PP) - V - PREP + Z \\ 4 \qquad\qquad 5 \qquad\qquad 6 \qquad 7 \end{array}\right\} \rightarrow 1 - Art - 6 + Ndo - \textit{de} + 4 - 7 - 3$$

(condição: onde 2 é um SN inanimado indefinido, que pode ser representado por *alguma coisa*).

5.3.2.2. Resta-nos considerar o segundo caso, aquele "dos Nomes de Sentimento". Estamos em presença de três tipos de estruturas: [16*a*] *o amor de Deus pelo homem é sublime*; [23] *Deus tem amor pelo homem*; e [29] *Deus ama o homem*. Como já foi sugerido, parece natural derivar transformacionalmente [16a] de [23]; não haveria, neste caso, relação direta entre [16*a*] e [29], no sentido em que tal relação existe entre [14*a*] e [22]. Com efeito, teremos necessidade, de qualquer maneira, de uma transformação de nominalização que deriva, por exemplo, [30] *as asas da mosca*, ou [31] *a coragem do leão*, respectivamente, de [32] *a mosca tem asas*, e [33] *o leão tem coragem*; em outras palavras, esta transformação transpõe o sujeito de uma frase transitiva em adjunto adnominal do sintagma nominal que é objeto desta frase. Bastaria formular esta transformação de maneira a prever a possibilidade, em certas condições, de um sintagma preposicional (como *pelo homem* em [23] para explicar, ao mesmo tempo, [16*a*] e [30] – [31]:

$$T_{NominOS}: \left.\begin{array}{l} X - SN - Y \\ 1 \quad 2 \quad 3 \\ \\ SN - Aux + V_{tx} - SN - (Prep + SN) \\ 4 \qquad\quad 5 \qquad\quad 6 \qquad\quad 7 \end{array}\right\} \rightarrow 1 - 6 - de + 4 - 7 - 3$$

(onde será necessário especificar certas modificações do artigo, que não aparecendo em [32] aparece em [30] como definido; é este um problema que não podemos ainda tratar de modo adequado no ponto em que estamos, mas que foi recentemente abordado por Chomsky, 1965*a*).

Não só isto. Se as frases do tipo [13*a*] *o amor de Deus é sublime* podem, na interpretação ativa, ser engendradas a partir da mesma transformação (com elipse do sintagma preposicional *por* + $SN_{indefinido}$), como levaremos em conta a interpretação "objetiva", passiva, destas frases se renunciarmos a engendrá-las diretamente a partir de *X ama Deus*?

Consideremos, primeiramente, os seguintes fatos:

os Federais foram derrotados (por Antonio Conselheiro) em Canudos [34*a*]
a derrota dos Federais (por Antonio Conselheiro) em Canudos [34*b*]
* a derrota dos Federais de Canudos [34*c*]
? a derrota em Canudos [34*d*]
a derrota de Canudos [34*e*]

Se [34*b*] é naturalmente engendrada, por $T_{NominVS}$, a partir de [34*a*], observamos que, no caso de elipse do sujeito passivo (*dos Federais*), ou mais rigorosamente, de um SN indefinido, "de alguém"), só [34*e*] é possível, enquanto que [34*d*] é de uma gramaticalidade duvidosa; por outro lado, [34*c*] é agramatical[22]. O paralelismo destes fatos com os que acabamos de encontrar (Cf. *o amor de Deus* em face de **o amor por Deus* (por_1) sugere – se quisermos conservar a correspondência entre frases e nominalizações – postular a existência de uma transformação singular que substitui por *de* certas preposições (*a*, *por* (por_2), mas não por (por_1) quando, na seqüência de certas elipses, estas são levadas a um contacto imediato com o sintagma nominal determinado; é, de fato, possível formular, ao mesmo tempo, numa só transformação a elipse do primeiro adjunto adnominal, e a substituição das preposições:

$$\begin{array}{l} T_{de} : X + SN - \textit{de} + SN - (Prep - SN) - Y \\ \quad\quad\ 1 \qquad\quad 2 \qquad\quad\ 3 \quad\ \ 4 \qquad 5 \\ \rightarrow 1 - 2 - \varnothing - \textit{de} - 5 - 6 \\ \quad (\text{condição: } 2 = \textit{de} + SN \text{ indefinido}) \end{array}$$

Esta transformação se aplicaria a [35] para engendrar [34*e*] e a [36] para engendrar *o amor de Deus* (no sentido "objetivo"):

a derrota de "alguém" em Canudos [35]
o amor de "alguém" por Deus [36]

O problema que continua em suspenso, em presença das duas séries de co-ocorrências [23] *Deus ama o homem*/[29] *Deus tem amor pelo homem*, ou ainda *Pedro despreza* (*admira* etc.) *Paulo*/*Pedro tem desprezo* (*admiração* etc.) *por Paulo*, *os nazistas odeiam terrivelmente os judeus*/*os nazistas têm um ódio terrível pelos judeus*, é o de saber se seria possível derivar transformacionalmente uma das duas séries da outra, e, em caso afirmativo, qual seria a série derivada. Notemos que, se escolhêssemos derivar [23] de [29], seríamos levados a considerar os verbos *amar*, *desprezar* etc. como derivados dos substantivos correspondentes (o que seria problemático no caso de *admirar*/*admiração*; nos casos dos nomes de ação, dos quais muitos têm formalmente uma estrutura de derivados, o problema não existiria). É um problema que não tentaremos resolver, na medida em que a gramática gerativa está ainda incipiente (cf. Chomsky, 1965*a*, Cap. IV, § 2.3) no que concerne ao complicado problema da morfologia derivacional. Entretanto este problema pode ter importância se quisermos um dia chegar a dar uma definição semântica das categorias gramaticais; é, com efeito, bastante significativo que, neste caso preciso, hesitemos quanto à "direção" da derivação, enquanto que nos nomes de ação, manifestamente derivados de verbos, ela é clara – o que corresponde à definição tradicional dos verbos como exprimindo ações.

6.1. O modelo sintagmático, estudado no capítulo anterior, era, em certo sentido, apenas a formulação rigorosa de uma concepção tradicional, que já havia sido depurada na análise em constituintes imediatos. Do mesmo modo, como amiúde observou Chomsky (por exemplo, 1962*a*, p. 211), o modelo transformacional não faz senão retomar e sistematizar idéias muito familiares a muitos gramáticos tradicionalistas. Em compensação, contrariamente ao que ocorreu no caso do modelo sintagmático, as preocupações transformacionais permaneceram estranhas aos estruturalistas – salvo algumas exceções, aliás, importantes, das quais falaremos em seguida.

Se quiséssemos buscar a origem das idéias transformacionais, poderíamos remontar bem longe, até Varrão talvez (cf. Langendoen, 1966), e em todo caso até a *Grammaire générale et raisonnée* de Port-Royal, cuja semelhança profunda com os seus próprios pontos de vista Chomsky recentemente (1965*b*; 1966*b*) frisou. É em todo caso seguro, sem ir tão longe, que os grandes lingüistas do fim do século XIX e do começo do século XX se preocupavam com muitos problemas cuja natureza transformacional é evidente. É o caso, em especial, de Jespersen, cuja obra (1924; 1964) readquiriu prestígio graças a Chomsky e seus discípulos[23]. Como observa S. Levin (1965, p. 64), Jespersen jamais se contentou com a simples classificação das formas (classificação que é a essência do modelo sintagmático), tendo sempre se interessado pelas relações sintáticas mais profundas, menos aparentes que as que ocorrem na estrutura imediata dos enunciados. Assim, ele distingue, apesar de sua semelhança superficial, *the doctor's arrival* de *the man's house*, por causa da relação que existe entre a primeira expressão e a frase *the doctor arrives* (1924, pp. 115 e 136); é interessante notar que esta distinção foi criticada por Nida (1943, p. 143) em nome dos princípios da análise em constituintes imediatos, e ao contrário, citada com elogios por Chomsky (1962*a*, p. 211, n. 2). Nida criticou igualmente, e Chomsky aprovou, a observação de Jespersen (1924, pp. 97 e 114) de que *barking* em *the barking dog*, e *barks* em *the dog barks*, são essencialmente "atributivos" da mesma "ordem". Jespersen era muito consciente do problema apresentado pelas nominalizações[24], e sua distinção entre junção e nexo, combinada com a noção das três ordens, representa uma tentativa, prematura é verdade, para resolver de modo sistemático problemas que ultrapassam as capacidades de um modelo sintagmático taxinômico. Ainda que hoje seja possível abordar estes problemas de maneira muito mais precisa, a obra de Jespersen, em particular em *The Philosophy of Grammar*, nem por isso deixa de ser uma fonte de sugestões preciosas para o lingüista. Citemos, a título de exemplo, sua discussão sobre *I found the cage empty* (1924, p. 122), que ele compara com *I found that the cage was empty* e distingue de *I found the empty cage* (cf. em português a ambigüidade de *encontrei a gaiola vazia*), ou ainda (*op. cit*. p. 118) a distinção que ele faz entre *I like boys to be quiet* e *He asked me a question*: "A relação entre *boys* e *to be quiet* não é absolutamente a mesma que a de *me* e *a question*, mas é exatamente semelhante à que existe entre as duas partes de não importa que nexo, por exemplo entre o sujeito e o predicado de uma frase completa".

Não é, pois, surpreendente encontrar tais preocupações num discípulo de Jespersen, como Blinkenberg. Seus livros (1928-1933; 1960) estão cheios de considerações de ordem transformacional. Assim, entre os critérios da transitividade (1960, p. 63 e s.), há critérios transformacionais: ele recorre à transposição passiva para distinguir o objeto do circunstancial em frases do tipo *Pierre mange le soir* vs *Pierre mange le gâteau* (Cf. *le gâteau est mangé par Pierre* vs **le soir est mangé par Pierre*) (isto é igualmente observado por Bl. Grunig, 1965, p. 3); o que é mais original é o fato de ele recorrer ao que ele chama (*op. cit.* p. 68) "prova pela transposição temática", que consiste em considerar o comportamento das diversas frases quando o complemento, cuja natureza sintática deve ser determinada, é colocado no começo da frase e tomado como "tema" do enunciado; esta prova permite que ele oponha (*op. cit.* p. 69) *il a dansé la première fois avec Jeanne* → *la première fois il a dansé avec Jeanne* a *il a dansé la première danse avec Jeanne* → *la première danse il l'a dansée avec Jeanne*[25]. Da mesma forma, em *A ordem das palavras*, são constantemente descritas relações entre frases ou entre constituintes, que dependem de uma análise transformacional; cf., por ex., a distinção entre *elle a des cheveux châtains* e *elle a les cheveux châtains* (t. I, p. 189), a discussão entre os advérbios em *-ment* e os circunstanciais (t. II, p. 164) e a comparação das diversas combinações – *son travail est obstiné*, *son travail obstiné*, *il travaille obstinément*; *la marche est pénible*, *une marche pénible*, *on marche péniblement* – Cf. no português: *Seu trabalho é obstinado*, *seu trabalho obstinado*, *ele trabalha obstinadamente*; *a caminhada é difícil*, *uma caminhada difícil*, *caminha-se dificilmente* – comparação destinada a mostrar "o parentesco (de certas) categorias gramaticais" (t. II, p. 165). Da mesma forma, o seu estudo da negação (t. II, p. 185 e s.) comporta numerosos raciocínios transformacionais, freqüentemente ligados, de maneira significativa, a considerações sobre a ambigüidade. É preciso assinalar sua crítica a Tobler: "Parece-nos muito curioso que um sábio da qualidade de Tobler tenha podido estudar frases do tipo: *tous les conquérants n'ont pas été tués* sem considerar ao mesmo tempo a construção ativa correspondente: *On n'a pas tué tous les conquérants*" (t. II, p. 190, n. 2).

Evidentemente, as observações de Blinkenberg são ainda pouco sistemáticas, o que é praticamente inevitável enquanto não se coloca no primeiro plano a questão da forma da gramática. É por isso que, embora tendo reunido todos os fatos (1960, p. 267 e s.), ele não deu o passo que nos permitiu distinguir dois tipos de substantivos verbais ("Nomes de Ação" e "Nomes de Sentimento") e ligá-los transformacionalmente a outras estruturas sintáticas (o *passivo*, em especial, no primeiro caso). É também por isso que ele se coloca falsos problemas: ele se pergunta (1960, p. 39) se, em *il a été commis des erreurs*, tratamos com a relação verbo-sujeito (por causa do paralelismo com *des erreurs ont été commises*) ou com a relação verbo-objeto (por causa de *on a commis des erreurs*). De fato, quando se adota um ponto de vista gerativo, percebe-se que só a terceira frase é uma frase nuclear, e que as outras duas são derivadas. Primeiramente, pela aplicação, a *on a commis des erreurs,* da transformação passiva e da elipse do agente, obtém-se a (seqüência subjacente à) frase *des erreurs ont été commises*; em seguida, aplica-se a esta seqüência uma transformação de que ainda não falamos, a transformação impessoal (cf. Cap. V, § 2): é esta transformação que, em certas condições, substitui pelo impessoal *il* o sujeito de uma frase, e coloca este sujeito depois do verbo; cf. *quelqu'un est venu* → *il est venu quelqu'un*. Obtém-se assim a frase *il a été commis des erreurs.* Veremos mais adiante (Cap. VI) que as únicas relações e funções sintáticas pertinentes (em especial, do ponto de vista da interpretação semântica da frase) são as que são engendradas pelas regras sintagmáticas, anteriormente a qualquer transformação; assim, nas nossas três frases, a única relação pertinente que liga *des erreurs* a *commettre* é a do objeto com o verbo, qualquer que seja o lugar do sintagma nominal na estrutura final da frase.

De modo geral, Blinkenberg – como Jespersen e também Brunot – não separa bastante nitidamente os tipos de relações entre frases decorrentes de transformações (e cuja natureza é sintática) das relações de paráfrase de natureza lexical (por exemplo, 1933, p. 165: *il travaille obstinément – il s'obstine à travailler*, em face de *garder toujours – continuer à garder*)[26]. Por outro lado, ele também não distingue suficientemente as mudanças na ordem das palavras que são de natureza sintática, transformacional, das mudanças estilísticas (cf. 1933, p. 199) que, para Chomsky (1965*a*, p. 126) não dependem propriamente do nível das transformações. Do mesmo modo, não estabelece fronteiras claras entre as ambigüidades estruturais (*J'ai trouvé le garçon pâle*) e as nuances estilísticas ou devidas ao contexto (1933, p. 192: *Je ne me servirai pas*, *je crois*, *de ce moyen*, com efeito, não tem senão uma única descrição estrutural possível; a interpretação "Je me servirai d'un autre moyen" não pode ser sugerida a não ser pelo contexto).

Outros lingüistas europeus também se preocuparam com problemas do mesmo tipo. Sabemos como é importante a noção de *transposição funcional* na obra de Bally (1932, p. 116 e s.). Ele soube apreciar claramente o papel das nominalizações: "Uma frase pode tornar-se uma proposição-termo, proposição que, por uma ou várias transposições paralelas, toma a forma do substantivo, do adjetivo ou do advérbio. *Je suis innocent* torna-se complemento objeto direto em (*J'affirme*) *que je suis innocent*, depois (*J'affirme*) *être innocent*[27], e enfim (*J'affirme*) *mon innocence*. Outros exemplos: *Le docteur est arrivé*: (*Je vous annonce*) *que le docteur est arrivé*: (*Je vous annonce*) *l'arrivée du docteur*" (*ibid.* p. 120)[28].

Não é difícil ver que tais fenômenos se dão também no português e que os exemplos do francês podem, traduzidos, ilustrá-los perfeitamente. Senão cf. a) *Sou inocente*: (*Afirmo*) *que sou inocente*: (*Afirmo*) *minha inocência*; b) *O doutor chegou*: (*Comunico-lhes*) *que o doutor chegou*: *Comunico-lhes* (*a chegada do doutor*).

A concepção das transposições leva Bally a uma visão profunda do papel do subjuntivo francês, em particular: "Este não existe, como sabemos, a não ser em subordinadas; é um instrumento de transposição [. . .]. Se a frase *tu réussiras* é transposta em complemento objeto em *Je doute que réussisses*, vemos que o verbo *douter* obriga o verbo *réussir* a passar do futuro indicativo ao presente subjuntivo [. . .]" (*ibid.* p. 158; cf. mais adiante, Cap. V, § 2.2). De forma geral o mesmo se dá no português. Cf. *você conseguirá*: *Duvido que você consiga*. Por outro lado, Bally entrevê (*ibid.* p. 116), ao distinguir a transposição funcional da transposição semântica (aquela que é produzida na passagem de *sangue* a *um combate sangrento*, de *gelo* a *um frio glacial*), um dos traços mais importantes das transformações: elas não modificam o sentido, ou mais precisamente, o conteúdo informacional das frases (cf. Cap. VI).

Entretanto, como no caso de Jespersen ou de Blinkenberg, a ausência de formalização – ligada desta vez a certos pressupostos arbitrários, como o que pretende reduzir todas as relações sintagmáticas ao único tipo de relação determinado – determinante, confundida com a relação tópico – comentário ou sujeito – predicado (*op. cit.*, p. 102)[29] – limita o alcance do trabalho de Bally. Sua teoria permanece, na essência, uma teoria dos signos, e principalmente, das palavras, como bem indica sua definição da transposição (*op. cit.*, p. 116): "Um signo lingüístico pode, conservando o seu valor semântico, mudar de valor gramatical tomando a *função* de uma categoria lexical (substantivo, verbo, adjetivo, advérbio) à qual ele não pertence." Ora, as transformações operam essencialmente sobre as frases (sobre as seqüências que lhes são subjacentes) ou sobre constituintes (sintagmas) maiores que as palavras, e é somente quando as consideramos deste ponto de vista que podemos, ao mesmo tempo, precisar a natureza das mudanças que afetam os elementos transformados e abordar a questão da recursividade, da criatividade da linguagem. Como Bally não se coloca a questão da construção de uma gramática explícita, os limites da noção de transposição permanecem vagos; é disto que decorre a idéia "de que todo substantivo é predestinado a ser sujeito e que em qualquer outra função ele está transposto" (*op. cit.*, p. 164); mesmo o objeto seria o resultado de uma transposição. Tal concepção, que confunde, ao mesmo tempo, a questão das categorias gramaticais com a das funções e o nível sintagmático (o dos constituintes imediatos) com o das transformações, torna incompreensível, por exemplo, a construção das frases com objeto não-suprimível, como *Pedro teme a sinceridade* (e impede de distingui-las, tanto das construções transitivas onde a elipse do objeto é possível: *Pedro come* (*uma maçã*), como das construções intransitivas com objeto "interno" ocasional: *Pedro vive sua vida*).

Poderíamos fazer críticas bastante semelhantes à sintaxe de Tesnière. A noção de *translação*, tão importante na sua obra, desempenha um papel semelhante ao da *transposição* em Bally. Tesnière, sistematicamente, procurou mostrar como estruturas muito complexas podem ser construídas, por uma série de transferências, a partir de estruturas simples (ver também Grunig, 1965, p. 5). Mas, a despeito das aparências, sua sintaxe é pouco formalizada; ela não se desembaraça, apesar da distinção de princípio entre o estrutural e o semântico (1959, p. 41), de pressupostos de ordem semântica. Enfim, ela continua a basear-se, essencialmente, não na frase, mas na palavra; como acontece em Bally, é em termos de categorias de palavras que mais freqüentemente são formuladas as translações. Assim, do fato que, em *le livre d'Alfred*, *d'Alfred* tenha o mesmo papel que *rouge* em *le livre rouge*, Tesnière conclui que *d'Alfred* é o equivalente de um adjetivo. "Ora, *Alfred* é um substantivo. Se *d'Alfred* funciona como adjetivo, é porque *de* o transformou em adjetivo. Daremos a esta transformação o nome de *translação*. A translação tem como efeito transferir uma palavra de uma *categoria* gramatical numa outra categoria gramatical, isto é, transformar uma espécie de palavra numa outra espécie de palavra. Aqui o substantivo *Alfred* torna-se adjetivo: *d'Alfred* . . . A mudança de categoria acarreta naturalmente uma mudança de *função*: o grupo *d'Alfred* não se comporta mais como um actante, mas como um epíteto" (1953, p. 17). Se tomássemos ao pé da letra as afirmações de Tesnière, chegaríamos logo a conseqüências insustentáveis: é claro que *Alfred*, em *le livre d'Alfred*, permanece um nome próprio, uma vez que pode continuar a receber seus determinantes habituais, cf. *le livre d'Alfred le Grand*. Por outro lado, há nesta formulação uma grande confusão sobre as relações entre categorias (reduzidas às categorias de *palavras*) e funções: basta considerar o caso em que o adjetivo é, não mais epíteto, mas atributo, para ver a forma mudar: a *le livre d'Alfred* corresponde *le livre est à Alfred* e não **le livre est d'Alfred* (salvo na interpretação especial em que *le livre est d'Alfred* é tomado no sentido em que se diz que *la tragédie est de Racine*). Em português, no entanto, a mesma forma vale tanto para uma como para outra interpretação. Cf.

O livro de Carlos <
- *O livro é de Carlos* (*le livre est à Alfred*)
- *O livro é de Carlos Drummond* (*la tragédie est de Racine).*

Portanto o paralelismo com *le livre rouge*/ *le livre est rouge* não é total. Como sempre, se quisermos explicar adequadamente os fenômenos gramaticais, em toda sua complexidade, é necessário mostrar-se muito mais explícito e recorrer a um aparelho formal muito mais refinado[30].

Tesnière, como Bally, tende a privilegiar a relação determinado-determinante; mas, desta vez, é o verbo (determinante do sujeito em Bally, enquanto parte do predicado) que se torna o tema central (o determinado), do qual os outros termos da frase (sujeito, objeto direto, objeto indireto) não são senão os complementos (os determinantes). Toda a representação por estemas decorre deste pressuposto inicial. Ele leva Tesnière a posições lamentáveis, como o abandono da distinção sujeito-predicado (em favor da teoria, visivelmente de origem semântica, dos actantes). Daí análises errôneas, como a das interrogações "particulares" (1959, pp. 192-193). Tesnière é levado a considerar que, em *que fait Alfred*? *fait* é um "pro-verbo" no sentido em que *qui* é um pronome em *qui est venu*? ou em *qui Pierre a-t-il frappé*? Notemos primeiramente que *qui* não é propriamente um pronome, mas um "pro-sintagma nominal"; com efeito, à pergunta *qui est venu*?, pode-se responder tanto *Pierre* (*est venu*) como *le petit vieillard alerte* (*est venu*) (mas não **homme est venu*) – o que indica, uma vez mais, que as categorias pertinentes para as transformações não correspondem necessariamente às categorias tradicionais de palavras. Mas o que é importante, no caso, é que, em *que fait Alfred*, o que é "questionado" não é simplesmente o verbo, mas todo o predicado (o sintagma predicativo); com efeito, a resposta tanto pode ser *Alfred dort*, *Alfred lit un roman policier* ou *Alfred se promène dans le jardin au bras d'une délicieuse jeune fille*; além disso, o "pro-sintagma predicativo" não se reduz ao verbo *faire*, mas ao grupo *faire* + *que*, de modo que um sintagma que tem como estrutura V + SN pode remeter a sintagmas de estruturas bem diversas, V_i, V_t + SN, V + SN + CIRC etc.[31] Não vale a pena passar o problema para o português, já que a correspondência desses fatos é tão direta de uma para outra língua. Fica, pois, à imaginação do leitor, o exercício de tal tarefa.

O que demonstra claramente os limites da sintaxe de Tesnière e também o fato de que ela não pode, apesar da importância dada às translações, ser tomada como equivalente do modelo transformacional, é a demonstração, feita por Gross (1964; cf. acima, Cap. III, § 7; ver também Gaifman, 1961, e Bar-Hillel, 1964, p. 190), de que o modelo de Tesnière – dito modelo de *dependências* – é equivalente em capacidade gerativa fraca a uma linguagem sintagmática independente do contexto. Não retomarei a demonstração de Gross; ela se resume em mostrar que estes dois tipos de modelos podem ambos ser considerados como o programa de um autômato com pilha de memória. De fato, é fácil ver, a partir dos exemplos acima, que as translações podem ser tratadas por regras independentes do contexto: a informação de que *rouge* tanto quanto *d'Alfred* podem funcionar como epíteto pode ser integralmente representada pela regra:

$$SN \rightarrow Art + N + \begin{Bmatrix} Adj \\ de + SN \end{Bmatrix}$$

Como dissemos no início deste parágrafo, os problemas de ordem transformacional permaneceram bastante estranhos aos estruturalistas, e a maioria das sintaxes estruturais, quando são suficientemente explícitas, se reduzem a casos particulares do modelo sintagmático. Entre os estruturalistas de tradição européia encontram-se, às vezes, observações interessantes, segundo nosso ponto de vista: assim, Jakobson (1963*b*, p. 212) observa que em russo as seis ordens possíveis dos elementos sujeito-verbo-objeto são encontradas; mas apenas uma, segundo ele, é neutra (não-marcada), e as outras devem ser consideradas como derivadas, e portadoras de nuances estilísticas. Do ponto de vista gerativo, isto parece implicar que apenas uma das seis ordens (S-V-O) seria engendrada pelo componente sintagmático, e que as outras seriam engendradas por transformações de permutação. Mas esta observação tem antes um interesse estilístico do que sintático, e de modo geral, Jakobson pouco se preocupou com sintaxe.

Como já dizíamos no capítulo anterior (§ 7), de todos os lingüistas estruturalistas europeus, aquele que, em suas pesquisas concretas, se mostrou mais próximo das concepções de Chomsky foi, sem dúvida, Émile Benveniste (1966). É significativo que, na breve visão de conjunto das sintaxes estruturais dada por Lees (1960*b*), o único estudo que ele valoriza seja o de Benveniste sobre a frase relativa (1958). Mas, para mim, o mais belo exemplo de análise não-gerativa que joga sistematicamente com considerações transformacionais, se encontra no artigo mais recente de Benveniste sobre o genitivo latino (1962). A partir de considerações puramente sintáticas, Benveniste consegue mostrar que todas as variedades de emprego do genitivo se deixam reduzir a uma única função, que consiste na transposição, no interior do sintagma nominal, de relações que se situam primeiramente ao nível da frase. Em *neglegens religionis*, tanto quanto em *neglegentia religionis*, a construção com genitivo aparece como uma "versão nominal de uma construção verbal transitiva" (*op. cit.* p. 146). "É [. . .] um *genitivo de transposição*, que uma solidariedade de um tipo particular une ao acusativo [. . .] Rigorosamente falando, não é apenas o genitivo que é o produto de uma transposição, mas o sintagma todo [. . .]." Vemos que Benveniste não comete aí o erro, comum a Bally e a Tesnière, de confundir níveis diferentes, ou ainda as categorias e as funções: ele vê claramente que se trata de um problema sintático, que ultrapassa o plano puramente morfológico. Benveniste mostra, em seguida, que uma transposição do mesmo gênero, em *adventus consulis*, liga o genitivo ao nominativo de uma frase intransitiva. Em seguida, "somos levados", diz ele "a pensar que este genitivo oriundo de um nominativo ou de um acusativo transposto fornece o modelo da relação do genitivo em geral [. . .]. Consideramos que todos os empregos do genitivo são engendrados por esta relação de base, que é de natureza puramente sintática e que subordina, numa hierarquia funcional, o genitivo ao nominativo e ao acusativo"[32] "[. . .] a função do genitivo se define como resultando de uma transposição de um sintagma verbal (Chomsky diria *de uma frase*, N.R.) em sintagma nominal: o genitivo é o caso que sozinho transpõe entre dois nomes a função que é destinada ao nominativo ou ao acusativo no enunciado de verbo pessoal" (*op. cit.*, pp. 147-148). Por isso mesmo, Benveniste pôde explicar a ambigüidade do genitivo objetivo-subjetivo (*patientia doloris* / *patientia animi*) em latim[33].

6.2.1. Entretanto, não é nos diversos trabalhos que rapidamente acabamos de passar em revista que é preciso buscar a origem direta da teoria transformacional. No início, como já foi dito, Chomsky é um aluno de Harris. Em suas primeiras pesquisas (1951; ver também 1964*b*, p. 83, n. 29), ele tenta construir gramáticas gerativas do inglês e do hebraico moderno inspirando-se no modelo de Harris, chamado "do morfema ao enunciado" – o qual ele mostrou mais tarde ser uma variante do modelo sintagmático. Na mesma época, pelos fins dos anos 40, Chomsky colabora estreitamente com Harris nas pesquisas por ele empreendidas sobre a análise do discurso corrido (Harris, 1952*a*, 1952*b*; 1963). Foram estas pesquisas que levaram Harris a formular uma teoria das transformações lingüísticas; esta teoria foi elaborada, em colaboração com numerosos discípulos, no Departamento de Lingüística da Universidade de Pensilvânia, mas foram poucas as publicações acessíveis que daí saíram. (Harris, 1957, 1965; ver também um volume anunciado nos *Papers on Formal Linguistics*, Haia, Mouton, assim como as publicações internas da universidade de Pensilvânia, *Transformations and Discourse Analysis Papers*, e Vendler, 1968). Se no seu estado atual, a teoria de Harris e a de Chomsky têm poucas semelhanças formais, as relações, na origem, foram muito estreitas. Chomsky sempre insistiu sobre sua dívida para com Harris, e reciprocamente (cf. Chomsky, 1961*a*, p. 128; 1962*a*, pp. 211-212; 1964*b*, p. 83; Harris, 1952*a*, p. 355; 1957, p. 156); às vezes, é difícil determinar aquilo que, nos primeiros desenvolvimentos, é devido a um ou a outro.

O domínio da Lingüística descritiva americana, cuja expressão maior se encontra nos *Methods* de Harris (1951) era restrito à frase. Harris, em seguida, tentou entender estes métodos a um domínio mais vasto, o do discurso corrido (*connected speech – or writing*), e estudar de um ponto de vista puramente formal, sem recorrer ao sentido, a estrutura de toda espécie de textos: notícias, artigos científicos, *slogans* publicitários etc. A análise que ele elaborou toma como dado inicial um texto cujos elementos minimais – os morfemas – foram já assinalados (assim como as fronteiras entre esses elementos). A estrutura gramatical das frases do texto, em termos de constituintes imediatos, serve de dado secundário. Parte-se da verificação empírica (que está também na base da análise distribucional) de que estes elementos, ou seqüências destes elementos, se encontram em diversos lugares do texto, e que os arranjos nos quais eles se encontram exprimem uma certa regularidade. A análise é inteiramente baseada num princípio de *equivalência*: dois elementos (morfemas ou seqüências de morfemas) são chamados equivalentes se eles se encontram em contextos (eles mesmos constituídos de elementos ou de seqüências de elementos) idênticos ou equivalentes. Se um texto compreende, por exemplo, duas frases (ou, de forma mais geral, duas seqüências de elementos) AM e AN, diremos que M é equivalente a N (uma vez que têm um contexto idêntico A); se, em seguida, encontrarmos seqüências BM e CN, diremos que B e C são equivalentes (e igualmente equivalentes a A) na medida em que se encontram em contextos M e N respectivamente cuja equivalência foi anteriormente mostrada (Harris, 1952*a*, pp. 360-361). Aos poucos, constituem-se, assim, cadeias de equivalência, e terminamos por agrupar os elementos equivalentes em *classes de equivalência*. Cada frase do texto pode, assim, idealmente, ser representada como uma sucessão de elementos em que cada um pertence a uma classe de equivalência. É, então, possível representar uma certa estrutura formal do texto sob a forma de um quadro, onde as linhas sucessivas representam as frases sucessivas do texto, e onde cada coluna representa uma classe de equivalência. Se retomarmos nosso exemplo elementar – seja um texto de quatro frases, P_1, P_2, P_3, P_4, nesta ordem, onde P_1 = AM, P_2 = AN, P_3 = BM, P_4 = CN – o texto será representado pelo seguinte quadro[34]:

AM
AN
BM
CN

"Eis um exemplo – extremamente simplificado e reduzido da aplicação do método a um fragmento de *slogan* publicitário extraído da revista *Realidade*, maio de 1972).* O texto é o seguinte:

> "Define nobreza. Nos gestos, nas exigências, nos hábitos.
> Cigarro St.Moritz é nobreza. Na distinção de seu filtro Gold Band, na mais alta qualidade de seus fumos.
> "St.Moritz é tão especial que você só o encontrará em Revendedores distinguidos com a placa de Revendedor Autorizado. (St.Moritz, by royal appointment, o cigarro fora de série.)"

As seqüências *nos gestos*, *nas exigências*, *nos hábitos* e *na distinção de seu filtro Gold Band*, *na mais alta qualidade de seus fumos* são equivalentes: têm um contexto idêntico que é *nobreza*. *Distinção de seu filtro Gold Band* e *mais alta qualidade de seus fumos* têm o mesmo contexto: *na*. Analogamente, *seu filtro Gold Band*, *seus fumos* e *revendedor autorizado* se equivalem por terem o mesmo contexto *de*. etc. Informações obtidas da gramática (por exemplo *em, na, nos, nas,* são formas da mesma preposição) são também utilizadas. Acaba-se por construir o quadro seguinte, onde os elementos estão agrupados em 5 classes de equivalência:

A	B	C	D	E
	define	nobreza	nos gestos nas exigências nos hábitos	
Cigarro St. Moritz	é	nobreza	na distinção	de seu filtro Gold Band
			na mais alta qualidade	
St. Moritz	é	tão especial . . . só o encontrará	em revendedores distinguidos com a placa	de Revendedor autorizado

Evidentemente, os textos em geral apresentam estruturas aparentemente muito irregulares; para poder construir classes de equivalência sem recorrer (ou recorrendo o mínimo possível) a uma informação de ordem semântica, Harris teve de desenvolver diversas técnicas acessórias (Cf. 1952*a*, p. 368 e s.; 1963, *passim*). O que aqui nos interessa, fundamentalmente, é o fato de ele ter sido levado a definir uma nova noção, que é precisamente o que ele entende por *transformação* (cf. 1963, p. 11). Suponhamos um texto a analisar (um artigo de jornal, por exemplo) que compreendesse as frases [1] *a direção despediu duzentos metalúrgicos* e [2] *os sindicatos protestam contra a dispensa dos operários*. Gostaríamos de poder dizer que *duzentos metalúrgicos* e *os operários* (admitindo que já sabíamos que *dos* = *de* + *os*) pertencem à mesma classe de equivalência. Tal não é possível de ser feito diretamente a partir dos contextos nas frases do texto. Mas isto tornar-se-ia possível se dispuséssemos de um procedimento formal que permitisse estabelecer a equivalência entre duas frases ou dois sintagmas de estruturas diferentes, e assim estabelecer uma cadeia de construções equivalentes, que fosse, digamos de [1] a [2], passando por *duzentos metalúrgicos foram dispensados pela direção*,. . . a *dispensa de duzentos metalúrgicos pela direção,* e . . . *a dispensa de duzentos metalúrgicos.* O método das transformações foi, portanto, esboçado por Harris, no começo, para permitir "normalizar" os textos de modo a poder estabelecer classes de equivalência (1963, p. 11). Em seguida, ele elaborou a teoria das transformações, para si mesma.

A transformação, no sentido de Harris, é uma noção que se integra, não em uma gramática gerativa, mas em uma gramática taxinômica de constituintes imediatos – isto é, em uma gramática que é, não uma gramática de *regras*, mas uma gramática de *listas* (cf. acima Cap. III, § 2). Além disto, esta gramática situa-se no quadro de uma teoria que visa fornecer um procedimento de descoberta das estruturas lingüísticas: ela visa pôr em evidência a estrutura unicamente a partir de um *corpus* de enunciados dados. Uma gramática deste tipo faz a lista dos tipos de frases e dos tipos de construções (de sintagmas), que existem numa dada língua, e descreve estes tipos de frases e de construções como correspondendo a certas seqüências de classes de morfemas. Assim, uma gramática taxinômica indicará que existe, em francês, um tipo de frase Art + N + V_t + Art + N (frase ativa transitiva), um outro tipo Art + N + *ser* + V_t + PP + *por* + Art + N (frase passiva), um tipo de construção Art + N + Ndo + *de* + Art + N (nominalização; cf. *a dispensa dos operários*) etc. Estas fórmulas são estabelecidas, em princípio, independentemente uma das outras. (A notação dada aqui não é exatamente a de Harris; os símbolos empregados são antes os de Chomsky; unifiquei a notação para não complicar as coisas).

Neste contexto, uma transformação é definida como uma relação de uma certa espécie existente entre dois tipos de frase, ou entre um tipo de frase e um tipo de construção. Para compreender em que consiste esta espécie de relação, é preciso partir da noção de *co-ocorrência*. Trata-se de uma noção cujo interesse é extremamente grande em lingüística estrutural (Cf. Bach, 1964, pp. 114-120). Dizer que dois elementos X e Y são co-ocorrentes (co-existem) numa dada frase F, significa dizer que estes dois elementos se encontram em F, que X é um segmento de F, e que Y é um outro segmento de F, distinto de X e que não invade X. Certas regularidades nas co-ocorrências dos elementos são um dos dados de base da lingüística descritiva, e a noção de co-ocorrência serve para definir quaisquer espécies de relações possíveis entre os elementos no interior de uma frase, tais como implicação simples, implicação mútua, exclusão mútua etc.[36] Pode-se falar de co-ocorrência quer ao nível dos morfemas individuais, quer ao nível das classes de morfemas. No primeiro caso, há, por exemplo co-ocorrência dos morfemas *menino*, *chut-* e *bola* na frase *o menino chuta a bola*; no segundo, há co-ocorrência das classes N, V_t e N, pela ordem, numa frase ativa do tipo acima ilustrado. De fato, dada a grande variedade das co-ocorrências individuais, é sobretudo a co-ocorrência das classes que é utilizada numa gramática distribucional e é precisamente em termos de co-ocorrência de classes que são definidos os tipos de frases ou de construções. As co-ocorrências individuais podem então ser apresentadas (Harris, 1957, p. 158) "como os valores que satisfazem uma certa fórmula estrutural". É assim que N – V_t – N pode ser tomada como uma determinada fórmula, que é, por exemplo, satisfeita, por *menino*, *chut-*, *bola*, ou por *menino*, *am-*, *menina*, mas não por *bola*, *com-*, *menino*.

A partir daí "podem-se comparar as co-ocorrências [dos morfemas individuais, N.R.] em duas construções diferentes que contenham as mesmas classes. Em muitas construções deste tipo, como [em inglês, N.R.] em *N's N* e *N is a N*, as co-ocorrências são diferentes[37]. Em certas construções, as co-ocorrências são quase idênticas, e é através destas que se definem as transformações" (1957, p. 159). As construções ativa/passiva, declarativa/interrogativa, frase/nominalização, estão neste caso. Tomemos como exemplo a relação entre frase ativa e frase passiva; em geral, todas as co-ocorrências que satisfazem a fórmula $N\ V_t\ N$ são também as que satisfazem (numa ordem diferente) a fórmula N é $V_t\ PP$ por N; inversamente, os grupos de morfemas que não se encontram na primeira construção também não se encontram na segunda; cf. em face de *menino*, *am-*, *menina*, ou *menino*, *chut-*, *bola*, os grupos não-ocorrentes de morfemas *bola*, *com-*, *menino* ou *música*, *am-*, *formiga* (também não se encontra nem **a música ama as formigas*, nem **as formigas são amadas pela música*).

Tomemos um segundo exemplo, desta vez negativo. Poder-se-ia, à primeira vista, considerar como uma transformação a relação entre as construções $N_1\ V_t\ N_2$ e $N_2\ V_t\ N_1$; com efeito, encontramos tanto *Pedro fere Paulo* como *Paulo fere Pedro* ou *o homem mordeu o cachorro* e *o cachorro mordeu o homem*. Mas, na verdade, em muitos casos, co-ocorrências possíveis para a primeira construção não o são para a segunda; cf. *o menino comeu o queijo*: **o queijo comeu o menino*, *os amotinados invadiram a fortaleza*: **a fortaleza invadiu os amotinados*. É, pois, preciso excluir $N_1\ V_t\ N_2/N_2\ V_t\ N_1$ da lista das transformações possíveis (em francês como em inglês e, é provável, universalmente) (Harris, 1957, p. 162). Esta observação confirma a constatação empírica de que, em geral, "um elemento de sentido importante parece permanecer constante através das transformações" (*op. cit.*, p. 161) [. . .] "as transformadas parecem manter invariante o que se poderia interpretar como sendo o conteúdo informacional [da mensagem]" (*op. cit.* p. 162).

Harris chega assim a uma definição formal das transformações:

> Se duas ou mais construções (ou duas ou mais seqüências de construções), contendo as mesmas *n* classes (pouco importando o que possam conter, além disso), ocorrem com os mesmos *n*-uplos de membros destas classes no mesmo contexto de frase, dizemos que as construções são *transformadas* [inglês = *transforms*] uma da outra, e que cada uma pode ser derivada de qualquer uma das outras por uma transformação particular (1957, pp. 159-160).

Mais simplesmente, Chomsky (1961*a*, p. 128) dirá que, para Harris, uma transformação é "uma relação entre duas seqüências de classes de morfemas que podem ser parcialmente acopladas, classe por classe, de tal modo que a mesma escolha de morfemas se encontre nas classes acopladas". Chomsky (1964*b*, p. 83) define igualmente esta relação como sendo *simétrica*, fato que, como veremos, é muito importante. Em Harris (1965), uma transformação é ainda definida como "uma relação entre frases" (p. 370) "um conjunto de pares de frases" (p. 367).

Os detalhes da teoria transformacional de Harris não nos interessam diretamente aqui[38]. Basta dizer que Harris abordou ou entreviu uma série de pontos que desempenham papel fundamental na teoria chomskiana. Assim, é a ele que se deve a noção de *Kernel*, isto é, do conjunto das frases nucleares, elementares, das quais se pode considerar que todas as outras frases, mais complexas, são derivadas por transformação (Harris, 1957, p. 204, p. 208; 1965, p. 385). Harris viu também que as relações de seleção entre os morfemas individuais podem ser descritas ao nível das frases nucleares (1957, p. 208; 1965, p. 370) e que, por outro lado, é na parte transformacional da gramática que estão localizadas as possibilidades de engendramento infinito de frases (1957, p. 208). Como acabamos de ver, ele teve também a idéia de que o sentido permanece constante através das transformações (1957, pp. 161 e 209). Ele percebeu, enfim, a utilidade da noção de transformação para a tipologia das línguas (e, logo, indiretamente, para uma teoria dos universais de linguagem) assim como para a tradução (1957, p. 209). Mas uma de suas contribuições mais importantes está nas análises concretas que ele faz das transformações em inglês, e cujos resultados foram em grande parte incorporados, às vezes sob forma modificada, à gramática gerativa do inglês. Desta forma a análise do auxiliar, a interpretação de *do* como suporte fonemático de um afixo não afixado, a análise dos pronomes relativos interrogativos, a dos pro-sintagmas, as grandes linhas de análise das nominalizações etc., já se encontram em Harris (1957, *passim*, e particularmente pp. 195-202).

6.2.2. Apesar da origem comum das teorias transformacionais de Harris e de Chomsky, é importante não confundi-las. Como já observamos, a sua diferença fundamental liga-se ao fato de que Harris não se propôs construir uma gramática gerativa. Para ele, apesar das premonições já apontadas (1951, Cap. XVI; 1957, p. 208), uma gramática consiste essencialmente na descrição de um *corpus* finito, na "representação compacta [. . .] do estoque de enunciados compreendido no *corpus*" (1951, p. 366); esta representação, obtida por procedimentos de segmentação e de classificação consiste numa série de listas de elementos, de classes de elementos e de seqüências de classes de elementos. Certas relações entre seqüências de classes, não definíveis imediatamente em termos de segmentação e de classificação, são obtidas através das relações de co-ocorrência: são as transformações. Os conceitos de co-ocorrência e de transformação no sentido de Harris participam, portanto, das mesmas limitações inerentes à concepção empirista de uma gramática que se limita à descrição de *corpus*[39].

Desta diferença fundamental – entre uma gramática taxinômica de listas e uma gramática gerativa de regras – decorrem todas as outras. Assim, na perspectiva de Harris, não faz sentido (sem que haja justificativa teórica) organizar as transformações numa certa ordem, enquanto que a ordem na qual são aplicadas as regras de transformação desempenha um papel essencial numa gramática gerativa (cf. Chomsky, 1964*b*, p. 83, n. 29)[40]. Uma transformação é para Harris uma relação *simétrica*, o que aparece claramente na sua distinção (1957, p. 160) entre transformações *reversíveis* (simbolizadas por ↔) e transformações *não-reversíveis* (simbolizadas por →). Uma transformação é reversível quando os membros das classes são idênticos nas duas construções, e ela é irreversível quando uma parte dos *n-uplos* que satisfazem uma das duas condições não satisfazem a outra: é o caso da transformação passiva, uma vez que certos termos que satisfazem a construção N_2 *é* V_t *por* N_1 não satisfazem N_1 V_t N_2 (Cf. (1*a*) *O trânsito foi desviado por uma estrada de terra* / (1*b*) **Uma estrada de terra desviou o trânsito*. Tal discussão não é necessária a não ser porque as transformações são concebidas essencialmente como relações simétricas entre frases, e assim é preciso levar em conta os casos em que a simetria não vale para todos os pares de frases. Numa gramática gerativa tal problema não existiria[41].

Em segundo lugar, as regras de transformação, no sentido de Chomsky, se aplicam, não a frases, mas a estruturas abstratas, que elas convertem em outras estruturas abstratas, ou, finalmente, em frases concretas; daí a diferença na definição das frases nucleares: para Harris, nucleares são as frases que não são submetidas a nenhuma transformação (ou que são submetidas somente à transformação idêntica) (1957, p. 205, n. 60); para Chomsky, são as frases engendradas unicamente pela aplicação das regras sintagmáticas e das transformações obrigatórias. Vimos que, em Chomsky certas transformações, como T_{Afixo}, $T_{concordância}$ etc., se aplicam obrigatoriamente às seqüências subjacentes a toda frase, por mais simples que ela seja, sendo assim impossível defini-las como relações entre frases.

Este ponto é particularmente importante. É preciso insistir no fato de que, numa gramática gerativa, uma (regra de) transformação não pode de nenhum modo ser simplesmente descrita como uma relação entre frases. Esta confusão foi freqüentemente cometida e, aparentemente, continua a sê-lo[42]. Ela se explica quer pelo papel histórico de Harris, quer pelo fato de que certas transformações – mas não todas – servem efetivamente para descrever relações entre frases inexplicáveis por uma gramática sintagmática. Assim, as transformações particulares que servem para descrever certas relações – ativo/passivo, declarativo/interrogativo, frase/nominalização – representaram desde o início uma das vantagens mais evidentes da teoria, e, por outro lado, elas têm, à primeira vista, um caráter mais imediato, mais natural ou mais concreto, que as regras abstratas que, por exemplo, reorganizam a ordem dos elementos numa seqüência subjacente que não tem uma relação direta com a forma exterior da frase. Entretanto, estas regras não têm nenhum caráter privilegiado.

Na concepção de Chomsky, uma transformação é um certo tipo de regra, que se define exclusivamente por sua forma, e por seu lugar numa gramática gerativa. Já demos algumas indicações sobre a forma das regras de transformação, e principalmente sobre aquilo em que elas diferem, formalmente, das regras de reescritura sintagmáticas; trataremos mais longamente destas propriedades formais no capítulo seguinte. O fato de que algumas destas regras servem para descrever relações entre frases representa apenas um aspecto particular de uma gramática gerativa-transformacional. Se não atentarmos para esta confusão, seremos condenados a não compreender coisa alguma, principalmente, no estágio em que se encontra a teoria, em que o aspecto "relações entre frases" passa totalmente para o segundo plano. É preciso, aliás, acrescentar que se trata mesmo de um abuso de termos designar – como nós mesmos fizemos objetivando a simplificação – certas regras com o nome de "transformação passiva", "transformação negativa" etc., pois, na realidade, várias transformações distintas, sucedendo-se numa determinada ordem (cf. o exemplo da nota 22) são necessárias para engendrar qualquer frase bem formada (assim, T_{Afixo} deve sempre aplicar-se obrigatoriamente, da mesma forma que as transformações de concordância de que nada dissemos). Este ponto torna-se completamente claro quando consideramos alguns trabalhos recentes – tais como Katz-Postal, 1964, ou Klima, 1964*a* – que estudam a interrogação e a negação em inglês, de maneira muito mais profunda que em *Syntactic Structures* (ou do que em Harris), de tal forma que, agora, é toda uma seqüência de regras que desempenham o papel, antes atribuído à $T_{negação}$ ou à $T_{interrogação}$ (no estudo de Klima, vinte e uma transformações distintas são necessárias para explicar a sintaxe da negação em inglês).

É também importante precaver-se contra uma outra confusão possível, a qual apresenta certos pontos comuns com a confusão "harrissiana"; ela consiste em interpretar a noção de transformação num quadro estruturalista clássico (europeu, saussuriano) e em ver aí uma extensão da noção de relação paradigmática ao nível das relações entre frases. Eu mesmo cometi antes este erro (1964, p. 296), que se reduz ainda à idéia de que as transformações são relações entre frases. Evidentemente, a relação entre uma frase ativa e a frase passiva correspondente pode ser descrita como uma relação *in absentia* (no sentido de Saussure, 1916, p. 171) por oposição às relações sintagmáticas (*in praesentia*) que ligam o sujeito e predicado de uma frase, ou a base e os afixos de um nome. Entretanto, uma razão suficiente para rejeitar esta assimilação, decorre de que, na noção de relação paradigmática, está implicada de modo essencial a idéia de *escolha*, e, inseparavelmente, a idéia de uma diferença de sentido (cf. Chomsky, 1964*a*,

p. 68/36). Ora, é ao contrário uma certa constância de sentido (do conteúdo informacional da mensagem) que é característica das transformações: entre *Pedro feriu Paulo* e *Paulo foi ferido por Pedro*, há uma diferença de realce, de enfatização, não uma diferença de sentido. Com mais justeza, Harris (1957, p. 208) comparava a relação entre duas frases ou duas construções ligadas por transformação à relação que existe, para os estruturalistas, entre variantes livres (caso de $T_{passivo}$) ou combinatórias (caso de $T_{subjuntivo}$, cf. Cap. V, § 3.2.); Harris, ele mesmo, sublinhava, aliás, os limites desta comparação. De fato, numa gramática gerativa, as relações paradigmáticas são descritas na parte sintagmática: há uma relação paradigmática (ou de escolha) entre os elementos que figuram entre chaves nas regras do tipo $A \rightarrow \{B, C, D\}$. Por outro lado, relações que uma gramática saussuriana teria descrito como sintagmáticas podem ser o produto de transformações: é o caso da relação entre uma raiz verbal e o afixo de particípio passado que a acompanha (V + PP), relação que é uma conseqüência da aplicação de T_{Afixo}.

Enfim, é importante não limitar o alcance das transformações ao seu valor heurístico. Vimos, a propósito de Blinkenberg (§ 6.1.), a utilidade de submeter os enunciados a certas manipulações (certas "transposições discriminativas", cf. Grunig, 1965, p. 2) para descobrir-lhes as propriedades pertinentes. De fato, estas manipulações, que consistem em comparar, um com o outro, diversos tipos de frases ou construções, para determinar por exemplo as categorias ou as funções gramaticais, fazem parte – junto com o teste de comutação, os procedimentos distribucionais etc. – do arsenal que utiliza o lingüista que descreve, e que lhe permite acumular observações e formular certas hipóteses. Mas estas diversas manipulações heurísticas, por mais úteis que sejam no plano metodológico, não têm valor *teórico* no sentido estrito do termo, uma vez que, como vimos, é impossível estabelecer procedimentos de descoberta efetivos das gramáticas (cf. Cap. I, § 6).

Na verdade, o próprio Chomsky (1957*a*, p. 83) insistiu sobre o fato de que o comportamento dos elementos submetidos a transformações é um dos índices mais seguros para a escolha entre esta ou aquela análise possível; por exemplo, é freqüentemente este comportamento que permite decidir quais elementos ou seqüências de elementos devem ser considerados como constituintes (cf. a discussão, § 5.3, acima, sobre *-ing* e *to* em inglês). Mas, que a noção de transformação seja útil ao lingüista de campo no seu trabalho de descoberta é apenas uma conseqüência indireta de sua verdadeira significação: a introdução, numa teoria lingüística, de regras que tenham a estrutura formal das transformações significa que uma certa hipótese sobre a forma geral das línguas humanas – sobre certos universais formais de linguagem – deve ter sido formulada; ela significa, em última análise, que as línguas humanas têm todas uma certa forma que as diferencia radicalmente, por exemplo, das diversas linguagens inventadas pelos lógicos; esta forma é mais rica que a de certas linguagens lógicas, mas ela é ao mesmo tempo mais singular que se admitíssemos a hipótese de que as línguas humanas não podem ser engendradas senão por sistemas de reescritura não-limitados. Insistimos, até o momento, sobre as insuficiências dos diversos modelos gramaticais propostos para explicar as línguas humanas. Com o modelo transformacional, temos agora um modelo muito mais rico; trata-se, então, de saber se ele não é demasiado rico – isto é, de saber se as transformações, tal como as apresentamos até aqui, não permitem operações demasiado complexas ou inúteis, das quais as gramáticas das línguas naturais poderiam prescindir. Este é um dos problemas que indiretamente abordaremos no capítulo seguinte.

Notas

1. Estas regras exigem algumas observações. Primeiramente, não indicamos as regras que não têm relação direta com a demonstração, e cuja forma é evidente: são as que distinguem os verbos transitivos dos intransitivos, as que reescrevem o sintagma nominal, o nome etc. Estas regras podem ser encontradas em Apêndice, no final do volume.

Notemos, em seguida, que as regras dadas são ligeiramente diferentes das de Chomsky (1957*a*, pp. 39, III) e se aproximam de formulações mais recentes (Chomsky, 1965*a*, p. 107, cf. também 1962*a*, p. 217, p. 224 e s.), mais gerais, ainda que mais complexas. Dividiremos pois, daqui por diante, a frase em sintagma nominal sujeito e um sintagma predicativo predicado. Este, por sua vez, se decompõe imediatamente em um constituinte Auxiliar (que, na verdade, compreende todo o "paradigma temporal" do verbo) e um sintagma verbal, que compreende o verbo, enquanto lexema puro (enquanto raiz verbal), eventualmente acompanhado de certos complementos (indicamos aqui apenas o sintagma nominal objeto direto). Esta análise, à primeira vista revolucionária (ela já se encontra, é verdade, em Harris, 1957), resume-se em dar uma representação formal à velha idéia de que os morfemas verbais "incidem" sobre todo o predicado (quando não sobre toda a frase; cf. Hjelmslev, 1959, p. 166; Togeby, 1951, p. 76; Bierwisch, 1963, p. 39, p. 170 (n. 35)). Veremos que esta concepção permite simplificar e esclarecer a descrição de toda uma série de fatos, principalmente a construção das nominalizações (cf. abaixo, § 5.3.1, pp. 188-189); representa, num certo sentido, uma generalização da observação de Bally (1932, p. 169) de que, em expressões como *prendre peur*, *mettre en place*, *pêcher à la ligne*, "é somente o radical verbal que forma com o antigo regime direto um todo que a flexão corta em dois".

2. Em termos mais precisos, como observa Chomsky (1957*a*, p. 39, n. 5), o símbolo # deve ser considerado como operador de concatenação ao nível das palavras, enquanto que o símbolo + é o operador de concatenação ao nível sintagmático (o nível das palavras é um nível misto, que reflete articulações ao mesmo tempo sintáticas e fonológicas). Cf. abaixo, n. 13.

3. Na verdade, *have* deve ser descrito duas vezes na gramática, uma vez como auxiliar, e a outra como verbo transitivo; é o que explica seu duplo comportamento em casos diferentes; cf., por exemplo, *I have not* em face de *I do not have* etc. Ver Chomsky (1962*a*, p. 234). Alguns refinamentos à análise aqui apresentada (e continuada no § 4) foram feitos por Lees (1960*a*, pp. 19, 20), Klima (1964*a*, pp. 251-255) e Chomsky (1965*a*, p. 107). Em particular, é possível apresentar o constituinte Auxiliar sob uma forma mais estruturada, substituindo a regra RS_1 pelas seguintes regras:

(*a*) Aux → TPS (Modal) (Aspecto)

(*b*) Aspecto → (Perfeito) (Progressivo)

(*c*) Perfeito → *have* + PP

(*d*) Progressivo → *be* + PrPrste (particípio presente, convertido, em seguida, em *ing* por uma regra fonológica).

4. A imprecisão relativa da formulação de Benveniste deve-se, provavelmente, ao fato de que, embora tendo claramente apontado os constituintes sintáticos, continue, em larga medida, a apresentar a descrição em termos de *palavras*. Ora, como dissemos mais acima (n. 2), a palavra é uma unidade mista, que só será delimitada graças às regras sintáticas tardias, como T_{Afixo}, e graças às regras fonológicas; assim, é impossível servir-se dela como unidade sintática de base.

4*bis*. Essas rápidas observações sobre a noção de marca precisariam ser revistas. Na verdade, desenvolvimentos recentes em Gramática Gerativa indicam que a noção de marca, quando convenientemente formulada, pode desempenhar um papel fundamental tanto em Fonologia (cf. Chomsky e Halle, 1968, Cap. IX, e Postal, 1968, Cap. VIII) como em Morfologia (cf. Bierwisch, 1967*b*) e em Sintaxe (cf. Lakoff, 1965).

5. Ela permite, em outras palavras, formular de maneira simples regras que reescrevem os constituintes sintáticos sob forma fonológica. Lembremos que todos os termos aqui introduzidos (tais como, *Prste*, *Impfto*, R etc.) devem ser tomados como símbolos convencionais que correspondem a um certo nível abstrato de representação. É possível – e, sem dúvida, desejável – que uma certa interpretação semântica lhes seja atribuída posteriormente, mas este é um outro problema.

* Os argumentos desenvolvidos por Ruwet para justificar o engendramento das formas do futuro e do condicional francês, conforme a regra RS_8, devem ser considerados, no caso do português, com cuidado especial.

Neste sentido, seria interessante ver o livro de James W. Harris *Spanish Phonology*, M.I.T. Press, Cambridge/London, 1969, especialmente "3.9. Future and Conditional", pp. 91 es.

O autor apresenta aí uma série de evidências (sintáticas, morfológicas, fonológicas) sincrônicas para mostrar que o *futuro* e o *condicional* devem ser tratados como tempos compostos no espanhol (cf. *he* (*ha* etc.) *de cantar* = cantaré).

Entre estes argumentos, citaremos o da anomalia fonológica constituída pelas sílabas finais acentuadas, nas formas do futuro.

Cf. Impfto: cant*á*vamos e Fut. cantar*e*mos

Tal anomalia também se verifica no português:

Cf. Impfto: cant*á*vamos e Fut. cantaremos

O fato de que no futuro a vogal acentuada não é a vogal temática mas a vogal da terminação indica que a formação do futuro não pode ser explicada do mesmo modo que outras formas pelo simples acréscimo de desinências à mesma base a partir da qual se formou, por exemplo, o Imperfeito, nem, com muito mais razão, derivar como o faz Ruwet, para o francês, o futuro do presente e o condicional do Imperfeito.

Um segundo argumento, agora de natureza sintática, seria dado pela possibilidade de, no caso do português, inserir o clítico no meio da forma verbal do futuro e do condicional, possibilidade esta historicamente constatada também para o espanhol.

Cf. cantar-lhe-ei
cantá-lo-ei

Se no espanhol tal construção desapareceu modernamente, não devendo, portanto, ser utilizado como evidência sincrônica, no português, ao contrário ela sobrevive e constitui, assim, um forte argumento para que se considere o futuro e o condicional como formas compostas.

Deste modo, ao lado das evidências que Ruwet encontra para a formação do futuro e do condicional, a partir do Presente e do Imperfeito, alinham-se outras que desaconselham tal caminho, ao menos no português e no espanhol.

Agradeço a A. Carlos Quicoli por me haver chamado a atenção sobre este ponto. (N. do T.)

5 *bis.* Toda a análise do auxiliar precisaria ser revista à luz de trabalhos recentes (ver principalmente Gross, 1968, Cap. I). Num trabalho inédito, J. R. Ross apresentou alguns argumentos que tendem a indicar que, não apenas os modais, mas também *be* e *have*, são verbos (V) na estrutura profunda, mas este ponto continua bastante controvertido. Sobre os modais, ver também Perlmutter (1968).

6. Esta descrição é ainda muito sumária e seria preciso refiná-la em várias direções – por exemplo para explicar o comportamento de advérbios como *bien*, *mal*, os advérbios em *-ment*, ou ainda, de pronomes como *tout*, *rien* (cf. *Je n'ai vu personne*/ *Je n'ai rien vu*, Cap. I, § 3.1). Voltaremos de maneira breve a esta questão no § 3.2, abaixo. Notemos, de qualquer forma, que esta descrição já é mais precisa que a de Togeby, por exemplo (1951, p. 90); ela permite colocar questões, semanticamente interessantes, sobre as relações entre o constituinte TPS (o paradigma temporal do verbo) e os advérbios da classe *toujours.*

Em geral, o estudo dos advérbios e dos circunstanciais (chamados em inglês *adverbials*) foi, até o presente, muito negligenciado pelos transformacionalistas (ver, contudo, Klima, 1964*a*, e Katz-Postal, 1964, p. 120 e s.). Chomsky (1965*a*, pp. 101-105, 191, 215-219) mostra, concordando nisto com muitos lingüistas (por exemplo Blinkenberg, 1960, p. 196 e s.) que toda espécie de distinção deve ser introduzida entre os circunstanciais (a saber, distinções que não são puramente semânticas, entre circunstanciais de lugar, de tempo, de modo etc., mas que implicam igualmente um comportamento sintático particular), o que o leva a complicar as regras que correspondem às nossas regras RS 2 e 3. Em Chomsky, 1965*a*, estas regras têm a seguinte forma:

RS_2 : SPred → Aux + SV (Lugar) (Tempo)
RS_3 : SV → V (SN) (SPrep) (SPrep) (Modo)

(*a*) A regra RS_2, assim modificada, é destinada a explicar o caráter, de alguma forma mais periférico, dos complementos de tempo, em relação aos de lugar; em francês, este caráter mais periférico manifesta-se por uma maior facilidade dos complementos de tempo em passar para o começo da frase sem acarretar a inversão do sujeito e do verbo. A meu ver, *demain, Pierre viendra* é ligeiramente mais natural que *ici, Pierre viendra*; podemos também comparar *demain, Pierre arrivera à Paris* e *à Paris, Pierre arrivera demain*, que é bastante estranha.

(*b*) A regra RS_3 permite, principalmente, introduzir, sob a forma de sintagmas preposicionais (SPrep), não apenas os complementos de objeto indireto, mas também certos complementos geralmente considerados como circunstanciais, mas que têm relações muito mais estreitas com o verbo: na verdade, eles fazem parte do campo da transitividade. Chomsky discute, deste ponto de vista (1965*a*, p. 217; n. 27), a diferença entre [1] *John stayed in England* "João ficou na Inglaterra" e [2] *John died in England* "João morreu na Inglaterra"; em [1], o complemento de lugar será engendrado como SPrep, constituinte do sintagma verbal, enquanto que em [2], ele tem um caráter mais periférico, e é engendrado apenas como uma parte do sintagma predicativo. Como exemplos franceses, poderíamos dar [3] *Jean est entré dans les ordres* e [4] *Jean s'est promené dans le jardin* (cf. também [5] *Jean est entré dans les ordres en Espagne*, onde os dois complementos de "lugar" não têm o mesmo grau de ligação com o verbo. Para o português, cf. [3*a*] *João entrou para o convento,* [4*a*] *João passeou no jardim e* [5*a*] *João entrou para o convento na Espanha*, onde o mesmo fenômeno se verifica.

7. Utilizarei o travessão como sinal de concatenação em lugar do sinal +, para marcar uma divisão da seqüência que nos interesse mais particularmente num determinado caso; no mesmo contexto, continuarei a utilizar o sinal + para indicar (de modo não rigoroso e que deverá ser especificado posteriormente) que um dado elemento introduzido pela transformação (*être* + PP ou *ser* + PP, no caso de que tratamos) deve ser ligado a um determinado constituinte (*Aux*, no caso). Ver, sobre estes problemas de notação, Chomsky, 1957*a*, p. 109.

8. A condição é que SN, deve ser então um SN "indefinido" (representado por *alguém, alguma coisa*, ou *se*, e, no caso do francês, por *quelqu'un, quelque chose* ou *on*), o que corresponde à observação de Grevisse (p. 481) de que "uma forma passiva, *Il est admiré*, pode ser substituída por *On l'admire*".

9. Esta concepção é a que se encontra expressa nos primeiros trabalhos de Chomsky (1957*a*; 1962*a*); a distinção entre transformações facultativas e obrigatórias foi depois mantida, mas a divisão das transformações, segundo esta distinção, sofreu muitas transformações; correlativamente, a noção de frase nuclear perdeu também um pouco de sua importância.

10. Estas observações sobre o passivo são evidentemente muito incompletas. Nada foi dito por exemplo sobre a possibilidade de ter *de* em lugar de *por* no agente e nem se falou do problema da *passiva impessoal*, no caso do português.

No caso do francês, haveria além do primeiro problema (*de* em lugar de *par*) o problema de ter, talvez, de formular $T_{Passivo}$ de tal modo que frases como *la pendule a été remontée par moi* fossem excluídas, como sugeriu Dubois. Para isso seria preciso acrescentar, como corolário a $T_{Passivo}$, a estipulação de que SN_1, em certas condições, não pode ser um pronome pessoal. Este ponto precisaria, no entanto, ser considerado mais de perto.

Observaremos que as frases agramaticais do tipo **le camp est entouré de des ennemis* (cf. Cap. I, § 3.1) serão efetivamente engendradas por $T_{Passivo}$. Teremos, assim, necessidade de uma regra que posteriormente convertesse *de + des* (isto é, *de + de + les*), *de + du* (isto é, *de + de + le*), *de + la* em *de* (apagando o segundo *de* e o artigo definido). Se apresentamos esta regra sob a forma de uma regra separada e não sob a forma de uma restrição particular na formulação de $T_{Passivo}$, é porque esta regra é necessária em outros casos. Ela tem, com efeito, um papel importante na formulação das nominalizações (cf. § 5.3.): se, de *l'usine fabrique la fonte*, tiramos *la fabrication de la fonte par l'usine*, de *l'usine fabrique de la fonte*, tiramos, não **la fabrication de de la fonte par l'usine*, mas *la fabrication de fonte par l'usine* (devo este exemplo a Maurice Gross). Da mesma forma, temos *J'ai envie de fraises*/ **J'ai envie de des fraises* (diante de *J'ai envie d'une pomme* ou de *J'ai envie de cette femme*), ou *une foule d'ignorants*/ **une foule de des ignorants*; (diante de *la foule des ignorants*; cf. Grevisse, p. 236), ou ainda *Je me souviens d'histoires étranges* diante de *Je me rappelle des histoires étranges* (cf. Bally, 1932, p. 150). Em todos estes casos, a solução mais simples é introduzir primeiro os sintagmas nominais na sua forma comum, para depois reduzir *de* + *de* + Art a *de* por uma única regra (cf. Gross, 1967).

Os artigos de Coyaud (1965) e de Dubois (1966) contêm, principalmente o segundo, algumas observações interessantes sobre o passivo. Infelizmente, esses dois artigos, embora procurando situar-se na Gramática Gerativa, testemunham um grande desconhecimento dos seus objetivos reais. Dubois, principalmente, comete a confusão, tantas vezes denunciada por Chomsky, entre uma Gramática Gerativa e uma teoria da produção das frases pelo locutor; de fato, algumas de suas observações mais interessantes são relativas apenas a uma teoria da performance dos falantes ou do uso estilístico do passivo. Por outro lado, algumas de suas observações mais ousadas – como, por exemplo, a idéia de que os verbos intransitivos são na realidade verbos passivos (1966, p. 35) – não têm apoio em nenhum argumento decisivo, quer formal, quer semântico.

Acrescentemos que a formulação que aqui é dada a $T_{Passivo}$ – e que corresponde à de Chomsky, 1957*a*, 1962*a*, – é, sob alguns aspectos, insatisfatória; permitiu algumas revisões importantes (Lees, 1964*c*; Katz-Postal, 1964, p. 72 e s.; Chomsky, 1965*a*, pp. 103-104). Estas revisões não modificam, entretanto, os resultados positivos já obtidos por esta primeira formulação.

11. Será a mesma transformação que servirá para atribuir o lugar correto dos advérbios Adv_3 diante de um infinitivo (cf. *Pierre craint de mal dormir*, *Pierre doit bien travailler* etc.): basta, com efeito, indicar que, no esquema estrutural da transformação, o segundo termo pode ser, não apenas PP, mas também INF (morfema de infinitivo, que é introduzido por certas transformações, cf. Cap. V, § 3). Além disso, esta mesma transformação dará conta do lugar de pronomes como *tout* ou *rien* (Cf. *Je n'ai rien vu*, ou *Pierre a tout compris*); também neste caso, bastará indicar que o termo 4 do esquema estrutural pode ser não só um Adv_3 mas também um pronome indefinido, inanimado, de forma simples (para evitar **J'ai quelque chose vu*).

12. Esta discussão não tem por objetivo, evidentemente, fazer revelações sobre a estrutura do português ou do francês, línguas para que tal discussão também valeria, como mostra o original deste livro. Não tomo aqui posição sobre as diferentes concepções possíveis do número em francês, sobre as relações entre língua escrita e língua falada etc. (cf. Dubois, 1965*a*). Contudo, parece que, num plano que não concerne apenas à forma da gramática, mas também seu conteúdo concreto, e a julgar pelas descrições gerativas de outras línguas, também neste aspecto assistiremos a um retorno a concepções bem tradicionais. Em particular, o abismo entre língua falada e língua escrita parece ter sido exagerado (cf. Chomsky e Halle). Para discussões da concordância em termos gerativos, ver Postal, 1964*a*, p. 43 e s.; Bach, 1964*a*, pp. 117-119; e sobretudo Chomsky, 1965*a*, p. 175. Ver também Kuroda, 1969.

13. Aí está, formulada mais rigorosamente (segundo Chomsky, 1962*a*, p. 229), a seqüência dessas três transformações:

(*a*) T_{Afixo}:
A.E.: X – Af – v – Y
1 2 3 4
(onde Af = TPS, PP, *ing*; v = Modal, *have be*, V)
M.E. : 1 – 2 – 3 – 4
→ 1 – 3 + 2 – # – 4

(*b*) Fronteira de palavra
A.E. : X – Y (onde X ≠ v, e Y ≠ Af)
M.E. : 1 – 2 → 1 – # – 2

(*c*) T*do*:

A.E. : X – # – Af – Y
1 2 3 4

M.E. : 1 – 2 – 3 – 4 → 1 – 2 – *do* + 3 – 4

14. Poderíamos evidentemente pretender manter a ficção das unidades de duas faces dizendo que a face "significada" de *do* reside precisamente na sua função sintática, em seu papel de suporte fonológico de um afixo não-afixado. Mas, além de essa formulação não ser possível senão em virtude da análise formal que acaba de ser exposta, ela é puramente tautológica e leva a esvaziar a noção de sentido de todo conteúdo preciso. Por outro lado, é claro que a análise formal não significa nenhum desinteresse pelo estudo do sentido. Ao contrário, é esta análise formal que permite que o estudo do sentido seja formulado de maneira precisa; é ela que, por exemplo, leva à colocação de questões semanticamente interessantes sobre as relações entre a interrogação, a negação, a ênfase etc. (cf. Chomsky, 1957*a*, p. 65: "[a transformação de ênfase] é uma transformação que "afirma" as frases *John arrives*, *John can arrive*, *John has arrived*, exatamente da mesma maneira que a [transformação negativa] as nega").

15. Sobre a questão do estatuto teórico de unidades como os morfemas e sobre a necessidade de ultrapassar o estágio das definições imediatas, baseadas no "bom senso", cf. Bierwisch, 1961*b*. Notemos que, num certo sentido, os lingüistas transformacionalistas, neste caso, não fazem mais que levar a seu termo o projeto dos estruturalistas de pensar a linguagem em termos de *sistema*, *estrutura*, e de definir os elementos pelas *relações* que eles mantêm entre si (cf. por ex. Hjelmslev, 1953, *passim*). Mas, em geral, os estruturalistas ficaram no meio do caminho, tendo uma concepção demasiado simples e taxinômica do sistema.

16. A descrição das construções inglesas aqui apresentadas foi, em seguida, bastante desenvolvida por Chomsky e seus discípulos, mas as bases da demonstração permaneceram intactas. Apontaremos, de modo particular, para a negação, Lees, 1960*a*; Klima, 1964*a*; Katz-Postal, 1964; e para a interrogação, Klima, 1964*b* e ainda Katz e Postal, 1964, (Klima, 1964*a*, p. 255 e s., chega mesmo a explicar um fenômeno aparentemente ainda mais aberrante que os aqui estudados, a saber, o emprego de *do* com *be* no imperativo, cf. *Do be good*); apontaremos também um esboço de estudo histórico sobre a evolução do auxiliar em inglês (Closs, 1965).

17. No capítulo anterior (§ 3.3.) vimos que uma Gramática Sintagmática possuía propriedades recursivas, e era capaz, através de encaixes etc. sucessivos, de engendrar um conjunto infinito de frases. Entretanto, por razões que se devem à necessidade de associar univocamente as derivações a indicadores sintagmáticos (cf. principalmente a restrição que proíbe as regras do tipo A → (U) A (W) (cf. Cap. III, § 3.2., n. 15), parece preferível localizar a propriedade recursiva inteiramente na parte transformacional da gramática, isto é, atribuí-la inteiramente às transformações generalizadas.

17 *bis*. Na verdade, os problemas apresentados pelo estudo da coordenação estão ainda longe de ser resolvidos. Ainda assim, ver Lakoff e Peters (1965) e Dougherty (1968).

18. As nominalizações do inglês constituíram-se no objeto da primeira aplicação de envergadura da teoria transformacional (Lees, 1960*a*); ver também Chomsky, 1964*b*, p. 74 e s., e Katz-Postal, 1964, p. 122 e s. Ver ainda Chomsky, 1968.

19. Na verdade, tratar-se-ia de um constituinte Auxiliar onde o elemento dominado por TPS permanece não-especificado (é um elemento "postiço" – cf. Cap. V – que é neutro quanto às distinções do presente e do imperfeito etc.) e onde o constituinte Perfeito é facultativo.

20. O papel do passivo pode ser aqui considerado como um exemplo do fato de o passivo ter um papel muito importante no português, a exemplo do que, a despeito das aparências, ocorre em francês (cf. Wagner e Pinchon, 1962, p. 283).

21. Para ilustrar esta discussão, aí está a derivação das seguintes frases:

(*a*) *a escolha do editor pelo autor surpreendeu Paulo*

(*b*) *a escolha do editor surpreendeu Paulo* (*editor = objeto*)

(*c*) *a escolha do editor surpreendeu Paulo* (*editor = sujeito*)

(*a*) 1) as regras sintagmáticas engendram a seguinte seqüência (na origem da frase-constituinte):

o + autor + Perfto. + escolher + o + editor

2) Em seguida, $T_{Passivo}$ →
o + editor + Perfto. + ser + PP + escolher + por + o + + autor

3) $T_{NominVS}$:
frase-matriz:
Ø – "alguma coisa" – Perfto + surpreender + Paulo
1 2 3
frase-constituinte:
o + editor – Perfto + ser + PP – escolher – por + o + + autor
4 5 6 7

→ Ø – o – escolher + Ndo – de + o + editor – por + o + autor
1 Art 6 + Ndo de + 4 7
Perfto + surpreender + Paulo
3

Em seguida, as regras morfofonológicas (como *escolher* + Ndo → *escolha*, por + o → *pelo*, etc.), assim como $T_{concordância}$, T_{Afixo}, dão a forma final (*a*).

(*b*) (1) e (2) são idênticas, exceto pelo fato de, no lugar de *o + autor*, termos um sintagma nominai indefinido, representável por *se* ou por *alguém*;

(2 *bis*) T_{elipse}, que suprime o agente indefinido;

(3) o mesmo que para (*a*), só que 7 é nulo.

(*c*) (1) as regras sintagmáticas dão: o + editor + Perfto + escolher + + "alguém";

(2) elipse do objeto → o + editor + Perfto + escolher;

(3) frase-matriz: idêntica à de (*a*);
frase-constituinte:
o + editor – Perfto – escolher – Ø
4 5 6 7

→ Ø – o – escolher – Ndo – de + o + editor –
1 Art 6 + Ndo de + 4
Ø – Perfto + surpreender + Paulo
7 3

22. Cf. para o francês os seguintes exemplos:

(*a*) les Prussiens ont été défaits (par Napoléon) à Iéna

(*b*) la défaite des Prussiens (par Napoléon) à Iéna

(*c*) *la défaite des Prussiens d'Iéna

(*d*) *la défaite à Iéna
(*e*) la défaite d'Iéna

e ainda

(*f*) la route de Paris à Marseille
(*g*) *la route à Marseille
(*h*) la route de Marseille (notemos que (*h*) torna-se ambígua).

23. Ver principalmente Lees (1957, p. 387, n. 19) assim como Lees e Klima (1963, p. 19, n. 4, e p. 26, n. 16).

24. Teremos notado que o primeiro exemplo é exatamente paralelo àquele com que introduzimos as nominalizações, *a chegada de Pedro;* mostramos que sua origem transformacional é completamente diferente da de *a casa de Pedro* (derivada por $T_{NominOS}$ de *Pedro tem uma casa.*

25. No plano da teoria geral e se as considerarmos do ponto de vista da Gramática Gerativa, as objeções de Blinkenberg aos procedimentos estruturalistas (1960, p. 71 e s.; é a glossemática que é visada aqui) são fundamentalmente corretas; o que ele critica nestes procedimentos é o fato de recorrerem a um critério operacional único (a comutação ou a distribuição), para determinar a natureza dos elementos lingüísticos; exigindo que se recorra a uma multiplicidade de critérios, Blinkenberg vai ao encontro de um ponto de vista, que é implicitamente o de Jakobson, e que foi claramente expresso por Halle (1954, p. 199); este ponto de vista pode por sua vez ser interpretado como significante de que o único critério decisivo reside na simplicidade e na generalidade do conjunto de uma descrição (cf. Chomsky, 1962*a*, p. 244). É significativo que Blinkenberg ligue suas críticas a considerações sobre o número *ilimitado* dos enunciados de uma língua (*ibid.*, pp. 72, 74).

26. Na verdade, *ele se obstina em trabalhar* não é nem mesmo uma paráfrase de *ele trabalha obstinadamente,* e as descrições estruturais destas duas frases seriam muito diferentes. Para um exemplo de confusão entre relação de transformação e relação de perífrase de ordem lexical em Jespersen, ver 1924, p. 91: *He moved astonishingly fast – He moved with astonishing rapidity* (perífrase de ordem lexical: *fast/rapid*) diante de *He astonished us by his rapid movements – He astonished us be the rapidity of his movements* (transformação).

27. É interessante que Bally apresenta estas duas frases exatamente na ordem em que seriam engendradas por uma gramática gerativa (ver abaixo, Cap. V, § 4).

28. De fato, apesar de não termos podido ainda mostrar que [1] *que le docteur est arrivé* e [2] *l'arrivée du docteur* não são totalmente equivalentes. Por um lado, [1] é simplesmente equivalente a um sintagma nominal (objeto), enquanto que *l'arrivée du docteur* tem uma estrutura sintagmática interna mais complexa (artigo + nome + complemento preposicional), que lhe é atribuída pela transformação de nominalização; por outro lado, as distinções temporais presentes em *que le docteur est arrivé* são suspensas em *l'arrivée du docteur*, o que deveria ser indicado numa formulação mais cuidadosa de $T_{NominVS}$: *Je vous annonce l'arrivée du docteur* pode significar tanto "eu anuncio que o doutor chegou" como "eu anuncio que o doutor vai chegar".

29. Voltaremos mais adiante (Cap. VI) a estas noções, que já provocaram tantas confusões. Digamos somente que, em termos sintagmáticos, a relação determinado-determinante poderia prender-se às regras do tipo A → B (C) ou A → (B) C (a presença de um dos dois constituintes implica a do outro, mas não vice-versa), enquanto que a relação entre

sujeito e predicado (introduzida pela regra F → SN + SPred) é uma relação de dependência mútua (o que já havia visto Trubetzkoy, 1939*b*).

30. Como já vimos, *le livre d'Alfred* seria provavelmente engendrado por uma nominalização $T_{NominOS}$ a partir de *Alfred a un livre.*

31. As coisas são ainda mais complexas, porque podemos ter a seguinte questão [1] *qu'est-ce qu'il a fait à Marie?* (*qu'a-t-il fait à Marie?*) correspondendo à resposta [2] *il l'a frappée*, onde uma estrutura: verbo + SN inanimado + à + SN animado, remete a uma outra estrutura: V + SN animado. Além disso, *faire* não pode substituir-se indiferentemente a qualquer verbo; assim [3] *il l'a aimée* não é uma resposta possível a [1].

32. Chomsky diria que as construções que implicam o genitivo – e que são nominalizações – são derivadas por transformação das frases nucleares do tipo SN + SPred, onde certos elementos são marcados pelo nominativo ou pelo acusativo. Notemos que a demonstração de Benveniste corrobora a tese de Chomsky, para quem (1965*a*, p. 177, pp. 221-222, n. 29) os casos não são introduzidos na parte sintagmática da gramática, mas, ao contrário, por transformações bem tardias.

33. No seu Curso do Collège de France (1965-66) consagrado principalmente à gênese do auxiliar francês, Benveniste mostrou que, em latim, *Habeo urbem conditam* não é absolutamente equivalente a *J'ai fondé une ville*, mas antes a "*Je tiens la ville qui est* (*a été*) *fondée*": não é absolutamente necessário que o sujeito de *habeo* seja também o de *conditam*, e esta construção faz pensar em construções francesas do tipo *elle a les cheveux châtains*. É, então, possível formalizar imediatamente, em termos gerativos, a diferença entre a estrutura latina e a francesa: enquanto que *J'ai fondé la ville* é uma frase nuclear, engendrada pelas regras sintagmáticas e pelas transformações obrigatórias, *habeo urbem conditam* repousa numa transformação generalizada, que encaixa a frase-constituinte *urbs condita est* na frase-matriz *habeo urbem + complemento* (onde este último símbolo "complemento" representa um elemento "postiço", destinado a ser substituído pela forma transformada de uma frase-constituinte). Entrevemos aqui a possibilidade de aplicações da Gramática Gerativa à diacronia: em princípio, é somente quando as estruturas abstratas das frases pertencentes a dois estados de língua sucessivos tiverem sido estabelecidos que se torna possível estudar realmente a mudança, que, neste caso, representa uma verdadeira reorganização da estrutura sintática subjacente.

34. Há aqui uma certa semelhança entre a análise do discurso segundo Harris e as pesquisas de Jakobson (1963*a*, Cap. XI) sobre a poesia, assim como as de Lévi-Strauss sobre o mito (cf. *Anthropologie Structurale*, Paris, 1958 e *Le Cru et le Cuit*, Paris, 1964). Tanto num caso como em outro, trata-se de fazer a análise estrutural incidir para além do nível da frase, estabelecendo relações de equivalência – relações paradigmáticas – entre os elementos sucessivos do texto. Mas, em Jakobson e Lévi-Strauss, os objetivos são mais ambiciosos, e os procedimentos, menos formalizados. Por outro lado, se as relações entre Jakobson e Lévi-Strauss foram estreitas, não parece ter havido entre eles e Harris nenhuma influência, quer num sentido, quer noutro.

35. Este tipo de pesquisas pode ter conseqüências interessantes para a Semântica e para a Estilística. Por exemplo, como observam Fodor e Katz (1964, p. 353), elas permitem definir uma noção de *sinonímia local*, isto é, estabelecer certas condições nas quais um par de termos – ou um conjunto de termos – podem ser tomados como sinônimos, ou como para-sinônimos, num dado texto.

36. Essas diversas relações foram longamente estudadas, não só pelos distribucionalistas americanos, mas também, numa terminologia diferente, pela glossemática (cf. Hjelmslev, 1953, p. 24 e s., p. 35 e s.). São represen-

táveis em termos de regras sintagmáticas: assim, a implicação simples, que não é senão uma relação de determinante para determinado, é representável, como vimos, pela regra A → B (C) ou A → (B) C.

37. Por exemplo, valores de N que satisfazem a primeira fórmula são *brother* e *job*, *girl* e *leg*: cf. *My brother's job*, *the girl's leg*; em compensação, a segunda fórmula é satisfeita por *colonel* e *traitor*, *boy* e *fool*: cf. *the colonel is a traitor*, *the boy is a fool*. Mas não encontramos nem **my brother is a job*, nem **the colonel's traitor*. Notemos que a relação é igualmente verdadeira para as fórmulas correspondentes do francês ou do português, ou seja N_1 *de* N_2, e N_2 *est un* N_1 (N_1 de N_2 e N_2 é um N_1): cf. *le courage du lion*, mas não **le lion est un courage* (*a coragem do leão* mas não **o leão é uma coragem*). Entretanto, em certas condições, que dependem aparentemente da natureza do predeterminante do nome (possessivo ou demonstrativo), por um lado, e da subclasse particular dos nomes (que devem ser animados e, talvez, apenas nomes humanos) as duas fórmulas podem ser satisfeitas pelas mesmas co-ocorrências: cf. *ce colonel est un imbécile*: *cet imbécile de colonel*; *mon père est un despote*: *mon despote de père* (ver, no entanto, *un amour d'enfant*; ver também as construções do tipo de *la ville de Paris* – *Paris est une ville*, cf. Arrivé, 1964). (Cf. em português, *o coronel é um burro*: *o burro do coronel*).

38. Uma aplicação ao russo pode ser encontrada, principalmente, em Worth (1958); a noção de co-ocorrência foi explicitada e definida rigorosamente em Hiz (1961).

39. Notaremos que nas últimas formas da teoria de Harris e, provavelmente, sob a influência de Chomsky, a noção de co-ocorrência é substituída pela de *acceptability difference*, "diferença de aceitabilidade" (1965, p. 371, n. 17, principalmente). Por exemplo, não será mais dito que *a música ama as formigas* não pode ser encontrada – que não há, pois, co-ocorrência, para a fórmula N V_t N, dos morfemas *música*, *am-*, *formiga* – mas que esta frase não é aceitável, ou é menos aceitável que *o rapaz ama a moça*. A introdução desta noção, que parece ter relações com a de gramaticalidade, não parece, entretanto, ter mudado fundamentalmente a natureza da teoria harrissiana.

40. Chomsky também assinala aí que o conceito de co-ocorrência não permite fundar a distinção entre estruturas de base (frases nucleares) e estruturas derivadas – e isto apesar de Harris ter introduzido a noção de *kernel*. Evidentemente, numa Gramática Gerativa, a distinção é dada imediatamente pela própria forma das derivações: as estruturas de base são engendradas pelas regras sintagmáticas e as transformações obrigatórias, e as estruturas derivadas comportam, além disso, na sua derivação, uma ou mais transformações facultativas (esta representação corresponde à primeira formulação da teoria – Chomsky, 1957*a*, 1962*a*; Lees, 1960*a* – e não corresponderia exatamente às formulações mais recentes – Katz-Postal, 1964; Chomsky, 1965*a*, 1966*a*; o essencial é que a distinção continua a ser definível a partir das derivações, quaisquer que tenham sido as modificações sofridas por sua formulação).

Por outro lado, a noção de co-ocorrência, se permite definir um certo número de relações entre frases, encontra ainda grandes dificuldades quando se trata de definir certas relações entre elementos no interior de uma mesma frase (cf. acima, Cap. I, § 5 (*d*), e Cap. III, § 6.2); a este respeito, ver igualmente Chomsky (1964*b*, pp. 83-85).

41. As regras de uma Gramática Gerativa que reescrevem certos elementos sob a forma de outros elementos, partindo dos mais abstratos, têm, por definição, uma só direção. Notemos, entretanto, que fatos do tipo acima assinalados podem ser utilizados para determinar como formular as regras: é certo (cf. Chomsky, 1957*a*, pp. 77-80) que, se quiséssemos formular a transformação passiva em sentido inverso, isto é, engendrando as

formas passivas sintagmaticamente e derivando em seguida as frases ativas por transformação, fatos desse tipo contribuiriam muito para complicar a descrição. Com efeito, seríamos obrigados a especificar que a "transformação ativa" não se aplica à frase [1*a*]; ao mesmo tempo, perderíamos toda possibilidade de descrever estruturalmente a diferença entre [1*a*] e *o trânsito foi desviado pela polícia*. Como sempre, a melhor solução é a que é ao mesmo tempo mais reveladora e mais simples.

42. Ver por exemplo Lamb, 1965; Winter, 1965 (sua crítica às insuficiências do modelo transformacional se devem em boa parte ao fato de que ele não vê na transformação mais que uma relação entre frases); a mesma confusão se encontra em Dubois (1965*b*; 1966); quanto à apresentação de Bl. Grunig (1965), dá também a impressão de que o interesse essencial da teoria de Chomsky se concentra neste ponto. Num certo sentido, um Jespersen, que se interessava sobretudo pelas "estruturas profundas", pelas relações sintáticas não imediatamente verificáveis na estrutura superficial do enunciado, estava mais próximo de Chomsky, neste aspecto.

5. O Modelo Transformacional - II

1. Consideremos agora um pouco mais de perto a questão das propriedades formais das transformações. O modelo transformacional, como é fácil ver, é muito mais poderoso que o modelo sintagmático, e, se quisermos conservar descrições estruturais coerentes para as frases, é necessário aprofundar nosso conhecimento sobre a natureza exata desse novo tipo de regras.

Vimos que uma transformação é uma regra que se aplica a uma seqüência terminal[1], enquanto tal seqüência é dotada de uma certa estrutura específica, isto é, enquanto tal seqüência é analisável numa seqüência determinada de categorias sintagmáticas. Na realidade, isto significa dizer que uma transformação se aplica, não simplesmente a uma seqüência, mas a um indicador sintagmático inteiro. A rigor, o esquema estrutural (a análise estrutural) que corresponde a uma determinada transformação, deveria representar todo o indicador sintagmático da seqüência submetida à transformação; as fórmulas dos esquemas estruturais que constituem a primeira parte de uma transformação (por exemplo, SN – Aux. – V_t – SN, no caso de $T_{Passivo}$) devem ser consideradas como fórmulas abreviadas, que especificam apenas os aspectos de um indicador sintagmático que são diretamente afetados pela transformação em questão.

Se uma transformação é uma regra que se aplica a um indicador sintagmático, segue-se que o resultado desta transformação deve, por sua vez, ser um indicador sintagmático. Do mesmo modo que uma regra sintagmática converte uma seqüência em outra seqüência, assim *uma transformação converte um ou vários indi-*

cadores sintagmáticos em um novo indicador sintagmático. Os indicadores que resultam da simples aplicação das regras sintagmáticas são chamados *indicadores sintagmáticos subjacentes*, e todos os outros (que resultam da aplicação de uma ou várias transformações) são chamados *indicadores sintagmáticos derivados*; o indicador sintagmático que corresponde a uma seqüência T-terminal (cf. acima, Cap. IV, § 3.3), isto é, a uma seqüência que não deve mais sofrer transformações, é chamado *indicador sintagmático derivado final*.

Uma conseqüência imediata disto é que uma frase, por mais simples que seja, possui sempre vários indicadores sintagmáticos, dos quais, ao menos um subjacente (ela terá vários indicadores sintagmáticos subjacentes se ela for o produto de transformações generalizadas). Com efeito, é preciso lembrá-lo, as regras sintagmáticas engendram tão-só seqüências de elementos relativamente abstratos, e é preciso sempre aplicar certas transformações obrigatórias, como $T_{Concordância}$ ou T_{Afixo}, para engendrar a forma correta das frases.

Este fato é absolutamente fundamental, e foi no mais das vezes negligenciado pelos críticos de Chomsky (por exemplo, Dixon, 1963): na teoria da gramática gerativa-transformacional, a descrição estrutural de uma frase consiste sempre, não em um único indicador sintagmático (como nas gramáticas sintagmáticas do Cap. III), mas num *conjunto* de indicadores sintagmáticos, ligados entre si de uma maneira definida. É a isto que, em definitivo, se reduz a diferença essencial entre a sintaxe chomskiana e a maioria das sintaxes estruturalistas (tanto as dos americanos como as dos glossemáticos ou a de Tesnière), e é nisto que ela se aproxima, apesar da diferença das formulações e do aspecto muito mais explícito da *démarche* da concepção sintática de Jespersen ou da *Grammaire de Port-Royal* (cf. Chomsky, 1956*b*, p. 17).

Para definir uma transformação, devem ser considerados, sucessivamente, três aspectos, a saber: (*a*) o conjunto das seqüências terminais *s*; com indicador sintagmático 1, às quais a transformação pode se aplicar, e que constituem seu *domínio*; (*b*) o conjunto das operações a que a transformação T submete a seqüência *s*, isto é, a *mudança estrutural*; (*c*) a estrutura sintagmática derivada da seqüência resultante, isto é, seu *indicador sintagmático derivado*. (Sobre a especificação formal das transformações, ver Chomsky, 1955*a*; 1956, 221 ss.; 1961*a*, 130 ss.; Chomsky e Miller, 1963, 300 ss.).

1.1. Seja a Fig. 1. Diremos que 1 é o indicador sintagmático da seqüência terminal *s*. Admitamos que *s* pode ser subdividido em segmentos sucessivos $s_1; \ldots s_n$, de tal modo que, no indicador sintagmático, cada s_i pode ser *conduzido* (inglês: *is traceable to*) a um determinado nó, em 1, etiquetado A_i; em outras palavras, s_i

"é um" A_i: na Fig. 1, por exemplo, *o* + *menino* pode ser conduzido ao nó etiquetado SN, Prste ao nó etiquetado Aux etc. Nestas condições, dizemos que a seqüência *s* é *analisável*, em relação a 1. Então, ($s_1, \ldots, s_n$) será dita a *análise própria* de *s* em relação a 1, T, e ($A_1, \ldots, A_n$) será chamado o *esquema estrutural* da transformação T. O *domínio* de uma transformação T consiste, pois, num conjunto de pares de seqüências terminais e de indicadores sintagmáticos. Notemos que várias transformações distintas podem ter o mesmo domínio (analisar seqüências terminais segundo o mesmo esquema); diremos então que estamos tratando com uma *família de transformações* (para um exemplo, ver acima, Cap. IV, § 4): na formulação de Chomsky (1957*a*; 1962*a*), as transformações negativa, interrogativa e enfática, em inglês, constituem uma família de transformações[2].

Exemplo: $T_{Passivo}$

(*a*) seqüência terminal *s*: o + menino + Prste + chutar + a + + bola

(*b*) indicador sintagmático 1:

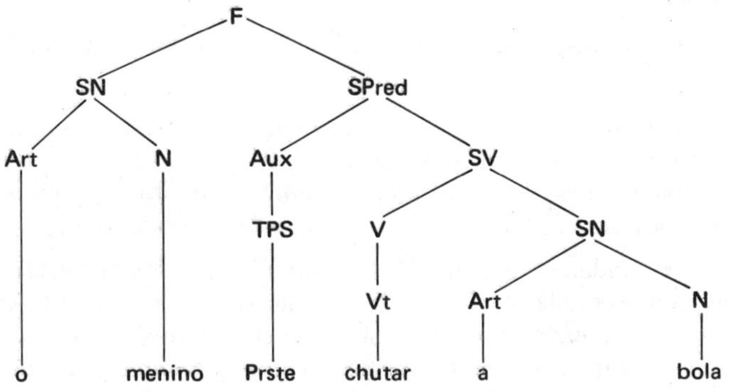

Figura 1

(*c*) análise própria de *s*:

o + menino - Prste - chutar - a + bola

s_1 s_2 s_3 s_4

(*d*) esquema estrutural de T:

SN - Aux - V_t - SN

1.2. Trata-se, em seguida, de definir o tipo de mudança estrutural a que a transformação T submete a seqüência *s* analisada conforme [1.1]. Enquanto que, como vimos, as regras sintagmáticas são todas regras de substituição (A → B) ou de expansão (A → B + C) (a substituição sendo, aliás, um caso particular da expansão), as regras de transformação têm, em princípio, uma latitude muito maior. Teoricamente, elas podem compreender qualquer um dos seguintes tipos (cf. Bach, 1964*a*, p. 70).

(*a*) a *expansão*: ela caracteriza a maioria das transformações generalizadas de intercalação, onde um termo simples da frase-matriz é substituído por uma versão transformada da frase-constituinte; por exemplo, em *eu penso que Pedro chegará atrasado*, "que Pedro chegará atrasado" constitui a expansão de um sintagma nominal da frase-matriz (*eu penso "alguma coisa"*);

(*b*) a *substituição* simples: um exemplo é o da transformação que introduz o subjuntivo (cf. abaixo, § 2.2);

(*c*) a *supressão*: A + B → B (ou A → Ø); ver por exemplo a transformação de elipse do agente consecutiva a $T_{Passivo}$;

(*d*) a *redução*: A + B → C (não é, praticamente, empregada);

(*e*) a *adição*: A → A + B: um exemplo é o da transformação que introduz as proposições relativas, na formulação dada até o momento (que será modificada), e, em $T_{Passivo}$, a adição de *ser* + PP ou *estar* + PP ao constituinte Auxiliar, bem como a introdução de *por* (no agente);

(*f*) a *permutação*: A + B → B + A: ver o exemplo de T_{Afixo}.

Além disso, como as transformações não estão submetidas à restrição de que apenas um elemento seja reescrito por vez, uma dada transformação pode comportar simultaneamente várias operações combinadas, que podem ser de diversos tipos.

A mudança estrutural associada a cada transformação será pois representada por uma seqüência finita de *transformações elementares*; cada transformação elementar consiste numa certa operação formal sobre *n* termos (onde o esquema estrutural de T é de extensão *n*); ela especifica a mudança sofrida por cada termo *i* do esquema estrutural, segundo a seguinte fórmula:

$$T_{el}\ (i;\ s_1, \ldots, s_n) = \sigma_i$$

na qual σ_1 representa o que vem no lugar de *i* na seqüência derivada. A seqüência resultante da aplicação de T à seqüência *s* de indicador sintagmático 1 é representada por T (*s*, 1) = $\sigma_1, \ldots \sigma_n$.

Eis alguns exemplos. Em inglês, a transformação interrogativa (cf. acima, Cap. IV, § 4), que converte por exemplo *John will come* em *Will John come*, tem como mudança estrutural $s_1 - s_2 - s_3 \rightarrow s_2 - s_1 - s_3$; esta mudança será então definida, para as seqüências arbitrárias s_1, s_2, s_3, pela seqüência de transformações elementares:

$$T_{el}\ (1;\ s_1,\ s_2,\ s_3) = s_2;$$
$$T_{el}\ (2;\ s_1,\ s_2,\ s_3) = s_1;$$
$$T_{el}\ (3;\ s_1,\ s_2,\ s_3) = s_3;$$

Em outras palavras, e, pela ordem, s_1 é substituído por s_2, s_2 é substituído por s_1, e s_3 é substituído por s_3 (transformação idêntica).

No caso da passiva em português, teremos, para a mudança estrutural $s_1 - s_2 - s_3 - s_4 \rightarrow s_4 - s_2 + ser + PP - s_3 - por + s_1$, a seqüência de transformações elementares:

$$T_{el}\ (1; s_1, s_2, s_3, s_4) = s_4;$$
$$T_{el}\ (2; s_1, s_2, s_3, s_4) = s_2 + ser + PP;$$
$$T_{el}\ (3; s_1, s_2, s_3, s_4) = s_3;$$
$$T_{el}\ (4; s_1, s_2, s_3, s_4) = por + s_1$$

Enfim, último exemplo, a transformação de elipse consecutiva a $T_{Passivo}$ (cf. *Pedro foi ferido por alguém* → *Pedro foi ferido*); a transformação pode ser representada, abreviadamente, da seguinte maneira:

$$\underset{1}{SN} - \underset{2}{Aux + ser + PP + V_t} - \underset{3}{por + SN} - \underset{4}{X} \rightarrow 1 - 2 - 4$$

(condição: onde *por* + SN = *por* + SN indefinido).

Teremos, então, as seguintes transformações elementares:

$$T_{el}\ (1; s_1, s_2, s_3, s_4) = s_1;$$
$$T_{el}\ (2; s_1, s_2, s_3, s_4) = s_2;$$
$$T_{el}\ (3; s_1, s_2, s_3, s_4) = \phi;$$
$$T_{el}\ (3; s_1, s_2, s_3, s_4) = s_4$$

Veremos mais adiante (§ 2.4.2) por que é importante especificar cuidadosamente a seqüência das transformações elementares, e por que convém aplicá-las na ordem (isto é, da esquerda para a direita). Com efeito, é disto que depende, em parte, a atribuição correta de um indicador sintagmático à seqüência derivada.

2. Chegamos a um dos pontos mais importantes e mais delicados da teoria transformacional. Ele diz respeito à questão da atribuição de uma estrutura sintagmática derivada (de um indicador sintagmático derivado) à seqüência que resulta de uma transformação. Esta seqüência deve ter uma descrição estrutural, que deve ser representável, tal como a da seqüência de que se originou por uma árvore etiquetada.

A importância dessa questão aparece imediatamente se considerarmos que a grande maioria das frases resultam da aplicação, a uma seqüência terminal, não de uma, mas de várias transformações, que se aplicam uma depois da outra. Ora, para que uma transformação possa aplicar-se, é preciso que a seqüência sobre a qual opera seja analisável, o que deve permanecer verdadeiro mesmo se esta seqüência for, ela mesma, o resultado de uma transformação anterior. No caso das seqüências terminais produzidas simplesmente por regras sintagmáticas, a "analisabilidade" é uma conseqüência do fato de que estas regras atribuíram à seqüência, automaticamente, um indicador sintagmático, representado por uma árvore etiquetada; neste caso, são as regras sintagmáticas que atribuem aos elementos da seqüência as categorias nos termos em que é formulado o esquema estrutural da transformação. Mas não se dá o mesmo quando se trata de aplicar uma transformação a uma seqüência já transformada. Com efeito, as transformações introduzem nas seqüências mudanças de todo tipo, e a estrutura sintagmática pode por isto ver-se completamente modificada. Como diz Lees (1957, p. 400), "os elementos da nova estrutura não são mais expansões diretas de elementos anteriormente derivados". É preciso, pois, formular as transformações de tal maneira que uma nova estrutura sintagmática (representável por uma árvore) seja automaticamente atribuída à seqüência produzida pela transformação.

Alguns exemplos ilustrarão esta dificuldade. Não basta que uma gramática transformacional do francês, por exemplo, seja capaz de engendrar, a partir da seqüência subjacente a [1] *Pierre a frappé Paul*, de um lado (por $T_{Passivo}$) [2] *Paul a été frappé par Pierre*, e de outro (por transformações que não demos), a interrogativa [3] *Pierre a-t-il, frappé Paul?* É preciso ainda que ela seja capaz, aplicando as transformações interrogativas ao resultado de $T_{Passivo}$ (à seqüência subjacente a [2]), de engendrar [4] *Paul a-t-il été frappé par Pierre?* É preciso, pois, que ela possa determinar, principalmente, que, na seqüência subjacente a [2], *Paul* "é um" SN, que Prste + *avoir* + PP + *être* + PP constituem um ("são um") Aux etc., – devendo estas categorias figurar no esquema estrutural das transformações interrogativas (cf. Langacker, 1965).

Eis um segundo exemplo. Sejam as frases do tipo [5*a*] *il est venu quelqu'un aujourd'hui* ou [6*a*] *il est arrivé un accident au boulevard Saint-Michel*. Parece natural derivar estas frases das frases mais simples [5*b*] *Quelqu'un est venu aujourd'hui* e [6*b*] *Un accident est arrivé boulevard Saint-Michel*. A transformação poderia ser formulada como segue[3]:

$$T_{impessoal} : \underset{1}{SN} - \underset{2}{Aux + V_{ix}} - \underset{3}{X} \rightarrow il - 2 - 1 - 3$$

Mas seria necessário especificar, primeiramente, a natureza deste *il* introduzido pela transformação. Se quisermos, por exemplo, tornar possível *Est-il venu quelqu'un?* é preciso que a frase [5*a*] seja dotada de um indicador sintagmático que determine que *il* "é um" sintagma nominal (mais precisamente, um pronome); notemos, aliás, que a especificação de que *il* é um sintagma nominal é também necessária para a transformação de concordância do verbo (cf. n. 3.).

Gostaríamos, além disso, que a mesma transformação, $T_{impessoal}$, pudesse servir para engendrar frases do tipo de [7*a*] *Il arrive souvent que Pierre soit en retard* [7*a*] seria assim derivada da frase não-gramatical [7*b*] **Que Pierre soit en retard arrive souvent*, com a ajuda de $T_{impessoal}$, que seria neste caso obrigatória (enquanto que no caso das frases [5*a*] e [6*a*] ela é facultativa. [7*b*] seria, ela mesma, o resultado de uma transformação generalizada que encaixa, na frase-matriz "*quelque chose*" *arrive souvent*, a frase-constituinte *Pierre est en retard* (sendo a transformação de encaixe seguida de uma transformação singular que introduz o subjuntivo; cf. abaixo, § 2.2.). Explicaríamos, assim, estruturalmente a idéia, geralmente aceita, de que *Pierre soit en retard* é o "sujeito lógico" de [7*a*]. Ora, para que $T_{impessoal}$ possa aplicar-se a [7*b*] é necessário especificar que *que Pierre soit en retard* "é um" sintagma nominal.

Quanto ao português, dadas frases como:

Um acidente acontece em Antares [6*c*]
Aconteceu um acidente em Antares [6*d*]
Acontece freqüentemente que Pedro esteja atrasado [7*c*]

seria interessante propor também uma transformação $T_{impessoal}$, semelhante à do francês, com a diferença que não teríamos a realização fonológica do pronome, onde em francês aparece *il* e em inglês aparece *it*. Assim a transformação $T_{impessoal}$ seria para o português:

$$T_{impessoal} : \underset{1}{SN} - \underset{2}{Aux + V_{ix}} - \underset{3}{X} \rightarrow 2 - 1 - 3$$

que permitiria, a partir de [6*c*] produzir [6*d*] e a partir de [7*d*] **Que Pedro esteja atrasado acontece freqüentemente*, produzir [7*c*], especificando-se neste caso que *que Pedro esteja atrasado* "é um" sintagma nominal.

A estrutura sintagmática derivada de uma seqüência produzida por uma transformação poderia ser definida através de um conjunto de indicações (constituindo uma espécie de esquema estrutural derivado) que acompanhariam obrigatoriamente cada transformação, e que fariam parte de sua especificação ao mesmo título que o esquema estrutural e que a mudança estrutural (transformação elementar).

No entanto, parece que seria muito mais interessante fazer depender a atribuição da estrutura sintagmática derivada de um conjunto de condições gerais; estas fariam parte da teoria geral (não dependeriam, pois, da descrição de uma língua particular) e não teríamos que formulá-las senão uma vez. É nesta direção que estão orientadas as pesquisas dos teóricos da gramática gerativa.

Na verdade, se, desde o começo, Chomsky e seus colaboradores estavam conscientes da importância do problema, em suas primeiras publicações eles apenas o apontam como uma tarefa que deve ser empreendida (Chomsky, 1956, p. 122; 1957*a*, pp. 55 e 73) ou como uma questão cuja solução geral está para ser encontrada (Lees, 1957, p. 400; 1960, pp. 31, 57 e 113); Chomsky (1962*a*, p. 222) declara que "a questão da estrutura sintagmática derivada é um desses numerosos problemas, relativos às transformações, que não foram ainda adequadamente tratados de maneira suficiente". Dão, quando muito, alguns exemplos de soluções parciais, sublinhando, aliás, a impossibilidade de generalizá-los (Chomsky, 1957*a*, p. 73; Lees, 1957, p. 400; 1960*a*, p. 57). Durante muito tempo, o único tratamento detalhado deste problema restringiu-se à obra inédita de Chomsky (1955*a*, Cap. VIII), sem que seja, contudo, "de nenhuma forma satisfatório" (Chomsky, 1962*a*, p. 222). Entretanto, mais recentemente, um esforço visando a uma solução geral, tem se esboçado, e tal problema encontra-se hoje no centro das preocupações (Chomsky, 1961*a*, p. 134 e s.; Mathews, 1965, p. 38 e s.; Postal, 1962, Fraser, 1963*b*, Ross, 1967*a*; McCawley, 1968). Ele está desempenhando um papel fundamental nos remanejamentos da teoria (Katz-Postal, 1964; Chomsky, 1965*a*). Contudo, parece não estar ainda completamente resolvido.

Poder-se-ia, à primeira vista, sugerir a seguinte solução (cf. Lees, 1957, pp. 400-401): todo elemento que, no indicador sintagmático inicial, é descrito como um constituinte deste ou daquele tipo, guarda esta caracterização no indicador derivado. Por exemplo, *Paulo*, que é caracterizado como um SN em *Pedro feriu Paulo*, permanece um SN em *Paulo foi ferido por Pedro*. De fato, esta sugestão não colabora em grande coisa (no exemplo dado, o fato de *Paulo* permanecer um SN já é indicado na própria formulação da transformação passiva). Se quisermos generalizar esta condição, esbarraremos imediatamente em algumas dificuldades: assim, a caracterização de *que Pedro esteja atrasado*, em [7*c*] como um SN, não pode ser atribuída à estrutura de constituinte da seqüência de origem, pois que esta – *Pedro está atrasado* – é, não um sintagma nominal, mas uma frase inteira. O mesmo raciocínio vale para um sintagma como a *chegada de Pedro*, e, em geral, para todas as nominalizações.

Uma outra sugestão sugerida por Chomsky (1957*a*, p. 73), exatamente a propósito do passivo, consiste em definir a categoria de constituinte de um elemento produzido por transformação, por analogia com a categoria à qual pertencem outros elementos, engendrados sintagmaticamente, e *que apresentam a mesma estrutura sintagmática interna*[4]. Assim, comparando [2] *Paulo foi ferido por Pedro* com [8] *Passei por São Paulo* onde *por São Paulo* é um sintagma preposicional (um circunstancial), que se decompõe em uma preposição e um sintagma nominal, concluiremos que *por Pedro*, que compreende igualmente uma preposição (aliás, a mesma) e um sintagma nominal, é igualmente um sintagma preposicional (um circunstancial). Em francês, em português e mesmo em inglês, poder-se-ia igualmente utilizar este princípio para atribuir, ainda na seqüência nascida da transformação passiva, uma categoria sintagmática ao elemento introduzido pela transformação, {*être* / *ser* / *be*} + PP: com efeito, este elemento tem a mesma estrutura interna de um elemento introduzido independentemente pelas regras sintagmáticas[5]. Mas, ainda uma vez, falta generalidade a esta solução, e não vemos como ela poderia ajudar-nos a resolver o problema apresentado pelas nominalizações (sobretudo a partir do momento em que *todas* as estruturas do tipo Art + N + Prep + SN são introduzidas por transformação (cf. Lees, 1960*a*, Cap. IV). Esta solução foi, aliás, completamente abandonada por Chomsky (cf. 1965*a*, p. 104, onde a análise da transformação passiva está reformulada de modo a tornar esta solução inútil).

Estes dois primeiros, além de seu caráter parcial e bastante particular (*ad hoc*, como dizem os americanos) têm o inconveniente de nos informar, quando muito, apenas sobre a categoria sintagmática que domina imediatamente os elementos terminais considerados. Eles não nos dizem quase nada sobre as modificações sofridas pelo indicador sintagmático no seu conjunto; ora, é aí que se encontra a questão realmente importante.

Entretanto, é possível formular um certo número de princípios gerais, baseando-se na natureza das transformações elementares subjacentes às transformações gramaticais. Os tipos de transformações elementares têm, com efeito, um número limitado, como, aliás, acontece também com o conjunto das seqüências possíveis de transformações elementares[6]; podemos, assim, agrupar as diferentes transformações gramaticais num pequeno número de classes de acordo com as transformações elementares que lhes são subjacentes. Vale, então, a pena falar das diversas maneiras pelas quais os diferentes tipos de transformações elementares afetam a estrutura dos indicadores sintagmáticos. Considero as coisas primeiro de um ponto de vista puramente formal e em seguida sob o ângulo propriamente lingüístico.

2.1. O caso formalmente mais simples é o da *supressão*. Seja uma transformação cuja mudança estrutural tem a forma: X – Y – Z → X – Y. Seu efeito no indicador sintagmático será suprimir o nó etiquetado Z, assim como todos os nós dominados por Z e todos os nós que dominam apenas Z (Bach, 1964, p. 73). Mais simplesmente, "suprimem-se todos os nós que não dominam mais nenhuma seqüência terminal" (Chomsky, 1961*a*, p. 136). Este tipo de mudança é ilustrado pela Fig. 2.

Encontram-se supressões deste tipo nas transformações de elipse, como, por exemplo, aquela que suprime o agente numa frase passiva, ou ainda, a que suprime o objeto direto de um verbo

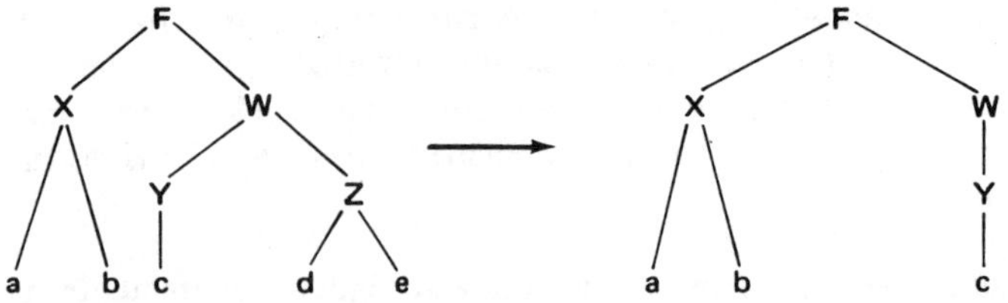

Figura 2

com objeto suprimível (como *comer*, mas não, por exemplo, *admirar*). Um exemplo um pouco diferente é fornecido pela formação do comparativo (cf. Lees, 1961*c*; C. S. Smith, 1961). Se considerarmos as seguintes frases:

Pedro é mais corajoso que João [9]
Pedro é mais corajoso que prudente [10]
Pedro é mais corajoso que João é prudente [11]

parece que a melhor maneira de explicá-las é passar por uma transformação de encaixe, baseada nas seguintes frases: *Pedro é corajoso. João é corajoso* (no caso de [9], *Pedro é corajoso, Pedro é prudente* [10], e *Pedro é corajoso, João é prudente* [11]; esta transformação (cujos detalhes não daremos aqui) produz as seguintes frases:

* Pedro é mais corajoso que João é corajoso [9*a*]
* Pedro é mais corajoso que Pedro é prudente [10*a*]
Pedro é mais corajoso que João é prudente [11*a*]

Em seguida, nos dois primeiros casos, uma transformação de elipse se aplica para suprimir os elementos repetidos: *é corajoso* em [9*a*] e *Pedro é* em [10*a*].

No caso do francês, haveria ainda o problema apresentado pelo *ne* dito "expletivo". Cf.

Pierre est plus courageux que Jean n'est prudent [11*a*]

Este problema, exigiria um tratamento a parte, num quadro mais geral, implicando frases do tipo *Je crains que Pierre n'arrive* etc. e que, de qualquer modo, parece dever ser tratado transformacionalmente[7].

Do ponto de vista puramente formal, a transformação elementar de supressão não apresenta, pois, nenhum problema. Não é o que acontece quando consideramos as coisas do ponto de vista propriamente lingüístico, e percebemos que é necessário formular restrições severas sobre as condições em que as transformações por supressão podem operar.

Estamos diante de um problema fundamental. Admitimos, depois de ter considerado as dificuldades nas quais esbarra o modelo sintagmático, que a descrição estrutural de uma frase não pode se limitar a uma simples decomposição e classificação dos elementos imediatamente dados na estrutura superficial, diretamente perceptível, do enunciado. Admitimos, em particular, que esta descrição estrutural consiste num conjunto de indicadores sintagmáticos sistematicamente ligados, dos quais alguns (ditos subjacentes) geralmente não têm senão uma relação indireta com a forma exterior do enunciado. Por outro lado, não devemos perder de vista que uma gramática – que é uma teoria da competência do falante – deve poder servir de base para uma teoria da performance, isto é, para uma teoria da maneira pela qual os falantes emitem e/ou recebem os enunciados.

Podemos em especial esperar que um dia seja possível construir uma teoria razoável da maneira pela qual os indivíduos percebem e compreendem os enunciados que ouvem (uma teoria da *descodificação*); uma teoria deste tipo deveria compreender, como um de seus elementos essenciais, uma gramática gerativa transformacional. Mas, então, a questão que se deve colocar é a seguinte: como, a partir da forma exterior, efetivamente percebida, dos enunciados – forma que é parcialmente representada pelo indicador sintagmático derivado final – os indivíduos reconstroem as estruturas subjacentes, estruturas que são indispensáveis a compreensão dos enunciados? Esta questão se liga, em parte, à seguinte: como, a partir do indicador sintagmático derivado final, podemos reconstruir de modo unívoco os indicadores sintagmáticos subjacentes? Por exemplo, como, a partir de [9], podemos reconstruir os indicadores sintagmáticos subjacentes a *Pedro é corajoso* e a *João é corajoso*? Este problema é evidentemente crucial quando os indicadores sintagmáticos derivados são em parte o produto de operações de supressão. É claro que, se qualquer elemento de um indicador sintagmático subjacente pudesse ser suprimido ("subentendido") não seria possível, em geral, reconstituir este elemento a partir do indicador sintagmático derivado final. Trata-se, portanto, de formular certas condições gerais que determinarão a natureza dos elementos suscetíveis de serem suprimidos, de tal maneira que eles possam sempre ser recuperados a partir dos indicadores sintagmáticos que saem das transformações por supressão.

À guisa de ilustração, consideremos as frases [12] *Pedro comeu*, e [13] *Paulo foi ferido*. Tínhamos admitido que estas frases não são engendradas diretamente pela parte sintagmática da gramática, mas que resultam de transformações de elipse. Assim [12] teria se originado, por elipse do objeto, de uma frase comportando um SN objeto direto do verbo *comer* e [13], de uma frase passiva comportando um complemento agente (*por* + SN). É seguro que, se qualquer sintagma nominal pudesse ser engendrado em posições submetidas à elipse (se [12] pudesse ser engendrado a partir de *Pedro comeu um pão*, *Pedro comeu carne* etc., ou [13] a partir de *Paulo foi ferido por Pedro*, *Paulo foi ferido por um terrível bandido* etc.), seria possível, a partir do indicador sintagmático final de [12] ou de [13], reconstituir o da frase de origem. Além disso, [12] e [13] teriam então uma quantidade enorme (na verdade, uma infinidade) de descrições estruturais possíveis; ora, nem [12] nem [13] são ambíguas; contradiríamos, assim, o princípio que pretende que uma frase *n* vezes ambígua receba exatamente *n* descrições estruturais.

Já foi aqui sugerido (cf. para o passivo, Cap. IV, § 3.1.) uma solução para esta dificuldade, admitindo que os sintagmas nominais suscetíveis de ser suprimidos só podiam ser sintagmas nominais indefinidos do tipo *alguém*, *algo*, *alguma coisa* etc. Por outro lado, no caso das frases comparativas como [9] ou [10], constatamos que os elementos suprimidos são de natureza muito diferente: não se trata mais de elementos indefinidos, mas de elementos que são idênticos a outros elementos igualmente presentes na frase. Estas observações irão nos permitir enunciar duas grandes condições gerais, que governam a ação das transformações por supressão. (Estas condições foram formuladas por Katz e Postal, 1964, p. 43 e s., p. 80, e sobretudo por Chomsky, 1964*b*, p. 71/41, e 1965*a*, p. 144 e s., p. 177 e s.).

(*a*) A primeira condição – ilustrada pelo caso do comparativo – é a seguinte: *um elemento da análise própria de uma transformação pode ser suprimido se ele é idêntico a um outro elemento desta análise*. Assim, em [9*a*], o segundo *é* e o segundo *corajoso* são suprimidos porque eles são idênticos ao primeiro *é* e ao primeiro *corajoso*. (Na verdade, esta condição requer uma formulação mais precisa; cf. Chomsky, 1965*a*, p. 177 e s. Em particular – e Chomsky mesmo não levanta explicitamente esta questão – a ordem dos elementos idênticos é pertinente: no caso do comparativo como em todos os outros de que tenho conhecimento, é o segundo elemento – o que repete o primeiro – que é suprimível[8].)

(*b*) A segunda condição é um pouco mais difícil de apresentar. O que significa, inicialmente, o fato de que, nas seqüências subjacentes a [12], [13], os sintagmas nominais suprimíveis só podem ser indefinidos? Isto quer dizer que esses sintagmas nominais não têm nenhum conteúdo lexical próprio, além do fato de que eles são sintagmas nominais. Em outras palavras, esses sintagmas nominais funcionam como representantes da categoria SN, sem mais. Foi o que sugeriu a Chomsky o seguinte princípio (1964*b*, p. 71/41).

Primeiramente, Chomsky define a noção de *categoria principal* (*major category*): uma categoria principal é uma categoria lexical, tal como *Nome*, *Verbo*, *Adjetivo* (isto é, uma categoria que figura à esquerda nas regras sintagmáticas que introduzem os elementos lexicais, como N → *menino*, *homem* etc.), ou uma categoria que domina uma categoria lexical (mais precisamente, toda categoria que domina uma seqüência . . . X . . . , onde X é uma categoria lexical (cf. Chomsky, 1965*a*, p. 74)). Assim, N, V, Adj, SN, SV, SPred, P, são categorias principais, mas não Artigo ou TPS.

Em seguida, a cada categoria principal, é associado, enquanto membro desta categoria, um elemento cuja única função é de representar esta categoria, e que não tem nenhuma especificação lexical suplementar. Este elemento pode ser, de um modo geral, designado pelo símbolo PRO (no sentido tradicional, aliás, inexato, em que o "pronome" representa a categoria do Nome). Assim, as regras sintagmáticas introduzirão, para cada categoria principal, um "pro-sintagma nominal", um "pro-sintagma verbal" etc., por exemplo, a regra que reescreve o sintagma nominal terá então a seguinte forma:

$$SN \rightarrow \left\{ \begin{array}{l} Art + N \\ \text{Nome Próprio} \\ \text{PRO-SN} \end{array} \right\}$$

Este elemento PRO pode, às vezes, realizar-se como item lexical nas línguas naturais – cf. em francês *on*, *quelqu'un*, *quelque chose*, *faire* + *quelque chose*, em português, *se* (cf. *Fala-se mal de Pedro*) *alguém*, *algo*, *alguma coisa*, *fazer* + *alguma coisa*, ou em inglês *something*, *somebody*[9] – mas isto não é necessário; caso ele não seja representado na língua, este elemento figurará nas seqüências terminais sob a forma de um elemento abstrato "postiço" (*dummy element*).

"É esse representante [. . .] da categoria, diz Chomsky (1964*b*, p. 71/41) que deve figurar nas seqüências subjacentes às transformações que não conservam, na seqüência transformada, uma especificação do representante terminal efetivo da categoria em questão." Por exemplo, será o elemento PRO-SN que figurará nas seqüências subjacentes a [12] e a [13], na posição de objeto no primeiro caso, e na de agente no segundo. A segunda condição a que estão submetidas as transformações por supressão pode então formular-se como segue: *se o elemento da análise própria suprimível não é idêntico a um outro elemento da análise própria, este elemento deve ser o representante da categoria correspondente no esquema estrutural da transformação*[10].

2.2. Consideremos agora as transformações elementares de *expansão*, de *redução* e de *substituição*. Elas formam um só grupo e do ponto de vista prático, podemos, de fato, considerá-lo como resumindo-se todas ao caso da substituição (cf. Bach, 1964*a*, p. 74 e s.); restringir-me-ei, portanto, ao exame da substituição. É preciso ser, neste ponto, bastante prudente. Existem, com efeito, conforme os autores, diferenças de formulação que dão margem a confusão. Seja uma mudança estrutural da forma X – Y – Z → → X – W – Z. Parece natural dizer, com Bach (*Ibidem*) e Chomsky (1961*a*, p. 134), que no indicador sintagmático derivado, o nó etiquetado W vem substituir-se ao nó etiquetado Y, e que, por isso mesmo, todos os elementos dominados por Y são suprimidos com ele e substituídos por todos os elementos dominados por W: é desta forma que a mudança está representada na Fig. 3(*a*); na Fig. 3(*b*), dou um exemplo da expansão, com a mudança estrutural X – Y – Z → X – W – U – Z.

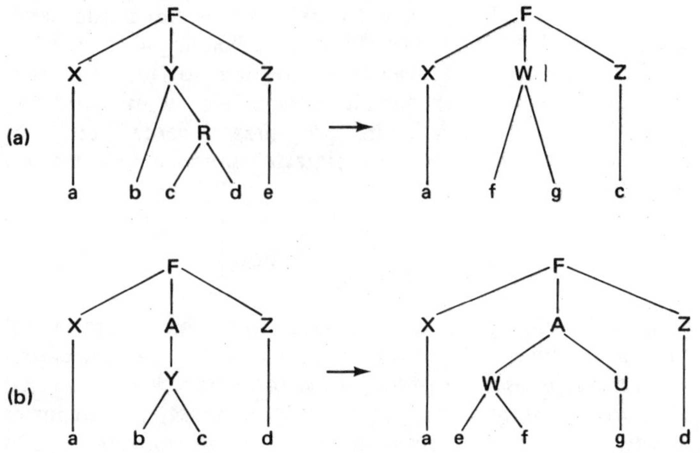

Figura 3

Se considerarmos, no entanto, a prática dos transformacionalistas, perceberemos que esta representação da substituição não é correta. Iremos mostrá-lo através de um exemplo simples – o de uma transformação singular que afeta o modo da frase – exemplo que empresto do estudo de Matthews (1965) sobre a sintaxe do hidatsa (língua sioux da América do Norte). Nesta língua, a primeira regra sintagmática reescreve F sob a forma "Proposição + + Modo". O sistema modal é muito desenvolvido, e o símbolo *Modo* será, em seguida, reescrito "Afirmativo", "Enfático", "Interrogativo" etc. Por razões que não exporei aqui, todavia, os modos "Optativo" e "Imperativo" não são introduzidos diretamente por regras sintagmáticas, mas por uma transformação, de que não darei senão a parte que concerne o Optativo. Eis a regra, tal como é formulada por Matthews (*op. cit.* p. 39):

N – Afixo – SV – Modo → 1 – 2 – 3 – Optativo
1 2 3 4

e aqui está um exemplo de aplicação a uma frase concreta:

suka a cixé c → súka a cixé h
N Af SV Modo Optativo
"o cachorro pulou" "que o cachorro pule"

Aparentemente, se o princípio enunciado acima fosse seguido ao pé da letra, teríamos de substituir, no indicador sintagmático derivado, o nó etiquetado "Modo" por um nó etiquetado "Optativo". Ora, eis aqui (Fig. 4) como Matthews representa a transformação (simplifiquei as árvores, deixando apenas o que é pertinente para a demonstração):

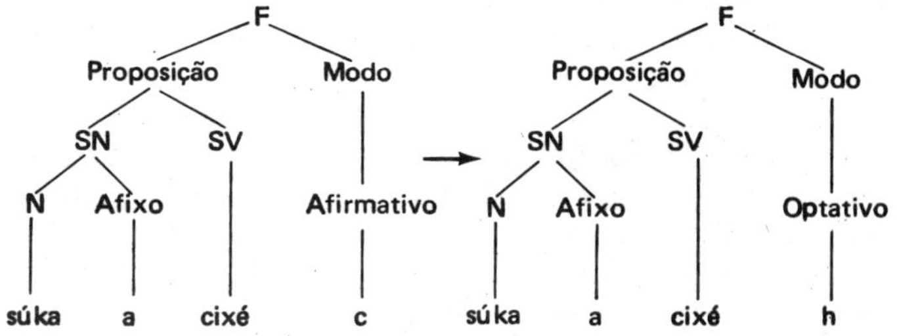

Figura 4

Portanto, ao invés do nó etiquetado "Optativo" vir substituir-se ao nó "Modo", ele se situa abaixo dele, e é doravante imediatamente dominado pelo mesmo. É fácil compreender por que Matthews operou deste modo: isto permitiu-lhe dizer que, na frase oriunda da transformação, o optativo "é um" modo e, assim, atribuir corretamente ao optativo a categoria que corresponde à intuição lingüística. Na prática, é a representação de Matthews que é utilizada; ele a formula da seguinte maneira (*op. cit.* p. 40): "Segundo estas representações da estrutura sintagmática, compreende-se o sentido da expressão 'o morfema do optativo se substitui ao modo': primeiramente, tudo o que é dominado pelo constituinte Modo é suprimido; em seguida, o constituinte Modo domina imediatamente o constituinte Optativo, e finalmente, toda referência ao modo da transformada é uma referência ao constituinte Modo que domina o Optativo".

Aproveitarei esta discussão do exemplo de Matthews para introduzir uma importante transformação do francês, a que já fiz alusão. Trata-se da transformação singular que introduz, em certas condições, o *subjuntivo*. A comparação com o exemplo de Matthews é duplamente instrutiva: por um lado, as duas transformações são formalmente idênticas; por outro lado, o subjuntivo francês, que é tratado tradicionalmente como um modo, tem um lugar completamente diferente daquele do modo em hidatza, e, na verdade, se substitui ao constituinte TPS (tempo verbal) – como já havia observado Bally (cf. Cap. IV, § 6.1., p. 306). Com efeito, em francês, o subjuntivo só pode figurar nas proposições subordinadas[11], onde ele é obrigatório em certas condições. A regra que o introduz tem a seguinte forma[12]:

$$
\begin{array}{ll}
T_{\text{Subjuntivo}} : & X - QU - SN - TPS - Y \\
 & \;1 \quad\;\; 2 \quad\;\; 3 \quad\;\; 4 \quad\;\; 5 \\
 & \rightarrow 1 - 2 - 3 - \text{Subjuntivo} - 5
\end{array}
$$

Em português, o subjuntivo é também empregado normalmente em orações subordinadas, de forma que a regra $T_{\text{Subjuntivo}}$ que vale para o francês, vale também, neste caso, para o português.

Vale a pena insistir na importância das transformações baseadas na substituição. Com efeito, ao lado das transformações singulares do tipo que acabamos de discutir, a maioria das transformações de encaixe (na verdade, como veremos no parágrafo seguinte, *todas* as transformações de encaixe) consistem em substituir um elemento da frase-matriz por uma versão transformada da frase-constituinte. É deste modo que a frase *eu penso que Pedro está em casa* repousa numa transformação generalizada que opera sobre as seqüências subjacentes a *eu penso* + PRO – SN ("eu penso alguma coisa") e a *Pedro está em casa*, da seguinte maneira:

$$\left.\begin{array}{l} X + V_{t(x)} - SN \\ \quad 1 \qquad\quad\;\; 2 \\ F \\ 3 \end{array}\right\} \rightarrow 1 - QU + 3 \text{ (condição: } 2 = PRO - SN)$$

Vemos que QU + 3 (onde QU será finalmente representado por *que*, nas regras fonológicas) "se substitui" a 2; como no exemplo de Matthews, isto significa que, no indicador sintagmático derivado, o conjunto dos elementos *que* + 3 será dominado por SN e virá substituir o elemento PRO – SN (o elemento representativo da categoria SN), que é também suprimido, com tudo o que ele domina (que, na ocorrência, poderia ser representado por *alguma coisa* (cf. Fig. 5). Vemos que fica, assim, resolvido, ao menos neste caso particular, o problema da atribuição de uma estrutura de constituintes derivada aos elementos introduzidos por uma transformação generalizada. Sendo dominado por SN (um sintagma nominal objeto, neste caso), a proposição encaixada será definida como um sintagma nominal, e poderá principalmente ser submetida a transformações posteriores que impliquem um sintagma nominal. (Da mesma forma, como veremos mais adiante, será doravante possível definir formalmente sua função na frase e suas relações com os outros constituintes da estrutura sintagmática derivada).

Como as transformações de supressão, e pelas mesmas razões – a necessidade de poder reconstituir as estruturas subjacentes a partir das estruturas derivadas – as transformações por substituição devem ser submetidas a certas condições relativas à natureza dos elementos que podem ser substituídos. É preciso, no entanto, distinguir dois grupos de condições, conforme elas incidam sobre a natureza do elemento substituído ou sobre a do elemento substituinte. No primeiro caso, a condição principal é a mesma que para a supressão: como mostra o exemplo que acabamos de dar (Fig. 5), o elemento substituído deve ser, em geral, o elemento representativo abstrato de sua categoria (o elemento PRO). No

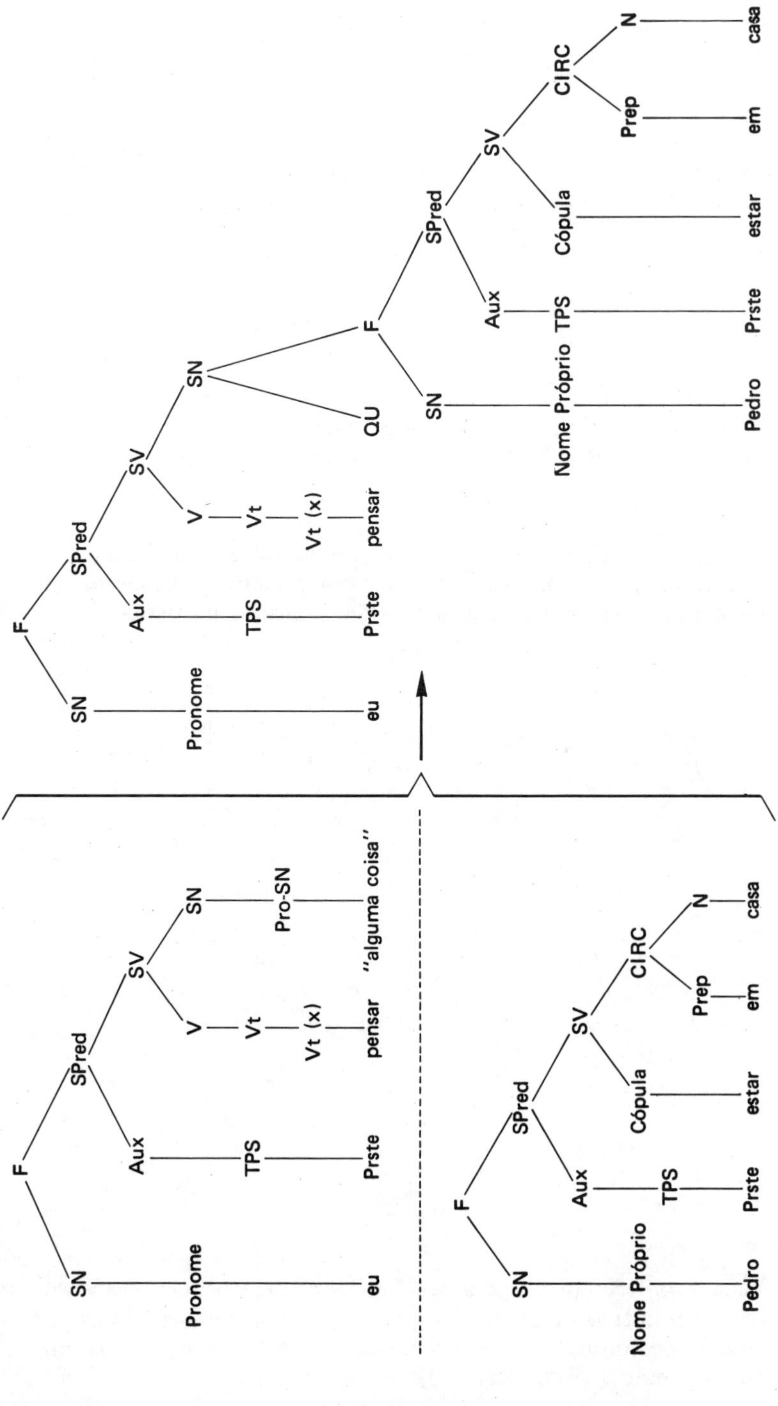
F
SN
SPred
Pronome
Aux
SV
TPS
V
SN
Vt
Pro-SN
Vt (x)
eu
Prste
pensar
"alguma coisa"
F
SN
SPred
Nome Próprio
Aux
SV
TPS
Cópula
CIRC
Prep
N
Pedro
Prste
estar
em
casa
F
SN
SPred
Pronome
Aux
SV
TPS
V
SN
Vt
QU
F
Vt (x)
eu
Prste
pensar
SN
SPred
Nome Próprio
Aux
SV
TPS
Cópula
CIRC
Prep
N
Pedro
Prste
estar
em
casa

Figura 5

segundo caso, o elemento substituinte deve ser, ou um indicador sintagmático inteiramente desenvolvido (representando, portanto, uma frase inteira) ou uma seqüência constante, isto é, um elemento que não pode mais ser desenvolvido por novas regras[13], ou uma combinação dos dois (como no exemplo da Fig. 5, onde *QU* é uma seqüência constante que se combina com um indicador sintagmático inteiro). Estas restrições se explicam pela necessidade de não ter de aplicar novamente as regras sintagmáticas ao resultado de uma transformação (cf. Bach, 1964*a*, p. 78).

2.3. Do ponto de vista puramente formal, as transformações elementares de supressão e de substituição não colocavam problemas. Chegamos, agora, a casos mais difíceis. O primeiro é o da *adição*. Seja uma mudança estrutural X – Y – Z → X – Y – W – Z. Agora o problema é saber a que nó ligar, no indicador sintagmático, o novo elemento W. Suponhamos (cf. Bach, 1964*a*, p. 77) que o indicador sintagmático inicial tenha a forma indicada na Fig. 6(*a*). Segundo Bach, podemos, formalmente, escolher entre três possibilidades (Fig. 6(*b*), (*c*), (*d*)).

Na verdade, há ainda outras possibilidades. É preciso não esquecer que os símbolos X, Y, Z fazem parte de um esquema estrutural; portanto, eles dominam, em princípio, elementos do indicador sintagmático que não estão indicados na figura 6.

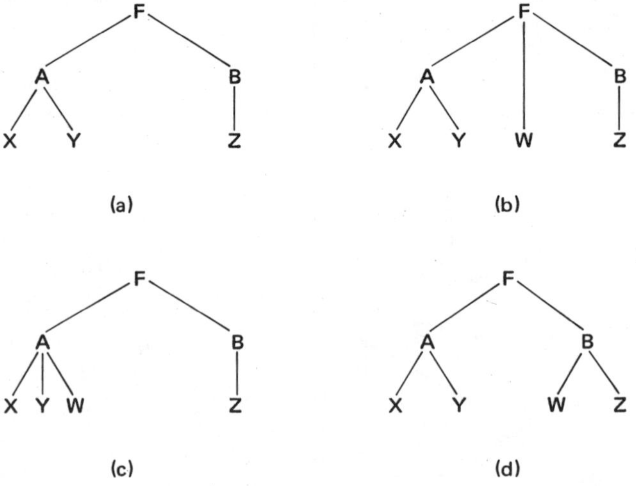

Figura 6

Pode acontecer (e chega a ser freqüente) que o novo elemento seja introduzido de modo a ser dominado por um dos termos do esquema estrutural; isto nos daria duas possibilidades a mais, no nosso exemplo (Fig. 7 (*a*), (*b*)).

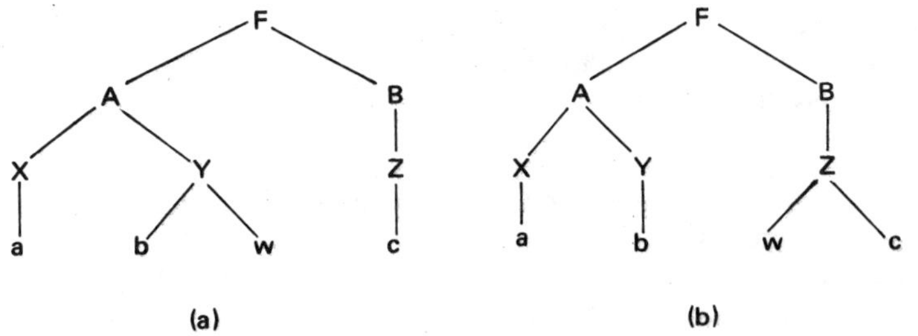

Figura 7

O exemplo da Fig. 7 (*a*) corresponde ao caso da transformação negativa em inglês (cf. Chomsky, 1957*a*, e acima, Cap. IV, § 4): em *he can come* → *he cannot come*, o elemento negativo *not* é ligado ao constituinte Auxiliar (representado por Prste + *can*), que faz parte do esquema estrutural, e que domina daí em diante *not;* um caso análogo é o do passivo em francês ou em português: *être* + PP ou *ser* + PP devem igualmente ser ligados ao constituinte Auxiliar e devem ser dominados por ele.

Estas incertezas levaram os transformacionalistas a recorrer a certos artifícios de notação; aqui mesmo foi utilizado o procedimento que consiste em ligar o elemento acrescentado, seja ao que o precede, seja ao que o segue, por meio do sinal mais: X – Y – Z → X – Y + W – Z. Mas este procedimento não resolve todas as dificuldades. Com efeito, se ele exclui os casos (*b*) e (*d*) da figura 6 e o caso (*b*) da figura 7, não permite ainda distinguir entre o caso (*c*) da figura 6 e o caso (*a*) da figura 7. Esta dificuldade é encontrada em casos concretos; assim, em $T_{Passivo}$, gostaríamos de poder dizer que o novo constituinte *ser* + PP é doravante dominado pelo Auxiliar, mas, em compensação, não haveria nenhum sentido em dizer que, no complemento agente *por* + SN, *por* faz parte do sintagma nominal (é dominado por SN); ao contrário, gostaríamos de poder indicar que *por* + SN "são" juntos os constituintes de uma unidade superior, que seria um sintagma preposicional. Acrescentemos que, de qualquer modo, o procedimento que consiste em recorrer a esta notação é puramente empírico e não tem nenhuma justificação teórica.

Na verdade, não parece haver uma solução geral e satisfatória para estas dificuldades. No mais das vezes, a solução consiste em suprimir o problema, isto é, em reformular a transformação de tal modo que ela não comporte mais nenhuma operação de adição. Então, ou o elemento acrescentado, se se tratar de uma constante, é introduzido pelas regras sintagmáticas, e a transformação se limita, por operações de permutação, a lhe dar sua posição definitiva na frase (é, como veremos, o caso da negação, cf. abaixo, Cap. VI, § 4.2), ou a transformação é reformulada como uma transformação de substituição. Esta maneira de suprimir o problema poderia parecer demasiado livre se não correspondesse a exigências lingüísticas precisas: a nova formulação está bem mais próxima da intuição lingüística que a outra e explica mais fatos.

2.3.1 Tomemos como exemplo a transformação que introduz as preposições relativas em francês. Tínhamos formulado esta regra como uma transformação de adição (cf. Cap. IV, § 5.2); esta insere a proposição relativa, oriunda da frase constituinte, após um sintagma nominal que pertence à frase-matriz. Mas, nesta formulação, que aqui lembramos,

$$\left.\begin{array}{ccccc} X & - & SN & - & Y \\ 1 & & 2 & & 3 \\ & & & & \\ Z & - & SN & - & W \\ 4 & & 5 & & 6 \end{array}\right\} \rightarrow \begin{array}{l} 1 - 2 - QU + 4 + 5 + 6 - 3 \\ (\text{condição: } 4 + 5 + 6 = F, \text{ e } 2 = 5) \end{array}$$

não há razão alguma para ligar QU + 4 + 5 + 6 (a relativa) a 2 e não a 3. Ora, do ponto de vista lingüístico, seria necessário mostrar que a relativa se liga ao sintagma nominal precedente, (2), e que doravante faz parte dele (é somente isto que nos permitiria, em *o homem que chegou ontem morreu*, definir *o homem que chegou ontem* como sujeito da frase). O mesmo problema aparece no caso das nominalizações, do tipo *a chegada de Pedro*. Além disso, seria necessário poder indicar que a relativa (em *o homem que chegou ontem*), o complemento adnominal (em *a chegada de Pedro* como em *as asas da mosca*) e o adjetivo epíteto (em *a rosa vermelha*)[14], tem essencialmente a mesma função (a de determinante do nome) e isto a despeito de suas origens transformacionais diversas.

Na verdade, essas dificuldades serão resolvidas se reformularmos a transformação relativa e as nominalizações como transformações de substituição: a versão transformada da frase constituinte será, de agora em diante, não mais acrescentada à seqüência do sintagma nominal, mas substituída, de maneira completamente análoga ao caso da completiva direta (ver acima, p. 238), a um elemento abstrato postiço que terá sido engendrado pelas regras sintagmáticas. Em outras palavras, a regra sintagmática que engendra o sintagma nominal terá doravante uma forma mais complexa, ou seja: SN → Art + N (DET), onde o símbolo DET (= "determinante") domina um elemento "postiço" cuja única função é servir de suporte às transformações generalizadas que introduzem as relativas, os complementos adnominais e os epítetos. O constituinte DET é facultativo: se ele não for escolhido no decorrer da derivação sintagmática, será impossível aplicar uma transformação generalizada; se ele for escolhido, seremos obrigados a aplicá-la.

Evidentemente, esta formulação tem como conseqüência tornar ainda mais abstrata a estrutura sintagmática subjacente; já tínhamos visto que nas seqüências S-terminais, a ordem dos elementos não tinha senão uma relação indireta com a ordem dos elementos na forma definitiva das frases; vemos agora que, além disso, ao menos algumas seqüências S-terminais engendradas pelas regras sintagmáticas — a saber, aquelas que são subjacentes a frases-matrizes — comportam um ou mais elementos terminais "postiços", cujo único papel é servir de suporte a transformações generalizadas de substituição.

Esta reformulação, que, aparentemente, complica as coisas, na realidade as simplifica. Ela permite não somente atribuir automaticamente uma estrutura sintagmática derivada, de acordo com a intuição, às seqüências produzidas por transformação generalizada, mas também unificar consideravelmente a apresentação das transformações de encaixe. De fato, todas as transformações de encaixe podem agora ser representadas como operações que substituem uma versão transformada da frase constituinte a um elemento "postiço" que figura num ponto da análise própria da frase-matriz; os elementos introduzidos neste ponto automaticamente tomam, então, a estrutura sintagmática do elemento "postiço" substituído. Em particular, todas as proposições subordinadas baseadas no elemento *QU* (todas as substantivas introduzidas por *que*, assim como as relativas) podem ser agora introduzidas por uma única transformação, que tem a seguinte forma:

T_{QU} (nova versão)

$$\left.\begin{array}{lcc} X - & \begin{Bmatrix} SN \\ DET \end{Bmatrix} & - Y \\ 1 & 2 & 3 \\ F & & \\ 4 & & \end{array}\right\} \rightarrow 1 - QU + 4 - 3$$

(condição: 2 domina um elemento terminal "postiço")

(esta transformação vem, portanto, substituir ao mesmo tempo as que foram formuladas no Cap. IV, § 5.2., p. 186 e acima, p. 238; não seria difícil formulá-la de modo que ela engendre também as proposições circunstanciais; por outro lado, é evidente que seria preciso especificar para que valores de X ela é possível).

Em seguida, uma formulação ligeiramente diferente da transformação que "atrai" um sintagma nominal para o constituinte QU seria aplicada somente no caso das relativas:

$T_{\text{ligação a QU}}$:

$$\begin{array}{cccccccc} X - & Art - & N - & QU - & Y - & SN - & Z - & W \\ 1 & 2 & 3 & 4 & 5 & 6 & 7 & 8 \end{array}$$

$$\rightarrow 1 - 2 - 3 - 4 + 6 - 5 - 7 - 8$$

(onde 2 — 7 é dominado por SN, 5 + 6 + 7 = F, e 6 = Art + 3)

Esta formulação permite resolver uma pequena dificuldade da anterior – p. 200, acima – que decorre do fato de que, em *o homem que chegou ontem morreu*, as frases subjacentes parecem antes ser *o homem morreu* e *um homem chegou ontem*: a nova formulação permite que a transformação se aplique mesmo que os artigos sejam diferentes; somente os nomes – o "antecedente" e o que, combinado a QU, dará, pelas regras fonológicas, um pronome relativo – devem ser idênticos (cf. Fig. 8).

As nominalizações devem igualmente ser reformuladas. A título de exemplo, $T_{Nomin\ VS}$ (Cap. IV, p. 193) teria agora o seguinte esquema estrutural:

X – Art – N – DET – Y
1 2 3 4 5
SN – Aux (ser + PP) – V – (Prep + Z)
6 7 8 9
(onde 3 e 4 dominam um elemento "postiço")

A transformação operaria em várias etapas assim esquematizadas:

(*a*) o constituinte nominalizante N^{do} substituir-se-ia ao auxiliar (mais precisamente ao TPS, o que lhe daria o estatuto de um Afixo); (*b*) a seqüência N^{do} + V substituir-se-ia ao Nome (= 3), da frase matriz; (*c*) o restante, isto é, o SN sujeito da frase-constituinte, [6] e, eventualmente, a seqüência [9] – substituir-se-ia ao elemento "postiço" dominado por DET (sendo acrescentado um *de* ao SN [6]), posteriormente T_{Afixo} aplicar-se-ia a N^{do} (que recebeu o estatuto de Afixo) e a V, permutando-os para dar-lhes sua ordem normal. Esta apresentação da transformação constitui

Figura 8

Estrutura subjacente a: *o homem que Pedro encontrou morreu*

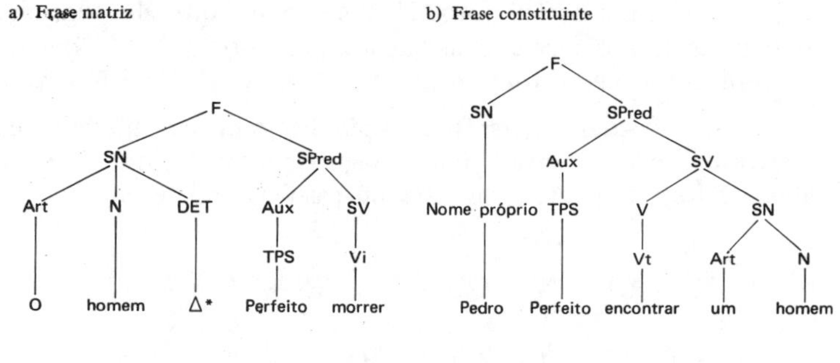

* Este símbolo representa um elemento terminal "postiço" que deve ser obrigatoriamente substituído por transformação.

c) Após a aplicação de T_{QU}:

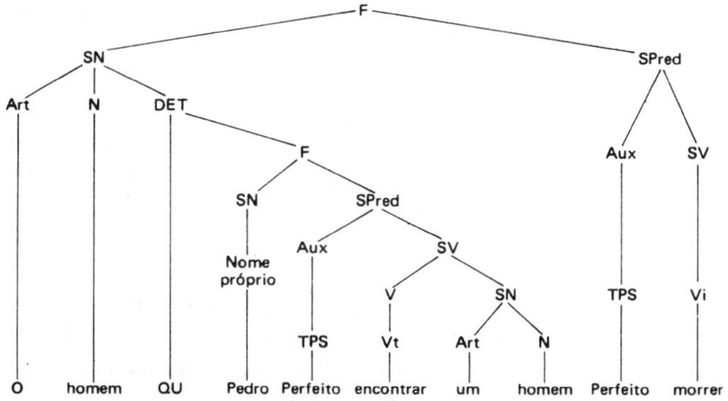

d) Após a aplicação de $T_{ligação}$

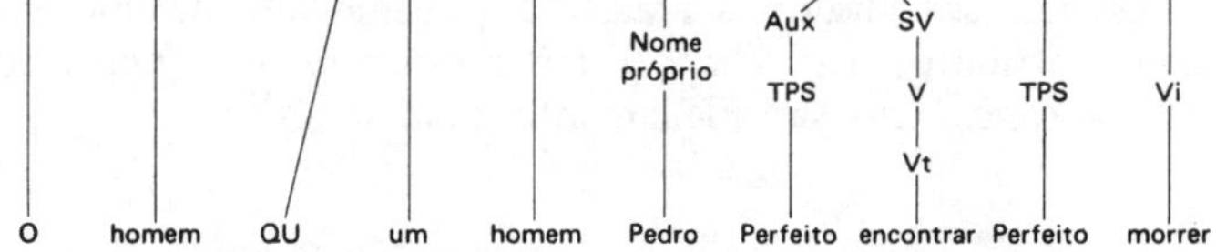

um grande avanço em relação à precedente, mas restam ainda algumas dificuldades, relativas especialmente à ordem na qual devem ser aplicadas estas diversas operações e sobretudo ao estatuto de *de* que continua sendo introduzido por uma operação de adição.

2.3.2 Ao lado das transformações de encaixe, o outro grande tipo de transformações generalizadas, as transformações de conjunção (de coordenação) foram em geral concebidas como transformações por adição. Tomemos o caso da que constrói *Pedro está triste e doente* a partir das seqüências subjacentes a *Pedro está triste. Pedro está doente*. Neste caso, diz Chomsky, a transformação "toma um termo α da análise própria, com o termo β do esquema estrutural que o domina de mais longe (assim como todas as partes intermediárias do indicador sintagmático que são dominadas por β, e que dominam α) e [...] que o liga (talvez com a adição de uma seqüência constante) a um outro termo da análise própria" (1961*a*, pp. 134-135). No nosso exemplo, o esquema estrutural é o seguinte:

SN – Aux + Cópula – Adj.
1 2 3
(onde 1 = 4, e 2 =5)
SN – Aux + Cópula – Adj.
4 5 6

e o resultado da transformação é ligar 6, precedido da seqüência constante *e*, a 3. Como os indicadores sintagmáticos iniciais têm a forma indicada na figura 9(*a*), o resultado (Fig. 9(*b*)) é que *triste e doente* é dominado por S. Atr. (sintagma atributivo; este termo é empregado de preferência ao de atributo para reservar este último à *função* do sintagma em questão na frase); *triste e doente* é pois o sintagma atributivo da frase derivada. Notaremos por que é necessário formular a transformação por meio de um esquema estrutural e não simplesmente em termos de indicadores sintagmáticos; se não houvesse, no texto citado de Chomsky, referência explícita ao esquema estrutural, o elemento β, que "domina de mais longe" o termo da análise própria (*doente*) seria, não mais um Adj., mas S. Atr.; o indicador sintagmático derivado teria então a forma indicada na figura 9(*c*) e não seria mais possível dizer que *triste* + *e* + *doente* "é um" sintagma atributivo. (Lembremos que a especificação do esquema estrutural é necessária, se quisermos afastar a possibilidade de coordenar qualquer atributo; nem *Pedro é triste e um imbecil*, nem *Pedro é triste e engenheiro* são plenamente gramaticais[15].

a)

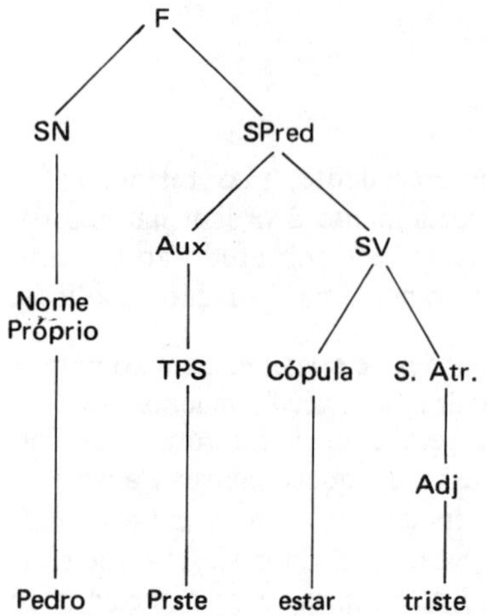

para a segunda frase, a mesma árvore com *doente* no lugar de *triste*

b)

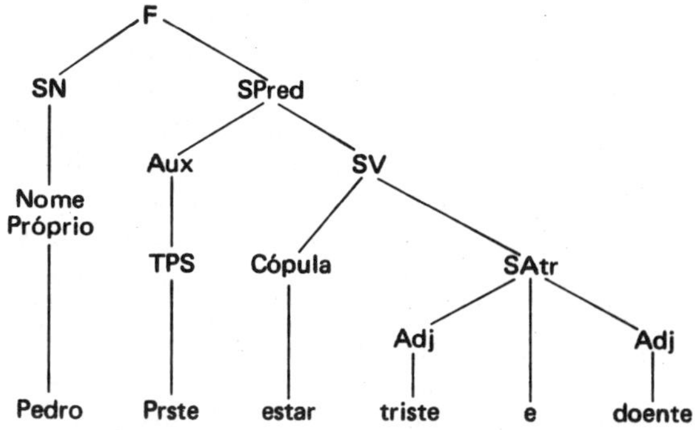

c)

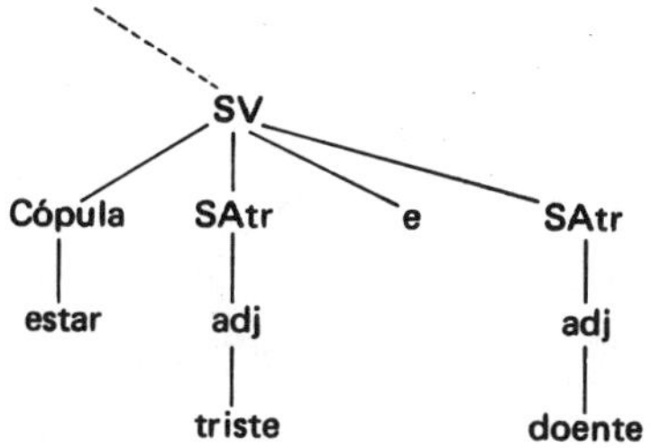

Figura 9

2.4. É preciso considerar ainda os efeitos, sobre a estrutura sintagmática derivada, das transformações por *permutação*. Trata-se aqui de transformações singulares que reordenam dois constituintes adjacentes, ou duas seqüências adjacentes de constituintes. Vimos alguns exemplos disto com T_{Afixo} e com a interrogação em inglês. Um outro exemplo particularmente claro é, em inglês, o da regra de separação que (cf. Chomsky, 1962*a*, p. 228) converte a seqüência V_T – Partícula – SN na seqüência V_T – SN – Partícula; esta regra é facultativa no caso de um sintagma nominal comum, e obrigatória quando o SN é um pronome; ela converte, por exemplo, *I picked up the book* em *I picked the book up*, e **I picked up it* em *I picked it up*.

O princípio geral consiste, no caso, em fazer o indicador sintagmático sofrer a menor mudança possível, de modo que o resultado seja sempre representável na forma de árvore (em outras palavras, é preciso, por exemplo, que determinados ramos da árvore não possam se cruzar, cf. Bach, 1964*a*, pp. 71-72). Isto é o mesmo que dizer que todos os ramos da árvore que são afetados pela permutação devem estar ligados ao nó que está "o mais baixo possível" na árvore, isto é, ao nó que é, segundo a expressão de Matthews, "o mínimo denominador comum" dos elementos concernidos pela permutação. "O mínimo denominador comum de um conjunto de constituintes é o constituinte que domina todos os membros do conjunto, sem dominar nenhum outro constituinte que também os dominaria". (Matthews, 1965, p. 49; cf. também Chomsky, 1961*a*, p. 135; Bach, 1964*a*, p. 78 e s.; Postal, 1964*a*, p. 94, nº 116). A figura 10 dá alguns exemplos de permutações; o primeiro (*a*) corresponde ao esquema estrutural X – Y – Z → X – Z – Y, mas representa um caso teórico que nunca se encontra, a não ser, talvez, em permutações de caráter estilístico; o segundo (*b*), com o esquema estrutural X – Y – Z → Y – X – Z, está mais próximo da realidade, o terceiro (*c*) corresponde ao exemplo inglês já dado *I picked up the book* → *I picked the book up*.

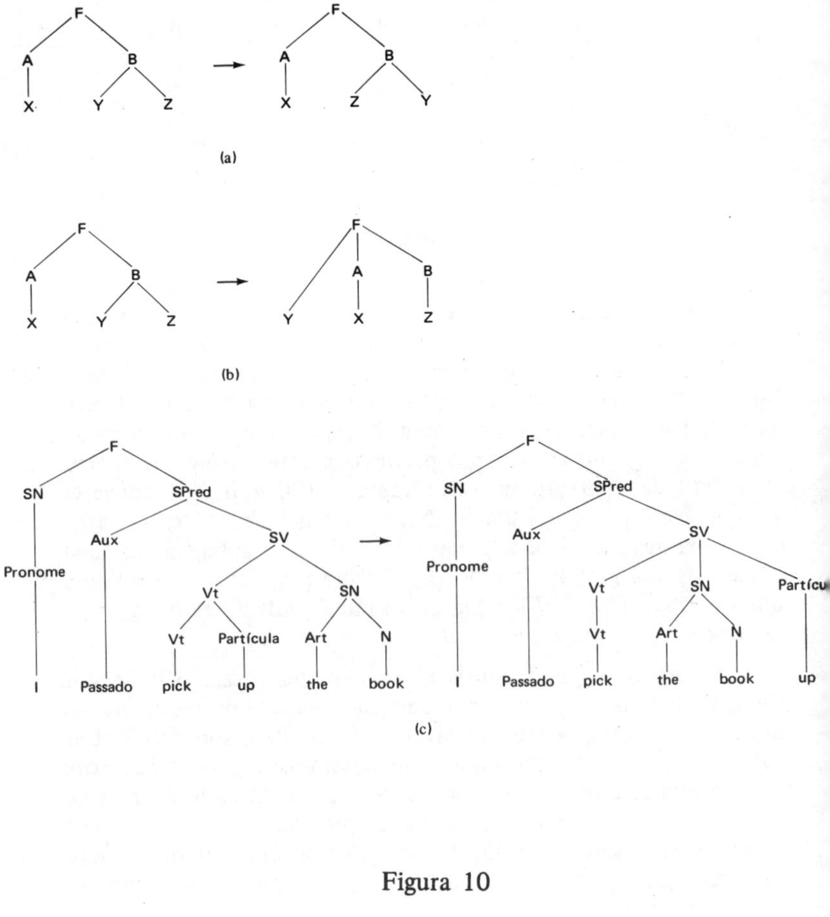

Figura 10

2.4.1. São as transformações por permutação que, no mais das vezes, dão origem aos *constituintes descontínuos*, de que já falamos em várias ocasiões. Elas têm um efeito muito característico que consiste, se se pode dizer, em reduzir o grau de estruturação dos indicadores sintagmáticos (cf. Chomsky, 1961*a*, p. 135). Observamos mais acima (Cap. III, § 6.6.) que, quanto mais um indicador sintagmático comportar ramificações binárias, tanto mais ele é estruturado. Ora, as permutações tendem a diminuir o número de ramificações binárias e a aumentar o número das *ramificações múltiplas* (*multiple branchings*). Não é difícil perceber tal fenômeno, se considerarmos a Fig. 10(*b*) e (*c*): em cada caso, encontramos, depois da aplicação da transformação, uma ramificação binária a menos e uma ramificação ternária a mais.

A questão do número de elementos em que pode ser dividido um dado constituinte (número que numa árvore é traduzido pelo número de ramos oriundos do mesmo nó) tinha sido objeto de numerosas discussões em Lingüística Estrutural. Os defensores da análise em constituintes imediatos na sua forma clássica (Harris, Wells, Bloch) favoreciam o princípio das divisões binárias da mesma forma que os glossemáticos (cf. Togeby, 1951, p. 15, p. 61 e s.), enquanto que os tagmêmicos da escola de Pike (cf. em particular Longacre, 1960, 1964) e os lingüistas ingleses (Halliday, 1961) acentuavam as divisões múltiplas. Enquanto se permanece no quadro do modelo sintagmático, que representa a estrutura de uma frase através de uma só árvore, a contradição é insolúvel. Com efeito, de um lado, gostaríamos de que as representações sob forma de árvore servissem para definir as relações sintáticas, e é certo que a maioria das relações sintáticas importantes (tais como sujeito-predicado, verbo transitivo-objeto, cópula-atributo (predicativo) determinado-determinante) são relações a dois termos. Por outro lado, não é menos certo (cf. Cap. III, § 6.6.) que a estrutura imediata "superficial", das frases, se deixe, em geral, descrever em termos de ramificações binárias, mas que, ao contrário, ela é mais adequadamente representada por árvores "fracas" com ramificações múltiplas. A teoria transformacional permite superar esta contradição. Com efeito, ela representa, como vimos, a estrutura das frases não mais por um único indicador sintagmático, mas por um conjunto deles. Os indicadores sintagmáticos subjacentes, que são engendrados apenas pelas regras sintagmáticas, terão, de um modo geral, uma estrutura muito regular (binária), e serão os únicos pertinentes para definir as categorias, funções e relações sintáticas (cf. abaixo, Cap. VI). Quanto aos indicadores sintagmáticos derivados, que resultam da aplicação das transformações, e em particular das permutações, terão uma estrutura muito mais flexível. As permutações têm, portanto, um efeito de distorção: elas conseguem, se se pode dizê-lo, "camuflar" a estrutura da frase, dissimular as relações representadas nos indicadores sintagmáticos subjacentes[16]. A teoria transformacional permite, assim, preservar o que havia de correto na análise em constituintes imediatos, e o fato empírico de que as frases concretas são, à primeira vista, muito menos estruturadas[17].

A título de ilustração desta redução progressiva do grau de estruturação operada pelas transformações de permutação, aqui estão (Fig. 11) três dos indicadores sintagmáticos sucessivos da frase *os soldados foram quase todos mortos*. A figura 11(*a*) dá o indicador sintagmático primitivo, subjacente a *alguém matou quase todos os soldados*; a figura 11(*b*) dá o indicador derivado, depois da aplicação de $T_{Passivo}$ e da transformação de elipse do agente indeterminado; a figura 11(*c*) dá o indicador sintagmático derivado final (depois de T_{Afixo} e da transformação que "desliga" o predeterminante do sintagma nominal).

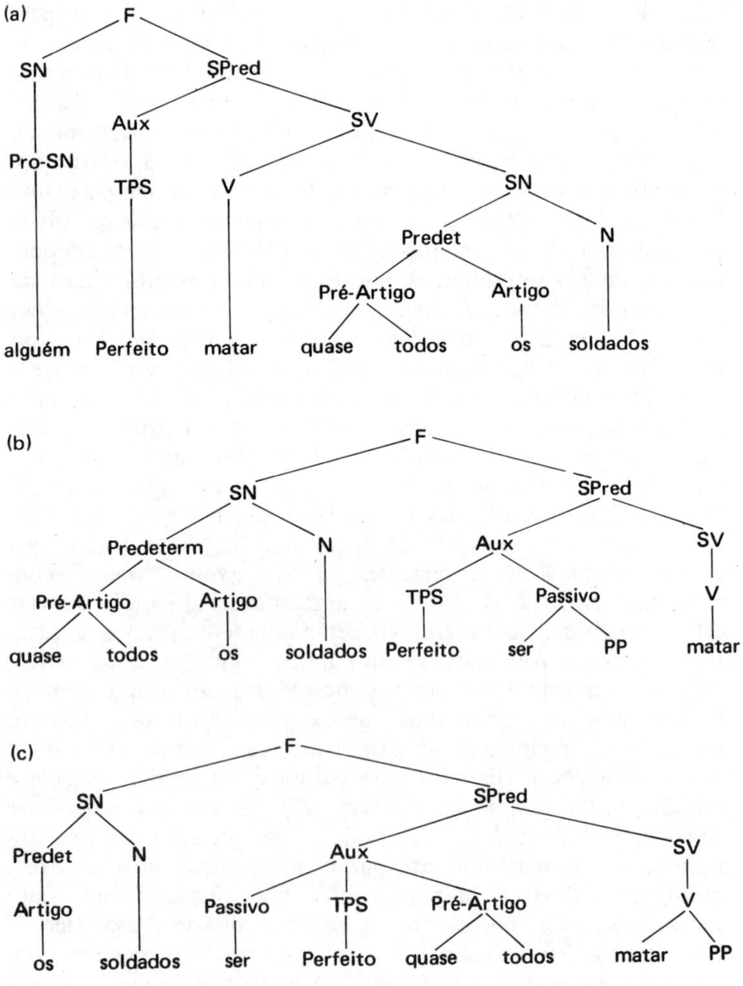

Figura 11

2.4.2 Algumas dificuldades técnicas permanecem nas transformações por permutação (cf. Chomsky, 1955*a*, Cap. VIII[18]). Não trataremos disto pormenorizadamente mas assim mesmo assinalaremos o seguinte problema. Permutações que incidem sobre um esquema estrutural de mais de dois termos devem, de fato, ser analisadas em várias operações sucessivas; mas então, a ordem na qual se efetuam estas operações pode não ser indiferente, do ponto de vista da estrutura do indicador sintagmático resultante. Tomemos por exemplo a transformação que faz passar o esquema X − Y − Z a Z − Y − X [1 − 2 − 3 → 3 − 2 − 1]; ela deve ser analisada em dois tempos. Ora, o estágio intermediário poderia, teoricamente, ser, ou 1 − 3 − 2, ou 2 − 1 − 3, ou 2 − 3 − 1, ou 3 − 1 − 2. Compreende-se melhor agora o princípio das transformações elementares (cf. acima, § 1.2); fazendo corresponder termo a termo, e *da esquerda para a direita*, cada termo do esquema estrutural e cada termo do esquema resultante, impomos automaticamente uma única solução, ou seja 1 − 2 − 3 / 3 − 1 − 2 / 3 − 2 − 1. É interessante constatar que muitas vezes há coincidência entre esta exigência formal (que é o mesmo que valorizar a ordem linear dos elementos) e as considerações lingüísticas concretas (cf. um exemplo em Bach, 1964*a*, pp. 79-80). Sejam as seguintes frases:

um fantasma vagava no parque [1]
no parque vagava um fantasma [2]

Parece natural descrever a relação entre estas frases por uma transformação estilística, que engendraria [2] a partir de [1], com o esquema estrutural SN − Aux + V_i − Circ. de lugar[19], e a mu-
1 2 3
dança estrutural 1 − 2 − 3 → 3 − 2 − 1, que é idêntica a de nosso exemplo teórico. Se decompusermos a transformação em dois tempos, levando, sistematicamente, em conta todas as possibilidades, teremos, no estágio intermediário, ou (*a*) *um fantasma no parque errava*; (*b*) *errava um fantasma no parque*; (*c*) *errava no parque um fantasma*; (*d*) *no parque um fantasma errava*, com os indicadores sintagmáticos indicados na figura 12 (simplificados). Notaremos, inicialmente que, se nos ativermos ao princípio de que a permutação deve mudar a árvore o menos possível, as árvores (*a*) e (*c*), que conservam integralmente a divisão binária do sujeito e do predicado, parecem as melhores. Em compensação, se observarmos o princípio da ordem das transformações elementares, será o estágio (*d*) o preferido. Do ponto de vista lingüístico, se (*a*), e mais ainda (*b*) e (*c*) não são totalmente impossíveis num discurso estilisticamente marcado, eles são decididamente menos naturais que [2] e mesmo menos naturais que (*d*). Por um lado, seria útil poder ligar esta transformação a uma outra, que deriva [4] de [3]:

a marquesa encontrou um fantasma no parque [3]
no parque, a marquesa encontrou um fantasma [4]

Ora, esta última transformação teria a forma:

SN – Aux + SV – Circ. de lugar → 3 – 1 – 2;
1 2 3

em outras palavras, ela leva a uma estrutura que corresponde ao estágio intermediário (*d*) da outra transformação. Seria, pois, interessante reformular as coisas da seguinte maneira: uma primeira transformação, cujo domínio é mais amplo que o daquela considerada em primeiro lugar, engendra ao mesmo tempo [4] e [2] (*d*); em seguida, uma segunda transformação, limitada a um domínio que compreende apenas os verbos intransitivos, faz passar [2] (*d*) a [2]. Verificamos, assim, que razões puramente lingüísticas militam, ao menos neste caso preciso, em favor da mesma solução que teria feito escolher o princípio de ordem imposto às transformações elementares.

3. A estrutura de uma frase deve, pois, ser representada, não apenas por um indicador sintagmático mas por um conjunto deles, isto é, um ou mais indicadores sintagmáticos subjacentes (engendrados pelas regras sintagmáticas) e vários indicadores sintagmáticos derivados (engendrados pelas transformações); um destes é o indicador sintagmático derivado final.

Neste momento, um problema crucial se apresenta. Já fizemos alusão a ele (cf. Cap. IV, § 3.1.) sem que tenha sido, contudo, tratado mais diretamente: é o problema da *ordem* na qual devem ser aplicadas as transformações que convertem indicadores sintagmáticos em outros indicadores sintagmáticos.

As regras sintagmáticas, como vimos, são ordenadas. Mas como também notamos (Cap. IV, § 3.1.), esta ordem é, num certo sentido, banal. Significa simplesmente que é impossível aplicar uma regra que desenvolve este ou aquele símbolo (por exemplo, a regra que reescreve SN como Art + N) antes que as regras que introduzem este símbolo (por exemplo F → SN + SPred) tenham sido aplicadas. Como diz Chomsky (1965*a*, p. 223, nº 6), a ordem das regras sintagmáticas é uma ordem *intrínseca*: não é senão uma conseqüência da maneira pela qual as regras foram formuladas.

No caso das transformações, o problema é mais complexo. Há, sem dúvida, casos em que o problema da ordem é mais evidente, casos em que a própria formulação das transformações dirá quando uma deve preceder ou anteceder uma outra. Assim (cf. Cap. IV, § 3.1.), é evidente que $T_{Passivo}$, se decidirmos aplicá-la, deverá aplicar-se necessariamente antes de T_{Afixo}. Mas há outros casos muito menos claros. Assim, se considerarmos a família de transformações inglesas que agrupa as transformações interrogativa, negativa, enfática, não há, *a priori*, nenhuma razão para aplicá-las numa ordem e não em outra (cf. Cap. IV, § 4.). Lembremos que, quando se tratou (§ 2.2.) de ordenar $T_{Impessoal}$ e $T_{Subjuntivo}$, houve de nossa parte uma certa hesitação. Nada na

1)

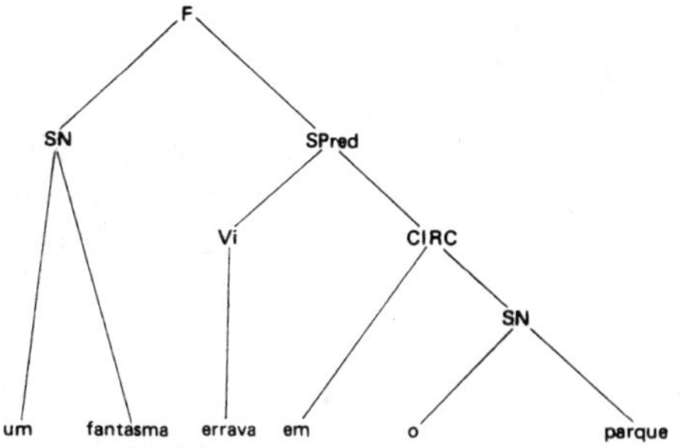

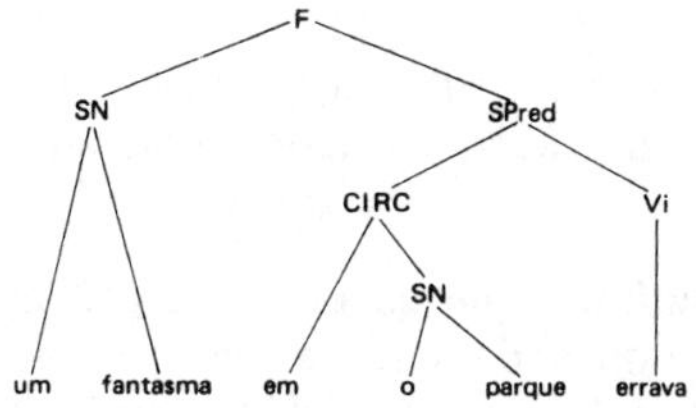

(a)

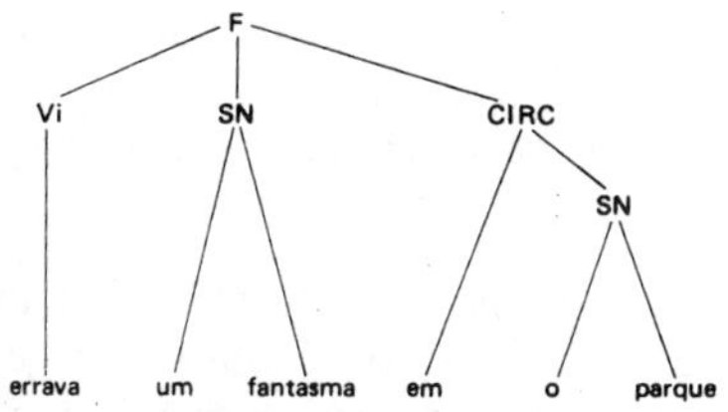

(b)

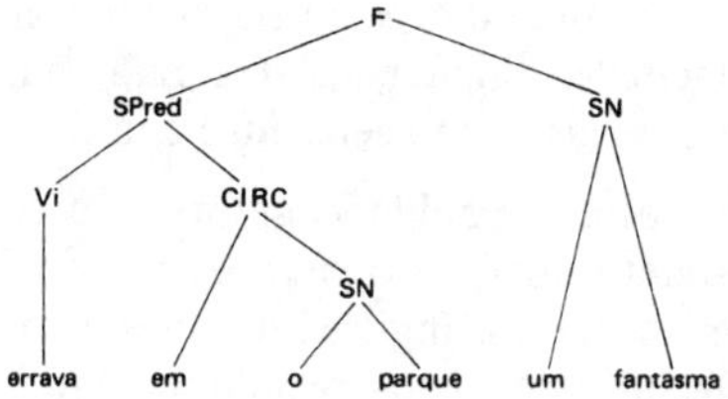

(c)

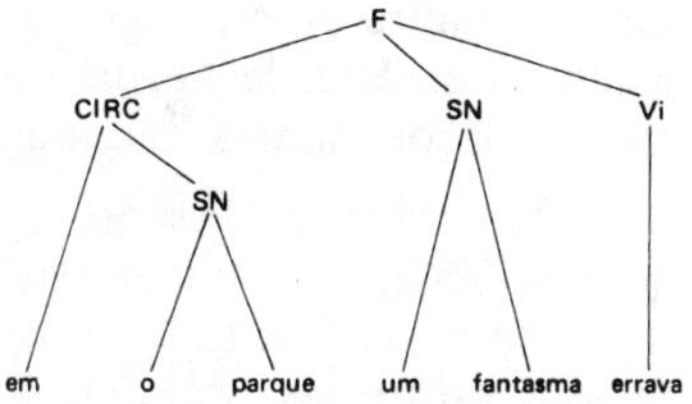

(d)

2)

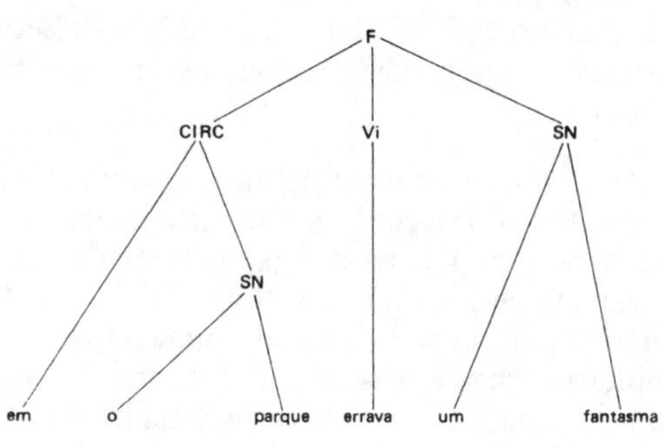

Figura 12

formulação das duas transformações indicava que uma devia necessariamente preceder a outra. Foram, enfim, considerações extrínsecas que nos levaram a adotar uma ordem e não outra: escolhemos aplicar $T_{Impessoal}$ antes de $T_{Subjuntivo}$ porque tal ordem permitia dar conta de mais fatos que a ordem inversa. Num caso deste tipo, a ordem das regras é uma ordem *extrínseca*, na medida em que não depende da própria formulação das regras e na medida em que ela deve ser assinalada explicitamente na gramática (cf. Chomsky, *Ibidem*).

A questão de saber se, quando e como convém impor uma ordem às transformações é pois, importante, do mesmo modo que é importante saber se é possível determinar princípios gerais que governariam esta ordem. Notemos que tais princípios, uma vez descobertos, não mais constariam das gramáticas particulares, mas fariam parte da teoria geral, ao mesmo título que aqueles que concernem o estabelecimento das estruturas sintagmáticas derivadas (cf. § 2).

De fato, a questão dos princípios que governam a ordem das transformações apresenta, do ponto de vista de suas implicações para a teoria geral, grandes analogias com a dos princípios que regem as estruturas sintagmáticas derivadas. Como já dissemos (Cap. IV, § 3.1., e final do § 6.2.2.), o modelo transformacional, como o havia formulado originalmente Chomsky (1956, 1957*a*, 1962*a*), era, num certo sentido, muito rico; tinha uma capacidade gerativa muito grande, que, em princípio, lhe permitia engendrar qualquer espécie de linguagem, inclusive linguagens que não têm senão relações muito longínquas com as linguagens humanas.

Era, pois, necessário limitar esta capacidade gerativa se se quisesse realmente tornar este modelo adequado, isto é, torná-lo capaz de engendrar todas e não mais que as línguas humanas, com as suas estruturas próprias. Refletindo sobre os problemas apresentados pelo estabelecimento das estruturas sintagmáticas derivadas, Chomsky e seus colaboradores chegaram a definir um certo número de princípios que têm como efeito reduzir a capacidade gerativa do modelo (cf. §§ 2.1., 2.2., 2.3.). Refletindo sobre a questão da ordem das transformações, deveremos chegar a resultados análogos.

3.1. Ao invés de abordar direta e abstratamente a questão da ordem das transformações, gostaríamos antes de voltar a um problema concreto, problema este já apresentado quando falamos dos auxiliares modais em francês (Cap. IV, § 2.2 (*f*)). Trata-se de saber como engendrar transformacionalmente toda uma classe de frases complexas, que, a despeito de grandes diferenças formais, têm em comum o fato de comportarem uma frase encaixada numa outra, a título de "completiva objeto direto". Tentando resolver este problema, seremos levados a introduzir várias transformações que operam numa ordem absolutamente determinada. A ordem dessas diferentes transformações é típica da maneira pela qual os problemas de ordem se apresentam, e este fragmento de gramática fornecerá os materiais e os exemplos a partir dos quais abordaremos a discussão dos princípios gerais. Consideremos primeiramente a seguinte série de exemplos franceses:

Pierre croit que Paul est malade [1]
Pierre croit qu'il est malade [2]
Pierre croit être malade [3]
Pierre croit que Paul a rencontré un bandit [4]
Pierre croit qu'il a rencontré un bandit [5]
Pierre croit avoir rencontré un bandit [6]
Le bandit que Pierre croit avoir rencontré a été arrêté [7]
Pierre craint que Paul (ne) soit malade [8]
Pierre craint d'être malade [9]
* Pierre craint que Pierre (ne) soit malade[20] [10]
Pierre veut que Paul travaille [11]
Pierre veut travailler [12]
* Pierre veut que Pierre travaille [13]
* Pierre veut qu'il travaille [14]
Pierre raconte une histoire à Jean [15]
Pierre dit à Jean que Paul est malade [16]
* Pierre dit que Paul est malade à Jean [17]
Pierre dit à Jean qu'il est malade [18]
* Pierre dit à Jean que Pierre est malade [19]
* Pierre dit à Jean que Jean est malade [20]
Pierre propose à Jean que Paul vienne [21]
Pierre propose à Jean de venir [22]
* Pierre propose de venir à Jean [23]
* Pierre propose à Jean que Pierre vienne [24]
* Pierre propose à Jean que Jean vienne [25]

Consideremos agora a seguinte série de exemplos em português, onde a variação em relação ao francês é mínima:

Pedro acredita que João está doente [1']
Pedro acredita que ele está doente [2']
Pedro acredita estar doente [3']
Pedro acredita que Paulo encontrou um bandido [4']
Pedro acredita que ele encontrou um bandido [5']
Pedro acredita ter encontrado um bandido [6']
O bandido que Pedro acredita ter encontrado foi preso [7']
Pedro teme que Paulo esteja doente [8']
Pedro teme estar doente [9']
* Pedro teme que Pedro esteja doente [10']
Pedro quer que Paulo trabalhe [11']
Pedro quer trabalhar [12']
* Pedro quer que Pedro trabalhe [13']
* Pedro quer que ele trabalhe [14']
Pedro conta uma história a João [15']
Pedro diz a João que Paulo está doente [16']
? Pedro diz que Paulo está doente a João [17']
Pedro diz a João que ele está doente [18']
* Pedro diz a João que Pedro está doente [19']
* Pedro diz a João que João está doente [20']

	Pedro propõe a João que Pedro venha	[21']
	Pedro propõe a João trabalhar	[22']
*	Pedro propõe trabalhar a João	[23']
*	Pedro propõe a João que Pedro trabalhe	[24']
*	Pedro propõe a João que João trabalhe	[25']

Que regras será preciso introduzir na gramática, se, entre estas frases, quisermos engendrar, da maneira mais simples possível, todas as que são gramaticais, e excluir todas as outras? Notemos inicialmente que para engendrar [15] ou [15'] – assim como, de modo geral, todas as frases com duplo objeto – deveremos completar a regra sintagmática que desenvolve o sintagma verbal (cf. Cap. IV, § 2.1.; cf. também a nota 6 do Cap. IV); doravante esta regra deverá ser lida:

RS_3 : SV → V (SN) (SPrep) (onde SPrep será, em seguida reescrito a + SN)

Já dispomos (cf. § 2.3.1) de uma transformação generalizada, de aplicação bastante ampla, que encaixa uma frase em outra, e que engendra, por exemplo, [1] a partir de [1*a*] *Pierre croit quelque chose* e de [1*b*] *Paul est malade* ou, no português, [1'] a partir de [1*a'*] *Pedro acredita alguma coisa* e de [1*b'*] *Paulo está doente*[21]. Esta transformação engendra [4] e [4'] de modo análogo e, sob condição de acompanhá-la com $T_{Subjuntivo}$, engendra igualmente [8] a partir de [8*a*] *Pierre craint quelque chose* e de [8*b*] *Paul est malade*, assim como [8'], a partir de [8*a'*] *Pedro teme alguma coisa* e de [8*b'*] *Paulo está doente.* As frases [11] e [21] assim como as frases [11'] e [21'] serão engendradas da mesma maneira. Lembremos a forma desta transformação:

$$T_{QU} : \left.\begin{array}{ccccc} X & - & SN & - & Y \\ 1 & & 2 & & 3 \\ & & & & \\ F & & & & \\ 4 & & & & \end{array}\right\} \rightarrow 1 - QU + 4 - 3$$

(condição: 2 domina um elemento terminal "postiço").

Apesar de sua enorme generalidade (lembremos que ela está também na base das proposições relativas), esta transformação não permite engendrar imediatamente as outras fases gramaticais dadas acima. Temos, então, de escolher entre duas soluções: ou (*a*) engendrar estas outras frases por meio de outras transformações, independentes de T_{QU} (e, neste caso, o problema da ordem de apresentação de T_{QU} e dessas outras transformações não existirá); ou então (*b*) engendrar todas estas frases, passando por T_{QU}. Nesse caso, porém, isto significa que será preciso acompanhar T_{QU} com algumas transformações aplicadas numa certa ordem; com efeito, se nos contentarmos em aplicar T_{QU}, obteremos frases agramaticais. Por exemplo, a partir de *Pierre veut quelque chose* e de *Pierre travaille*, engendraremos [13] e não [12], assim como a partir de *Pedro quer alguma coisa* e *Pedro trabalha*, engendraremos [13'] e não [12'].

É, no entanto, a segunda solução a preferível; com efeito, ela permite, de maneira uniforme, dar conta da interpretação semântica de todas estas frases, sublinhando o paralelismo entre [1] e [2], [1'] e [2'], [4] e [6], [4'] e [6'], [11] e [12], [11'] e [12'], [21] e [22], [21'] e [22'] etc. Esta solução indica formalmente que cada uma destas frases está baseada em duas proposições elementares, que têm, a cada vez, a mesma relação (sendo a frase-constituinte o "objeto" na frase-matriz). Assim, se construirmos [11'] e [12'] passando por T_{QU}, obteremos os indicadores sintagmáticos derivados da figura 13, que indicam, corretamente, que *Paulo* em [11'] e *Pedro* em [12'] são os sujeitos de *trabalhar*. Além disso, como veremos, esta solução permite explicar a ambigüidade de frases como [18] e [22] e [18'] e [22'].

Uma vez adotada a segunda solução, é preciso agora formular algumas transformações que, aplicadas depois de T_{QU}, engendrarão as formas corretas das frases. Estas transformações deverão, por exemplo, permitir a substituição do indicador sintagmático derivado subjacente a [13] (indicador que está representado na Fig. 13), pelo indicador derivado final subjacente à frase gramatical [12']. Façamos, por enquanto, abstração do problema que

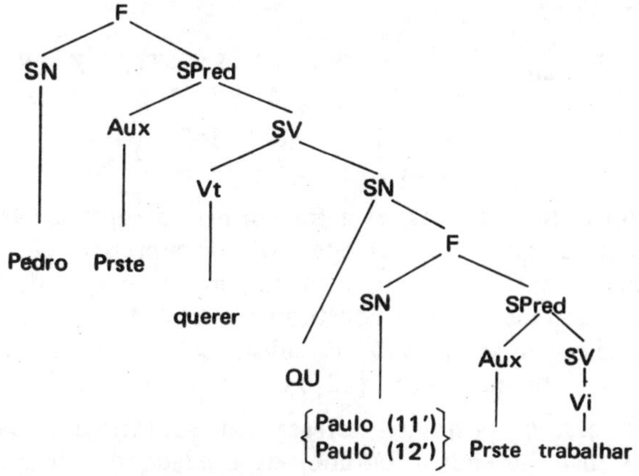

Figura 13

a necessidade de introduzir o subjuntivo em certas frases (como [11] ou [11']) apresenta; veremos que é melhor tratá-lo no final. Se considerarmos os exemplos de perto, veremos que três problemas se colocam: (*a*) é preciso, em certos casos, substituir completivas com verbo conjugado por infinitivas; (*b*) em outros casos, o objeto indireto está colocado incorretamente; (*c*) enfim, em certos casos, é necessário substituir um sintagma nominal (*Pedro*, no caso) por um pronome anafórico. Estes problemas serão resolvidos se formularmos três transformações, aplicáveis na seguinte ordem:

(*a*) A regra RS_3 tendo engendrado o objeto direto (SPrep) de maneira que ele venha depois do objeto direto, temos as frases agramaticais [17] e a frase portuguesa [17'] menos gramatical que [16'], ou ainda [24*a*] * *Pierre propose que Pierre vienne à Jean* e [24'*a*] * *Pedro propõe que Pedro trabalhe a João;* é preciso então introduzir uma transformação que permute o objeto indireto e o objeto direto, toda vez que este consistir numa proposição; esta transformação, que é obrigatória, tem a seguinte forma:

$T_{\text{Lugar do objeto indireto}}$

$$\begin{array}{l} X + iV_t - QU + F - \grave{a} + SN - Y \\ 1 \quad\quad\; 2 \quad\quad\quad 3 \quad\quad 4 \\ \rightarrow 1 - 3 - 2 - 4 \end{array}$$

Esta transformação engendra corretamente [16] a partir de [17] e [16'] a partir de [17'] e, por outro lado, [24] a partir de [24*a*] e [24'] a partir de [24'*a*].

(*b*) Em seguida, uma transformação opera sobre as seqüências que compreendem dois sintagmas nominais idênticos, um, na frase-matriz e o outro, na frase-constituinte; é esta transformação que introduz as construções infinitivas; ela tem para o francês, a seguinte forma:

$$\begin{array}{ll} T_{\text{Infinitivo}}: & X - SN - Y - QU - SN - TPS - Z - W \\ & 1 \quad\; 2 \quad\; 3 \quad\; 4 \quad\; 5 \quad\; 6 \quad\; 7 \quad 8 \\ & \rightarrow 1 - 2 - 3 - (de) - \text{Infinitivo} - 7 - 8 \\ & (\text{onde } 2 = 5, \text{ e } 5 + 6 + 7 = \text{Frase}) \end{array}$$

Em outras palavras, esta transformação suprime (de acordo com as regras que regem as operações de supressão, cf. § 2.1.) o sintagma nominal repetido, substitui um afixo de infinitivo ao morfema dominado pelo constituinte TPS (de acordo com as regras que regem as operações de substituição, cf. § 2.2.), e, enfim, substitui QU, ora por *de* (cf. [22]) ora por zero (cf. [12]).

No caso do português, a regra pode ser formulada da mesma maneira, não havendo, contudo, necessidade de alternativa de substituição de QU que aparece no francês, uma vez que ele seria sempre substituído por zero (cf. [22'] e [12']).

As condições em que esta transformação se aplica deveriam ser formuladas de modo mais cuidadoso do que aqui é feito; com efeito, não basta distinguir, para o francês, os casos em que *de* esteja presente daqueles em que esteja ausente; é preciso também determinar os casos em que a transformação é obrigatória (cf. [12] para o francês, e [12'], para o português), aqueles em que ela é facultativa (cf. [5] - [6] e [5'] e [6'] e aqueles em que ela é impossível (por exemplo, se considerarmos [26], *Pierre dit être malade* ou [26'] *Pedro acredita João estar doente,* como agramaticais). Esta transformação engendra [12] *Pierre veut travailler* a partir de [13] * *Pierre veut que Pierre travaille* e [12'] *Pedro quer*

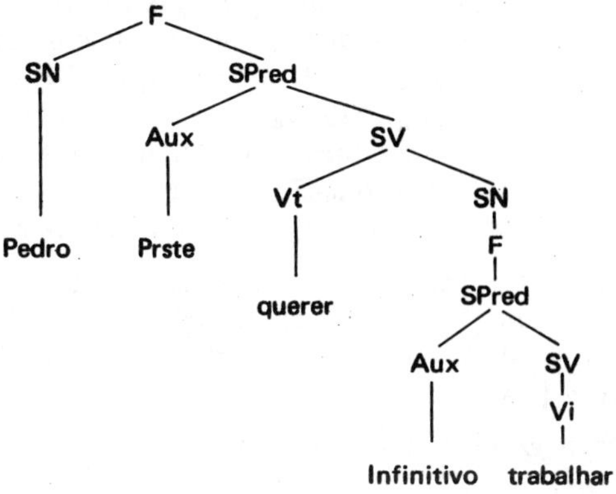

Figura 14

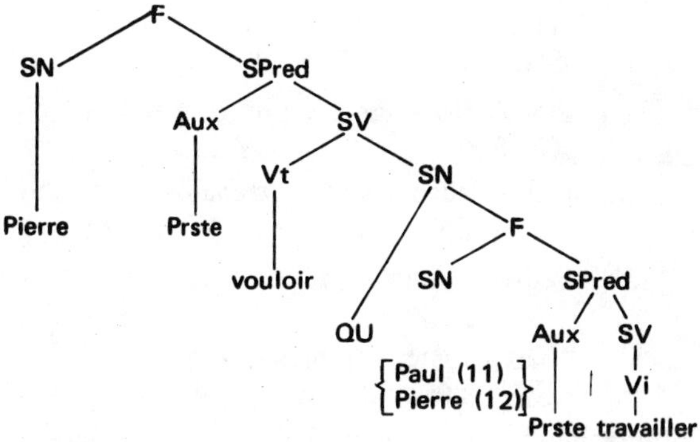

Figura 13'

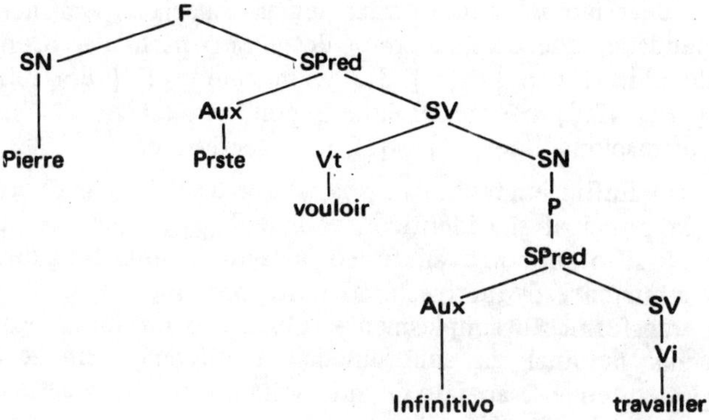

Figura 14'

trabalhar a partir de [13'] **Pedro quer que Pedro trabalhe*; mais precisamente, ela converte o indicador sintagmático da Figura 13 no da Figura 14 e o da Figura 13' no da Figura 14' (bastará: em seguida, aplicar $T_{Subjuntivo}$, T_{Afixo} e as regras fonológicas para obter [12] e [12']. Notaremos, considerando a Figura 14 e a Figura 14', que esta transformação oferece uma boa ilustração da maneira pela qual são obtidas as estruturas sintagmáticas derivadas.

É esta transformação que dá conta da ambigüidade de [22] e da ambigüidade de [22']. Com efeito, tal como foi formulado, o esquema estrutural de $T_{Infinitivo}$ se aplica tanto a [24] como a [25] e tanto a [24'] como a [25']:

[24]: Ø - Pierre - Prste + proposer + à + Jean –
X SN Y
QU - Pierre - Prste - venir - Ø
SN TPS Z W

[25]: Pierre + Prste + proposer + à - Jean - Ø - QU
X SN Y
Jean - Prste - venir - Ø
SN TPS Z W

[24']: Ø - Pedro - Prste + propor + a + João -
X SN Y
QU - Pedro - Prste - trabalhar - Ø
SN TPS Z W

[25']: Pedro + Prste + propor + a - João - Ø - QU –
X SN Y
João - Prste - trabalhar - Ø
SN TPS Z W

Compreende-se, por outro lado, a necessidade de aplicar esta transformação depois da que, "situa" o objeto indireto. Com efeito, se tivéssemos escolhido a ordem inversa, o esquema estrutural de $T_{Infinitivo}$ não poderia aplicar-se a [23] ou a [23'] (oriundos respectivamente de [25] e [25'] pela transformação de objeto indireto); deveríamos, então, criar regras especiais, sem nenhuma generalidade, que dessem conta deste caso particular. Contrariamente a [24] e a [25], [23], assim como [23'] em relação a [24'] e a [25'] não representam, pois, um estágio da "história transformacional" de [22] e [22'], respectivamente.

(*c*) Enfim, em todos os casos em que o sujeito da subordinada e o da principal são idênticos, e onde $T_{Infinitivo}$ não se aplicou, introduz-se o pronome anafórico, através de uma transformação cujo esquema estrutural está bastante próximo do de $T_{Infinitivo}$. Esta transformação simplesmente substitui o pronome pessoal ao sintagma nominal da subordinada. A diferença em relação a $T_{Infinitivo}$ prende-se ao fato de que, nesta última, era preciso especificar o constituinte TPS no esquema estrutural. Aqui, já não é mais necessário fazê-lo, além do que esta transformação poderá também aplicar-se se o sintagma nominal repetido não for o sujeito da subordinada. Assim, é esta transformação que (aplicada duas vezes) produz [27] *Pierre dit à Paul qu'il l'a rencontré,* ambígua, a partir de * *Pierre dit à Paul que Pierre a rencontré Paul* e de * *Pierre dit à Paul que Paul a rencontré Pierre*[22], da mesma forma que produz a frase do português [27'] *Pedro diz a Paulo que ele o encontrou,* também ambígua, a partir de * *Pedro diz a Paulo que Pedro encontrou Paulo* e de * *Pedro diz a Paulo que Paulo encontrou Pedro.* Eis a transformação:

$$
\begin{array}{llllllllll}
T_{\text{Pronominalização}}: & X - SN - Y - QU - Z - SN - W - U \\
& 1 \quad 2 \quad 3 \quad 4 \quad 5 \quad 6 \quad 7 \quad 8 \\
\rightarrow & 1 - 2 - 3 - 4 - 5 - PRO - SN - 7 - 8 \\
& \text{(condições: } 2 = 6, \text{ e } 5 + 6 + 7 = \text{frase)}
\end{array}
$$

A razão pela qual esta transformação vem depois de $T_{\text{Infinitivo}}$ é também clara: se ela precedesse $T_{\text{Infinitivo}}$, esta última não poderia jamais aplicar-se, uma vez que o SN sujeito da frase subordinada (tornado um pronome) não seria mais idêntico ao SN da principal.

Em toda esta discussão, deixamos de lado a questão do momento em que deva intervir $T_{\text{Subjuntivo}}$, que é necessário aplicar em certos casos, se quisermos, por exemplo, obter as frases gramaticais [8] ou [21], [8'] ou [21']. De fato, o melhor é aplicar $T_{\text{Subjuntivo}}$ depois de todas as outras transformações. Suponhamos que ela fosse aplicada antes de $T_{\text{Infinitivo}}$. Se quisermos engendrar [22], por exemplo, seremos levados, primeiramente, a substituir o subjuntivo ao constituinte dominado por $TP\bar{S}$, e, em seguida, deveremos substituir o subjuntivo pelo infinitivo. É claro que, assim, introduzimos na derivação uma etapa totalmente gratuita que pode ser evitada situando $T_{\text{Subjuntivo}}$ no final da série das transformações, imediatamente antes das transformações de concordância e de T_{Afixo}.

3.2. Façamos o balanço daquilo que esta discussão pode nos ensinar sobre a ordem das transformações. Todas as frases consideradas são o produto de uma transformação generalizada que encaixa uma frase em outra. Aplicamos, primeiramente, a transformação generalizada e, em seguida, submetemos a seqüência resultante a uma série ordenada de transformações singulares. Notemos que nenhuma vez fizemos a frase-matriz sofrer uma transformação singular antes do encaixe; isto parece ser uma regra geral (cf. Fillmore, 1963, p. 209; Chomsky, 1965*a*, p. 133). Em nossos exemplos, a frase-constituinte encaixada também não é submetida a nenhuma transformação antes do encaixe; entretanto, deste ponto de vista, nossos exemplos não são muito típicos. Existe, com efeito, um certo número de casos de transformações singulares que parece razoável aplicar à frase-constituinte antes do encaixe. Parece ser este o caso das transformações que estão na base dos diversos "tipos de frases" (interrogativas, negativas, passivas etc.).

Não fizemos análise gerativa das interrogativas e das negativas em francês, nem em português (para as interrogativas, em francês, cf. Langacker, 1965), mas podemos facilmente compreender que, se quisermos engendrar [28]:

on peut ne pas aimer ce film (cf. Cap. IV, § 2.2 (*f*)) [28]

será necessário ter, inicialmente, as seqüências subjacentes a:

on peut "quelque chose" [28*a*]

e a:

on n'aime pas ce film [28*b*]

o que significa que, antes, foi necessário aplicar as transformações negativas à frase-constituinte. Por outro lado, se quisermos engendar [29]:

on ne peut pas aimer ce film [29]

não será necessário aplicar a negação antes do encaixe; parece até mais natural aplicá-la depois (o que corresponde à idéia tradicional de que a negação, nesta frase, "incide" sobre o conjunto da frase complexa). A mesma observação é válida para o português. Assim, se quisermos engendrar [28']:

a gente pode não gostar deste filme [28']

será necessário dispor das seqüências subjacentes a

a gente pode "alguma coisa" [28'*a*]

e a

a gente não gosta deste filme [28'*b*]

significando, da mesma forma que no exemplo francês, que, antes, é necessário aplicar as transformações negativas à frase-constituinte. E se quisermos engendrar [29']

a gente não pode gostar deste filme [29']

também não será necessário, como no francês, aplicar a negação antes do encaixe.

Um raciocínio análogo poderia ser aplicado ao caso das proposições interrogativas subordinadas: as transformações que estão na base da interrogação devem aplicar-se igualmente à frase--constituinte antes do encaixe (senão não teríamos, por exemplo, como distinguir *Pedro não sabe se Paulo veio* de *Pedro não sabe que Paulo veio*)[24].

Em todos os exemplos do § 3.1., nunca tivemos mais do que uma transformação generalizada por vez: cada frase complexa estava baseada em duas frases simples subjacentes[25]. O que aconteceria se se tratasse de frases mais complexas, baseadas em mais de duas frases simples e que fosse, portanto, o resultado de pelo menos duas transformações generalizadas? Consideremos o exemplo [7']

o bandido que Pedro acredita ter encontrado foi preso [7']

As três seqüências subjacentes a esta frase correspondem, aproximadamente, às frases simples [7'*a*] *alguém prendeu o bandido,* [7'*b*] *Pedro acredita alguma coisa* e [7'*c*] *Pedro encontrou um bandido.* Aqui estão os indicadores sintagmáticos destas três seqüências subjacentes (Fig. 15; lembremos que os pequenos triângulos representam elementos "postiços", que servem de suporte às transformações de supressão e de substituição; cf. §§ 2.1. e 2.3.):

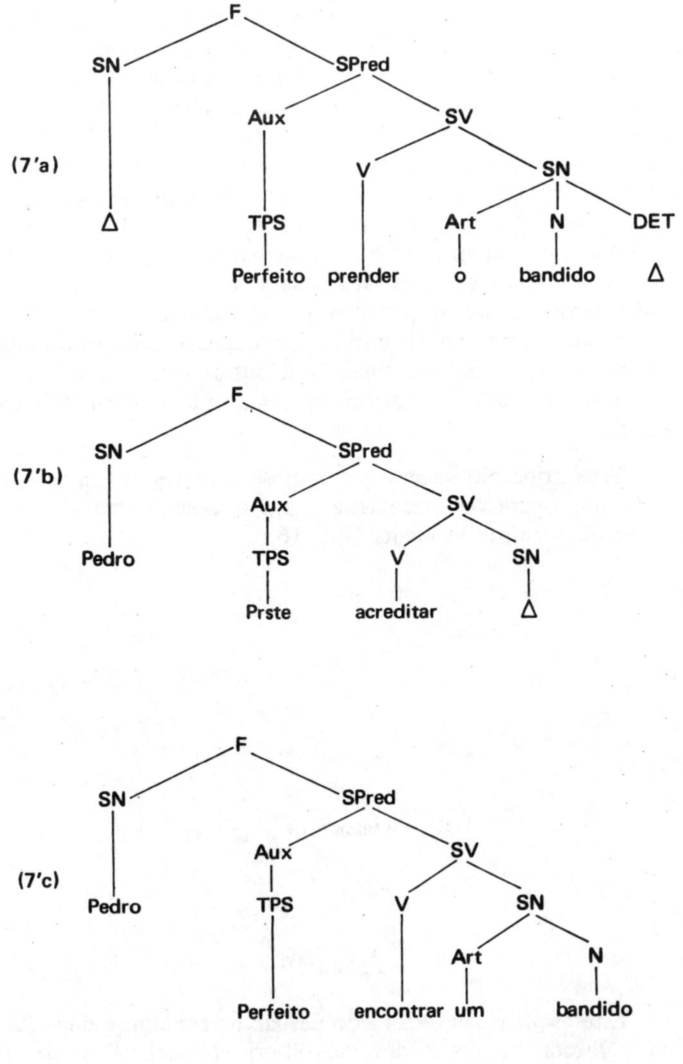

Figura 15

Devemos aplicar, para engendrar [7'], duas transformações generalizadas. Não há, em princípio, nenhuma razão para impor-lhes uma ordem qualquer; poderíamos tanto encaixar primeiro [7'*b*] em [7'*a*], para depois encaixar [7'*c*] na seqüência resultante, como seguir a ordem inversa: encaixar primeiro [7'*c*] em [7'*b*], e depois encaixar o resultado em [7'*a*]. Efetivamente, segundo Filmore (1963) e Chomsky (1965*a*, p. 133), não há razão para impor uma ordem intrínseca às transformações generalizadas. O que vai nos orientar são as considerações feitas acima sobre a posição das transformações singulares em relação aos encaixes. Como não há razão para se proceder a transformações singulares nas frases-matrizes antes do encaixe, enquanto que, ao contrário, pode ser necessário fazê-lo nas frases-constituintes, parece ser natural a seguinte convenção. Começa-se pela mais profundamente encaixada (no caso, [7'*c*], que é a única a ser apenas uma frase-constituinte; [7'*b*] é, ao mesmo tempo, constituinte, em relação a [7'*a*], e matriz, em relação a [7'*c*]), e eventualmente aplica-se a ela algumas transformações singulares. Em seguida, ela é encaixada na frase imediatamente superior [7'*b*]. Submetemos o resultado às transformações singulares necessárias, para novamente encaixá-la na frase superior, e assim por diante, até esgotar as possibilidades de encaixe. Submetemos, enfim, a seqüência total resultante às transformações singulares finais. Em outras palavras, as transformações generalizadas se distribuem numa ordem que vai "de baixo para cima".

Este princípio sugere que representemos graficamente a sucessão das operações necessárias para o engendramento de [7'] através do seguinte esquema (Fig. 16):

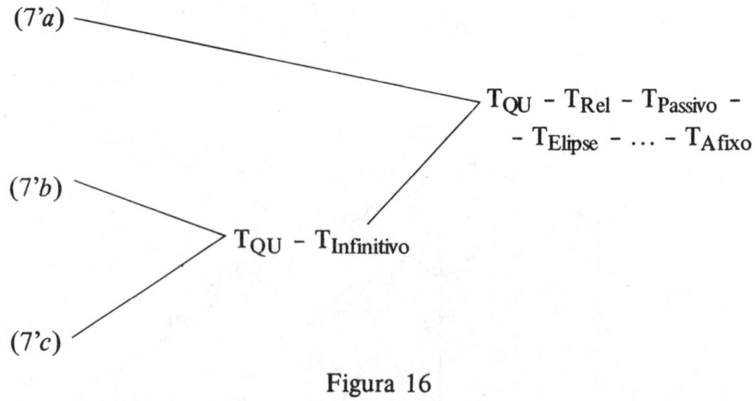

Figura 16

Este esquema deve ser lido de baixo para cima e da esquerda para a direita. Eis como devemos interpretá-lo. Parte-se de [7'*c*]; neste exemplo, nenhuma transformação singular é aplicada antes do encaixe; encaixa-se, então, [7'*c*] em [7'*b*], através de T_{QU}, que substitui QU + [7'*c*] ao símbolo "postiço" dominado por SN em [7'*b*]. O resultado (isto é, a seqüência que seria subjacente a * *Pedro acredita que Pedro encontrou um bandido*) é, em seguida, submetido a $T_{Infinitivo}$ (dando a seqüência subjacente a *Pedro acredita ter encontrado um bandido*). Como mais nenhuma transformação é aplicada, a seqüência resultante é por sua vez encaixada em [7'*a*], sempre através de T_{QU} (desta vez por substituição ao símbolo vazio dominado por DET). O resultado (**alguém prendeu o bandido QU Pedro acredita ter encontrado um bandido*) é, em seguida, submetido à transformação (T_{Rel}) que engendra a proposição relativa (cf. § 2.3.1.), daí a seqüência subjacente a *alguém prendeu o bandido que Pedro acredita ter encontrado*. Finalmente, $T_{Passivo}$, a transformação de elipse de um agente indeterminado, as transformações de concordância, e T_{Afixo}, dão a forma normal de [7'], que está pronta para receber, das regras fonológicas, sua forma fonética final.

3.3. Como já dissemos acima (cf. Cap. II, § 1., Cap. III, § 4.1.), a estrutura de uma frase pode ser descrita por meio de uma hierarquia de *níveis de representação*. Cada nível é caracterizado por um conjunto de elementos minimais e por um conjunto de regras específicas; regras especiais ligam cada nível ao nível imediatamente inferior. Distinguimos, até o momento, vários níveis, fonemático, morfemático e sintagmático. Aos níveis fonemático e morfemático, vimos (cf. Cap. II, § 1.) que a estrutura de uma frase pode ser representada por uma seqüência de elementos concatenados (fonemas ou morfemas). Ao nível sintagmático, vimos que a representação é mais abstrata: a estrutura de uma frase simples (ou, mais exatamente, de uma seqüência S-terminal) é nele representada por um conjunto de seqüências de elementos, que correspondem ao conjunto das derivações desta frase; este conjunto de seqüências de elementos é traduzível graficamente por um indicador sintagmático.

Vimos que esta representação não era suficiente e, assim, passamos para um modelo mais forte, o modelo transformacional. Este modelo, entretanto, não substitui pura e simplesmente os modelos precedentes, mas os integra. Poderíamos, então, dizer que o que fizemos foi introduzir um nível superior de representação, o *nível transformacional*. Da mesma forma que, ao nível sintagmático, a estrutura de uma seqüência S-terminal é representada graficamente por um indicador sintagmático, vemos que um diagrama como o da Figura 16 representa graficamente a estrutura de uma frase ao nível transformacional; com efeito, este diagrama representa integralmente o que se pode chamar a "história transformacional" de uma frase, isto é, a seqüência de operações que convertem um conjunto de indicadores sintagmáticos subjacentes num indicador sintagmático derivado final. Poder-se-ia, portanto, dizer que o diagrama da Figura 16 representa o *indicador transformacional* da frase [7'].

Na realidade, é possível levar mais longe a analogia entre os diferentes níveis de representação. Da mesma forma que um indicador sintagmático corresponde a um conjunto de seqüências de elementos concatenados, um indicador transformacional pode ser formalmente representado por um conjunto de seqüências de elementos concatenados. Os elementos minimais, a este nível, correspondem aos indicadores sintagmáticos e às transformações, e é possível formular regras que projetem a representação bidimensional da Figura 16 numa única dimensão, o que permite, pois, representar um indicador transformacional como uma seqüência de elementos. Não insistiremos aqui nesta formulação, que foi elaborada (ao mesmo tempo que uma teoria geral dos níveis) por Chomsky (1955*a*) e desenvolvida por Katz e Postal (1964, p. 55 e s.)[25 bis].

4.1. Nos §§ 2 e 3, discutimos problemas que estavam, em grande parte, ligados à grande riqueza do modelo transformacional em suas primeiras versões. Gostaríamos agora de falar, ainda que brevemente, de um ponto em que, durante muito tempo, o modelo transformacional pecou por falta e não mais por excesso. Trata-se da maneira pela qual este modelo trata o *léxico* e as relações entre léxico e sintaxe. Passaremos rapidamente sobre este ponto, de um lado porque se trata de uma questão bastante complexa, que ultrapassa largamente o campo do objeto em que este trabalho se fixou – a teoria sintática – e, de outro, porque só mais recentemente uma solução aparentemente satisfatória foi esboçada para os problemas que apresenta o estudo do léxico.

Até o presente, nos fragmentos de gramática gerativa apresentados (Cap. III, § 2; Cap. IV, § 2.1.), as unidades lexicais foram introduzidas por meio de regras sintagmáticas, como:

(*a*) N → *menino*, *homem*, *gato*, *bolo* . . .

(*b*) VT → *comer*, *gostar* . . .

etc. Também indicamos (Cap. I, § 5.1) que era necessário submeter as diferentes categorias como Nome, Verbo etc., a uma classificação em subcategorias de diversas espécies e sugerimos (Cap. III, § 2.) que esta classificação se fizesse através de regras sintagmáticas, umas independentes e outras dependentes do contexto. Assim, a regra (*a*), acima, não seria realmente uma regra da gramática, mas deveria ser substituída por uma série de regras, tais como:

(*c*) $N \rightarrow \begin{Bmatrix} N_{animado} \\ N_{inanimado} \end{Bmatrix}$

(*d*) $N_{animado}$ → *menino*, *homem*, *gato* . . .

(*e*) $N_{inanimado}$ → *bolo*, *queijo* . . .

Apresentando, assim, as coisas, conformamo-nos com a prática das primeiras gramáticas gerativas. Assim, em Lees (1960*a*, pp. 22-23), Bierwisch (1963, pp. 82-85), Matthews (1965, pp. 243-246), as regras sintagmáticas introduzem numerosas subcategorias, e as regras lexicais, que vêm no fim da parte sintagmática da gramática (nada havendo, na sua forma, que as distinga das outras regras sintagmáticas), consistem em reescrever cada uma destas subcategorias na forma de uma longa lista (em geral, somente esboçada) de unidades lexicais (de morfemas lexicais); estas unidades são geralmente apresentadas na ortografia tradicional, mas é evidente que elas representam seqüências de fonemas.

De fato, esta maneira de tratar o léxico é inadequada. Há, com efeito, uma diferença essencial entre a maneira pela qual uma frase se decompõe progressivamente em constituintes adjacentes, cada vez menores, e a maneira pela qual as categorias, como Nome, Adjetivo, Verbo etc., se ramificam em diversas subcategorias. No primeiro caso, a divisão apresenta um caráter tipicamente hierárquico (taxinômico), facilmente representável por uma árvore; as regras sintagmáticas são perfeitamente adequadas para representar este tipo de estrutura. Em compensação, a classificação em subcategorias (que, aparentemente, não funciona senão para algumas categorias, aquelas que têm morfemas lexicais como membros, por oposição às categorias gramaticais como Artigo, TPS etc.) apresenta-se, em geral, sob a forma de uma classificação "cruzada" (*cross-classification*). Assim, se é necessário dividir os nomes em animados e inanimados, é preciso também dividi-los em femininos e masculinos, nomes próprios e nomes comuns etc. Da mesma forma, se é preciso dividir os verbos em transitivos e intransitivos, é igualmente necessário dividi-los em verbos de sujeito animado e verbos de sujeito inanimado etc. Ora, não há, em geral, razão para estabelecer hierarquia entre estas divisões, que são independentes umas das outras. Entretanto, se quisermos tratar a subcategorização em termos sintagmáticos, seremos obrigados a introduzir uma hierarquia; por exemplo, a subcategorização dos nomes em animados e inanimados, masculinos e femininos, será introduzida pelas seguintes regras sintagmáticas:

(*c*) $N \rightarrow \begin{Bmatrix} N_{animado} \\ N_{inanimado} \end{Bmatrix}$

(*f*) $N_{animado} \rightarrow \begin{Bmatrix} N_{AM} \\ N_{AF} \end{Bmatrix}$

(*g*) $N_{inanimado} \rightarrow \begin{Bmatrix} N_{IM} \\ N_{IF} \end{Bmatrix}$

(*h*) $N_{AM} \rightarrow$ *menino, gato, . . .*

(*i*) $N_{AF} \rightarrow$ *mulher, girafa, . . .*

(*j*) $N_{IM} \rightarrow$ *bolo, sofá, . . .*

(*k*) $N_{IF} \rightarrow$ *maçã, mesa, . . .*

Notemos primeiramente que a escolha desta hierarquia, que subordina a divisão masculino/feminino à divisão animado/inanimado, é totalmente arbitrária; poderíamos perfeitamente ter escolhido a hierarquia inversa. Mas não é tudo; lembremos que, numa gramática sintagmática, cada símbolo representa uma única entidade: assim, N_{AM} é um símbolo único, do mesmo modo que N_{IM}, e a gramática, de fato, não indica que eles têm em comum o traço "masculino". Se tivermos, em seguida, de introduzir regras (por exemplo, as transformações de concordância) que se refiram à distinção masculino/feminino, seremos obrigados a evocar, ao mesmo tempo, N_{AM} e N_{IM}; em outras palavras, fracassaremos na tentativa de formular uma generalização, pois, como diz Chomsky (1965*a*, p. 80), uma regra que se refere ao mesmo tempo a N_{AM} e a N_{IM} não é mais geral do que uma regra que, por exemplo, se aplicasse ao mesmo tempo aos nomes animados masculinos e aos nomes inanimados femininos (N_{AM} e N_{IF}), regra que é impossível encontrar.

Poder-se-ia dizer que a falta em questão das gramáticas sintagmáticas resume-se em representar, sob a forma da figura 17(*a*), tipos de estrutura que antes correspondem às Figuras 17(*b*) e (*c*) (equivalentes):

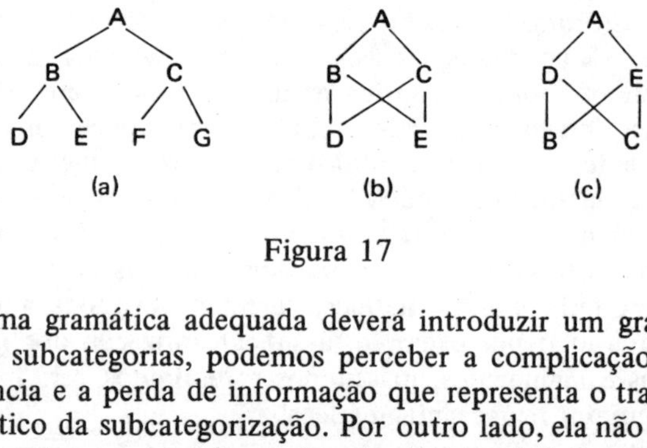

Figura 17

Como uma gramática adequada deverá introduzir um grande número de subcategorias, podemos perceber a complicação, a falta de elegância e a perda de informação que representa o tratamento sintagmático da subcategorização. Por outro lado, ela não pode ser tratada em termos transformacionais clássicos (cf. Postal, 1964*a*, p. 75); com efeito, o esquema estrutural de um grande número de transformações (por exemplo, $T_{Subjuntivo}$ ou $T_{Infinitivo}$, se especificar exatamente as condições em que elas operam) deve comportar uma referência a diversas subcategorias, o que equivale a dizer que elas deverão ter sido introduzidas na gramática anteriormente à aplicação das transformações.

Segundo Chomsky (1966*a*, p. 43), os teóricos da gramática gerativa tomaram, desde logo, consciência desta falha, que G. H. Matthews foi o primeiro a observar. Várias soluções foram esboçadas (cf. Schachter, 1962*a*; Bach, 1964*b*), mas foi preciso esperar o livro de Chomsky (1965*a*, Cap. II, § 2.3., Cap. IV, § 2; ver também 1966*a*, p. 42 e s.) para que o problema fosse realmente atacado em toda sua amplitude.

4.2. O que conduziu Chomsky a uma solução foi a constatação (1965*a*, p. 80 e s.; 1966*a*, p. 43) de que o problema apresentado pela classificação cruzada em sintaxe é, formalmente, análogo a um problema que é, há muito tempo, familiar em fonologia. Não falamos, até o momento, praticamente nada da maneira como uma gramática gerativa trata o componente fonológico. Para poder abordar a analogia em questão, é preciso antes dizer algumas palavras.

Admitimos até o momento (cf. Cap. II, § 1) que as frases eram representadas, ao nível fonemático, por seqüências de fonemas concatenados. Mais precisamente, depois da aplicação de todas as regras sintagmáticas e das transformações necessárias, uma frase como [1] *o gato comia o bolo* seria representada pelo indicador sintagmático derivado final da Figura 18, cuja linha inferior combina as representações fonemáticas e morfemáticas (os morfemas são separados pelos sinais de mais).

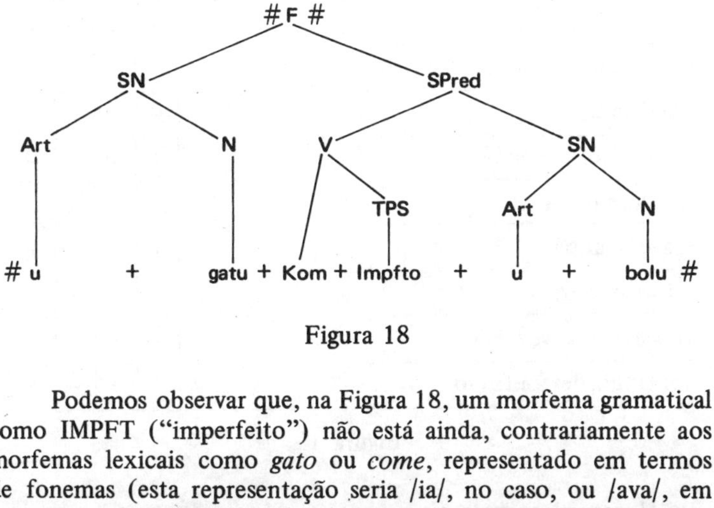

Figura 18

Podemos observar que, na Figura 18, um morfema gramatical como IMPFT ("imperfeito") não está ainda, contrariamente aos morfemas lexicais como *gato* ou *come*, representado em termos de fonemas (esta representação seria /ia/, no caso, ou /ava/, em outros, sendo necessário dar às regras fonológicas, informações que permitissem a realização correta de um ou outro). Morris Halle (1959, p. 27 e s.) mostrou, com efeito, que em muitos casos, a estrutura fônica dos morfemas gramaticais apresenta problemas que levam a introduzir esta estrutura através de regras especiais, posteriores às que introduzem a estrutura fônica dos lexemas. Esta questão não nos interessa diretamente, aqui. Ela só é assinalada por duas razões: indicar em que lugar uma gramática gerativa introduz o que tradicionalmente se chama a morfologia flexional, e lembrar que o componente fonológico de uma gramática gerativa não é algo simples, mas consiste, como o componente sintático, num conjunto de regras, parcialmente ordenadas, e tendo formas diversas (algumas destas regras assemelham-se a regras de reescritura, e outras a regras de transformação).

O que aqui nos interessa, é a maneira pela qual é formulada a representação fonológica dos lexemas. Na Figura 18, cada lexema é representado por uma seqüência de fonemas: /gatu/, /Kom/, /bolu/. De fato, muito antes do nascimento da gramática gerativa, Jakobson (1962, 1963*a*, Cap. IV) tinha mostrado que cada fonema consiste num "feixe" de traços distintivos binários, de modo que um lexema pode ser representado por uma matriz de dupla entrada, onde cada coluna corresponde a um segmento (a um fonema) e cada linha a uma oposição binária (tal como consonântico/não-consonântico, grave/agudo, vozeado/não-vozeado etc.). A Figura 19 dá a representação sob forma matricial do lexema *gato*; a presença, em cada casa da matriz, de um mais ou de um menos indica que o segmento correspondente à coluna possui o traço distintivo correspondente ao primeiro ou ao segundo termo da oposição indicada na linha.

	g	a	t	u
vocálico/não-vocálico	–	+	–	+
consonântico/não-consonântico	+	–	+	–
nasal/oral	–	–	–	–
compacto/não-compacto	+	+	–	–
difuso/não-difuso	–	–	+	+
grave/agudo	+	+	–	+
tenso/frouxo	–	+	+	+
vozeado/não-vozeado	+	+	–	+
contínuo/descontínuo	–	+	–	+

Figura 19

Um quadro deste tipo é um quadro de *traços distintivos.* Em outras palavras, ele não indica todos os traços fônicos que podem caracterizar as ocorrências do morfema *gato*, mas somente especifica aqueles que permitem distinguir este morfema de todos os outros morfemas da língua (notemos que esta formulação, que corresponde à noção familiar de "função distintiva", evita fazer intervir a idéia de que "os traços distintivos servem para distinguir sentidos"; ela é igualmente independente de qualquer procedimento de descoberta dos traços distintivos baseado no sentido; cf. Cap. I, § 6.21).

Na verdade, este quadro pode ser ainda simplificado. Com efeito, entre os traços distintivos que ele apresenta, há um certo número cuja presença ou ausência é automaticamente condicionada pela presença ou ausência simultânea de outros traços. Assim, por exemplo, todas as vogais do português são automaticamente vozeadas e contínuas, todas as consoantes tensas são necessariamente não-vozeadas, todas as consoantes frouxas são vozeadas, e todas as consoantes não-compactas são necessariamente difusas. É, portanto, possível "comprimir" este quadro, excluindo completamente a oposição vozeado/não-vozeado, não especificando o traço contínuo para as vogais, o traço difuso para as consoantes não-compactas etc. (Cf. Fig. 20: quando um traço não é especificado para um dado segmento, a casa correspondente comporta um zero).

	g	a	t	u
vocálico/não vocálico	-	+	-	+
consonântico/não-consonântico	+	-	+	-
nasal/oral	-	-	-	-
compacto/não-compacto	+	+	-	0
difuso/não-difuso	0	-	0	+
grave/agudo	0	0	-	+
tenso/frouxo	-	+	+	+
contínuo/descontínuo	-	0	-	0

Figura 20

Sabemos que a eliminação dos *traços redundantes* nos trabalhos de Jakobson e Halle foi muito criticada. Mas, eliminar os traços redundantes da representação dos morfemas sob forma matricial não significa eliminá-los da descrição lingüística. Com efeito, uma vez que se disponha da representação dos morfemas, como *gato* etc. sob esta forma, é possível introduzir, em seguida, os traços redundantes por meio de regras gerais. Elas especificarão, por exemplo, que todo segmento que possuir o traço vocálico será também vozeado e contínuo, que todo segmento que for, ao mesmo tempo, consonântico e tenso será também não-vozeado etc. Assim procedendo estaremos de acordo simplesmente com o princípio (cf. Cap. I, § 6.3) segundo o qual a melhor descrição é aquela que for a mais geral possível. Sempre que for possível, é preciso substituir várias regras particulares por uma regra geral.

A regra que introduz a representação matricial de *gato* é, por definição, uma regra muito particular, dado que ela especifica precisamente o conjunto dos traços que distinguem *gato* de todos os outros morfemas da língua (tais como *mato, pato* etc.). Em compensação, a regra que indica que todas as vogais são vozeadas é uma regra muito geral, que não se aplica simplesmente aos segmentos vocálicos de *gato*, mas a todas as vogais da língua. Uma gramática que comporte explicitamente esta regra é, portanto, mais simples que uma gramática que, para cada morfema em particular, especificasse que as vogais são vozeadas.

Para ficarmos naquilo que aqui nos interessa diretamente, podemos, então, representar o componente fonológico de uma gramática gerativa como constituído de duas partes:

(*a*) Um *léxico* ou um *dicionário,* que fornece a lista dos morfemas lexicais da língua, sob a forma, não mais de seqüências de morfemas, mas de matrizes de traços distintivos; de fato, essa representação matricial pode também ser traduzida sob a forma de uma seqüência (o que preserva a idéia de que a cada nível uma frase – ou um fragmento de frase – é representado por uma seqüência de elementos concatenados): basta numerar os traços distintivos acompanhando cada um com um índice que indique sua posição no morfema; as regras do tipo de (*h*) – (*k*), acima, serão substituídas por regras como[26]:

(h') N_{AM} → /-vocálico$_1$, +consonântico$_1$, -nasal$_1$, . . . , +vocálico$_2$, -consonântico$_2$, . . ., -vocálico$_3$, . . ./

(*b*) Um conjunto, parcialmente ordenado, de regras gerais, que especificarão sobretudo os traços redundantes; de fato, estas regras são muito numerosas e permitem formular um grande número de regularidades; permitem, em última análise, passar da representação *fonológica,* ainda relativamente abstrata, tal como é dada nas matrizes de traços distintivos, a uma representação *fonética* mais concreta, que representa tudo o que é importante no aspecto sonoro dos enunciados, com exceção das variantes livres (das variantes facultativas na terminologia de Praga). Entre as regras que introduzem os traços redundantes, consideramos até aqui aquelas relativas a traços cuja presença depende da presença simultânea no mesmo segmento de um morfema – de certos traços distintivos. Mas um grande número de outras regras concerne a traços cuja presença pode ser prevista a partir da presença de certos traços em segmentos adjacentes; de fato, essas regras introduzem aquilo que tradicionalmente é chamado em fonologia de variantes combinatórias ou contextuais, permitindo também simplificar consideravelmente a representação matricial dos morfemas. A título de exemplo, tomemos um caso do francês que também ocorre em inglês. Quando consideramos estas línguas, constatamos que, se um morfema começa por uma consoante contínua (constritiva) seguida de uma consoante descontínua (oclusiva), a primeira é necessariamente /s/; cf. em francês, *stage, strict, scabreux, spécial,* mas não * /ftik/, * /zdɔk/, * /špak/. Esta observação nos permite, na representação matricial de *stage,* por exemplo, especificar, para o primeiro segmento, apenas os traços /-vocálico, +consonântico, +contínuo/. Em seguida, uma regra geral indicará que, no contexto # ——/-contínuo/ (# designa aqui uma fronteira de morfema), um segmento não-vocálico, consonântico e contínuo é reescrito /-compacto, -grave, +tenso, . . ./ (o que corresponde à especificação de /s/ em termos de traços distintivos).

Isto requer três observações:

(*a*) Notemos a analogia das regras que introduzem os traços redundantes (regras chamadas "da estrutura dos morfemas" – *morpheme structure rules* – por Halle (1959); um termo mais simples seria "regras de redundância fonológica" com as regras sintagmáticas dependentes do contexto, principalmente as regras de seleção; de fato, todas estas regras são apresentadas sob a forma:

$$A \rightarrow Z/X - Y$$

onde A, Z, X, Y, são matrizes e onde, além disso, A e Z correspondem a segmentos (a matrizes que comportam apenas uma coluna) (cf. Chomsky, 1965*a*, p. 81; ver também Halle, 1962).

(*b*) São estas regras que, em grande parte, dão conta da noção de seqüência "fonologicamente gramatical" (Cap. I, n. 22); assim, se /stul/ não é como /ftik/ um morfema francês, /stul/, entretanto é um morfema francês possível, enquanto que /ftik/ é excluído pelas regras de redundância.

(*c*) A representação sistemática da estrutura fonológica em termos de traços distintivos e de regras de redundância consegue eliminar a noção de fonema do conjunto dos conceitos necessários da teoria lingüística geral; à noção de fonema substitui-se a noção mais simples de *segmento,* que, como acabamos de dizer, se define simplesmente como uma matriz de uma só coluna (comportando ou não a especificação de certos traços redundantes). A representação dos morfemas como seqüências de fonemas pode guardar um valor prático, a título de noção abreviada, mas não tem valor teórico. Assim, a utilização da notação /s/ deve ser tomada, quando a utilizamos, como abreviação de /-vocálico, +consonântico, -nasal, -compacto, -grave, +tenso, +contínuo/[27].

4.3. Para o nosso propósito, o que importa reter desta discussão é que os traços distintivos apresentam um caso típico de "classificação cruzada". Entre as várias regras de redundância que se aplicam às matrizes de traços distintivos, algumas se referem apenas à oposição vozeado/não-vozeado, e aplicam-se, por exemplo, a todos os segmentos vozeados (/b/, /z/, . . .) com exclusão dos segmentos não-vozeados (/p/, /s/, . . .); outras regras referem-se somente à oposição contínuo/descontínuo, e aplicam-se, por exemplo, a todos os segmentos contínuos (/s/, /z/, . . .) com exclusão dos segmentos descontínuos (/p/, /b/, . . .). Estas regras são independentes umas das outras e é precisamente esta uma das razões que levam a preferir a representação em termos de traços distintivos à representação em termos de fonemas.

Portanto, a situação é formalmente análoga à que encontramos em sintaxe. Algumas regras (por exemplo, as que concernem à concordância do artigo ou do adjetivo com o nome) referem-se à distinção masculino/feminino, e aplicam-se aos nomes, quer sejam ou não especificados como animados ou inanimados. Outras regras (como as que determinaram a escolha do pronome interrogativo: *quem/que*) referem-se à distinção animado/inanimado, independentemente de qualquer referência à distinção masculino/feminino. Esta analogia sugere, então, representar a subcategorização sintática em termos de matrizes de traços distintivos. A idéia merece realmente ser levada a sério sobretudo se considerarmos que, num outro plano, lingüistas que abordaram o problema da caracterização *semântica* das entidades lexicais acabaram por representá-las como conjuntos de "traços distintivos semânticos" (os "semas" de Greimas, 1966, os *semantic components* da análise componencial americana – cf. Conklin, 1962, Lounsbury, 1964 – ou ainda os *semantic markers* de Katz e Fodor, 1963).

Examinemos as modificações que deverá sofrer a teoria sintática se adotarmos esta sugestão. Admitimos, até agora, que o componente sintático de uma gramática gerativa comportava duas partes, uma parte *sintagmática*, que engendra seqüências *S-terminais* (com sua descrição estrutural, representada por um indicador sintagmático), e uma parte *transformacional*, que converte conjuntos de seqüências S-terminais (com seus indicadores sintagmáticos) numa seqüência *T-terminal* (dotada de um indicador sintagmático derivado) – sendo esta, em seguida, convertida pelas regras fonológicas numa seqüência de sinais acústicos. Nesta concepção, era a parte sintagmática que engendrava as unidades lexicais. A modificação que introduzimos concerne apenas a esta parte sintagmática.

Daqui por diante, chamaremos a parte pré-transformacional da gramática de *base* da gramática (cf. Chomsky, 1965*a*, p. 84 e s.; 1966*a*, p. 44 e s.). Nesta base, distinguimos agora duas partes, uma, que podemos continuar chamando de sintagmática (ou *categorial*, cf. Chomsky, *ibid.*), e a outra que é o léxico. O léxico consiste, simplesmente, num conjunto não-ordenado (uma lista) de *rubricas lexicais*, e cada uma destas rubricas lexicais não é senão um conjunto de determinados traços; estes traços são de três espécies: fonológicos (por exemplo ± vozeado_n, ± contínuo_n, onde *n* é um número que indica a posição do segmento no morfema), semânticos (por exemplo, ± macho, ± objeto manufaturado) e sintáticos (por exemplo, ± masculino, ± transitivo). Quanto à parte sintagmática, ela não comporta mais nenhuma regra lexical (tais como (a) – (k) acima, § 4.1), mas somente regras "categoriais", como F → SN + + SPred, SN → Art + N, TPS → Prste etc. Essas regras têm agora como única função introduzir as categorias (ou constituintes) assim como os morfemas gramaticais. As regras lexicais são substituídas por regras que terão, fundamentalmente, a mesma forma, ou seja:

$$A \rightarrow \Delta$$

onde A representa uma categoria lexical (como Nome, Verbo, Adjetivo, Advérbio), e onde o triângulo Δ representa, como nos exemplos encontrados nos §§ 2 e 3, um elemento "postiço". Portanto, as regras sintagmáticas não mais engendram diretamente seqüências S-terminais, mas o que poderíamos chamar de *seqüências pré-terminais;* estas compreendem apenas morfemas gramaticais como Prste, Impfto, PP, "definido"[28], e elementos "postiços" Δ. Os elementos "postiços" indicam as posições onde serão inseridas unidades lexicais, recorrendo a uma regra de que falaremos logo mais. As seqüências pré-terminais são convertidas em seqüências S-terminais graças à inserção de uma unidade lexical apropriada a cada lugar em que se encontra um elemento "postiço" Δ (para esta apresentação, sugerimos bastante de perto o apanhado de Chomsky, 1966*a*, p. 45). Assim, se retomarmos o exemplo da frase [1] *o gato comia o bolo*, as regras sintagmáticas engendrarão apenas a estrutura representada na Fig. 21 (em lugar daquela da Fig. 18).

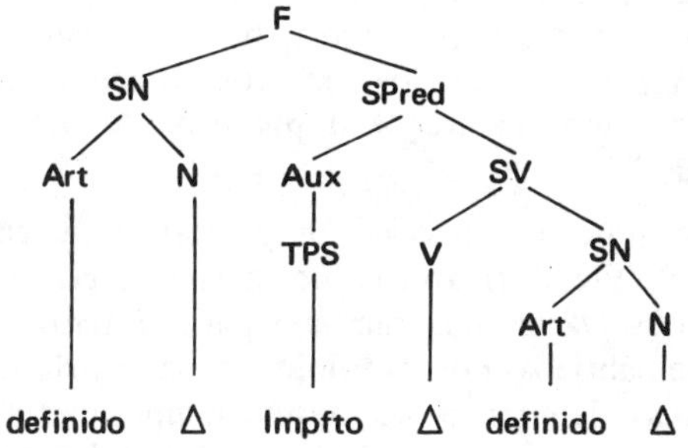

Figura 21

Quanto ao léxico, ele compreenderá rubricas como:

(*a*) *gato:* /-vocálico$_1$, +consonântico$_1$, -nasal$_1$, . . ., +vocálico$_2$, . . ./
(+Nome, +Masculino, +Animado, -Humano, . . .)
[+Macho, +Mamífero, . . .]

(*b*) *comer*: /-vocálico$_1$, +consonântico$_1$, -nasal$_1$, . . ., +vocálico$_2$, . . ./
(+Verbo, +Transitivo, +Sujeito animado, . . .)
[+Atividade, +Nutrição, . . .]

(*c*) *bolo:* /-vocálico$_1$, +consonântico$_1$, -nasal$_1$, . . ., +vocálico$_2$, . . ./
(+Nome, +Masculino, -Animado, . . .)
[+Objeto físico, +Objeto manufaturado, . . .]

(Convencionalmente, os traços fonológicos foram colocados entre barras oblíquas, os traços sintáticos entre parênteses e os traços semânticos entre colchetes; os traços apresentados, sobretudo os semânticos, têm apenas um caráter ilustrativo).

Podemos observar que esta separação entre as regras sintagmáticas e o léxico representa, de maneira bastante natural, a diferença entre os aspectos mais gerais da estrutura de uma frase e seus aspectos mais particulares. A estrutura representada na Fig. 21 não é, na verdade, própria da frase [1] *o gato comia o bolo*; ela é igualmente subjacente a [2] *o homem feria o menino*, [3] *a mãe amava a criança*, [4] *o perigo assustava o soldado*, assim como a um grande número de outras frases. Já dissemos (§ 4.2.) que a matriz da Fig. 20, que representa a estrutura fonológica de *gato*, corresponde a uma regra muito particular, dado que ela especifica tudo o que é próprio deste morfema e o distingue fonologicamente de todos os outros morfemas da língua; esta estrutura, por definição, não pode ser introduzida por uma regra geral. Mas esta observação pode ser generalizada, ela vale também para o conjunto dos traços sintáticos e semânticos que caracterizam o morfema *gato*. A nova concepção da base da gramática corresponde, pois, à idéia, bastante tradicional, de que o léxico compreende todos os aspectos idiossincráticos dos morfemas, isto é, todos os traços impossíveis de predizer através de regras gerais[29].

Vimos que era possível simplificar as matrizes fonológicas (cf. Fig. 19, Fig. 20) através de diversas regras de *redundância*. A mesma observação vale também para as matrizes de traços sintáticos e semânticos. Por exemplo, se na matriz de um morfema como *menino* figurassem, ao mesmo tempo, os traços + Animado e + Humano, as coisas poderiam ser simplificadas. De fato, a distinção entre humanos e não-humanos (isto é, entre humanos e animais) não vale senão no interior da categoria dos animados. Todo morfema especificado como + Humano ou como - Humano é, pois, automaticamente + Animado; podemos, então, suprimir o traço + Animado da rubrica lexical de *menino*, bem como da rubrica lexical de *gato*, onde figuram os traços + Animado e - Humano. Isto poderá ser feito, mesmo que se tenha de introduzir, em seguida, em apêndice ao léxico, uma regra de redundância, totalmente análoga às regras de redundância fonológica, que indicará que todo morfema que tem o traço *t* Humano deve também receber o traço + Animado. Existe sem dúvida um grande número de regras de redundâncias semelhantes, e Chomsky começou, desde 1965, a estudar sua organização (cf. Chomsky, 1965*a*, Cap. IV, § 2.1.)

Consideremos agora a natureza da regra que insere um morfema lexical (representado por uma matriz de traços) num dado lugar de uma seqüência pré-terminal. Esta regra é, formalmente, uma transformação. Com efeito, ela é totalmente análoga às transformações generalizadas que encaixam frases no interior de outras frases: em ambos os casos, a regra consiste essencialmente numa operação de substituição, que substitui, seja uma frase ou, antes, um indicador sintagmático inteiro, seja um morfema, a um elemento "postiço" dominado por um determinado constituinte no indicador sintagmático. Se estas regras devem ser tomadas como transformações, é porque nos dois casos é necessário, para poder aplicar a regra, conhecer certos aspectos da estrutura sintagmática da seqüência pré-terminal onde o novo elemento vem se inserir. No caso das transformações generalizadas, para que a regra pudesse aplicar-se, era necessário saber que o elemento "postiço" era dominado por este ou aquele constituinte (seja $SN_{Indefinido}$, seja DET, no caso de T_{QU}); da mesma forma, para poder inserir um dado morfema num determinado lugar do indicador sintagmático, é preciso dispor de algumas informações sobre o "quadro" no qual ele é inserido: assim, para poder inserir o morfema *comer* (representado por sua matriz de traços) no indicador da Fig. 21, é preciso saber que o elemento "postiço" ao qual ele se substitui é dominado por V (verbo) e se situa no quadro (o contexto) - SN; a presença dos traços + Verbo e + Transitivo na matriz sintática de *comer* significa precisamente a especificação das condições nas quais pode operar a transformação.

Os traços sintáticos que fazem parte da matriz lexical de um morfema podem ser classificados em diversos tipos, exatamente conforme o tipo de referência "ao quadro" que eles implicam. Alguns desses traços (tais como ± Masculino, ± Animado, para os Nomes) podem ser denominados *inerentes*, no sentido de que definem uma unidade fora de qualquer referência ao quadro. Outros traços implicam uma referência à posição do morfema na estrutura sintagmática e podem ser chamados de *contextuais*. O caso mais elementar de traço contextual é aquele que define a categoria lexical (por exemplo ± Nome, ± Verbo) à qual pertence o morfema, categoria que deve ser idêntica a que domina o elemento "postiço" substituído na seqüência pré-terminal; esses traços podem ser chamados de traços *categoriais*. Outros ainda especificam o quadro de constituintes (de categorias) no qual o morfema pode ser inserido; é o caso do traço ± Transitivo; estes traços podem ser chamados de traços de *subcategorização estrita*. De fato, a melhor notação, para designar traços de subcategorização estrita, é a de designá-los precisamente pelo quadro em que o morfema por eles definido pode ser inserido; assim, ao invés de indicar que *comer* possui o traço (+ Transitivo) é mais simples dizer que ele possui o traço (+ - SN); da mesma forma, um verbo como *dar* que normalmente exige um duplo objeto, será especificado como tendo o traço (+ - SN a SN), etc. Finalmente há os traços que, no caso de *comer* (+ Sujeito animado), ou, no caso de *assustar* (+ Objeto animado), podem ser chamados traços *de seleção* (ou *selecionais*). Já falamos dos fenômenos de seleção (cf. Cap. I, § 5.1 (*f*)); agora podemos ver mais claramente a natureza da diferença entre os traços de subcategorização estrita e os traços de seleção: os primeiros referem-se ao quadro de categorias sintagmáticas no qual um morfema pode aparecer, enquanto que os segundos se referem a traços lexicais específicos de outros morfemas que fazem parte deste quadro, morfemas com os quais o morfema introduzido mantém relações gramaticais específicas (cf. Chomsky, 1966*a*, p. 45). É também possível introduzir uma notação apropriada para designar os traços de seleção (cf. Chomsky, 1965*a*, Cap. II).

Não descreveremos aqui as múltiplas conseqüências dessa modificação da base da gramática. Elas estão apresentadas em detalhe por Chomsky (1965*a*; ver também, para as aplicações desta nova concepção, Bierwisch, 1965, 1967*a* e Lees, 1965*c*). É possível mostrar que ela contribui não só para simplificar consideravelmente a gramática, como também para esclarecer toda uma série de problemas. Por exemplo, ela permite apresentar de uma maneira muito mais flexível as relações entre sintaxe e semântica, na medida em que as particularidades sintáticas dos morfemas, assim como seu conteúdo semântico, são apresentadas de modo unificado, sob a forma de um conjunto de traços; de fato, a única diferença que subsiste entre traços sintáticos e traços semânticos prende-se ao fato de que os primeiros, mas não os segundos, estão implicados nas regras sintáticas – ao fato, mais precisamente, de que os traços sintáticos intervêm para especificar o esquema estrutural de certas transformações: assim o traço ± Masculino está implicado nas transformações de concordância[30], o traço ± Transitivo (= ± – / SN), na regra de substituição lexical etc. Se, por exemplo, consideramos o traço ± Humano como um traço sintático e não semântico, é porque este traço intervém em certas regras sintáticas (cf. nota 9 deste capítulo). Esta nova representação coloca também em relevo o caráter intermediário, entre a sintaxe e a semântica, dos traços de seleção (sobre as relações entre sintaxe e semântica ver Chomsky, 1965*a*, Cap. IV, § I, Bever e Rosenbaum, McCawley, 1968).

Assinalaremos somente um ponto que nos parece particularmente digno de interesse. Na discussão dos traços de seleção, Chomsky foi levado a tratar os traços dos nomes (como ± Animado) como traços inerentes, e os traços dos verbos e adjetivos (como ± Sujeito animado) como traços contextuais. Em outras palavras, para descrever as relações de seleção entre um nome e um verbo, ou entre um nome e um adjetivo (*o menino come*, mas não **a valise come*, *a rosa é vermelha*, mas não **a rosa é decidida*), Chomsky escolheu descrever os traços dos nomes como sendo escolhidos livremente sem referência ao contexto, enquanto que os dos verbos ou dos adjetivos são introduzidos em relação com os dos nomes. *A priori*, não há razão para escolher esta e não a solução inversa, que consideraria os traços dos verbos ou dos adjetivos como livres (inerentes), e escolheria os nomes em função dos traços dos verbos e dos adjetivos. Chomsky, entretanto, explorou sistematicamente as conseqüências que decorreriam da escolha desta segunda solução (1965*a*, Cap. II, § 4.2), e mostrou que elas acarretariam uma considerável complicação na gramática. Temos, assim, no tratamento das regras de seleção, um elemento para uma definição formal (talvez universal) de certas categorias gramaticais, definição que talvez forneça uma justificativa para a noção guillaumiana bastante obscura de *incidência* (Cf. Pottier, 1962, p. 46 e s.).

Notas

1. Ou a um conjunto de seqüências. Notemos que um conjunto de seqüências terminais pode, por sua vez, ser representado como uma seqüência, com a condição de especificar as fronteiras de frases. É assim que o esquema estrutural de $T_{NominVS}$ pode ser representado como segue: # – X – SN – – Y – # – # – SN – Aux – V – Prep + Z – # (cf. Chomsky, 1961*a*, p. 113).

2. Na verdade, esta apresentação das noções de domínio e de análise própria é muito limitada, como se pode perceber quando se consideram os exemplos já dados de transformação. Mas é muito fácil ampliá-la em várias direções. Assim, como vimos na nota 1, podemos estendê-la aos pares ou aos conjuntos de seqüências. Podemos também admitir que os termos do esquema estrutural não se limitam a símbolos únicos (tais como SN, Aux etc.), mas agrupam vários símbolos: assim, na transformação $T_{Impessoal}$, dada abaixo (§ 2), o termo 2 do esquema estrutural poderia compreender, não apenas Aux + V_i $_{(x)}$, mas também Aux + Cópula + Adj $_{(y)}$, de modo a explicar frases do tipo de *Il est étrange que Pierre soit en retard.* Por outro lado, por meio de condições que acompanham a transformação, submeter certos termos do esquema estrutural a restrições (cf. por ex. também, p. 185, ou $T_{Anexação}$, p. 187). Enfim, o que é muito importante, na prática, podemos permitir a certos termos do esquema estrutural que permaneçam não especificados (o que foi constantemente feito quando designamos certos termos do esquema estrutural pelas últimas letras do alfabeto, X, Y, Z etc.).

3. O (*x*) de V_i $_{(x)}$ significa que a transformação só se aplica para certas categorias de verbos intransitivos, que aqui não especificamos. Notemos que esta transformação deve se aplicar antes da que estabelece a concordância em pessoa e em número do verbo com o sujeito, para permitir *Il est arrivé d'étranges choses* em face de *D'étranges choses sont arrivées.*

4. Cf. Chomsky, 1957*a*, p. 73: "Se X é um Z na Gramática Sintagmática, e se uma seqüência Y, formada por transformação, tem a mesma estrutura interna que X, então Y também é um Z".

5. De fato, quando consideramos este caso, encontramos imediatamente várias dificuldades; se este princípio fornecesse um argumento para ligar o constituinte *être* + PP oriundo de $T_{Passivo}$, ao auxiliar, justificaria também considerá-lo como sendo um constituinte do tipo que chamamos "Perfeito", o que parece inaceitável.

6. Com efeito, como notam Katz e Postal (1964, p. 12), as transformações têm sempre um domínio relativamente curto: o número dos termos

distinguidos no esquema estrutural ou na análise própria é sempre bastante limitado. Pode-se, então, esperar que a teoria geral chegue a "especificar", entre outras coisas, o número maximal de termos sobre os quais opera qualquer transformação. Isto explicaria o sentimento de que, por exemplo, não existe, em nenhuma língua natural, regra que permute o primeiro e o 79º elemento de uma seqüência" (Katz-Postal, *ibid.*).

7. Observemos que este tratamento do comparativo permite resolver uma dificuldade insuperável numa Gramática Sintagmática (cf. Cap. III, § 6.6). Encontraremos um outro bom exemplo de transformação por supressão, que resolve dificuldades do mesmo tipo, na análise do imperativo inglês, tal como ela foi realizada por Lees (1964*d*) e por Katz e Postal (1964, p. 43 e s., p. 75 e s.) (ver também Halle, apêndice a Postal, 1964*c*).

8. Este fato, que não é evidente, mostra perfeitamente que as considerações relativas à ordem dos elementos permanecem importantes, ainda que renunciando a limitar a descrição estrutural às relações de ordem efetivamente presentes na estrutura superficial do enunciado (cf. a inadequação do modelo a estados finitos). Portanto, a noção do caráter linear da linguagem (cf. Saussure, 1916, p. 170) conserva, numa certa medida, seu valor.

9. Na verdade, esses elementos lexicais possuem certos traços suplementares. Assim, alguma coisa (*quelque chose*) não é simplesmente um Pro-SN, mas um "Prossintagma nominal inanimado". Quanto a *alguém* (ou *se*) *quelqu'un* (ou *on*), é um "Pro-SN humano". Há assim, uma curiosa lacuna entre esses dois elementos que não recobrem integralmente (contrariamente ao que diz Dubois, 1965*a*, pp. 112-113) a oposição animado/inanimado: nem *quelqu'un* (alguém) nem *quelque chose* (alguma coisa) podem designar naturalmente um animal não especificado (*quelque chose a bu le lait* (alguma coisa bebeu o leite) é no mínimo estranho, e *quelqu'un a bu le lait* (alguém bebeu o leite) não faz nunca pensar em um gato ou num cachorro). A mesma lacuna semântica se encontra em inglês, tendo sido assinalada por Chomsky (1964*b*, p. 70/40).

10. Chomsky (1965*a*, p. 144) aponta ainda dois outros casos em que a supressão é possível: (*c*) quando o elemento a ser suprimido é um elemento "postiço" (*dummy element*) (mas não é fácil ver em que este caso se diferencia do caso (*b*); (*d*) quando o elemento a ser suprimido é um formante explicitamente mencionado no esquema estrutural da transformação: este caso é ilustrado, em inglês, pela transformação que introduz o imperativo (cf. as referências da n. 7): *come* é engendrado a partir de *you will come,* e os elementos a suprimir, *you* e *will,* são mencionados explicitamente no esquema estrutural dessa transformação. Um exemplo possível em português seria a transformação que engendraria *Acho o prejuízo grande,* a partir de *acho que o prejuízo é grande,* por supressão dos formantes mencionados no esquema estrutural, *que* e *ser.*

11. Para Togeby (1951, p. 121) o subjuntivo em francês aparece igualmente nas principais; mas os exemplos dados, tais como *que Dieu vous bénisse* ou *qu'il vienne,* devem ser engendrados, por uma transformação de supressão, a partir de uma estrutura subjacente tal como *Je souhaite qu'il vienne* (ou, melhor, para respeitar as condições impostas às supressões, Pro-SN animado + Pro-V $_{(X)}$ + *qu'il vienne;* onde V $_{(X)}$ designa a classe dos verbos de "desejo"). Com efeito, esta é a única maneira de explicar tanto a presença do *que* como da interpretação semântica deste tipo de frase. Quanto às construções do tipo *vive le roi,* ou a gramática as trata como expressões idiomáticas fixas, ou as introduz pela mesma transformação, com supressão posterior do *que.*

12. É evidentemente necessário especificar a composição do X do esquema estrutural. Restringindo-me ao fragmento de gramática engendrado até aqui, para o francês (onde não figuram nem o *Passé défini* nem o *imperfeito do subjuntivo*), diremos que X representa:

(*a*) uma fronteira de frase (#); cf. *que Pierre soit arrivé en retard m'a surpris*;

(*b*) Z + $V_{t(x)}$ onde $V_{t(x)}$ representa certa classe de verbos transitivos ditos de vontade, de sentimento etc.;

(*c*) W + $V_{i(y)}$ onde $V_{i(y)}$ representa certos verbos intransitivos, como *arriver* etc.; cf. *il arrive souvent que Pierre soit en retard;*

(*d*) U + $Adj_{(z)}$ onde $Adj_{(z)}$ representa adjetivos como *possible, étrange* etc.; cf. *il est étrange que Pierre soit en retard.*

A primeira vista, não parece ser necessário especificar os casos (*c*) e (*d*): com efeito, os exemplos aí apresentados são engendrados por $T_{Impessoal}$, a partir das seqüências subjacentes a * *que Pierre TPS être en retard arrive souvent,* e de * *que Pierre TPS être en retard est étrange;* o emprego do subjuntivo pareceria decorrer automaticamente do fato de estas frases serem engendradas com o *QU* no começo de frase, como um exemplo, portanto, do caso (*b*). Entretanto, se adotarmos esta solução (isto é, se admitirmos que $T_{Subjuntivo}$ precede $T_{Impessoal}$, seremos levados a engendrar frases agramaticais, como * *Il est vrai que Pierre soit en retard* (a partir de * *que Pierre soit en retard est vrai*); é, pois, necessário aplicar $T_{Impessoal}$ antes de $T_{Subjuntivo}$, e impor as condições (*c*) e (*d*).

Numa gramática mais completa seria necessário indicar que X pode compreender também certas preposições (como *pour, sans* etc. quando constituem com o QUE seguinte "locuções conjuntivas"). Seria também preciso levar em conta os efeitos da presença em X de uma negação (cf. *il n'est pas vrai que Pierre soit en retard*). Estas diversas complicações não alterariam, entretanto, nada na forma da transformação, que substitui a cada vez o subjuntivo ao elemento dominado pelo constituinte TPS; o subjuntivo, nesta interpretação "é", pois, um tempo, cuja presença é inteiramente determinada pelo contexto sintático, e não se pode introduzir uma categoria especial de modo em francês (tanto mais que, como hoje admite a maior parte dos lingüistas, o condicional tampouco é um modo; quanto ao imperativo, razões sintáticas exigem igualmente que ele seja eliminado da categoria do modo; cf. Jakobson, 1932, e os estudos transformacionais citados na nota 7 acima; cf. também n. 10). [Poder-se-ia objetar a este ponto de vista que, num certo número de casos, há realmente possibilidade de escolha (comutação) entre o indicativo e o subjuntivo, como sustenta Togeby (1951, p. 166 e s.; ver também os exemplos de Grevisse, p. 879 e s.). Não tentaremos responder em detalhe à estas objeções, mas parece que, se nos detivermos numa descrição sincrônica e se eliminarmos os casos de variantes livres de natureza puramente estilística, o emprego do indicativo ou do subjuntivo será sempre determinado por condições sintáticas, de caráter, às vezes, mais sutil que as acima indicadas. Daremos apenas dois exemplos.

Depois de verbos do tipo de *supposer*, tem-se ora o indicativo, ora o subjuntivo. Mas parece que isto depende da natureza sintática da principal: se ela estiver no imperativo, o subjuntivo se impõe normalmente na subordinada (cf. *supposons que Pierre soit en retard*); se *supposer* estiver no indicativo, o verbo da subordinada estará também no indicativo (cf. *Je suppose que Pierre sera en retard*/ **Je suppose que Pierre soit en retard*).

Depois de verbos como *arriver* empregados impessoalmente (cf. o caso (*c*)), tem-se ora o subjuntivo, ora o indicativo (cf. Grevisse, p. 881). Mas, ao que parece, isto se deve ao fato de o tempo do verbo, na principal, pertencer a um ou a outro dos dois sistemas descritos por Benveniste (1959): o sistema da narrativa e o sistema do discurso: no primeiro caso, o verbo da subordinada está no indicativo, no segundo, no subjuntivo (comparar *il arriva que cet homme mourut* e *il arrive que Pierre soit en retard*). Lembro que neste fragmento de Gramática Gerativa limitei-me ao sistema do discurso.

13. São exemplos os elementos "Optativo" e "Subjuntivo" nas transformações singulares, hidatsa, francesa e portuguesa, acima discutidas; esses elementos são, com efeito, elementos terminais (formantes, na terminologia que adotamos, cf. Cap. IV, § 4.). Notemos que, a primeira vista, se se considera o elemento Optativo no exemplo de Matthews (Fig. 4), tem-se a impressão de que ele não é terminal, uma vez que domina o elemento *c*. Mas, na verdade, há uma ligeira incorreção na representação de Matthews: *c* não é um elemento sintático terminal introduzido por uma regra sintagmática do tipo *Optativo* → *c* (o que seria, aliás, impossível, dado que o Optativo é introduzido por transformação); *c* não é senão a forma fonológica do Optativo e não deveria normalmente figurar no indicador sintagmático, mas ser introduzido por uma regra dependente da parte fonológica da gramática. O Optativo é, pois, um elemento terminal, tal como o Subjuntivo francês ou português; desnecessário dizer que as regras fonológicas deverão também atribuir uma representação fônica ao Subjuntivo, da mesma forma que a outros elementos gramaticais terminais (tais como *Prste*, PP etc.) que são, estes, introduzidos pelas regras sintagmáticas.

14. Nada dissemos até agora sobre o modo pelo qual uma Gramática Gerativa trata os adjetivos. Este tratamento precisaria ser considerado mais minuciosamente mas farei aqui algumas breves observações apenas.

Só os adjetivos em posição de atributo são engendrados pelas regras sintagmáticas; as regras que desenvolvem o sintagma predicativo devem ser completadas como segue:

(*a*) SPred → Cópula + Sintagma Atributivo

(*b*) Sintagma Atributivo → $\left\{ \begin{array}{l} \text{SN} \\ \text{Adj.} \end{array} \right\}$

Quanto aos adjetivos em posição de epíteto, são construídos, por transformações generalizadas, a partir dos adjetivos em posição de atributo. Este procedimento tem por objetivo, principalmente, simplificar a formulação das restrições de seleção entre adjetivo e substantivo (cf. Cap. III, § 6.7.): ao invés de especificar duas vezes (uma para os atributos e outra para os epítetos) que certos adjetivos não podem acompanhar certos nomes (cf. **a rosa é decisiva*, **amo as rosas decisivas*), só teremos de introduzir estas regras uma única vez (para os atributos).

Em Chomsky (1957*a*, p. 114) a regra que introduzia os epítetos era uma transformação "adjetiva" especial. Em seguida, diversas razões levaram os transformacionalistas (cf. Lees, 1960*a*, pp. 85, 91; C. S. Smith, 1961; Chomsky, 1964*b*, p. 75/48) a introduzir os epítetos por um desvio, passando pela proposição relativa. É assim que a frase *eu amo as rosas vermelhas* é engendrada passando pelos seguintes estágios:

(*a*) transformação generalizada:

$\left. \begin{array}{l} \text{eu amo as rosas} \\ \text{as rosas são vermelhas} \end{array} \right\} \rightarrow \begin{array}{l} \text{eu amo as rosas} \\ \text{que são vermelhas} \end{array}$

(*b*) elipse
eu amo as rosas que são vermelhas →
eu amo as rosas vermelhas

Quando se trata de adjetivos cuja posição normal é prenominal (é a posição dos adjetivos simples em inglês, de um pequeno grupo de adjetivos como *grand*, *petit*, *bon* etc, em francês ou ainda o caso, por exemplo, de *bom* em português, em certas construções como *ele é um bom garfo*, *gosto da boa cozinha*) a transformação (*b*) engendra frases agramaticais, como **J'aime la cuisine bonne*, *ele é um garfo bom*; é então necessário fazer intervir uma transformação suplementar de permutação (*c*), que coloque o epíteto na sua posição normal.

A primeira vista, este procedimento parece introduzir uma complicação gratuita. Notemos, entretanto, que ele permite representar formalmente o paralelismo funcional, observado desde há muito tempo, entre a proposição relativa e o adjetivo epíteto (cf. Benveniste, 1957-58, p. 213 e Grevisse p. 873). Ainda mais precisamente, ele permite representar, se a precisarmos um pouco mais, o paralelismo que existe, de um lado, entre as relativas ditas restritivas e adjetivos epítetos, e, de outro lado, entre as relativas ditas explicativas e os adjetivos apostos (cf. Lees, 1960*a*, p. 86; C. S. Smith, 1961, p. 343, 1964, *passim*). Enfim, a justificação do procedimento aparece claramente se dele nos servirmos para engendrar não só as formas adjetivais simples, mas também as formas adjetivais complexas (tais como construções comparativas, adjetivos seguidos de complementos etc; cf. C.S. Smith, 1961). Deste modo, basta submeter a terceira transformação, a de permutação (*c*), a certas restrições (limitando-a aos adjetivos simples como *bon, grand* etc., no caso do francês) para explicar automaticamente a gramaticalidade de construções como *un jardin grand comme la main* ou *une blessure large de deux doigts,* em face da agramaticalidade de * *un grand jardin comme la main* ou * *une large blessure de deux doigts.* De fato, todas as regras formuladas, por exemplo, por Grevisse (p. 303, 3º *a-f*), sobre os adjetivos, normalmente pospostos, tornam-se inúteis. Além disso, em todos os casos de adjetivos que apresentam sentidos diferentes (ou nuances de sentidos diferentes), conforme estiverem em posição pré ou pós-nominal, este procedimento põe em relevo a estréita relação que parece existir entre a posição pós-nominal e o emprego atributivo (cf. *un vrai système / un système vrai / ce système est vrai; un brave homme / un homme brave / cet homme est brave; un maudit livre / un livre maudit / ce livre est maudit* etc. e em português, *um grande homem / um homem grande / este homem é grande; um maldito livro / um livro maldito / este livro é maldito* etc.

15. Na verdade, esta formulação de Chomsky continua insuficiente, falta-lhe, sobretudo, generalidade. Apesar do importante artigo de L. Gleitman (1965), o problema da coordenação precisa ser ainda melhor tratado (ver Lakoff e Peters (1965) e Dougherty (1968). Assinalemos que, num caso particular – o da coordenação dos sujeitos – E. Klima (1964*b*) reformulou a coordenação sob a forma de uma transformação por substituição. Assim, no caso da frase *Pedro e Paulo vieram,* Klima procede da seguinte maneira: os sujeitos das duas frases *Pedro veio* e *Paulo veio* são substituídos ao sujeito da frase SN Plural *vieram,* onde o SN domina um elemento "postiço" análogo aos acima encontrados. Isto permite resolver o problema colocado pela concordância do verbo, assim como certas questões secundárias, tais como a existência de frases do tipo *Pedro e Paulo vieram ambos* (ao lado de *meus irmãos vieram ambos,* e em face de * *Pedro veio ambos*). Mas, isto é ainda uma solução particular que não resolve o problema de conjunto apresentado pela coordenação.

16. Tratar-se-ia, evidentemente, de compreender por que as línguas humanas são construídas desta maneira. Este é um problema que depende da Psicolingüística, e do qual pouco sabemos. Encontraremos algumas sugestões em Miller e Chomsky (1963, p. 471 e s., p. 480 e s.) onde se mostra que várias transformações por permutação (por exemplo $T_{Impessoal}$ têm por efeito diminuir o grau de auto-encaixe das frases, o que se constitui no principal obstáculo para a compreensão. Com efeito, uma transformação como $T_{Impessoal}$ tende a substituir estruturas auto-encaixadas por estruturas recursivas à direita e o efeito sobre a compreensão da frase é evidente. Compare, deste ponto de vista, as duas frases seguintes: * *Que Pedro, que é sempre pontual, esteja atrasado é estranho* e *é estranho que Pedro, que é sempre pontual, esteja atrasado* (cf. também, acima, Cap. III, § 3.3.).

17. Pode-se, pois, considerar que a análise em constituintes imediatos visava implicitamente descrever as estruturas subjacentes. Na verdade, este objetivo era totalmente explícito nos glossemáticos (cf. por exemplo Togeby, 1951, pp. 64-65) em quem a oposição entre o nível das *funções* e o dos *signos* corresponde mais ou menos a nossa distinção entre estruturas subjacentes e estruturas derivadas. Infelizmente, os glossemáticos imaginam esta

estrutura subjacente através de uma hierarquia única (de um único indicador sintagmático), e, por outro lado, eles jamais se perguntaram como esta estrutura subjacente se liga à estrutura derivada, impedindo-se assim de poder compreender o mecanismo real da linguagem. Além disso, e exatamente porque eles se atêm a uma hierarquia única, a maneira pela qual definem as categorias, funções e relações subjacentes permanece, em larga escala, tributária das estruturas superficiais. Isto é bastante claro quando se compara, por exemplo, a análise do auxiliar e do sintagma verbal em Chomsky e em Togeby (1951, pp. 84, 90; ver também, p. 86, a análise do sintagma nominal, chamado "grupo nominal").

18. Chomsky (1965*a*, p. 144) observa, mas sem dar detalhes, que é, sem dúvida, possível eliminar completamente as permutações do inventário das transformações elementares, em benefício das supressões, substituições e adições. Esta possibilidade foi estudada por Fraser (1963*b*), mas não pude tomar conhecimento de seu trabalho. A eliminação das permutações representaria incontestavelmente uma grande simplificação da teoria transformacional, mas o problema consistiria em saber se, no trabalho de Fraser ela significa mais do que o fato "trivial" de que uma permutação pode sempre ser descrita como uma sucessão de duas operações, a primeira de adição, e a segunda de supressão; é assim que X – Y → Y – X pode sempre ser descrito como segue: Y – X – Y (adição), Y – X (supressão).

19. Cf. também *Aqui viveu Shakespeare.* É necessário especificar que o verbo é um verbo intransitivo, para impedir o engendramento de frases agramaticais, como * *no parque matou Paulo Pedro,* a partir de *Pedro matou Paulo no parque.*

20. Evidentemente, frases como [10], [13], [14] etc. podem ser gramaticais; mas isto significa necessariamente que os indivíduos designados por *Pierre* e *il* (*Pedro* e *ele* nas frases portuguesas) – sujeitos das subordinadas – são diferentes dos designados pelos sujeitos das principais. Se se tratar dos mesmos indivíduos, estas frases serão agramaticais. O problema é o mesmo que o que apresenta o emprego do pronome reflexivo: *Pedro lava Pedro* não é gramatical, a não ser que signifique *Pedro*$_1$ *lava Pedro*$_2$; se significar *Pedro*$_1$ *lava Pedro*$_1$, uma transformação "reflexiva" deve necessariamente substituí-la por *Pedro se lava.* Para uma tentativa de tratar este problema no quadro da Gramática Gerativa, ver Chomsky, 1965*a*, pp. 145--146. Na análise abaixo, Pierre/Pedro designa sempre o mesmo indivíduo.

21. A rigor, não é a partir das *frases* [1*a*] e [1*b*] que [1] é engendrada, mas a partir das seqüências subjacentes a [1*a*] e [1*b*]. Para simplificar, omito esta especificação tecnicamente necessária.

22. Na verdade, para engendrar *Pierre dit à Paul qu'il l'a rencontré* será necessário aplicar ainda outras transformações. Com efeito, esta transformação coloca o pronome objeto depois do verbo, no mesmo lugar do objeto nominal comum (*. . . *qu'il a rencontré lui*). Portanto, é preciso aplicar uma transformação que coloque o pronome objeto no seu lugar normal, antes do verbo; em seguida, regras morfológicas darão a este pronome sua forma própria (*le* # *lui*). A gramática dos pronomes pessoais em francês é sem dúvida um dos exemplos mais claros da necessidade de recorrer a um modelo transformacional. Os recentes trabalhos de Benveniste e de Dubois fornecem a este respeito um rico material que poderá ser imediatamente utilizado por uma Gramática Gerativa (cf. Benveniste, 1965*a*, Dubois, 1965*a*). Para uma primeira tentativa de análise gerativa desta questão, ver Langacker 1966 e sobretudo Maurice Gross (1968).

23. Encontraremos um estudo muito mais desenvolvido das completivas em francês na obra de Maurice Gross (1968). Ver também, para o inglês Rosenbaum (1967).

24. Pode-se considerar que *si/se* é a representação fonológica da combinação do *QU*, indicador de encaixe, e de um morfema de interrogação

introduzido na frase-constituinte; esta concepção é, em alguns aspectos, parecida com a de Togeby (1966).

25. Notemos que poderíamos utilizar o termo de *proposição* para designar as seqüências abstratas subjacentes que correspondem a frases simples. De fato, como observa Chomsky (1966*a*, n. 28), é neste sentido que são tomadas na *Grammaire de Port-Royal,* as expressões de "proposição essencial" (= seqüência subjacente à frase-matriz) e de "proposição incidente" (= seqüência subjacente à frase-constituinte).

25*bis*. A luz de resultados mais recentes, todo o parágrafo 3 deveria ser reescrito. Primeiramente, as completivas verbais foram objeto de estudos intensivos que tornam obsoleto o esboço de análise do § 3.1, e que representam, sem dúvida, uma das melhores contribuições da Gramática Gerativa, no domínio dos estudos concretos (cf. para o inglês, Rosenbaum, 1967, e, para o francês, Gross, 1968). Em seguida (cf. abaixo, a nota 7 do Cap. VI), Chomsky (1965) mostrou que poderíamos dispensar a noção de transformação generalizada, introduzindo diretamente o elemento F como elemento recursivo pelas regras sintagmáticas. Por outro lado, o problema dos princípios que regem a ordem de aplicação das transformações foi objeto de estudos (cf. Lakoff, 1968*a*) que mostram que este problema é muito complexo; principalmente a questão da validade do princípio "cíclico", tanto em Fonologia (cf. nota 27) como em Sintaxe, permanece controvertido. Numa outra ordem de idéias, notemos enfim o interesse de vários trabalhos dedicados a diversos tipos de restrições julgadas universais, a que as gramáticas seriam submetidas, tanto na parte transformacional (cf. Ross, 1967*a*, e Postal, 1968*b*) quanto aos níveis da estrutura profunda e da estrutura superficial (cf. Perlmutter, 1968, 1969).

26. Uma observação sobre a notação. Ao invés de designar cada vez uma oposição (uma dimensão) fonológica por meio de seus dois termos (por exemplo, contínuo/descontínuo, grave/agudo, vozeado/não-vozeado), é mais cômodo designá-lo, convencionalmente, por um só dos dois termos (contínuo, grave, vozeado); para especificar que termo da oposição nos interessa, colocamos diante do termo escolhido ou o sinal mais ou o sinal menos; assim, + contínuo, significa "contínuo", - vozeado significa "não-vozeado", - grave significa "agudo". Quando quisermos designar a oposição, sem especificar de que termo se trata, empregaremos a notação ± contínuo, ± vozeado etc. No quadro da teoria fonológica de Jakobson-Halle, todos os traços são binários; entretanto, se admitíssemos a existência de dimensões com vários termos, poderíamos decidir, ainda convencionalmente, substituir os *mais* e os *menos* por números, e poderíamos, por exemplo, ter 1 compacto, 2 compacto, 3 compacto etc. Em toda esta discussão, limitamo-nos, para simplificar, às dimensões com dois termos.

27. Estas observações sobre Fonologia são extremamente esquemáticas, e não pretendem, de forma alguma, dar uma visão de conjunto do componente fonológico de uma gramática, visão esta que necessitaria só para si de um volume; para um excelente apanhado geral, ver Chomsky e Miller, 1963, § 6. Os quadros das figuras 19 e 20 têm apenas um valor ilustrativo, e deveriam, sem dúvida, ser modificados numa fonologia mais completa do francês. Para maiores detalhes, consultar:

(*a*) para a teoria geral dos traços distintivos, e para sua caracterização em termos acústicos e articulatórios: Jakobson, Fant e Halle (1952), Jakobson e Halle (1956 = Jakobson, 1963*a*, Cap. VI), Halle (1964) e Chomsky e Halle (1968);

(*b*) sobre as relações entre traços distintivos e sons, e a distinção entre nível fonemático e nível fonético: Halle (1959, 1963*a* etc.), Chomsky e Halle (1968) (notemos que o termo nível fonemático continua a ser utilizado para designar a representação em termos de traços distintivos).

(*c*) sobre as vantagens da representação dos morfemas em termos de traços distintivos, em relação à representação em termos de fonemas, assim como sobre as regras que introduzem os elementos redundantes: Halle (1959, 1961, 1962) e Chomsky e Halle (1965, 1968); sobre as regras de redundância ver também Stanley (1967);

(*d*) sobre a estrutura fonológica do francês: Jakobson e Lotz (1949, retomado em Jakobson, 1962) e diversos trabalhos de S. Schane; assinalemos algumas descrições fonológicas de línguas feitas no quadro gerativo: Halle, 1959 (sobre o russo), Chomsky e Halle, 1968 (sobre o inglês), Lees, 1961*b* (sobre o turco), Matthews, 1965, pp. 267-299 (sobre o hidatsa), McCawley, 1968 (sobre o japonês), Kuroda, 1968 (sobre o ydewelmani), Postal, a aparecer (sobre o Mohawk), Harris, James, 1969 (sobre o espanhol), sobre o português, ver Harris, 1972; Hensey, 1968, 1971; Saciuk, 1970; Head Abaurre, 1973. Dentre as diversas regras que traduzem a representação fonológica em uma representação fonética concreta, assinalemos a importância especial das regras do "ciclo transformacional em fonologia". Essas regras que acompanham as regras de redundância operam sobre duas espécies de dados: a representação matricial dos morfemas, e a estrutura sintagmática derivada das frases; em outras palavras, elas operam sobre estruturas análogas à da figura 18, com a diferença de que os fonemas são aí substituídos por feixes de traços, distintivos e redundantes, plenamente especificados. Estas regras têm como efeito essencial introduzir fenômenos supra-segmentais, como os acentos e as junturas (é por exemplo a este nível que interviriam, em francês, as regras que introduzem os fenômenos de elisão e de ligação; cf. Shane, (1967*b*). Elas têm uma grande importância teórica, na medida em que determinam a influência da estrutura sintática sobre a estrutura fônica dos enunciados. Ver, principalmente, Chomsky, Halle e Lukoff (1956), Chomsky (1962*b*; 1966*a*, p. 52 e s.), Chomsky e Miller (1963, § 6), Halle e Miller (1963, § 6), Halle e Chomsky (1960, 1968) (sobre o inglês); Halle (1963*b*) (sobre o russo), assim como Bever e Langendoen (1963), Langendoen (1963*a*), Lightner (1963, 1965), McCawley (1963). Para uma bibliografia sobre o português, ver o apêndice da bibliografia.

28. Empregamos aqui o símbolo "definido" em vez de *o* ou *le* (português/francês) na medida em que *o* ou *le* antes representam, em cada língua, a forma fonológica do artigo definido, tal como é obtida (depois da transformação de concordância que especifica o gênero e o número do artigo), por meio de regras que dão a forma fonológica dos morfemas gramaticais.

29. Temos aqui um modo bastante natural de representar as diversas espécies de *exceções* às regras gramaticais: o fato de tal nome formar o seu plural de maneira irregular (cf. *man/men* ou *foot/feet* em inglês) figurará como um traço sintático-fonológico especial, no léxico, tal como traços como /± vocálico/, (± animado) ou [± macho]. A idéia de que o léxico contém todos os traços idiossincráticos dos morfemas esta implícita, principalmente, em Pottier (1962, p. 213; 1966, p. 47.)

30. Já dissemos (Cap. IV, § 3.3.) que as regras de concordância são regras de transformação típicas. Entretanto, enquanto os elementos implicados na concordância, tais como o número, a pessoa, o gênero etc., eram tratados como morfemas independentes (o número foi tratado desta forma no Cap. IV), ou que só apareceriam indiretamente nas subcategorias lexicais (cf. § 4.1, para os nomes masculinos e femininos), era difícil tratar a concordância com simplicidade. A solução, aparentemente, seria tratar os elementos desse tipo como traços sintáticos inerentes dos nomes: todo nome seria caracterizado em relação às dimensões ±Gênero, ±Número etc., e, por exemplo, a transformação de concordância do artigo teria a seguinte forma (onde α e β são variáveis sobre + e –):

$$X - \text{artigo} - N \begin{bmatrix} \alpha \text{ Gênero} \\ \beta \text{ Número} \end{bmatrix} - Y$$
$$1 \quad 2 \qquad\qquad\qquad\qquad 4$$

$$\rightarrow \quad 1 - 2 \begin{bmatrix} \alpha \text{ Gênero} \\ \beta \text{Número} \end{bmatrix} - 3 - 4$$

Portanto, esta transformação significa simplesmente que, se o nome possui um termo da oposição de gênero e outro da de número, o artigo também os recebe. (Para uma apresentação ligeiramente diferente, ver Chomsky, 1965*a*, p. 175; todo o parágrafo, Cap. IV, § 2.2, é dedicado aos problemas que apresentam os processos flexionais e à possibilidade de resolver alguns deles nos termos da nova concepção transformacional). Sobre a concordância, ver também Kuroda, 1969.

6. Conclusão: Estrutura Profunda e Estrutura Superficial

1. À medida que descrevíamos, nos capítulos IV e V, as propriedades do modelo transformacional, pudemos ver como este modelo era capaz de executar, melhor do que os outros apresentados antes, a maior parte das tarefas que tínhamos atribuído à sintaxe de uma língua (cf. em particular Cap. I, § 5). Lembremos que se concebeu a execução dessas diversas tarefas, isto é, a descrição estrutural das frases, como uma etapa preliminar à execução da tarefa central da Lingüística, a saber, a descrição da competência dos falantes – de sua capacidade de associar uma interpretação semântica a um conjunto indefinido de sinais acústicos (cf. Cap. I, § 2). Falta agora, tendo uma visão de conjunto do modelo transformacional, mostrar como uma gramática gerativa-transformacional concebe, de uma maneira geral, a relação entre som e sentido.

Como havíamos dito, desde o início, uma gramática gerativa compreende três partes: uma parte central, a sintaxe, que sozinha compreende processos recursivos, responsáveis pelo engendramento de um conjunto infinito de frases, e duas partes "interpretativas", a fonologia e a semântica – uma traduzindo as estruturas abstratas geradas pela sintaxe sob a forma de sinais acústicos e a outra interpretando semanticamente essas mesmas estruturas.

A sintaxe gerativa, como vimos (Cap. V) representa a estrutura de uma frase sob a forma de um conjunto de indicadores sintagmáticos, quer dizer, um conjunto de indicadores sintagmáticos subjacentes, gerados pelas regras sintagmáticas (e pelas regras de substituição que aí introduzem os itens lexicais), de um lado, e um conjunto de indicadores sintagmáticos derivados, gerados pelas transformações, de outro; entre os indicadores sintagmáticos derivados, distinguimos o indicador sintagmático derivado final, obtido quando todas as transformações necessárias foram aplicadas. As relações que unem os diferentes indicadores sintagmáticos entre si — a "história transformacional" da frase — são integralmente representadas por um indicador transformacional do tipo daquele que figura no Capítulo V, Fig. 16.

As pesquisas empreendidas, durante esses últimos anos, por Chomsky e seus colaboradores (Chomsky 1965*a*, 1966*a*; Katz e Postal, 1964) resultaram na formulação de uma hipótese que necessita ainda de apoio e verificação através de pesquisas concretas mais numerosas, mas que parece repousar sobre argumentos muito sérios. Essa hipótese é a seguinte: *somente a informação sintática contida nos indicadores sintagmáticos subjacentes seria pertinente para a interpretação semântica das frases, enquanto que somente a informação sintática contida no indicador sintagmático derivado final seria pertinente para sua interpretação fonética.* Poder-se-ia então considerar que a representação sintática de uma frase compreende essencialmente duas partes: uma *estrutura profunda,* representada pelo conjunto dos indicadores sintagmáticos subjacentes e interpretável semanticamente e uma *estrutura superficial,* representada pelo indicador sintagmático derivado final e interpretável foneticamente. Se esta hipótese for verdadeira, resultará então esta conseqüência importante: as transformações não trazem nenhuma contribuição à interpretação semântica das frases; as transformações não teriam nenhum poder de modificar o sentido dos elementos dados nas estruturas profundas e sua única função seria converter estruturas profundas em estruturas superficiais. Observemos imediatamente (com Katz e Postal, 1964, p. 2; ver também p. 161) que essa concepção pode dar uma nova justificação à noção saussuriana de *arbitrário do signo.* Nessa concepção, na verdade, a noção de arbitrário do signo aparece como sinal de que, essencialmente não há relação teoricamente significativa entre o componente fonológico e o componente semântico de uma gramática. Não somente a relação entre o componente fonológico e o componente semântico é mediatizado pelo conjunto das estruturas abstratas que constituem a descrição estrutural sintática das frases mas, além disso, as operações (as regras) que convertem essas estruturas abstratas em seqüências de sinais fônicos de um lado e em significações de outro, essas operações agem sobre duas partes bem distintas da estrutura sintática, a estrutura superficial no caso das regras fonológicas, e a estrutura profunda no caso das regras semânticas.

2. É necessário justificar brevemente a hipótese que acabamos de apresentar, com relação às diferentes funções da estrutura profunda e da estrutura superficial. De fato, esta hipótese já estava implícita em um grande número de observações que fui levado a fazer até agora. Antes de prosseguir, entretanto, é neces-

sário voltar a um ponto capital ao qual não me referi senão ligeiramente (cf. Cap. I, § 5 (*a*) e Cap. III, § 1, § 6.2). Trata-se da questão de saber como uma gramática gerativa-transformacional dá conta, formalmente, das noções clássicas de *relação* e de *função* gramaticais. Essas noções são efetivamente chamadas a representar um papel fundamental notadamente em uma teoria da interpretação semântica das frases.

Vimos como uma gramática gerativa dá conta da noção de *categoria* gramatical: são as regras de reescritura sintagmática, fazendo parte da base, que atribuem diversas categorias (tais como Nome, Verbo, SN, SPrep, SN, Artigo etc.) aos elementos e às seqüências de elementos terminais. A questão que subsiste é saber como uma gramática gerativa dá conta de noções tais como as de sujeito, predicado, determinante, determinado etc.

Alguns lingüistas não-chomskianos tais como os tagmêmicos (cf. Pike 1954-1960; Longacre 1960, 1964, 1965) e os neofirthianos ingleses (cf. Halliday, 1961) trataram dessas noções em termos cujo resultado fundamental é confundi-los com categorias gramaticais. Em poucas palavras, se traduzirmos, como o fez Postal (1964*a*, p. 33 e s., p. 104 e s., p. 111), suas formulações em termos gerativos, seremos levados a introduzir noções tais como: "sujeito", "predicado" etc., diretamente através de regras sintagmáticas, ao mesmo título que as noções de "frase", de "sintagma nominal" ou de "nome". Uma frase tal como [1] *O gato comia o bolo* (cf. Cap. V, Fig. 18, Fig. 21) seria engendrada pelas seguintes regras:

1) F → sujeito + predicado
2) Sujeito → SN
3) Predicado → SPred
4) SPred → Aux + SV
5) SV → verbo principal[1] + objeto
6) Verbo principal → V
7) Objeto → SN

Esta frase teria então o indicador sintagmático da Fig. 1.

Esta formulação tem um defeito que salta aos olhos: ela oblitera o caráter relacional das noções de "sujeito", "predicado", "objeto" etc. Efetivamente, o fato de "ser um" sintagma nominal é *inerente* à seqüência *o* + *gato* (ou a *o* + *bolo*), como é inerente a *gato* ou a *bolo* serem Nomes, a *come-* ser um verbo, a *come* + + *o* + *bolo* ser um sintagma verbal etc. Quando se diz que *o gato* é sujeito da frase [1], diz-se, entretanto, outra coisa; com efeito, o fato de ser sujeito não é inerente a essa expressão e, em outras frases, ela poderia igualmente ser objeto direto ou também fazer parte de um objeto indireto ou de um circunstancial etc. A diferença entre as categorias e as funções gramaticais é bem explícita quando se diz em termos tradicionais que *o gato* "é um" sintagma nominal mas que ele é "o sujeito da" frase [1]. É esta diferença que desaparece na formulação acima onde "sujeito", "predicado", "objeto" são introduzidos por regras que são formalmente do mesmo tipo que as que introduzem SN, SV, N, Art etc.

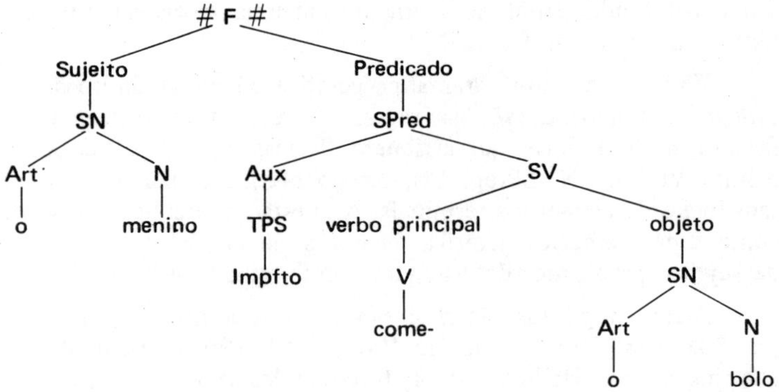

Figura 1

Realmente, a complicação introduzida pela Fig. 1 é inútil e tal formulação é não somente errada mas muito redundante. Como já sugerimos (Cap. III, § 1, § 6.2) as funções e relações gramaticais podem ser definidas derivativamente a partir de árvores como a da Fig. 21 do Capítulo V e, em termos de certas subfigurações dessas árvores. É assim que nesta Fig. 21 o SN sujeito (*o gato*) é definido como o SN que é dominado imediatamente pelo elemento F ou ainda como o SN que aparece na configuração:

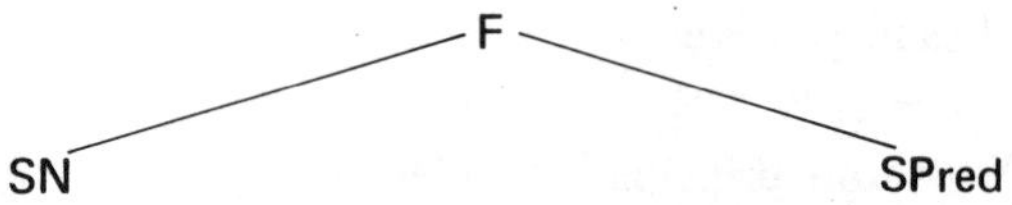

sendo essa mesma configuração simplesmente o subproduto da regra sintagmática F → SN + SPred. Da mesma maneira, o SN objeto (*o bolo*) é definido como o SN que figura na configuração que representa o sintagma verbal e seus constituintes:

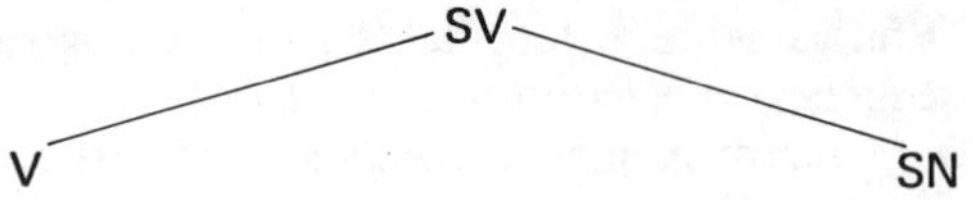

O fato de elementos, pertencendo a esta ou aquela categoria, preencherem esta ou aquela função é, então, dado implicitamente nas regras sintagmáticas da base, e basta tornar explícita esta relação para obter uma caracterização formal das funções gramaticais (quanto às relações gramaticais tais como "sujeito-predicado", "verbo transitivo-objeto", "determinante-determinado" também serão definidas derivativamente a partir das categorias e das funções). Sobre esse ponto remetemos a Chomsky (1965*a*, Cap. II, § 2.2, ver também 1966*a*, pp. 34-35) mas o princípio geral consiste em associar a cada regra sintagmática da base tendo a forma A → XBY (onde, segundo as convenções aceitas, X e Y podem ser nulos e, além disso, não comportarem outra ocorrência de B), uma função [B, A][2]. Obtém-se assim as funções [SN, F], [SPred, F], [V, SV], [SN, SV] às quais podem-se dar os nomes tradicionais, respectivamente de "sujeito-de", "predicado-de", "verbo principal-de", "objeto-de".

O ponto capital nesta discussão é o seguinte: definimos as funções gramaticais a partir das regras sintagmáticas da base, isto é, em termos dos indicadores sintagmáticos subjacentes. Se portanto considerarmos as frases seguintes (cf. Cap. III § 6.2.):

Pedro é fácil de contentar [2]
Pedro aconselhou João a consultar um especialista [3]
Pedro prometeu a João consultar um especialista [4]

a convenção que acabamos de adotar permitirá dizer que em [2] *Pedro* é "objeto-do" SV *contentar Pedro* em um dos indicadores subjacentes, que, da mesma forma em [3] *João* é o "sujeito da" proposição subjacente *João consulta um especialista* e que em [4], ao contrário, é *Pedro* que é o "sujeito da" proposição subjacente *Pedro consulta um especialista.* Se, ademais, definirmos as relações gramaticais a partir das categorias e das funções, pode-se facilmente representar o fato de que não há relação gramatical entre *Pedro* e *consultou um especialista* em [3] e entre *João* e *consultou um especialista* em [4]. A mesma convenção permitirá evidentemente notar que nas três frases *Pedro* é sempre sujeito, tendo as regras sintagmáticas engendrado os indicadores sintagmáticos subjacentes correspondentes a *Pedro* + *é* + Adjetivo, *Pedro* + + *aconselhou* + "alguma coisa" + *a João,* e a *Pedro* + *prometeu* + + "alguma coisa" + *a João.*

O mesmo princípio nos levará certamente a dizer que na frase:

o bandido foi preso pela polícia [5]

o bandido é "objeto-do" sintagma verbal *prender o bandido* e que *a polícia* é "sujeito-da" frase. Essa formulação se afasta da apresentação tradicional mas o que importa observar é que todas as funções (e as relações) assim definidas são precisamente as que importam para a interpretação semântica das frases – enquanto que, definindo-se *o bandido* como o "sujeito-da" frase 5, não se traz nenhuma contribuição a esta interpretação semântica. Se não se quiser abandonar a esperança de dar um dia uma caracterização semântica (se possível, universal) das noções de sujeito, de predicado etc, isso não será possível senão situando-se ao nível das estruturas profundas (dos indicadores subjacentes) e a representação que acaba de ser dada para as funções gramaticais constitui um primeiro passo nessa direção.

Seria, entretanto, bastante fácil estender a definição das funções – tais como "sujeito" ou "predicado" – de maneira a cobrir igualmente os casos do tipo de [5] onde se falaria de "sujeito" ou de "predicado" de uma frase passiva etc. Bastaria definir as funções (cf. Chomsky, 1966*a*, p. 35) não somente a partir das regras sintagmáticas (e, portanto, dos indicadores subjacentes) mas em termos de subconfigurações dos indicadores sintagmáticos, sejam eles subjacentes ou derivados. Teríamos, então, uma definição mais geral das funções gramaticais, mas esta concepção é menos interessante e menos específica, na medida em que somente as funções determinadas pelos indicadores sintagmáticos subjacentes revelam-se pertinentes para a interpretação semântica.

Ao menos no que se refere às noções de sujeito e de predicado, poderíamos utilizar também para o português, a exemplo do que se fez com freqüência em francês ou em inglês, ao lado do par de termos "sujeito" – "predicado", os termos, muitas vezes tratados como sinônimos destes, "tema" (fr. *thème,* ingl. *topic*) e "comentário" (fr. *propos,* ingl. *comment*). A existência desses dois pares de termos sugere especializá-los e reservar um deles – o par "sujeito" – "predicado" – para designar as funções, no sentido estrito, definidas pelas regras sintagmáticas, as únicas pertinentes para a interpretação semântica. Reservaríamos o outro par para designar funções definidas ao nível das estruturas superficiais – isto é, a partir de uma certa configuração do indicador sintagmático derivado final. Neste caso, definiríamos "o tema-da-frase como o sintagma nominal mais à esquerda imediatamente dominado por F na estrutura superficial e o – comentário-da-frase como o resto da seqüência", (Chomsky 1965*a*, p. 221, n. 32). Assim, na frase [5] *o bandido* seria definido ao mesmo tempo como objeto do sintagma verbal na seqüência subjacente e como o tema da frase na estrutura superficial, *foi preso pela polícia* sendo, por outro lado, definido não como o predicado mas como o comentário. A semelhança entre os dois pares de noções resultaria então da semelhança entre as configurações que as definem nos indicadores sintagmáticos subjacentes ou derivados. Por outro lado, distinguindo os dois pares de noções, acentuaríamos o fato de que somente o sujeito e o predicado têm importância para a interpretação semântica, enquanto que a função essencial da distinção "tema" – "comentário" é uma função de ênfase que consiste em salientar mais um elemento do que outro, sem modificar o conteúdo informacional da mensagem.

Essa discussão permite esclarecer um pequeno problema que tem preocupado, algumas vezes, os gramáticos (cf. Grevisse, pp. 144-145, R. Georgin, 1964, p. 34). Trata-se da questão de saber onde está o sujeito e onde está o atributo (parte do predicado por definição) nas frases do seguinte tipo:

Paris est la capitale de la France [6*a*]
la capitale de la France est Paris [6*b*]

l'essentiel est d'arriver à temps [7]
le malheur est que cela ne m'intéresse pas [8]

Cf. em português:

Paris é a capital da França [6'*a*]
A capital da França é Paris [6'*b*]
O essencial é chegar em tempo [7']
O mal é que isto não me interessa [8']

onde o mesmo problema se apresenta.

Conforme as distinções feitas, é claro primeiro que *Paris* em [6*a*], *la capitale de la France* em [6*b*], *l'essentiel* em [7] e *Le malheur* em [8] são os temas dessas diferentes frases. A questão de determinar onde se encontra o sujeito é entretanto mais complicada e pede uma análise sintagmática mais aprofundada.

Afastemos primeiramente a solução tradicional que repousa sobre um argumento semântico-lógico aplicado precipitadamente. Ela consiste, como se sabe, em dizer que "dos dois termos unidos pela cópula, aquele de menor extensão é o que tem função de sujeito" (Grevisse, p. 145). Este argumento resulta na solução correta – isto é, considerar os elementos situados depois da cópula em [6*b*], [7], [8] como sujeitos – mas, por razões inadequadas: efetivamente não é verdade que em [6*a* - *b*] *Paris* tenha menor extensão do que *la capitale de la France.* Se tomarmos a noção de extensão num sentido rigoroso – designando o conjunto dos objetos suscetíveis de serem denotados por uma expressão, isto é, sua *referência* (cf. Cap. I, nº 14) – *Paris* e *la capitale de la France* têm exatamente a mesma extensão (poder-se-ia até dizer que, como existem várias cidades chamadas Paris nos Estados Unidos, *Paris* tem uma extensão maior que *la capitale de la France*). Por outro lado, simplesmente não vemos como seria possível comparar as extensões de *le malheur* e de *cela ne m'intéresse pas* ou de *l'essentiel* e de *arriver à temps.*

É então, mais uma vez, necessário, antes de qualquer interpretação semântica, fazer uma análise sintática aprofundada, uma "redução" sintática. No caso de [7] e de [8] não faremos essa análise na sua totalidade mas observaremos que, por exemplo, o paralelismo de [7] com:

il est essentiel d'arriver à temps [7*a*]
arriver à temps est essentiel [7*b*]

em português:

é essencial chegar em tempo [7'*a*]
chegar em tempo é essencial [7'*b*]

etc. sugere, por razões de simplicidade e de "sistematicidade", postular uma estrutura subjacente a [7] comportando as duas proposições SN *est essentiel* (*é essencial*) e SN Aux *arriver à temps* (*chegar em tempo*), a segunda sendo imbricada na primeira no lugar do SN, o que lhe confere automaticamente a função de sujeito; um raciocínio análogo seria válido para [8].

No que concerne a [6*a*] e [6*b*], as coisas são mais simples e é bastante fácil ver que, por razões puramente sintáticas, convém derivar [6*b*] de [6*a*] por uma transformação de permutação. Efetivamente, existe em francês uma transformação muito divulgada – ela representa um papel importante principalmente na formação das interrogativas (cf. Langacker, 1965) – que engendra, principalmente [9*b*] a partir de [9*a*] e [10*b* - *c*] a partir de [10*a*][3].

Pierre est venu	[9*a*]
c'est Pierre qui est venu	[9*b*]
Pierre a frappé Paul	[10*a*]
c'est Pierre qui a frappé Paul	[10*b*]
c'est Paul que Pierre a frappé	[10*c*]

O mesmo para o português, senão cf.:

Pedro chegou	[9*a*']
é Pedro quem chegou	[9*b*']
Pedro feriu Paulo	[10*a*']
é Pedro quem feriu Paulo	[10*b*']
é Paulo que Pedro feriu	[10*c*']

Um ponto importante, na apresentação desta transformação – ou melhor, desta seqüência de transformações – é aquele que comanda a escolha do pronome relativo: este é *qui* se o antecedente for o sujeito da frase subjacente e será *que* nos outros casos.

No caso do português, seria preciso ao menos anotar que, no caso destas construções, as frases são talvez mais aceitáveis quando o tempo da forma verbal, que antecede o relativo, acompanha o tempo da forma verbal do verbo principal, embora haja aqui maior flexibilidade, levando-se ainda em conta que aquela forma verbal em geral concorda em número e pessoa com o sujeito do verbo principal, senão cf.:

foi Pedro quem chegou
foi Pedro quem feriu Paulo
era Pedro quem chegava
era Pedro quem feria Paulo etc.

Portanto, se se quiser aplicar esta transformação às frases [6*a*-6*b*] percebe-se que ela engendra, normalmente, [6*c*] a partir de [6*a*] mas agramaticalmente [6*d*] a partir de [6*b*]:

c'est Paris qui est la capitale de la France	[6*c*]
* c'est la capitale de la France qui est Paris	[6*d*]

e, em português:

é Paris que é a capital da França	[6*c*']
* é a capital da França que é Paris	[6*d*']

Da mesma forma [7*c*] * *c'est l'essentiel qui est d'arriver à temps* (em português: * *é o essencial que é chegar em tempo*) seria agramatical. Parece-me ser um argumento suficiente para considerar que a ordem dos elementos, em [6*b*] – ou em [7] ou [8] – não corresponde à ordem das estruturas profundas; ao contrário, a estrutura profunda de [6*b*], seria a mesma de [6*a*] – *Paris* sendo então sujeito – e [6*b*] seria em seguida engendrado por uma transformação que, fazendo do atributo o tema da frase é totalmente paralela à transformação de ênfase do tipo de [9*b*-10*b*/*c*]; de fato, esta transformação de permutação é simplesmente uma variante da transformação de ênfase o que é suficiente, sem dúvida, para explicar a impossibilidade de aplicá-la a seu resultado. (Observemos que não se tem os mesmos problemas com [11*a*] *c'est la capitale de la France qui s'appelle Paris* oriunda normalmente de [11*b*] *la capitale de la France s'appelle Paris*. Em português: *é a capital da França que se chama Paris*, [11*b'*] *a capital da França se chama Paris*).

3. Passaremos rapidamente em revista alguns argumentos que justificam a hipótese de que somente as estruturas profundas são pertinentes para a interpretação semântica, enquanto somente as estruturas superficiais o são para a representação fonética. Sobre este último ponto, seremos bastante concisos. Já indicamos (Cap. V, n. 27) que o componente fonológico de uma gramática comporta um certo tipo de regras – ditas do "ciclo transformacional em fonologia" – que, operando sobre a estrutura sintagmática derivada de uma frase (sua estrutura superficial onde os formantes são representados por matrizes de traços distintivos) dão conta de um conjunto de caracteres fonéticos tais como os fenômenos de acento, de juntura e principalmente em francês, de certos fatos de elisão e de ligação. Vejamos, por exemplo, as seguintes frases:

un grand homme est arrivé	[12]
un homme grand est arrivé	[13]
un homme grand a été arrêté par la police	[14]

Ao nível fonético (abstraindo-se alguns detalhes que aqui não nos interessam diretamente) essas frases terão as seguintes representações (lembremos que a representação sob forma de segmentos sucessivos deve ser tomada como uma notação abreviada de uma representação sob forma de matrizes de traços distintivos):

[œ̃ grãt ɔm ɛt arive]	[12*a*]
[œ̃n ɔm grã ɛt arive]	[13*a*]
[œ̃n ɔm grã a ete arɛte par la pɔlis]	[14*a*]

(a separação, por um espaço, das seqüências de segmentos correspondendo a palavras é dada somente para facilitar a leitura).

O que nos interessa é o fato de que em [12*a*] há uma ligação entre *grand* e *homme*, enquanto que em [13*a*] e [14*a*] não há nenhuma entre *grand* e *est arrivé* ou *a été arrêté*. Não darei aqui o detalhe das regras que dão conta desta diferença (sobre este assunto, ver diversos trabalhos de S. A. Schane) mas tudo leva a crer que esta diferença liga-se ao fato de que em [12*a*] a ligação une dois termos que pertencem a um mesmo constituinte (um sintagma nominal) enquanto que em [13*a*-14*a*] a ausência de ligação relaciona-se com a fronteira entre dois constituintes maiores (SN e SPred). Ou seja, se admitirmos que [12*a*-14*a*] representam as formas corretas das frases [12-14] deve-se admitir que as regras fonológicas que engendram essas formas levam em conta certos aspectos da estrutura sintática dessas frases e principalmente o fato de que elas são divididas em um sintagma nominal e um sintagma predicativo. Ora, essas informações de ordem sintática, necessárias à determinação da estrutura fonética das frases, estão inteiramente contidas no indicador sintagmático derivado final (que representa a estrutura superficial). Em compensação, a informação sintática contida nos indicadores sintagmáticos subjacentes às frases [12-14] não parece representar nenhum papel na determinação da forma fonética. Por exemplo, o fato de que todas as frases [12-14] contenham na sua estrutura profunda o indicador sintagmático subjacente a [15] *l'homme est grand* (onde *grand* faz parte do sintagma predicativo e não do sintagma nominal sujeito), este fato não tem nenhuma incidência sobre a forma fonética. E a mesma coisa para a informação de que [14] se originou, por transformação passiva, de [16] *la police a arrêté un homme grand* (onde *un homme grand* faz parte do sintagma predicativo). Em outros termos, toda a informação sintática necessária à atribuição da representação fonética correta equivale a saber de que maneira a seqüência T-terminal está dividida hierarquicamente em constituintes contíguos – e é exatamente esta informação que é fornecida pelo indicador sintagmático derivado final, isto é, pela estrutura superficial da frase[4].

4. A segunda parte da hipótese – aquela que concerne a maneira pela qual as estruturas sintáticas são interpretadas semanticamente – apresenta problemas mais complexos. A fim de mostrar que somente a estrutura profunda é pertinente para a interpretação semântica, é preciso primeiro mostrar como, em geral, o componente semântico dá uma interpretação às estruturas sintáticas; em seguida, será necessário mostrar que as transformações não introduzem nenhuma mudança de sentido e que, conseqüentemente, a atribuição de um sentido a uma frase depende unicamente, de um lado, do conteúdo semântico dos seus morfemas lexicais e, de outro lado, da rede de relações desenhada pela estrutura profunda (e representada pelos indicadores sintagmáticos subjacentes).

4.1. O componente semântico de uma gramática (cf. Katz e Fodor, 1963; Katz e Postal, 1964; Katz, 1964*b*, 1966) tem como função interpretar as estruturas sintáticas em termos de sentido – ou seja, atribuir uma significação (ou várias no caso das frases ambíguas) às estruturas engendradas pela sintaxe (e o léxico). Para mostrar (brevemente) como funciona este componente semântico, tomemos ainda uma vez como exemplo a frase [1] *o gato comia o bolo*, cujo indicador sintagmático derivado final (cf. Cap. V, Fig. 18) não se diferencia consideravelmente do indicador sintagmático subjacente (cf. Cap. V, Fig. 21). Dado que a única diferença entre os dois resulta da aplicação de transformações — de concordância e T_{Afixo} — que não alteram o sentido da frase, poderemos colocar a questão da interpretação desta frase permanecendo neutros sobre a questão de saber se outras transformações são suscetíveis de mudar o sentido.

Na Fig. 2, está representado o indicador sintagmático subjacente da frase em questão, tal como ele se apresenta depois da aplicação da regra lexical que substitui os morfemas lexicais (representados pelas matrizes de traços distintivos fonológicos, sintáticos e semânticos) aos elementos "postiços" dominados por categorias (Nome e Verbo, no caso). A representação matricial dos morfemas foi simplificada: não indicamos nenhum traço fonológico e limitamo-nos a dar alguns exemplos de traços sintáticos e semânticos (observar-se-á como estão representados, para o verbo, os traços "transitivo" (+ - SN) e "com sujeito animado" (+ [+ animado] -)); enfim, damos, entre parênteses, a representação ortográfica tradicional dos diferentes morfemas.

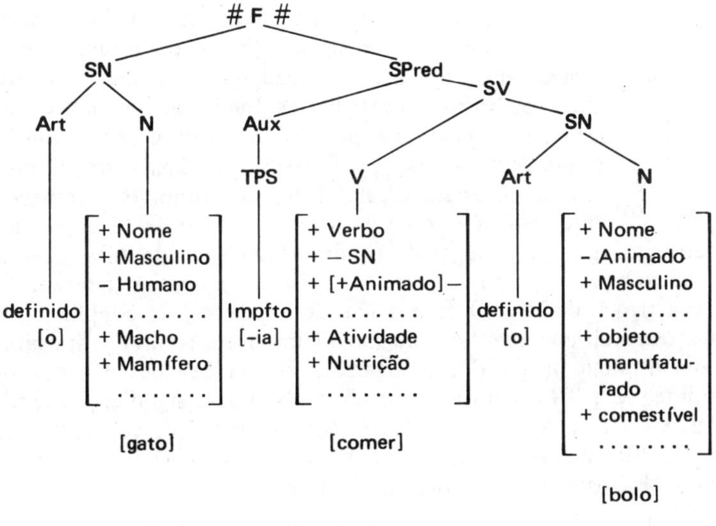

Figura 2

A idéia central que está na base da concepção gerativa do componente semântico está expressa por Katz (1966, p. 152) nos seguintes termos:

> Basearemos nosso modelo do componente semântico na hipótese de que o processo segundo o qual um falante interpreta cada uma das frases de um conjunto infinito é um processo composicional no qual a significação de cada constituinte sintaticamente complexo (*compound*) é obtida como uma função das significações das partes do constituinte.

Ou seja, o trabalho do componente semântico consiste em construir a significação de uma frase partindo das significações dos elementos terminais do indicador sintagmático e combinando essas significações pelo sistema de relações representado no indicador sintagmático. A significação dos elementos terminais é dada, no que concerne os morfemas lexicais nas suas rubricas lexicais (representadas pelas matrizes de traços); aparentemente também os morfemas gramaticais devem ser representados por rubricas comparáveis, embora, sem dúvida, muito mais simples (assim a rubrica do artigo *o* poderia simplesmente conter o traço "definido").

O componente semântico combina as significações dos elementos terminais por meio de uma série de *regras de projeção*. As regras de projeção "fornecem a maquinaria combinatória que permite projetar a representação semântica de todos os constituintes de uma frase que são mais vastos do que morfemas a partir das representações dadas [...] para o sentido dos [morfemas] da frase" (Katz, 1966, p. 153). As regras de projeção operam essencialmente da seguinte maneira: aplicam-se uma após a outra a um indicador sintagmático, indo "de baixo para cima" e efetuam uma série de *amálgamas*. O amálgama (cf. Katz, Fodor, 1963, p. 506) é essencialmente uma operação que combina as significações de dois (ou vários) constituintes dominados por um único nó do indicador sintagmático e que atribui a significação ao constituinte correspondente a esse nó. É assim que uma regra de projeção F_1 amalgama as significações dos constituintes dominados pelo nó etiquetado SN, ou seja, as de "Artigo" e "Nome"; no caso da Fig. 2, esta regra de F_1 deverá ser aplicada duas vezes e, por exemplo – para *o* + *gato* – consistirá em combinar o sentido do artigo ("definido") com o sentido expresso pelo conjunto dos traços sintático-semânticos de *gato*. Uma outra regra, F_2, aplicável somente depois de F_1, amalgamará as significações dos constituintes V e SN dominados por SV e atribuirá a significação resultante ao SV. Aplicadas todas as regras de projeção, obteremos a significação atribuída ao nó superior do indicador sintagmático "F", isto é, a significação da frase[5].

Desta descrição, extremamente rápida e não formalizada da maneira como funciona o componente semântico, não se deveria concluir que a significação de uma frase se reduza simplesmente à soma das significações de seus elementos terminais – o que nos levaria a uma concepção muito primitiva, pré-estruturalista, da significação. Com efeito, os amálgamas sucessivos são inteiramente determinados pela estrutura sintagmática da frase (ou antes, da seqüência terminal subjacente) e, por exemplo, dois elementos que não são constituintes de uma mesma unidade superior não podem ter suas significações amalgamadas (ao menos, não diretamente). Por outro lado, cada amálgama não se resume simplesmente numa soma das significações dos elementos amalgamados; de fato, se assim fosse, só haveria necessidade de uma única regra de projeção geral, dizendo simplesmente que, dados três constituintes A, B, C, tais que, existindo uma regra sintagmática A → B + C (ou seja A domina imediatamente B + C), a significação de A consiste na soma das significações de B e de C. A utilidade das regras de projeção consiste, ao contrário, em indicar a natureza exata da relação entre a significação de um constituinte e as significações de seus elementos constitutivos; como nota Katz (1966, p. 165) "existe uma regra de projeção distinta para cada relação gramatical". Se, em certos casos – por exemplo, o da relação entre um adjetivo epíteto e o nome que ele modifica ou, de modo mais geral, em todos os casos de relação entre determinante e determinado – o resultado do amálgama consiste efetivamente na soma booliana das significações dos constituintes, não há nenhuma razão para pensar que é sempre assim; por exemplo, no caso da relação entre um verbo transitivo e seu objeto, a significação global do sintagma verbal parece ser algo muito diverso do que uma simples soma (cf. Katz, 1966, pp. 167-168 e, numa perspectiva diferente, Weinreich, 1966, p. 424 e s.).

Demos aqui um esboço da *forma* do componente semântico de uma gramática, mas nada dissemos de seu conteúdo concreto. É claro que há um imenso trabalho empírico a fazer sobre este ponto, quer para determinar qual é o conjunto dos traços semânticos pertinentes para a elaboração do léxico de uma língua (e, portanto, para formular as significações dos elementos minimais), quer para, especificar as regras de projeção que correspondem a cada relação gramatical particular. Este trabalho é bastante difícil de realizar e só foi iniciado mais recentemente (cf. Bierwisch, 1965, 1967*a*; Katz, 1966; Weinreich, 1966, Bever e Rosenbaun). Uma coisa, entretanto, é clara: este trabalho será facilitado à medida que a descrição estrutural das frases no nível sintático tiver sido sistematizada e simplificada; com efeito, é evidente que quanto menos relações gramaticais pertinentes houver, tanto menor será o número de regras de projeção diferentes a serem formuladas. Pode-se, assim, ter uma idéia do interesse que haveria em mostrar que as transformações não intervêm na interpretação semântica das frases; se assim fosse realmente, não teríamos de formular regras de projeção senão para um conjunto relativamente restrito de relações gramaticais que se situariam todas no quadro formal relativamente simples do modelo sintagmático. O componente semântico de uma gramática ficaria então bastante simplificado.

4.2. Como já observamos (Cap. IV, § 6., principalmente pp. 207-208) a idéia de que as transformações não modificam o sentido, o "conteúdo informacional" das mensagens está latente e às vezes expresso abertamente na maior parte das concepções transformacionais pré-gerativas, seja em Bally, em Harris, ou na análise do genitivo latino de Benveniste. E é suficiente rever a maior parte das transformações que formulamos (principalmente a seqüência de transformações apresentadas no Capítulo V, § 3.1.) para se convencer de que elas não modificam o sentido dos elementos dados na estrutura profunda subjacente. É igualmente claro que as transformações "de nível baixo" tais como T_{Afixo} ou as diversas transformações de concordância não modificam o sentido das seqüências subjacentes às quais elas se aplicam. Da mesma forma, entre uma frase ativa (*Pedro ama Maria*) e a frase passiva correspondente (*Maria é amada por Pedro*), a diferença não é de sentido mas somente de acento, como tinha reconhecido há muito tempo a gramática tradicional (cf. Jespersen, 1924, p. 167 e s.; ver também Dubois, 1966).

O caso do subjuntivo francês ou português (cf. Cap. V, § 2.2) é talvez, à primeira vista, mais complicado. Entretanto, se nossa interpretação é exata, a transformação subjuntiva não introduz nenhum elemento de sentido novo, em relação àqueles que estavam contidos nas estruturas profundas. Com efeito, as diferenças de sentido entre frases que contêm e frases que não contêm o subjuntivo não se ligam à presença ou ausência deste pseudomodo mas à presença dos elementos (tais como verbos "de vontade", "de sentimento" etc.), dos quais depende a aplicação obrigatória da transformação. Ou seja, a diferença de sentido entre *Pierre croit que Paul viendra* e *Pierre craint que Paul (ne) vienne* ou entre *Pedro pensa que Paulo virá* e *Pedro teme que Paulo venha* reside unicamente na diferença de sentido entre os morfemas lexicais *croire* e *craindre* de um lado e entre *pensar* e *temer* de outro; esta diferença será expressa por meio de traços sintático-semânticos, fazendo parte das matrizes lexicais de *croire* e de *craindre* e de *pensar* e *temer*; ora, por definição, o léxico faz parte da estrutura profunda (da *base*) da gramática.

Entretanto, nem tudo é assim tão simples. Se olharmos para os primeiros esboços de gramáticas gerativas-transformacionais (Chomsky, 1957*a*, 1962*a*; Lees, 1960*a*), veremos que um certo número de transformações, entre as mais importantes, estão aí formuladas de maneira tal que modificam fundamentalmente o sentido das estruturas sintagmáticas subjacentes. É o caso, principalmente, das transformações negativa e interrogativa em inglês (cf. Cap. IV, § 4). Se se quiser manter a generalização muito importante que representa a hipótese de que somente as estruturas profundas contribuem para a interpretação semântica das frases, é necessário considerar mais de perto o problema que as transformações deste tipo apresentam.

À primeira vista, poderíamos contentar-nos em dizer que as mudanças semânticas introduzidas pelas transformações que engendram as frases negativas e interrogativas (aliás também aquelas que dão conta do imperativo – cf. Halle, apêndice a Postal, 1964*c* – ou do optativo em hidatsa – cf. Matthews, 1965, e acima Cap. V, § 2.2) são de um tipo muito particular: concernem, de fato, às modalidades da asserção e deixam intacto o conteúdo propriamente informacional das frases. Poderíamos então restringir o âmbito de nossa generalização e pretender que esta não concerne senão a este aspecto do sentido que tem uma relação direta com o conteúdo informacional, com a "função referencial" das frases (cf. Jakobson, 1963*a*, p. 214 e s.).

Realmente não é preciso chegar até aí. Com efeito, pesquisas mais recentes e mais avançadas sobre a negação, a interrogação e o imperativo em inglês mostraram que, se quiséssemos fazer uma descrição sintática mais completa desses fenômenos, seríamos levados a reformular a gramática sob uma forma mais complexa e com este resultado, não procurado no início, de que as transformações cessariam de contribuir para a interpretação semântica das frases. É o que Lees já havia indicado para a negação (1960*a*, p. 5) e sua observação foi confirmada ulteriormente, para a negação, por Klima (1964*a*, ver também Katz, 1964*b*) e para a interrogação e o imperativo, por Katz e Postal (1964, Cap. IV). Katz e Postal mostraram igualmente (*ibid.*) que a única contribuição semântica das transformações generalizadas era a de ligar, entre si, de maneira fixa, indicadores sintagmáticos nos quais elas não mudam a interpretação (cf. também Chomsky, 1965*a*, p. 132); esta demonstração será mais clara se lembrarmos o que dissemos acima sobre as transformações generalizadas (Cap. V, §§ 2.3.1; 3.2 e 3.3)[6].

Em vez de retomar essas análises, gostaríamos, aqui, de mostrar brevemente que, se tentarmos esboçar uma gramática gerativa da negação em francês, seremos rapidamente levados a um resultado em todos os pontos análogo àquele obtido por esses autores. Isso nos ajudará a compreender em que sentido pode-se dizer que as transformações que estão na base desses tipos de frases não contribuem para a sua interpretação semântica.

Limitemo-nos, primeiramente, a frases negativas muito simples tais como [17] *Pierre n'arrive pas* ou [18] *Pierre n'est pas arrivé.* Na linha de Chomsky (1957*a*, 1962*a*) poderíamos considerar que essas frases repousam sobre as seqüências subjacentes [17*a*] e [18*a*].

Pierre + ne + Prst + pas + arriver [17*a*]
Pierre + ne + Prst + pas + être + PP + arriver [18*a*]

sendo essas derivadas das seqüências S-terminais (subjacentes às frases ativas *Pierre arrive* e *Pierre est arrivé*):

Pierre + Prst + arriver [17*b*]
Pierre + Prst + être + PP + arriver [18*b*]

A transformação facultativa que engendraria [17*a*] a partir de [17*b*] e [18*a*] a partir de [18*b*] teria a seguinte forma:

$$T_{Neg}: \underset{1}{X} - \underset{2}{TPS} - \underset{3}{Y} \rightarrow 1 - ne + 2 + pas - 3$$

Considerando *pas* como um Adv_1 (ao mesmo título que, ou em combinação com, *toujours, encore* etc.), poder-se-ia em seguida aplicar T_{Afixo} e assim se engendraria corretamente [17] a partir de [17*a*] e [18] a partir de [18*a*].

Entretanto, logo que nos propomos engendrar frases mais complexas surgem dificuldades. Consideremos, por exemplo, as frases seguintes:

on peut ne pas aimer ce film	[19*a*]
* on peut n'aimer pas ce film	[19*b*]
Pierre craint de ne pas arriver à temps	[20*a*]
* Pierre craint de n'arriver à temps	[20*b*]

É claro que somente [19*a*] e [20*a*] são totalmente gramaticais; frases do tipo de [19*b*] e [20*b*] não se encontram senão em um estilo muito contornado (cf. exemplos dados por Blinkenberg, 1933, t. II, p. 206). Ora, se não quisermos complicar demais as outras regras necessárias ao engendramento de [19] e de [20] (cf. Cap. V, § 3.1.) e se conservarmos a formulação dada acima para T_{Neg}, a gramática engendrará [19*b* - 20*b*] e não [19*a* - 20*a*]. Com efeito, depois do encaixe (T_{QU}), teríamos, subjacente a [19], por exemplo, a seqüência:

on + Prst + pouvoir + QU + on + ne + Prst + pas + aimer + ce + film [19*c*]

e a aplicação de $T_{Infinitivo}$, modificada de modo a levar em conta a presença facultativa do constituinte TPS, de *ne* e de *pas* daria [19*b*].

Por outro lado, T_{Neg}, tal como a formulei, é uma transformação de adição, e já vimos as dificuldades criadas pelas transformações de adição na determinação das estruturas sintagmáticas derivadas (cf. Cap. V, § 2.3). Enfim seria desejável marcar formalmente na gramática a solidariedade (no francês "neutro") dos elementos *ne... pas* representando-os, num certo nível, sob a forma de um constituinte único, contínuo.

É possível resolver estas dificuldades representando a negação por um constituinte (escrito Neg) que é introduzido, facultativamente, pelas regras sintagmáticas. Ou seja, reformularemos da seguinte maneira a regra RS_6 que reescreve o auxiliar:

$$RS_{6\,bis}: \text{Aux} \rightarrow (\text{Neg})\ \text{TPS}\ (\text{Adv}_1)\ (\text{Perfeito})$$

As frases [17] e [18] têm então as seqüências S-terminais seguintes:

Pierre + Neg + Prst + arriver	[17*c*]
Pierre + Neg + Prst + être + PP + arriver	[18*c*]

Quanto à frase [19*a*] *on peut ne pas aimer ce film* ela terá como seqüência subjacente, depois da aplicação de T_{QU}, a seqüência:

on + Prst + pouvoir + QU + on + Neg + Prst + aimer +
+ ce + film [19*d*]

$T_{Infinitivo}$, modificada para dar conta da negação, terá então a seguinte forma:

$T_{Infinitivo}$: X – SN – Y – QU – SN – (Neg) – TPS – Z – W
1 2 3 4 5 6 7 8 9
→ 1 – 2 – 3 – (*de*) – ∅ – 6 – Infinitivo – 8 – 9
(onde 2 = 5, e 5 + 6 + 7 + 8 = Frase)

Essa transformação engendrará, a partir de [19*d*] a seqüência [19*e*]:

on + Prst + pouvoir + Neg + Infinitivo + aimer + ce + film [19*e*]

Então só falta formular uma, ou antes, duas transformações, desta vez obrigatórias, e que devem ser aplicadas se o constituinte Neg foi escolhido na parte sintagmática. O efeito dessas duas transformações (que devem ser aplicadas na ordem) é dar ao constituinte Neg a forma e o lugar específicos que ele tem na estrutura superficial. Aqui estão essas transformações:

(*a*) $T_{Neg(1)}$: X – Neg – TPS – (Adv_1) – Y
1 2 3 4 5
→ 1 – *ne* – 3 – *pas* + 4 – 5
(condição: TPS ≠ Infinitivo)

(é esta transformação que engendra as seqüências [17*a* - 18*a*]);

(*b*) $T_{Neg(2)}$: X – Neg – Y → 1 – *ne* + *pas* – 3
1 2 3

(é esta transformação que engendra a seqüência subjacente a [19*a*] e onde *ne* e *pas* ocupam seu lugar normal).

Por diversas razões, esta análise da negação (que é bastante próxima da formulada para o inglês por Lees, 1960*a*) é ainda insuficiente (cf. Klima, 1964*a*). Podemos, entretanto, contentar-nos com ela provisoriamente, na medida em que as modificações ulteriores que poderiam ser feitas não afetam as conseqüências que ela tem do ponto de vista que aqui nos interessa, isto é, do ponto de vista das relações entre a estrutura sintática e a interpretação semântica.

A modificação que esta análise traz – modificação que, insistamos sobre este ponto, se justifica por razões formais, sintáticas – consiste essencialmente nisto: a negação em vez de ser introduzida por uma transformação singular facultativa é, de agora em diante, marcada por um elemento (Neg) introduzido facultativamente pelas regras sintagmáticas. Este elemento pertence à *base* da gramática, ou seja, figura em certos indicadores sintagmáticos subjacentes; a frase *Pierre n'arrive pas* tem então agora um indicador subjacente distinto (pela presença de Neg) do indicador de

Pierre arrive. A interpretação semântica das frases negativas operará então unicamente sobre as estruturas profundas (interpretando, neste caso, o constituinte Neg como significando "negação") e o papel das transformações T_{Neg1} e T_{Neg2} limitar-se-á unicamente a converter, obrigatoriamente, estruturas profundas que possuem o constituinte Neg em estruturas superficiais que possuem os elementos *ne* e *pas.*

As análises de Klima, de Katz e de Postal relativas às interrogativas e às imperativas chegam fundamentalmente ao mesmo resultado; todas elas resumem-se em "reformular [. . .] as transformações singulares facultativas como transformações obrigatórias cuja aplicabilidade a uma seqüência é determinada pela presença ou ausência de um certo 'marcador' nesta seqüência" (Chomsky 1965*a*, p. 132). Assim, as seqüências S-terminais subjacentes às frases interrogativas terão um elemento "interrogativo", as seqüências S-terminais subjacentes às frases imperativas terão um elemento "imperativo" etc. A diferença entre uma frase interrogativa, negativa etc. e a frase afirmativa correspondente será então expressa, de um lado, por meio da presença desses marcadores subjacentes (que serão os únicos portadores do sentido "interrogativo", "negativo" etc.) e, de outro lado, pela aplicação obrigatória de certas transformações que se limitarão a reordenar os elementos da seqüência S-terminal (profunda) convertendo-a em uma seqüência T-terminal (superficial).

Os elementos tais como Neg, "Interrogativo", etc. que figuram de agora em diante em certas seqüências S-terminais, são, então, *morfemas* segundo a definição que foi dada desse termo (cf. Cap. IV, fim do § 4.) e distinguem-se dos elementos das seqüências T-terminais tais como *ne, pas* que chamamos de *formantes* (*ibid.*). Observemos que a discussão que precede dá um novo relevo a esta distinção que, no Capítulo IV eu tinha justificado por razões puramente formais. Agora, efetivamente, parece que os morfemas, elementos terminais das estruturas profundas são todos elementos significativos, portadores de sentido (interpretáveis), quer se trate de morfemas lexicais (cf. Cap. V, § 4.2.) ou de morfemas gramaticais tais como Artigo, Plural, Presente etc. ou "marcadores" da negação, da interrogação etc. Quanto aos formantes, se um grande número deles representa morfemas, "transportados" tal e qual, pelas transformações, das estruturas profundas às estruturas superficiais, outros são introduzidos pelas transformações e, nesse caso, seria inútil querer encontrar neles um sentido determinado (cf. a discussão sobre o formante *do* em inglês, Cap. IV, § 4.)[7].

5.1. Como já sugerimos, a distinção entre estrutura profunda e estrutura superficial (e a relação que mantém esta distinção com as questões de interpretação semântica e de representação fonética das frases) não é inteiramente uma descoberta da gramática gerativa. Entretanto, é forçoso insistir sobre aquilo que constitui a originalidade da gramática gerativa chomskiana, na maneira como trata essa distinção.

À primeira vista, por exemplo, essa distinção pode levar a pensar naquela feita pelos glossemáticos (Hjelmslev, 1953, 1959; Togeby, 1951) entre a *forma do conteúdo* e a *forma da expressão*. Opondo-se principalmente aos distribucionalistas americanos, Hjelmslev insistiu muito sobre a impossibilidade de descrever os fenômenos morfológicos e sintáticos simplesmente em termos de distribuição e de classificação dos *signos* -- unidades que parecem muito próximas das unidades de estrutura superficial que chamei *formantes*. Poderia, então, parecer tentador identificar a forma do conteúdo com o conjunto das estruturas, interpretáveis semanticamente, que constituem a estrutura profunda, a forma da expressão correspondente à estrutura superficial. Entretanto, já vimos (Cap. III, n. 37; Cap. V, n. 17) que, na medida em que os glossemáticos imaginam a forma do conteúdo como uma hierarquia única (um só indicador sintagmático), esta identificação é impossível. O modelo glossemático ao qual falta a noção de transformação é simplesmente um caso particular, aliás relativamente fraco, de gramática sintagmática independente do contexto. A principal diferença que o separa dos modelos americanos de análise em constituintes imediatos liga-se ao fato de que a estrutura de uma frase, em vez de ser representada por uma hierarquia única, é representada por duas hierarquias distintas (expressão e conteúdo), mas ambas apresentam todos os caracteres do modelo sintagmático (excetuando-se apenas um, do qual falaremos em seguida). De mais a mais, como também dissemos, na medida exatamente em que a noção de transformação faz falta à sua concepção, os glossemáticos não se preocuparam em representar com precisão a maneira como se articulam entre si as duas formas, do conteúdo e da expressão; ao contrário, um dos principais méritos da gramática gerativa-transformacional foi o de ter buscado mostrar em detalhe como, graças a um sistema complexo de transformações, as estruturas profundas são convertidas em estruturas superficiais.

O ponto essencial de divergência (ao qual acabamos de aludir) entre a glossemática e a análise em constituintes imediatos separa também a glossemática da gramática transformacional: ele reside em que, para Hjelmslev (cf. acima Cap. III, n. 37) a *ordem* dos elementos não é tida como pertinente ao nível da forma do conteúdo; para Hjelmslev, a ordem dos elementos é tipicamente um fenômeno próprio do plano da expressão (as estruturas superficiais).

Este ponto merece atenção. Para Chomsky (1965*a*, Cap. II) as regras sintagmáticas (ou categoriais) da base da gramática têm essencialmente duas funções distintas: elas descrevem o sistema das categorias, funções e relações gramaticais, de um lado, e determinam uma ordem para os elementos das estruturas profundas, de outro (Chomsky, 1965*a*, p. 123). A ordem dos elementos nas estruturas profundas pode ser, em proporções consideráveis, subvertida pela aplicação das transformações, mas, em cada nível – estruturas subjacentes, estágios intermediários, estruturas superficiais – a ordem dos elementos é determinada; em outras palavras, a organização dos elementos é sempre representável sob a forma de uma ou várias seqüências de elementos concatenados.

Ora, Hjelmslev não é o único lingüista a ter recusado considerar a ordem dos elementos como pertinente ao nível das estruturas profundas. Mais recentemente, diversos pesquisadores (Curry, 1961; Shaumian e Soboleva, 1963; Longacre, 1965) a maioria conhecendo ao menos certos desenvolvimentos da gramática gerativa, adotaram essencialmente o mesmo ponto de vista – o que aparentemente significa reduzir o papel das regras sintagmáticas a uma única função, a da atribuição das categorias, funções e relações, sendo a outra função eliminada ou confiada a um outro componente da gramática. Este ponto de vista (cf. Chomsky, 1965*a*, p. 124) resulta em substituir regras tais como:

(*a*) F → SN + SPred

(*b*) SN → Art + N

pelas regras:

(*a'*) F → {SN, SPred}

(*b'*) SN → {Art, N}

onde, diz Chomsky, "os elementos à direita da flecha constituem um conjunto e não uma seqüência" (*loc. cit.*).

Observemos primeiramente que se considerarmos a primeira função das regras sintagmáticas – a atribuição das categorias, funções e relações gramaticais – as duas gramáticas, aquela que engendra seqüências e a que engendra conjuntos, são rigorosamente equivalentes. A única diferença que as separa prende-se ao fato de que uma gramática de concatenações engendrará indicadores sintagmáticos dos quais não somente os nós mas também os ramos são etiquetados (um ramo é etiquetado como sendo "de direita" ou "de esquerda") enquanto que uma gramática de conjunto engendrará indicadores sintagmáticos dos quais somente os nós são etiquetados. Em outros termos, à regra (*a*) corresponderá somente a configuração da Fig. 3(*a*), enquanto que a regra (*a'*) terá como correspondentes, indiferentemente, as configurações 3(*a*) ou 3(*b*):

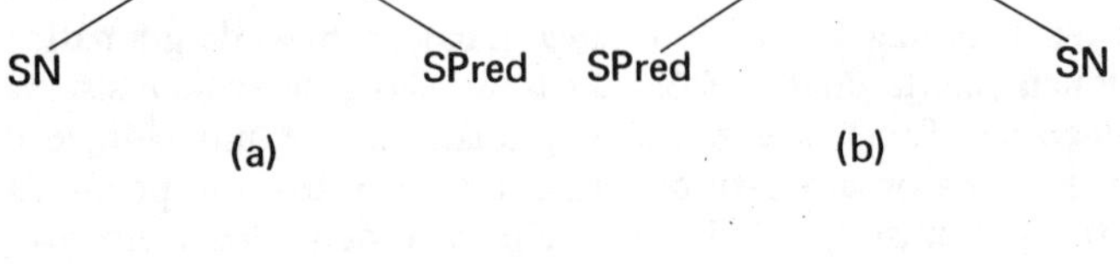

Figura 3

Vemos, assim, que, dada a maneira pela qual definirmos, por exemplo, as funções gramaticais (acima § 2), os resultados serão exatamente os mesmos nos dois casos.

Se quisermos encontrar argumentos para separar os dois tipos de gramáticas, não se deverá portanto procurá-los na maneira como elas preenchem essa primeira função. Um argumento que poderia ser decisivo residiria na maior ou menor facilidade (ou simplicidade) com a qual um ou outro sistema preencheria uma outra função essencial que consiste na conversão das estruturas profundas em estruturas superficiais. Ora, é muito difícil comparar os dois sistemas deste ponto de vista, na medida em que – como já vimos no caso da glossemática – os defensores das gramáticas de conjunto não se preocuparam praticamente com este problema, apesar de fundamental quando se pretende compreender o mecanismo da linguagem: em geral, eles se contentaram em colocar os dois níveis de estrutura sem se preocupar em saber como – por meio de que sistema preciso de regras – se pode passar de um a outro (para as insuficiências de Shaumian e Soboleva, 1963, deste ponto de vista, ver o relatório de Barbara Hall, 1964).

A conversão em estrutura superficial de uma estrutura profunda concebida como um sistema de conjuntos poderia ser considerada de dois ângulos diferentes. Num primeiro caso, esta conversão se faria em duas etapas, a primeira consistindo em converter o sistema subjacente de conjuntos, engendrados por regras do tipo de (*a'* - *b'*) em um sistema de seqüências semelhantes às que são produzidas pelas regras (*a* - *b*), e a segunda etapa consistindo em converter estas seqüências em estruturas superficiais, como no modelo transformacional habitual, pela operação de transformações sucessivas. É claro, dada a equivalência, do ponto de vista da atribuição das categorias, funções e relações gramaticais, entre um sistema de concatenações e um sistema de conjuntos, que esta solução consiste pura e simplesmente em introduzir uma complicação inútil, sendo muito mais simples representar diretamente a parte sintagmática da gramática sob a forma de um sistema de concatenações.

Afastada esta primeira concepção como puramente gratuita, somos levados a pensar que os defensores da não-pertinência da ordem ao nível da estrutura profunda imaginam as relações entre esta e a estrutura superficial de uma forma fundamentalmente diferente daquela a que o sistema transformacional nos habituara. Admitimos que diversas estruturas superficiais muito diferentes podem corresponder a uma mesma estrutura profunda; assim, para retomar um exemplo discutido acima, a propósito de Blinkenberg (Cap. IV, § 6.1., p. 197) as frases [20*a*] *on a commis des erreurs,* [20*b*] *des erreurs ont été commises* e [20*c*] *il a été commis des erreurs* correspondem todas a uma mesma estrutura profunda na qual *on* é sujeito, *des erreurs* objeto etc. Aparentemente a tese dos defensores da não-pertinência da ordem seria a de que não há nenhuma organização interna (ou seja, nenhuma organização interna (ou seja, nenhuma ordem de transformações) na maneira como essas diversas estruturas superficiais são engendradas a partir da mesma estrutura profunda: cada uma das frases [20*a* - *c*] seria diretamente ligada à estrutura profunda, independentemente das outras. Entretanto, desde que se tente construir uma gramática para explicar essas diversas estruturas, percebe-se que é muito mais simples impor, desde o começo, uma ordem às estruturas profundas e impor uma ordem à aplicação das transformações. Assim, seria bem mais natural admitir que a ordem dos elementos em [20*a*] está mais próxima da ordem das estruturas profundas do que a de [20*b*] ou de [20*c*], do que postular que essas diversas frases estão "a igual distância" do sistema das estruturas profundas. A mesma conclusão se impõe se considerarmos, por exemplo, a análise que demos para as "completivas diretas" em francês ou em português (Cap. V, § 3.1.) assim como para uma grande quantidade de outras análises que se encontram na literatura transformacional. Acrescentemos que, de qualquer maneira, os defensores da não-pertinência da ordem seriam obrigados a introduzir em suas gramáticas (sob uma forma de que eles não têm o mínimo esboço) restrições para dar conta do fato de que não se pode encontrar qualquer ordem nas estruturas superficiais; numa gramática transformacional, essas restrições, em geral, decorrem simplesmente da aplicação ordenada das transformações (cf. por exemplo as regras sobre o lugar do objeto indireto no Cap. V, § 3.1.). A idéia, muitas vezes emitida (cf. Longacre, 1965) de que, para certas línguas ao menos, os fenômenos de "ordem livre das palavras" viriam apoiar os defensores da não-pertinência da ordem não parece convincente; mesmo nas línguas nas quais existe uma grande liberdade na ordem das palavras, este fenômeno parece depender de um nível estilístico distinto do nível propriamente sintático e, no nível sintático, a ordem dos elementos parece sempre pertinente (cf. Chomsky, 1965*a*, pp. 126-127, Bach, 1964*a*, pp. 108-109 e as observações de Jakobson sobre o russo citadas acima, Cap. IV, § 6.1. p. 202).

5.2. Se a concepção chomskiana da natureza das estruturas profundas e de suas relações com as estruturas superficiais não pode ser confundida com as concepções dos glossemáticos ou com aquelas que lhes são aparentadas, há, em compensação, como já assinalamos rapidamente, profundas afinidades entre esta concepção e a que se exprimia na orla da lingüística moderna, na *Grammaire Générale et Raisonnée* de Port-Royal e num conjunto de pesquisas filosóficas e gramaticais que a esta se ligam.

Não insistiremos sobre essas afinidades na medida em que Chomsky as observou muitas vezes (1964*b*, pp. 15 e 16, p. 67 da versão Mouton; 1965*a*, Cap. 1; 1965*b*) e lhes dedicou inteiramente o livro, *Cartesian Linguistics* (1966*b*). Todo um capítulo desse livro (pp. 31-51) trata explicitamente do problema das estruturas profundas e superficiais. Sobre o ponto central – isto é, a idéia de que as estruturas complexas e irregulares que constituem as estruturas superficiais podem ser convertidas em estruturas mais simples e mais regulares, pertinentes apenas para a interpretação semântica (os indicadores sintagmáticos subjacentes na gramática gerativa – as proposições principais e proposições acidentais, na *Grammaire de Port-Royal*) – a concordância é evidente e pode também ser verificada num certo número de análises de detalhe como é o caso das proposições relativas e dos epítetos (*Grammaire Générale et Raisonnée,* p. 68 e s.; Chomsky, 1966*b*, p. 33 e s.; cf. também acima Cap. V, n. 14) e o caso das construções infinitivas (Chomsky 1966*b*, p. 39) etc.

Parece-me mais útil insistir sobre as diferenças entre as duas concepções, sobretudo porque o próprio Chomsky, na medida em que só descobriu essas afinidades muito recentemente, tende, talvez, a superestimá-las.

Primeiramente, – não haveria necessidade de dizê-lo – a concepção chomskiana é muito mais explícita e, ao mesmo tempo, na medida em que ela se beneficia do imenso trabalho concreto feito pelos lingüistas há mais de cem anos, assenta-se em bases empíricas mais sólidas do que aquelas de que dispunham os gramáticos de Port-Royal. Por outro lado – e precisamente na medida em que a teoria de Port-Royal permaneceu muito implícita – parece, como observa Chomsky (1966*b*, p. 58) que

> não foi feita uma distinção clara entre a estrutura abstrata subjacente a uma frase e a própria frase. Admite-se, no conjunto, que a estrutura profunda consiste em frases efetivas que apresentam uma organização mais simples e mais natural e que as regras de inversão, de elipse etc., que fornecem o conjunto total das frases efetivas operam sobre essas frases simples já formadas.

Deste ponto de vista, os gramáticos de Port-Royal permanecem então bastante perto, apesar de tudo, da concepção que apresentamos a propósito de Harris (Cap. IV, § 6.2.2) na qual uma transformação se define como uma relação entre frases. Esta concepção é, num certo sentido, o oposto daquela da glossemática: em Hjelmslev, a forma do conteúdo está muito distante da estrutura superficial, na medida em que não aceita relações de ordem, mas permanece tributária delas, e na medida em que não é representável senão por uma única hierarquia (um só indicador sintagmático); na *Grammaire de Port-Royal,* como em Harris (ou como em Dubois) a complexidade, a multiplicidade das estruturas profundas são reconhecidas, mas cada uma das proposições elementares subjacentes é concebida não como uma seqüência abstrata de elementos mas como frases simples efetivas (as "frases-núcleo").

A divergência essencial, entretanto, não está aí. Ela reside – e, curiosamente, em seu livro, Chomsky não fala disso – no próprio ponto de partida da *démarche* que leva a fazer a distinção da estrutura profunda e da estrutura superficial, e na justificação que é dada para tal distinção. Na *Grammaire de Port-Royal*, o ponto de partida é, eminentemente, de ordem lógico-psicológica: parte-se dos processos mentais – os juízos – e a estrutura subjacente é posta de chofre, sem análise prévia das estruturas superficiais; ela é elaborada a partir da "maneira natural na qual expressamos nossos pensamentos" (p. 30) e considerada como universal, subjacente a todas as línguas possíveis. Ainda que muitas análises concretas feitas na *Grammaire* sejam justas, tal *démarche* continua a padecer das limitações inerentes a toda concepção que tem seu ponto de partida nos processos mentais postos *a priori*, isto é, inerentes a toda gramática semântica e psicológica.

O ponto de partida da gramática gerativa é totalmente diverso. Herdeiros dos distribucionalistas americanos – de Harris em particular – Chomsky e seus colaboradores partiram de uma análise puramente formal das estruturas superficiais; foram as insuficiências da análise em constituintes imediatos para explicar, de maneira suficientemente simples e sistemática, essas mesmas estruturas superficiais que os levaram a estabelecer o nível das transformações e a descobrir em seguida a noção de estrutura profunda. A descoberta de que a estrutura profunda é a única pertinente do ponto de vista semântico – e, além disso, a descoberta de que ela é, em larga medida – universal (cf. abaixo § 6) – não veio senão como uma conseqüência desta análise puramente formal guiada pelas exigências relativas ao caráter explícito da gramática assim como por considerações de generalidades e de "sistematicidade". O fato de que a estrutura profunda apresente este ou aquele caráter interessante do ponto de vista lógico ou semântico é, assim, muito mais fundamentado: ele foi estabelecido a *posteriori*, sem apoiar-se em nenhuma exigência apresentada no início.

Gostaríamos de, com um último exemplo, ilustrar a *démarche* da gramática gerativa, mostrando mais uma vez como, sobre a base de exigências formais, é possível chegar a estabelecer estruturas profundas, pertinentes semanticamente, que poderiam talvez ser postuladas *a priori*, mas que receberam, assim, um outro tipo de justificação. Este exemplo permitirá prosseguir uma análise que havíamos apenas esboçado a propósito dos advérbios franceses da classe Adv_3 tais como *bien*, *mal*, *terriblement* etc. Tínhamos introduzido esses advérbios por meio da regra RS_3 (Cap. IV, § 3.2):

$$RS_3 : SV \rightarrow V\ (Adv_3)\ SN$$

sendo que uma transformação especial colocava, em seguida, Adv_3 no seu lugar normal, antes do verbo nas construções compostas.

Tradicionalmente esses advérbios foram qualificados de advérbios "de modo" (para alguns, às vezes, advérbios de "quantidade"), seríamos então tentados, intuitivamente, e sobre uma base semântica, a situá-los na mesma categoria (de estrutura profunda) que os "complementos circunstanciais de modo" dos quais, entretanto, diferem seja por sua distribuição, seja por sua constituição interna, ao nível das estruturas superficiais. O que nos interessa é o fato de que uma análise formal mais aprofundada do que a que fizemos forneça argumentos para agrupar efetivamente esses constituintes em uma mesma categoria. Consideremos os seguintes exemplos:

Pierre aime beaucoup Marie	[21*a*]
Pierre aime Marie avec passion	[21*b*]
* Pierre aime beaucoup Marie avec passion	[21*c*]
Pierre a bien travaillé	[22*a*]
Pierre a travaillé avec ardeur	[22*b*]
* Pierre a bien travaillé avec ardeur	[22*c*]
Pierre a été terriblement battu	[23*a*]
Pierre a été battu avec sauvagerie	[23*b*]
* Pierre a été terriblement battu avec sauvagerie	[23*c*]

(como de hábito, supõe-se que todas essas frases são ditas com uma entonação neutra e sem pausa – sem vírgula – antes do complemento circunstancial).

Constatamos que todas as frases [21*c*-23*c*] que contêm, ao mesmo tempo, um advérbio e um sintagma preposicional complemento de modo, são agramaticais (enquanto, por exemplo, [24] *Pierre a toujours travaillé avec ardeur* é perfeitamente normal). Talvez haja razões semânticas para esta agramaticalidade mas é difícil apontá-las *a priori;* em particular, todas essas frases são facilmente interpretáveis e, à primeira vista, parece não haver nenhuma razão semântica para interditar essas frases onde o complemento de modo é "redobrado" e admitir, por exemplo, frases como [25] *personne n'a rien vu nulle part* onde é a negação que se encontra reiterada em co-ocorrência com todos os indefinidos.

Entretanto, se nos propusermos como objetivo construir a gramática mais simples que seja capaz de engendrar todas as frases [21*a*/*b*-23*a*/*b*] excluindo [21*c*-23*c*] seremos naturalmente levados a agrupar em uma única classe de equivalência todos os elementos que não podem se encontrar em co-ocorrência, isto é, os advérbios Adv_3 e os sintagmas preposicionais do tipo *avec* + SN, ou seja, bastará substituir a formulação (Cap. I, § 3.2) da regra RS_3 pela seguinte formulação, mais completa (e que integra igualmente as modificações trazidas à mesma regra no Cap. V, § 3.2 para levar em conta o objeto indireto):

RS_3 : SV → V (SN) (SPrep) (Modo).

O constituinte Modo é em seguida reescrito:

$$\text{Modo} \rightarrow \begin{Bmatrix} \textit{avec} + \text{SN} \\ \text{Adv}_3 \\ \text{etc.} \end{Bmatrix}$$

e enfim uma transformação muito simples virá colocar Adv_3 em seu lugar normal depois do verbo, tal como o indicava a primeira formulação de RS_3 (esta transformação era evidentemente anterior àquela que coloca Adv_3 antes do verbo nas construções compostas) e tem a seguinte forma:

$$T_{Adv_3\,(1)}: \underset{1}{X + V} - \underset{2}{Y} - \underset{3}{Adv_3} - \underset{4}{Z} \rightarrow 1 - 3 - 2 - 4$$

Assim, sem recorrer a pressupostos semânticos, chegamos a agrupar num mesmo constituinte, ao nível das estruturas profundas, os advérbios e os complementos de modo. A tarefa do componente semântico da gramática vai ser então simplificado, já que, quando se tratar de definir o sentido dos complementos e dos advérbios de modo, o componente semântico não terá para interpretar senão um único tipo de constituinte ("Modo") – ou, de preferência, um único tipo de relação entre este constituinte e o SV na sua totalidade.

Por outro lado, esta análise leva também a uma questão nada "trivial" e que interessa à psicolingüística; somos levados a perguntar por que a estrutura de uma frase simples admite normalmente só um constituinte "modo" no máximo; temos aí um fato cuja necessidade não salta imediatamente aos olhos e que precisaria ser estudado com atenção. (Admito em toda esta discussão que as frases com entonação "rompida" tais como *Pierre aime beaucoup Marie, avec passion*, são engendradas – por uma transformação de conjunção seguida de elipse dos elementos comuns – a partir de duas frases simples: *Pierre aime beaucoup Marie* e *Pierre aime Marie avec passion*).

6. Não insistiremos mais sobre tudo aquilo que o modelo transformacional, na forma que o vimos tomar nos Capítulos V e VI, pode trazer ao estudo sintático das línguas particulares. Desde que se admita que a sintaxe de uma língua compreende uma estrutura profunda e uma estrutura superficial ligadas sistematicamente por um corpo de transformações, um grande número de questões se esclarecem e muitos falsos problemas desaparecem. Um exemplo entre muitos outros, e que seria necessário tratar em outro lugar, é o dos pronomes pessoais em francês. Se o abordamos a partir do plano conceptual que expusemos, deverá ser bastante fácil resolver um certo número de questões que têm, durante muitos anos, perturbado os lingüistas. A questão de saber se existe uma diferença semântica entre pronomes disjuntos e pronomes conjuntos (cf. Damourette e Pichon, t. VI, pp. 253-254 e as críticas de Benveniste, 1965*a*, p. 72, n. 1), se é preciso tratar os pronomes conjuntos como partes do sujeito ou partes do predicado (cf. Togeby, 1951, pp. 78, 88), como unidades independentes ou como afixos verbais (cf. Heger, 1966) só se apresentava na medida em que estruturas profundas e estruturas superficiais não eram bem diferenciadas. Desde que as diferenciamos percebemos facilmente que há muitas razões para considerar os pronomes conjuntos e disjuntos como constituindo uma única unidade (que "é um" sintagma nominal) na estrutura profunda,

sendo um certo número de transformações específicas responsáveis pelas diferenças no seu comportamento ao nível da estrutura superficial (ver Gross, 1968).

Para terminar, gostaria de fazer ainda algumas observações sobre as conseqüências que acarreta o reconhecimento da dualidade das estruturas profundas e superficiais para uma teoria dos *universais* de linguagem. Já observamos (Cap. I, § 6.1.) que um dos objetivos – talvez o essencial – de uma teoria lingüística geral é pôr em evidência os elementos que são comuns a todas as línguas humanas excluindo as outras "linguagens" possíveis – música, linguagem de gestos, linguagens artificiais da lógica etc. Em seguida não mais abordamos diretamente essa questão mas, num certo sentido, não paramos de falar nisso indiretamente. Com efeito, mostrando que um certo número de modelos, tais como o modelo a estados finitos e o modelo sintagmático, eram inadequados como modelos das línguas naturais, introduzindo em seguida o modelo transformacional e submetendo-o a um certo número de limitações específicas, nada mais fizemos que nos aproximar mais e mais daquilo que constitui a forma geral comum a todas as línguas humanas. Da mesma forma, introduziu-se de passagem um certo número de hipóteses bastante fortes sobre a natureza das línguas naturais como por exemplo quando se admitiu (cf. n. 6) que essas não conhecem senão um único elemento recursivo, o elemento "frase" (idéia que se encontra igualmente na *Grammaire de Port-Royal*).

Entretanto, reconhecendo que a linguagem é articulada em uma estrutura profunda e uma estrutura superficial, somos levados muito mais longe; somos levados a postular não somente um conjunto de universais *formais* (isto é, universais que se prendem à própria natureza das regras que admitimos) mas também um certo número de universais *substanciais*. Parece, na verdade, que a maior parte – talvez mesmo a totalidade – da estrutura profunda seja universal. Em particular, somos levados a admitir que a maior parte das categorias, funções e relações gramaticais engendradas por regras sintagmáticas da base se encontram em todas as línguas. Eis aí uma hipótese que não tentaremos desenvolver em detalhe – ela necessitaria de um livro inteiro, ou mesmo de uma série de livros – mas é bastante fácil perceber que as estruturas profundas, estabelecidas a partir da extrema variedade das estruturas superficiais, apresentam um caráter muito mais regular e mais simples e que se assemelham muito de uma para outra língua. É suficiente, para ter uma idéia do problema, comparar, deste ponto de vista, três línguas, bastante semelhantes é verdade, tais como o francês, o português e o inglês. Apesar das semelhanças, é certo que essas línguas apresentam divergências bastante consideráveis nas suas estruturas superficiais, quer se trate, por exemplo, da distribuição dos advérbios, do tratamento da negação, da interrogação etc. Entretanto, logo que nos propomos construir uma gramática gerativa, vemos aparecer estruturas profundas que são fundamentalmente idênticas. Tomemos um exemplo simples: o francês, o português e o inglês têm um passivo mas o tratam de maneiras muito diferentes. Assim, é fato que o inglês possui um duplo passivo (seja com objeto direto, seja com objeto indireto tornando-se sujeito da frase passiva) enquanto que o francês e o português conhecem apenas uma possibilidade: [26] *John has been given a book by Paul* é perfeitamente gramatical, enquanto que [27]* *Jean a été donné un livre par Paul* e [28]* *João foi dado um livro por Paulo* são decididamente agramaticais (embora perfeitamente compreensíveis).

Ora, essas diferenças dependem unicamente da existência, em francês, em português e em inglês, de diferentes sistemas de transformações e elas desaparecem completamente nas estruturas profundas onde as seqüências subjacentes a estas frases, [26*a*] *Paul* + Perfeito + *give* + *a* + *book* + *to* + *John*, [27*a*] *Paul* + + Perfeito + *donner* + *un* + *livre* + *à* + *Jean* e [28*a*] *Paulo* + + Perfeito + *dar* + *um* + *livro* + *a* + *João*, têm estruturas sintáticas idênticas. (Para o tratamento do duplo passivo em inglês ver Fillmore, 1965). Este exemplo pode parecer privilegiado, mas, se considerarmos línguas exóticas, de estrutura à primeira vista extremamente diferentes, como certas línguas ameríndias, percebe-se que os resultados obtidos pela gramática gerativa não são fundamentalmente diferentes daqueles obtidos na análise das línguas européias; assim, as estruturas profundas do manawk ou do hidatsa, tais como resultam dos estudos de Postal (1962, 1964*c*) e de Matthews (1965) estão muito próximas das do francês, do português, do inglês ou do alemão (cf. Bierwisch, 1963).

É quando se aborda o problema dos universais que a questão levantada no § 5.1., de saber se as estruturas profundas devem ser tratadas em termos de concatenações ou de conjuntos (se a ordem dos elementos é pertinente), toma seu verdadeiro sentido. Com efeito, se acontece freqüentemente que o sistema das categorias, funções e relações descrito nas estruturas profundas é virtualmente idêntico de uma língua para outra, é também bastante freqüente que a ordem destes elementos varie. Assim, em tal língua a frase será constituída não de um sintagma nominal seguido de um sintagma verbal, ou ainda o sintagma verbal em uma de suas formas se reescreverá, não mais V + SN mas, de preferência, SN + V (é assim que Bierwisch, 1963, descreve as coisas para o alemão). É possível que tenha sido este o aspecto do problema considerado pelos defensores dos sistemas de conjuntos; nada é, entretanto, explícito, e Hjelmslev em particular, ao contrário, insistiu muito na especificidade, para cada língua, do sistema de relações estabelecido ao nível da forma do conteúdo. Mas, é evidentemente muito fácil passar dos sistemas de concatenações engendrados para cada língua, pelas gramáticas particulares, a um sistema universal no qual a ordem dos elementos não mais é pertinente: basta uma única regra que fazendo parte da teoria universal suspenda as relações de ordem.

Um dos problemas que a distinção das estruturas profundas e superficiais pode esclarecer é o velho problema das relações entre a gramática e a lógica. Enquanto se abordava este problema por uma comparação dos sistemas lógicos e das estruturas superficiais, a tarefa poderia parecer desesperadora. Ela parece muito mais prometedora se nos ativermos a uma comparação sistemática das estruturas profundas e dos sistemas lógicos. É um empreendimento deste gênero que Bierwisch esboçou em um artigo (1966) onde aborda a questão das relações entre a estrutura profunda do inglês e o cálculo das proposições. Bierwisch mostrou que, se a estrutura profunda não é idêntica ao cálculo das proposições, é entretanto possível formular um conjunto de regras que permitam converter um desses sistemas em outro. É interessante observar que, enquanto as regras que engendram a estrutura profunda são regras sintagmáticas e que, como já se mostrou há muito tempo (cf. Bar-Hillel, 1953), as regras de formação do cálculo das proposições são equivalentes a regras sintagmáticas, as regras que permitem esta conversão têm a estrutura formal das transformações.

Enfim, a distinção das estruturas profundas e superficiais coloca um problema fundamental mas cuja solução não é fácil. Tocamos nele uma ou duas vezes (Cap. III, § 3.3 e Cap. V, § 2.4.1, n. 16): é o problema de saber por que a linguagem é organizada desta maneira. Por que as línguas possuem uma estrutura profunda e uma estrutura superficial distintas e apresentam características tão diferentes? Colocar este problema é colocar todo o problema da explicação em lingüística e não há dúvida de que, definitivamente, as respostas sejam de ordem psicológica. Entretanto, é igualmente claro que foi apenas o desenvolvimento de uma teoria lingüística geral suficientemente rica e rigorosa que permitiu apontá-lo e é esta teoria que poderá, um dia, ajudar a resolvê-lo.

Notas

1. "Verbo principal" (inglês *main verb*) designa aqui a função preenchida pelo verbo na frase – ou melhor, no sintagma verbal – enquanto é distinta da categoria do verbo, representada por V. Como observa Chomsky (1965*a*, p. 68), a diferença entre as funções e as categorias não deve ser prejudicada pelo fato de, tradicionalmente, ter-se empregado os mesmos termos para designar uma categoria e uma das funções que esta categoria

é chamada a preencher. Foi para evitar esta confusão que introduzimos os termos de "sintagma predicativo" e de "sintagma atributivo" para designar categorias, reservando os termos de "predicado" e de "atributo" às funções correspondentes. Entretanto nem sempre foi possível evitar os equívocos, e termos como "determinante" (DET) ou mesmo "circunstancial" (CIRC) designam, provavelmente, mais funções do que categorias. De fato, alguns desenvolvimentos da teoria gerativa recentes demais para que pudéssemos incorporá-los no presente trabalho, (cf. Rosenbaum, 1967; Lakoff, 1965), permitem crer que será possível reduzir consideravelmente o número das categorias engendradas pela base, e isto teria como conseqüência, entre outras, a dissipação destes equívocos terminológicos.

Os lingüistas aqui criticados – tegmêmicos e neofirthianos – poderiam protestar contra esta crítica na medida em que me restringi, na Figura 1, ao princípio da divisão binária dos constituintes (dividindo-se a frase, num sujeito e num predicado, o sintagma verbal em um verbo e um objeto etc.); ora, esses lingüistas sempre defenderam um princípio de divisão múltipla, e, por exemplo (cf. acima, Cap. V, § 2.4.1), decomporiam imediatamente a frase, sem passar por estádios intermediários, em sujeito, verbo e objeto (mais, eventualmente, diversos circunstanciais). Notemos que o fato de escolher esta ou aquela divisão em nada altera o princípio da crítica feita, referente à redundância da representação, e à confusão das categorias e das funções. Como dissemos (Cap. III, n. 1), a questão de saber se é preciso dividir de imediato a frase em sujeito, verbo, objeto etc., ao invés de passar pelo estádio sujeito-predicado, é de ordem puramente empírica: trata-se de saber qual das duas gramáticas assim construídas é mais reveladora, e qual permite formular um número maior de generalizações interessantes. Notemos que a divisão escolhida por Chomsky permite perfeitamente, e da mesma forma que a outra, representar os casos de equivalência parcial entre o sujeito e o objeto, implicados principalmente na relação entre frases ativas e frases passivas. Por outro lado, só esta solução permite formular algumas generalizações que são excluídas pela outra, ou que ela não poderia tratar a não ser ao preço de grandes complicações. Assim, só ela permite dar uma análise simples ao constituinte Auxiliar, explicar as nominalizações (cf. a discussão sobre a equivalência de *to* e de *-ing* em inglês, Cap. IV, § 5.3., pp. 188-189) e dos "pro-sintagmas" (cf. a crítica de Tesnière, Cap. IV, § 6.1., p. 201). Veremos também (abaixo, § 3, n. 4) que a divisão em tema e comentário (equivalente, ao nível da estrutura superficial, à de sujeito e predicado) é necessária para a formulação de certas regularidades fonéticas. Poderíamos dar ainda outros exemplos da necessidade de passar pela divisão sujeito-predicado: assim, ela é implicada (cf. Lees, 1960*a*, p. XXXV) por toda teoria séria da coordenação. Ela é também necessária para uma teoria das expressões idiomáticas: tudo indica que tais expressões correspondem sempre a constituintes; assim, uma expressão idiomática pode ser um nome composto (*cara-de-pau*), um sintagma nominal (*o golpe do baú*, *a parte do leão*, mas não **um golpe do* (ou *de*) *baú* nem *uma parte do* (ou *de*) *leão*), um sintagma verbal (*apagar o cachimbo*, *abotoar o paletó*, *tomar fé em alguma coisa*), um sintagma predicativo (*ir fazer o seu inferninho noutro lugar*) ou mesmo uma frase inteira (*foi assim que Napoleão perdeu a guerra*); em compensação, parece que seqüências de elementos terminais que não são constituintes não podem dar origem a expressões idiomáticas (assim como não podem ser coordenadas): é por isso que não existe expressão idiomática que agrupe o sujeito e o verbo e exclua o objeto. Vamos aqui ao encontro de uma observação de Pottier (1966, p. 96); não subscrevemos, entretanto, a idéia de que o "elo dos significados" é mais forte entre o verbo e o objeto do que entre o sujeito e o verbo.

2. Notemos que todo constituinte que figura num indicador sintagmático subjacente se vê, assim, dotado automaticamente de uma função determinada – mesmo se ela não tem um nome na teoria tradicional, como é o caso da função do constituinte Auxiliar no Sintagma Predicativo,

por exemplo. Na verdade, a teoria tradicional jamais se interessou a não ser pelas funções dos constituintes de nível superior, tais como SN, SV, N etc.

3. Notemos que, se quisermos poder tratar *Pierre*, em [9*b*] e [10*b*], e *Paul*, em [10*c*], como "temas" destas frases, será preciso, como aliás faz o próprio Chomsky (1965*a*, p. 211), realizar uma ligeira modificação na definição do tema, e especificar que o "SN mais à esquerda" deve "ser dominado por uma categoria principal", o que exclui a possibilidade de tratar como tema o pronome *ce* nestas frases (ou ainda o impessoal *il* em [7*a*] ou em *il pleut*). Quanto à questão tão discutida, do "sujeito impessoal" em frases do tipo *il pleut*, notemos que Postal sugeriu (1966) considerá-las como derivadas transformacionalmente de estruturas profundas da forma: *la pluie* + "verbo meteorológico", o que teria, ao mesmo tempo, a vantagem de explicar o caráter derivado de verbos como *pleuvoir*, *neiger*, *venter* etc.

4. Bally já havia observado que a distinção entre sujeito e predicado (ou melhor, entre tema e comentário, cf. acima) era pertinente para explicar a presença ou a ausência de elisão: "Se introduzirmos duas elisões de *t* final na frase "Notre enfant *t* est *t* intelligent", veremos que a primeira é inadmissível e a segunda, ao contrário, obrigatória" (1932, p. 102, n. 1). Bally via, nesse fato fonético, um argumento a mais para justificar a divisão primária da frase em sujeito e predicado (tema e comentário) (ver também, a este respeito, Togeby, 1951, p. 75). Estes casos de influência da estrutura sintagmática derivada sobre a estrutura fônica não são absolutamente excepcionais e foram estudados intensivamente, nos últimos anos, pelos transformacionalistas (cf. os trabalhos sobre o "ciclo transformacional" citados na nota 27 do Cap. V).

5. Ao mesmo tempo que as regras de projeção combinam as significações dos constituintes de uma mesma unidade, permitem também indicar se a significação resultante é ambígua (assim, depois da aplicação de F_2, o SV *apontar o lápis* deverá ser marcado como ambíguo – porque um de seus elementos, o verbo *apontar*, possui mais de uma rubrica lexical) ou se ela é anômala (assim, depois da aplicação de F_2, o SV *ameaçar o perigo* – na frase *os soldados ameaçam o perigo* – será marcado como semanticamente anômalo). As regras de projeção, deste último ponto de vista, são formuladas de modo a levar em conta as restrições de seleção sobre a escolha dos elementos, restrições que, como vimos, são expressas através dos traços contextuais dos morfemas lexicais (cf. Cap. V, § 4.3).

6. Lembremos que as transformações generalizadas de encaixe resumem-se todas em substituir um indicador sintagmático plenamente especificado por um elemento "postiço", dominado por uma categoria determinada num outro indicador sintagmático. Se considerarmos, por exemplo, uma frase como *Pedro acredita que Paulo está doente*, as regras de projeção, operando de baixo para cima, começarão por interpretar o indicador sintagmático mais profundamente encaixado (ou seja, o de *Paulo está doente*); em seguida, a regra F_2 amalgamará a significação desta frase (que "é um" SN objeto na frase total) com a do verbo *acredita*. Assim, a transformação generalizada não traz, em si mesma, nenhuma mudança de sentido.

Na realidade, a partir do momento em que submetemos as transformações generalizadas às restrições assinaladas no Capítulo V, é possível, ao preço de ligeira modificação, formular a gramática de tal modo que a própria noção de transformação generalizada se torne inútil. Foi esta modificação que Chomsky trouxe nos seus trabalhos (1965*a*, 1966*a*). Ela consiste simplesmente em transferir o poder recursivo, atribuído no início às transformações generalizadas, para o componente de base da gramática. Ao invés de ter transformações generalizadas que substituem indicadores sintagmáticos completamente especificados por elementos "postiços" em outros indicadores sintagmáticos, admite-se, de agora em diante, que as regras sintagmáticas, podem introduzir um (e um só) elemento recursivo, F ("frase"). Por exemplo, ao invés de ter uma regra SN → Art + N (DET), teremos diretamente a regra SN → Art + N (F); isto supõe que, doravante, as regras sintagmáticas se aplicam, não mais uma única vez, mas segundo um ciclo: depois de uma primeira aplicação das regras, se introduzirmos o símbolo F, deveremos aplicá-las novamente, a partir deste símbolo até que ele não mais apareça. O poder recursivo está, assim, totalmente compreendido pela base da gramática, e o componente transformacional não tem outra função que a de converter o *indicador sintagmático generalizado* subjacente em um indicador derivado (estrutura superficial).

7. Na verdade, a questão das relações entre a Semântica, de um lado, e os dois níveis da estrutura profunda e da estrutura superficial, de outro, é, sem dúvida, muito mais complexo do que aqui parece ser. Kuroda (1965) já havia indicado que determinadas restrições sobre o emprego de advérbios como *aussi* ou *même* indicam que a estrutura superficial contribui para o sentido, e Chomsky havia feito observações análogas concernentes à negação e aos quantificadores. Atualmente, podemos distinguir duas tendências entre os teóricos da Gramática Gerativa. Uns (Postal, McCawley, Lakoff, Ross, Bach), partindo da idéia de que só a estrutura profunda contribui para a interpretação semântica (assim como da idéia de que ela é universal), chegaram a uma concepção muito abstrata da estrutura profunda: ela está ao mesmo tempo muito mais "longe" da estrutura superficial que, por exemplo, em Chomsky (1965) e muito mais simples; na verdade estes lingüistas chegaram a pôr em dúvida a própria noção da existência de um nível autônomo da estrutura profunda, distinto do nível semântico; correlativamente, eles conseguiram "inchar" e complicar consideravelmente o componente transformacional da gramática (cf. por exemplo Lakoff, 1965, 1968*b* e McCawley, 1968). Outros (e primeiramente o próprio Chomsky, 1968) mantêm a distinção entre o nível de estrutura profunda e a interpretação semântica, admitem que esta pode, numa certa medida e em certos domínios, ser determinada pela estrutura superficial, e insistem sobre a necessidade de recorrer, ao lado das regras sintagmáticas e das transformações, a outras regras e a outros princípios, cuja natureza é, contudo, ainda mal conhecida. Chomsky mostrou, em particular, que era possível tratar certos fenômenos (principalmente as nominalizações) em termos não puramente transformacionais, com a condição de dar ao léxico um papel mais importante que aquele que até agora lhe foi atribuído (ver também Dougherty, 1968, assim como os trabalhos de R. S. Jackendoff e de J. Emonds).

Talvez seja oportuno assinalar o aparecimento de algumas obras coletivas que vão, enfim, tornar acessíveis a um público maior um grande número de estudos dos discípulos de Chomsky, que, apesar de feitos há vários anos, tinham apenas uma circulação confidencial; trata-se das obras editadas respectivamente por Jacobs e Rosenbaum, Schane e Reibel, Bach e Harms, Bierwisch e Heidolph; ver também Dinneen (ed.) (1966). Assinalemos ainda o número 14 de *Langages* sobre as "Tendances Nouvelles en Syntaxe Générative" (Ruwet, 1969) e o livro *Théorie Syntaxique et Syntaxe du français* (Ruwet, Seuil, Paris, 1972).

Apêndice

Regras utilizadas

A) *Regras sintagmáticas*

1.	(RS_1)	$F \rightarrow SN + SPred$	Frase, sintagma nominal, sintagma predicativo.
2.	(RS_2)	$SPred \rightarrow Aux \begin{Bmatrix} SV\ (lugar)\ (tempo) \\ \textit{être} + SAtr \end{Bmatrix}$	Auxiliar, sintagma verbal, circunstancial de lugar, circunstancial de tempo, sintagma atributivo.
3.	(RS_4)	$SAtr. \rightarrow \begin{Bmatrix} Adj \\ SN \\ Lugar \end{Bmatrix}$	Adjetivo.
4.	(RS_3)	$SV \rightarrow V\ (SN)\ (SPrep)\ (Modo)$	Verbo, sintagma preposicional.
5.	(RS_{12})	$\begin{Bmatrix} Lugar \\ Tempo \end{Bmatrix} \rightarrow \begin{Bmatrix} SPrep \\ Adv_2 \end{Bmatrix}$	
6.		$Modo \begin{Bmatrix} SPrep. \\ Adv_3 \end{Bmatrix}$	
7.		$SPrep \rightarrow Preposição + SN$	
8.		$V \rightarrow \begin{Bmatrix} V_t / - SN \\ V_i \end{Bmatrix}$	Verbo transitivo. Verbo intransitivo.
9.		$SN \rightarrow \begin{Bmatrix} Art + N\ (DET) \\ Pronome \\ Nome\ Próprio \\ \Delta \end{Bmatrix}$	Elemento "postiço"

10.	DET → Δ	
11. (RS$_5$)	$V_i \rightarrow \begin{Bmatrix} V_{ie} \\ V_{ia} \end{Bmatrix}$	
12. (RS$_6$)	Aux → (Neg) TPS (Adv$_1$) (Perfeito)	Negação, tempo.
13. (RS$_7$)	Perfeito → $\begin{Bmatrix} \textit{être} + PP / - V_{ie} \\ \textit{avoir} + PP \end{Bmatrix}$	Particípio Passado.
14. (RS$_8$)	TPS → (R) $\begin{Bmatrix} \text{Prste} \\ \text{Impfto} \end{Bmatrix}$	"Futuro", presente, imperfeito.
15.	V_{ie} → *arriver, . . .*	
16.	V_{ia} → *marcher, . . .*	
17.	V_t → *frapper, manger, . . .*	
18.	Adv$_1$ → *toujours, encore, déjà, . . .*	
19.	Adv$_2$ → *partout, ailleurs, hier, . . .*	
20.	Adv$_3$ → *bien, mal,* Adj + *-ment, . . .*	
21.	Adj → *grand, terrible, . . .*	
22.	Preposição → *de, à, avec, . . .*	
23.	N → $\begin{Bmatrix} \textit{homme, garçon, gâteau, . . .} \\ \Delta \end{Bmatrix}$	
24.	Pronome → *il, elle, je, tu, . . .*	
25.	Nome Próprio → *Pierre, Paul, . . .*	
26.	Artigo → *le, un, . . .*	

(15–26: Regras lexicais dadas na primeira formulação, e muito incompletas. Para uma formulação melhor, cf. Cap. V, § 4.3.)

Para o português:

1. (RS$_1$) F → SN + SPred

2. (RS$_2$) SPred → Aux $\begin{Bmatrix} \text{SV (CIRC)} \\ \begin{matrix} \textit{ser} \\ \textit{estar} \end{matrix} + \text{SAtrib.} \end{Bmatrix}$

3. (RS$_4$) SAtrib. → $\begin{Bmatrix} \text{Adj} \\ \text{SN} \end{Bmatrix}$

4. (RS$_3$) SV → V (Adv$_b$) (SN) (SPred)

5. (RS$_{10}$) CIRC → $\begin{Bmatrix} \text{SPrep} \\ \text{Adv}_a \\ \text{Adj} + \textit{-mente} \end{Bmatrix}$

6. SPrep → Preposição + SN

7. V → $\begin{Bmatrix} V_t / - \text{SN} \\ V_i \end{Bmatrix}$

8. SN → $\begin{Bmatrix} \text{Art + N (DET)} \\ \text{Pronome} \\ \text{Nome Próprio} \\ \Delta \end{Bmatrix}$

9. DET → Δ

10. (RS$_5$) Aux → (Neg) TPS

$$11.\ (RS_6)\quad TPS \rightarrow \begin{cases} (R) \begin{Bmatrix} Prste \\ Impfto \end{Bmatrix} \\ Perfeito \end{cases}$$

12. $V_i \rightarrow$ *chegar, . . .*
13. $V_t \rightarrow$ *chutar, comer, . . .*
14. $Adv_a \rightarrow$ *sempre, ainda, já, aqui, . . .*
15. $Adv_b \rightarrow$ *bem, mal, . . .*
16. Adj $\rightarrow$ *grande, pequeno, . . .*
17. Preposição $\rightarrow$ *de, a, com, por, . . .*

$$18.\quad N \rightarrow \begin{cases} \textit{homem, menino, gato, bolo, . . .} \\ \Delta \end{cases}$$

19. Pronome $\rightarrow$ *ele, ela, eu, você, . . .*
20. Nome Próprio $\rightarrow$ *Pedro, Paulo, . . .*
21. Artigo $\rightarrow$ *o, um, . . .*

B) *Transformações:*

(a) *Transformações generalizadas:*

$$1.\ T_{NominVS}: \left.\begin{matrix} X - Art - N - DET - Y \\ 1\quad 2\quad 3\quad 4\quad 5 \\ SN - Aux\ (\textit{être} + PP) - V - Z \\ 6\qquad 7\qquad 8\quad 9 \end{matrix}\right\} \rightarrow$$

$1 - 2 - Ndo + 8 - \textit{de} + 6 + 9 - 5$

(Condições: 3 domina um elemento "postiço", e 9 = Ø ou Prep + W).

$$2.\ T_{NominOS}: \left.\begin{matrix} X - Art - N - DET - Y \\ 1\quad 2\quad 3\quad 4\quad 5 \\ SN - Aux + V_{tx} - Art - N - Z \\ 6\qquad 7\qquad 8\quad 9\quad 10 \end{matrix}\right\} \rightarrow$$

$1 - 2 - 9 - \textit{de} + 6 + 10 - 5$

(Condições: 10 = Ø ou Prep + W, onde Prep = *pour, envers* etc., e 3 = 9).

Para o português:

$$1.\ T_{NominVS}: \left.\begin{matrix} X - Art - N - DET - Y \\ 1\quad 2\quad 3\quad 4\quad 5 \\ SN - Aux\ (\textit{ser} + PP) - V - Z \\ 6\qquad 7\qquad 8\quad 9 \end{matrix}\right\} \rightarrow$$

$1 - 2 - Ndo + 8 - \textit{de} + 6 + 9 - 5$

(Condições: 3 domina um elemento "postiço" e 9 = Ø ou Prep + W).

$$2.\ T_{NominOS}: \left.\begin{matrix} X - Art - N - DET - Y \\ 1\quad 2\quad 3\quad 4\quad 5 \\ SN - Aux + V_{tx} - Art - N - Z \\ 6\qquad 7\qquad 8\quad 9\quad 10 \end{matrix}\right\} \rightarrow$$

$1 - 2 - 9 - \textit{de} + 6 + 10 - 5$

(Condições: 10 = Ø ou Prep + W, onde Prep = *por* (por_2), *a, em relação a,* etc., e 3 = 9).

3. T_{QU}: $$\left.\begin{array}{lll} X - & \begin{Bmatrix} SN \\ DET \end{Bmatrix} & - Y \\ 1 & 2 & 3 \\ F & & \\ 4 & & \end{array}\right\} \rightarrow 1 - QU + 4 - 3$$

(Condição: 2 domina Δ).

O mesmo para o português.

4. $T_{Conjunção}$: $$\left.\begin{array}{l} F_1 = Z - X - W \\ F_2 = Z - X - W \end{array}\right\} \rightarrow \quad Z - X + et + X - W$$

Para o português:

$T_{Conjunção}$: $$\left.\begin{array}{l} F_1 = Z - X - W \\ F_2 = Z - X - W \end{array}\right\} \rightarrow \quad Z - X + e + X - W$$

(b) *Transformações singulares:*

1. Passiva: $$\begin{array}{ccccc} SN - & Aux - & V_{tx} - & SN - & X \\ 1 & 2 & 3 & 4 & 5 \end{array}$$

$$\rightarrow 4 - 2 + \textit{être} + PP - 3 - \begin{Bmatrix} \textit{par} \\ \textit{de} \end{Bmatrix} + 1 - 5$$

Para o português:

$$\begin{array}{ccccc} SN - & Aux - & V_{tx} - & SN - & X \\ 1 & 2 & 3 & 4 & 5 \end{array}$$

$$\rightarrow 4 - 2 + \textit{ser} + PP - 3 - \begin{Bmatrix} \textit{por} \\ \textit{de} \end{Bmatrix} + 1 - 5$$

2. Elipse do agente:

$$\begin{array}{llll} SN - & Aux + \textit{être} + PP + V_{tx} - \begin{Bmatrix} \textit{par} \\ \textit{de} \end{Bmatrix} & + SN - & X \\ 1 & 2 & 3 & 4 \end{array}$$

$$\rightarrow 1 - 2 - \emptyset - 4$$

(Condição: 3 domina um elemento "postiço").

Para o português:

$$\begin{array}{llll} SN - & Aux + \textit{ser} + PP + V_{tx} - \begin{Bmatrix} \textit{por} \\ \textit{de} \end{Bmatrix} & + SN - & X \\ 1 & 2 & 3 & 4 \end{array}$$

$$\rightarrow 1 - 2 - \emptyset - 4$$

(Condição: 3 domina um elemento "postiço").

3. Elipse do objeto: $$\begin{array}{cccc} X - & V_{tx} - & SN - & Y \\ 1 & 2 & 3 & 4 \end{array} \rightarrow 1 - 2 - \emptyset - 4$$

(onde 3 domina um elemento "postiço").

O mesmo para o português.

4. Elipse do determinante: $$\begin{array}{cccccc} X - & N - & \textit{de} + SN - & (prep - & SN) - & Y \\ 1 & 2 & 3 & 4 & 5 & 6 \end{array}$$

(consecutiva a $T_{NominOS}$)

$$\rightarrow 1 - 2 - \emptyset - \textit{de} - 5 - 6$$

(Condição: 3 domina um elemento "postiço").

O mesmo para o português.

5. Impessoal: $$\begin{array}{ccc} SN - Aux & \begin{Bmatrix} V_{tx} \\ \textit{être} + Adj_y \end{Bmatrix} & - X \\ 1 & 2 & 3 \end{array}$$

→ *il* – 2 – 1 – 3

(Condição: 1 domina [–definido]).

Para o português:

$$\underset{1}{\text{SN} - \text{Aux}} \left\{ \begin{array}{l} V_{tx} \\ \textit{ser} - \text{Adj}_y \end{array} \right\}_{2} - \underset{3}{\text{Y}}$$

→ 2 – 1 – 3

(Condição: 1 domina [–definido]).

6. Anexação a QU: X – Art – N – QU – Y – SN – Z – W
(Consecutiva 1 2 3 4 5 6 7 8
a T_{QU})

→ 1 – 2 – 3 – 4 + 6 – 5 – 7 – 8

(onde 5 + 6 + 7 = F, e 6 = Art + 3).

O mesmo para o português.

7. Objeto indireto: X + V_{tx} – QU + F – *à* + SN – Y
1 2 3 4

→ 1 – 3 – 2 – 4

Para o português:

X – V_{tx} – QU + F – *a* + SN – Y
1 2 3 4

→ 1 – 3 – 2 – 4

8. Infinitivo: X – SN – Y – QU – SN – (Neg) – TPS – Z – W
1 2 3 4 5 6 7 8 9

→ 1 – 2 – 3 – (*de*) – Ø – 6 – Infinitivo – 8 – 9

(onde 2 = 5, e 5 + 6 + 7 + 8 = F).

O mesmo para o português.

9. Pronominalização: X – SN – Y – QU – Z – SN – W – U
1 2 3 4 5 6 7 8

→ 1 – 2 – 3 – 4 – 5 – Pronome – 7 – 8

(onde 2 = 6, e 5 + 6 + 7 = F).

O mesmo para o português.

10. Advérbio de modo:

(*a*) X + V – Y – Adv_3 – Z → 1 – 3 – 2 – 4
1 2 3 4

(*b*) $$\underset{1}{\text{X}} - \left\{ \begin{array}{l} \text{PP} \\ \text{Infinitivo} \end{array} \right\}_{2} - \underset{3}{\text{V}} - \underset{4}{\text{Adv}_3} - \underset{5}{\text{Y}}$$

→ 1 – 4 – 2 – 3 – 5

11. Negação:

(*a*) X – Neg – TPS – Y
1 2 3 4

→ 1 – *ne* + 3 + *pas* – 4

(Condição: 3 ≠ Infinitivo)

(*b*) X – Neg – Y → 1 – *ne* + *pas* – 3
1 2 3

Para o português:

X – Neg – Y → 1 – *não* + 3
1 2 3

12. Subjuntivo: X – QU – SN – Y – TPS – Z
 1 2 3 4 5 6
 → 1 – 2 – 3 – 4 – Subjuntivo – 6

 O mesmo para o português.

13. Transformações de concordância: ver, p. ex., Cap. V, n. 29.

14. Afixo: Af – (Adv_1) – V → 3 + 1 – # – 2
 1 2 3

 (onde v = V, *être, avoir,* e Af = (R) Prste, R (Impfto), PP, Subjuntivo, Infinitivo, Ndo).

 Para o português:

 Af – V → 2 + 1
 1 2

 (onde v = V, *ser, estar, ter, haver* e Af = (R) Prste, (R) Impfto, PP, Subjuntivo, Infinitivo, Ndo).

Bibliografia

As referências feitas no texto a esta bibliografia necessitam de um esclarecimento. Grande número das obras e artigos citados apareceram muitas vezes em publicações de acesso diverso. Com a finalidade de respeitar a cronologia real das obras e, ao mesmo tempo, facilitar a consulta, decidi remeter, para a data, ao primeiro aparecimento, e, para as referências de páginas, à publicação mais acessível, que, em geral, é a mais recente. Assim, por exemplo, Chomsky, 1962*a*, p. 242 remete a um texto de Chomsky, "A transformational approach to syntax", que apareceu pela primeira vez em 1962, numa coletânea de difícil acesso – dando a referência à paginação de uma edição mais recente (no caso, a de Fodor-Katz, 1964). Do mesmo modo, Togeby, 1951, p. 67, remete à página 67 da segunda edição (1965) do livro de Togeby publicado em 1951 e cuja primeira edição tornou-se praticamente impossível de encontrar.

AJDUKIEWICZ, K. (1935) Die syntaktische Konnexität. *Studia Philosophica*, I, 1-27.

APPLEGATE, Joseph. (1961*a*) Syntax of the German Noun Phrase. In: EDMUNDSON, ed., 280-285;

— (1961*b*) Phonological rules of a subdialect of English. *Word* XVII, 186-193.

ARRIVÉ, Michel. (1964) A propos de la construction La Ville de Paris: rapports sémantiques et rapports syntaxiques. *Le Français Moderne* XXXII, 3, 179-184.

ARRIVÉ, M., Cl. BLANCHE-BENVENISTE, J. Cl. CHEVALIER, J. PEYTARD (1964) *Grammaire Larousse du français contemporain*. Paris, Larousse. 495 p.

AUSTIN, J. L. (1961) *Philosophical Papers*. J. O. Urmson & G. J. Warnock eds., Oxford University Press. 239 p.

— (1962) *How To Do Things with Words*. Cambridge, Mass., Harvard University Press. 167 p.

BACH, Emmon (1962) The order of elements in a transformational grammar of German. *Language,* XXXVIII, 263-269.

— (1964*a*) *An Introduction to Transformational Grammar.* Nova York, Holt, Rinehart & Winston. 205 p.;

—. (1964*b*) Subcategories in transformational grammars. *Proceedings of the IXth International Congress of Linguists.* Haia, Mouton, 672-678;

— (1964*c*) Relatório de *Studia Linguistica,* I-III, *Language* XL, 430-439;

— (1965) Linguistique structurelle et philosophie des sciences. *Diogène* LI, 117-136.

BACH, E. & R. HARMS, eds. (no prelo). *Universals in Linguistics.* Nova York.

BALLY, Charles (1932) *Linguistique générale et linguistique française.* Berna, Francke. 440 p. (citado pela 4ª ed., 1965).

BAR-HILLEL, Yeoshua (1953) A quasi-arithmetical notation for syntactic description. *Language* XXIX, 47-58 (= 1964, Cap. V);

— (1954) Logical syntax and semantics. *Language* XXX, 230-237 (= 1964, Cap. II);

— (1964) *Language and Information. Selected Essays on their Theory and Application.* Reading, Mass., Addison-Wesley Publ. Cº, e Jerusalém, Israel, The Jerusalem Academic Press Ltd. 388 p.

BAR-HILLEL, Y., C. GAIFMAN, & E. SHAMIR (1960) On categorial and phrase-structure grammars. *Bulletin of the Research Council of Israel,* v. 9 F, 1-16 (retomado em BAR-HILLEL, 1964, Cap. VII).

BAR-HILLEL, Y., A. KASHER & E. SHAMIR (1963) *Measures of Syntatic Complexity.* Report for U. S. Office of Naval Research, Information System Branch, Jerusalém.

BAR-HILLEL, Y., M. PERLES & E. SHAMIR (1961) On formal properties of simple phrase-structure grammars. *Zeitschrift für Phonetik, Sprachwissenschaft und Kommunikationsforschung* XIV, 143-172 (retomado em BAR-HILLEL, 1964, Cap. IX).

BAR-HILLEL, Y. & E. SHAMIR (1960) Finite-state languages, formal representations and adequacy problems. *Bulletin of the Research Council of Israel,* v. 8 F, 155-166 (retomado em BAR-HILLEL, 1964, Cap. VII).

BENVENISTE, Émile (1952) La construction passive du parfait transitif. *Bulletin de la Société de Linguistique* XLVIII, 52-62 (= 1966, Cap. XV, 176-186);

— (1952-53) La classification des langues. *Conférences de l'Institut de linguistique de l'Université de Paris* XI, 33-50 (= 1966, Cap. IX, 99-118);

— (1957-58) La phrase relative, problème de syntaxe générale. *BSL* LIII, 39-54 (= 1966, Cap. XVII, 208-222);

— (1959) Les relations de temps dans le verbe français. *BSL* LIV, 69-82 (= 1966, Cap. XIX, 237-250);

— (1962) Pour l'analyse des fonctions casuelles: le génitif latin. *Lingua* XI, 10-18 (= 1966, Cap. XII, 140-148);

— (1964) Les niveaux de l'analyse linguistique. *Proceedings of the IXth International Congress of Linguists.* Haia, Mouton, 266-275 (= 1966, Cap. X, 119-131);

— (1965*a*) Le pronom et l'antonyme en français moderne. *BSL* LX, 71-87;

— (1965*b*) Structure des relations d'auxiliarité. *Acta Linguistica Hafniensia* IX, 1, 1-15;

— (1966) *Problèmes de linguistique générale.* Paris, Gallimard. 356p.

BEVER, T. G. (1963) The e-o Ablaut in Old English. *QRP* nº 69, RLE, M.I.T., 203-207.

BEVER, T. G. & T. LANGENDOEN (1963) The reciprocating cycle of the Indo-European e-o Ablaut. *QPR* nº 69, M.I.T., 202-203.

BEVER, T. G., J. A. FODOR & W. WEKSEL (1965) On the acquisition of syntax: a critique of contextual generalizations. *Psychological Review* LXXII, 467-482.

BEVER, T. G. & Peter ROSENBAUM (no prelo). *Two Studies in Syntax and Semantics.* Bedford, Mass., Mitre Corporation Technical Reports.

BIERWISCH, Manfred (1961*a*) Ein Modell für die syntaktischen Struktur deutscher Nominalgruppen. *Zeitschrift für Phonetik, Sprachwissenschaft und Kommunikationsforschung* XIV, 244-278;

——. (1961*b*) Über der theoretischen Status des Morphems. *Studia Grammatica* I, 51-89;

——. (1963) *Grammatik des deutschen Verbs* (= *Studia Grammatica* II). 188 p.;

——. (1965) Eine Hierarchie syntaktisch-semantischer Merkmale. *Studia Grammatica* V, 29-86;

——. (1966) On the relation between natural and artificial languages. *Conférence internationale de Sémiotique.* Varsóvia, mimeografado;

——. (1967*a*) Some semantic universals of German adjectivals. *Foundations of Language* III, 1-36.

——. (1967*b*) Morphological features. *To Honor Roman Jakobson.* Haia, Mouton.

BIERWISCH, M. & K. E. HEIDOLPH, eds. (no prelo). *Recent Advances in Linguistics.* Haia, Mouton.

BLINKENBERG, Andreas (1928-1933) *L'ordre des mots en français moderne.* Copenhague: Det kgl. Danske Videnskabernes Selskab historisk-filologiske Meddelelser XVII, 1, 241 p. e XX, 1, 247 p.

——. (1960) *Le problème de la transitivité en français moderne.* Copenhague: Det kgl. Danske Videnskabernes Selskab historisk-filologiske Meddelelser XXXVIII, 1, 366 p.

BLOCH, Bernard (1946) Studies in colloquial Japanese: II Syntax. *Language* XXII, 200-248 (retomado em JOOS, ed., 154-185);

——. (1948) A set of postulates for phonemic analysis. *Language* XXIV, 3-46.

BLOOMFIELD, Leonard. (1933) *Language.* Nova York, Holt. 566 p.

BOLINGER, D. L. (1948) On defining the morpheme. *Word* IV, 18-23;

——. (1960) Linguistic science and linguistic engineering. *Word* XVI, 374-391;

——. (1961) Syntactic blends and other matters. *Language* XXXVII, 366-381.

BRUNOT, Ferdinand (1922) *La pensée et la langue.* Paris, Masson, 3ª ed. (3ª tiragem), 1965. 982 p.

CARNAP, Rudolph (1939) Foundations of logic and mathematics. *International Encyclopedia of Unified Science* I, 143-171 (retomado em FODOR-KATZ, eds., 1964, 419-436).

CATON, C. E., ed., (1963) *Philosophy and Ordinary Language.* Urbana, Illinois, University of Illinois Press. 246 p (brochura).

CHAO, Yuen Ren (1934) The non-uniqueness of phonemic solutions of phonetic systems. *Bulletin of the Institute of History and Philology, Academia Sinica,* v. IV, parte IV, 363-397 (retomado em JOOS, ed., 38-54).

CHOMSKY, Noam (1951) *Morphophonemics of Modern Hebrew* (M. A. Thesis, Univ. of Pennsylvania). Filadélfia, mimeografado;

——. (1953) Systems of syntactic analysis. *Journal of Symbolic Logic* XVIII, 242-256;

——. (1955*a*) *The Logical Structure of Linguistic Theory,* biblioteca do M.I.T. Cambridge, Mass., microfilme;

——. (1955*b*) *Transformational Analysis* (Tese de doutoramento, Univ. of Pennsylvania; = Cap. VIII de 1955*a*), Filadélfia, mimeografado;

——. (1955*c*) Semantic considerations in grammar. *Georgetown University Monograph Series on Language and Linguistics,* nº 8, 141-153. Washington, D. C., Georgetown University;

——. (1955*d*) Logical syntax and semantics: their linguistic relevance. *Language* XXXI, 36-45 (traduzido em *Langages* II (1966), 42-57);

——. (1956) Three models for the description of language, *IRE* (Institute of Radio Engineers) *Transactions on Information Theory* IT-2, 113-124. Retomado e corrigido em R. D. LUCE, R. R. BUSH & E. GALANTER, eds., *Readings in Mathematical Psychology,* v. II, Nova York, Wiley and Sons, 1965 (citado pela 1ª ed.);

——. (1957*a*) *Syntactic Structures.* Haia, Mouton. 116 p;

——. (1957*b*) relatório de HOCKETT, 1955, *International Journal of American Linguistics* XXIII, 223-234;

——. (1957*c*) relatório de JAKOBSON-HALLE, 1956, *International Journal of American Linguistics* XXIII, 234-242;

——. (1959*a*) On certain formal properties of grammar. *Information and Control* II, 137-167;

——. (1959*b*) A note on phrase structure grammars. *Information and Control* II, 393-395;

——. (1959*c*) relatório de GREENBERG, 1957, *Word* XV, 202-218;

——. (1959*d*) relatório de SKINNER, 1957, *Language* XXXV, 26-58 (retomado em FODOR-KATZ, eds., 1964, 547-578);

——. (1961*a*) On the notion "rule of grammar" *in* JAKOBSON, ed., 6-24 (retomado em FODOR-KATZ, eds., 1964, 119-136; trad. franc. em *Langages* IV, 81-104);

——. (1961*b*) Some methodological remarks on generative grammar. *Word* XVII, 219-239;

——. (1962*a*) A transformational approach to syntax *in* HILL, ed., v. III, 124-158 (retomado em FODOR-KATZ, eds., 1964, 211-245; trad. franc. em *Langages* IV, 39-80);

——. (1962*b*) Explanatory models in linguistics *in* E. NAGEL, P. SUPPES, A. TARSKI, eds. *Logic, Methodology and Philosophy of Science* (Proceedings of the 1960 Congress). Stanford, Califórnia, Stanford University Press, 528-550;

——. (1963) Formal properties of grammars *in* LUCE, BUSH & GALANTER, eds., v. II, 323-418;

——. (1964*a*) The logical basis of linguistic theory. *Proceedings of the IXth International Congress of Linguists.* Haia, Mouton, 914-978 (o texto vem acompanhado de uma discussão, pp. 978-1008);

——. (1964*b*) *Current Issues in Linguistic Theory.* Haia, Mouton, 119 p. Versão corrigida e aumentada de 1964*a*. Igualmente retomado com ligeiras modificações em FODOR-KATZ, eds., 1964, 50-118. As referências remetem, pela ordem, à edição de FODOR-KATZ, e à de Mouton.

——. (1965*a*) *Aspects of the Theory of Syntax.* Cambridge, Mass., The M.I.T. Press. 251 p.

——. (1965*b*) De quelques constantes de la théorie linguistique. *Diogène* LI, 14-21;

——. (1966*a*) Topics in the Theory of Generative Grammar *in* T. A. SEBEOK, ed., *Current Trends in Linguistics,* v. III, Haia, Mouton, I-60. Publicado igualmente em separata (Mouton);

——. (1966*b*) *Cartesian Linguistics.* Nova York, Harper and Row. 119 p.

——. (1967) General Properties of Phonological Rules. *Language* XLII.
——. (1968) Remarks on nominalization (a ser publicado em JACOBS e ROSENBAUM).

CHOMSKY, N. & Morris HALLE (1965) Some controversial questions in phonological theory. *Journal of Linguistics* I 97-138;

——. (1968) *The Sound Pattern of English.* Nova York, Harper and Row.

CHOMSKY, N., M. HALLE & Fred LUKOFF (1956) On accent and juncture in English. *For Roman Jakobson,* Haia, Mouton, 65-80.

CHOMSKY, N. & G. A. MILLER (1958) Finite state languages, *Information and Control* II, 137-167;

——. (1963) Introduction to the formal analysis of natural languages *in* LUCE, BUSH e GALANTER, eds., v. II, 269-321.

CHOMSKY, N. & M. P. SCHUTZENBERGER (1963) The algebraic theory of context-free languages *in* P. BRAFFORT & D. HIRSCHBERG, eds., *Computer Programming and Formal Systems, Studies in Logic Series.* Amsterdã, Holanda do Norte. 119-161.

CLOSS, Elizabeth (1965) Diachronic syntax and generative grammar. *Language* XLI, 402-415.

CONKLIN, H. C. (1962) Lexicographical treatment of folk taxonomies. *International Journal of American Linguistics* XXVIII, 2, parte IV (= *Problems in Lexicography,* ed. por F. W. HOUSEHOLDER & Sol SAPORTA), 119-141.

CURRY, H. B. (1961) Some logical aspects of grammatical structure *in* JAKOBSON, ed., 56-68.

DAMOURETTE, J. & E. PICHON (1911-1952) *Des mots à la pensée. Essai de grammaire de la langue française.* Paris, d'Artrey, 8 v.

DAVIS, Martin (1958) *Computability and Unsolvability,* Nova York, McGraw-Hill. 210 p.

DE GROOT, A. W. (1956) Classification of the uses of a case illustrated on the genetive in Latin. *Lingua* VI, 8-65.

DINGWALL, W. Orr (1963) Transformational grammar: form and theory. *Lingua* XII, 233-275.

DINNEEN, F. P., ed. (1966) *Monograph Series on Languages and Linguistics,* nº 19. Georgetown University, Washington D. C.

DIXON, R. M. W. (1963) *Linguistic Science and Logic.* Haia, Mouton, 108 p.

DOUGHERTY, R. C. (1968) *The Grammar of Coordinate Conjoined Structures.* M.I.T. Tese de doutoramento mimeografada.

DUBOIS, Jean (1964) La traduction de l'aspect et du temps dans le code français (structure du verbe). *Le Français Moderne* XXXII, 1 : 1-16;

——. (1965*a*) *Grammaire structurale du français* (I. Nom et Pronom). Paris, Larousse. 192 p.;

——. (1965*b*) Grammaire transformationnelle et morphologie (structure des bases verbales). *Le Français Moderne* XXXIII, 2 : 81-96 e XXXIII, 3 : 178-187;

——. (1966) Problèmes de linguistique transformationnelle. Modèles précorrecteurs d'erreurs dans la transformation passive. *Journal de Psychologie Normale et Pathologique,* 29-55.

DUBOIS, J., LUCE IRIGARAY P. MARCIE (1965) Transformation négative et organisation des classes lexicales. *Cahiers de lexicologie* II, 3-32.

EDMUNSON, H. P. (ed.) (1961) *Proceedings of the National Symposium on Machine Translation* (1960), Englewood Cliffs, New Jersey, Prentice-Hall.

ELSON, Benjamin & Velma B. PICKETT (1962) *An Introduction to Morphology and Syntax.* Santa Ana, Califórnia, Summer Institute of Linguistics.

EMONDS, Joseph (1967) "The place of phrase-structure rules in a generative grammar", Technical Report BPC 6, IBM, Boston Programming Center, Cambridge, Mass.

FERGUSON, C. A. (1962) relatório de HALLE, 1959, *Language* XXXVIII, 284-297.

FILLMORE, C. J. (1963) The position of embedding transformation in a grammar. *Word* XIX, 208-231;

——. (1964*a*) relatório de HILL, ed., v. I e II (Phonologie), *Word* XX, 121-155;

——. (1964*b*) relatório de HILL, ed., v. III (Syntaxe), *Word* XX, 472-487;

——. (1965) *Indirect Object Constructions in English and the Ordering of Transformations.* Haia, Mouton. 54 p.

FIRTH, J. R. (1957*a*) *Papers in Linguistics* 1934-1951. Londres, Oxford University Press. 233 p.;

——. (1957*b*) Synopsis of linguistic theory. *Studies in Linguistic Analysis,* special volume of the Philological Society. Oxford, Blackwell, 1-32.

FISCHER-JORGENSEN, Eli (1949) Remarques sur les principes de l'analyse phonémique. *Travaux du Cercle Linguistique de Copenhague* V, 214-235;

——. (1956) The commutation test and its application to phonemic analysis. *For Roman Jakobson.* Haia, Mouton, 140-151.

FODOR, J. A. & J. J. KATZ, eds. (1964) *The Structure of Language. Readings in the Philosophy of Language.* Englewood Cliffs, New Jersey, Prentice-Hall, 612 p.

FRASER, B. (1963*a*) *The position of conjoining transformations in a grammar.* Bedford, Mass., Mitre Corporation. Mimeografado;

——. (1963*b*) Some remarks on elementary transformations. QPR, RLE, M.I.T., nº 71, 237-240.

FREI, Henri (1961) Désaccords. *Cahiers Ferdinand de Saussure* XVIII, 35-51.

GAIFMAN, Chain (1961) *Dependency systems and phrase-structure systems.* Santa Monica, Califórnia. The Rand Corporation, P-2315.

GARVIN, Paul (1964) *On Linguistic Method.* Haia, Mouton. 158 p.

GEORGIN, René (1964) *Consultations de grammaire, de vocabulaire et de style.* Paris, Éditions sociales françaises. 228 p.

GLEASON, H. A. Jr. (1964) The organization of language: a stratificational view *in* C. I. STUART, ed., *Report of the 15th Annual Round Table Meeting on Linguistics and Language Studies.* Washington, D. C., Georgetown University Press, 75-95.

GLEITMAN, Lila (1965) Coordinating conjunctions in English. *Language* XLI, 260-293.

GODEL, Robert (1957) *Les sources manuscrites du Cours de Linguistique Générale de F. de Saussure.* Genebra-Paris, Droz. 283 p.

Grammaire générale et raisonnée (A. Arnauld, Cl. Lancelot *et alii*). Paris, P. Le Petit, 1660.

GREENBERG, J. H. (1957) *Essays in Linguistics.* Chicago, The University of Chicago Press. 108 p.

GREIMAS, A. J. (1966) *Sémantique structurale.* Paris, Larousse, 262 p.

GREVISSE, Maurice (1955) *Le bon usage,* Gembloux: Duculot. 6ª ed. revista. 1047 p.

GROSS, Maurice (1964) On the equivalence of models of language used in the fields of mechanical translation and information retrieval. *Information Storage and Retrieval* II, 43-57;

——. (1967) Sur une règle de "cacophonie" *Langages* VII;

——. (1968) Analyse transformationnelle du français, syntaxe du verbe. Paris, Larousse.

GRUBER, J. S. (1965) *Studies in Lexical Relations.* M.I.T., Tese de doutoramento, mimeografada.

GRUNIG, Blanche (1965-1966) Les théories transformationnelles. Exposé critique. *La Linguistique,* 1965, 2, 1-24, e 1966, 1, 31-101.

HALL, Barbara (1964) relatório de SHAUMIAN e SOBOLEVA, 1963, *Langage* XL, 397-410.

HALLE, Morris (1954) The strategy of phonemics. *Word* X, 197-210;

——. (1957) In defense of the number two. *Studies Presented to Joshua Whatmough.* Haia, Mouton, 105-115;

——. (1959) *The Sound Pattern of Russian.* Haia, Mouton. 206 p.;

——. (1960) relatório de ANDREEV, ed., *Materialy po masinnonu perevodu, Language* XXXVI, 112-117;

——. (1961) On the role of simplicity in linguistic description *in* JAKOBSON, ed., 89-94;

——. (1962) Phonology in generative grammar. *Word* XVIII, 54-72. Retomado em FODOR-KATZ, ed., 1964, 334-352; trad. franc. a ser publicada em *Langages* VIII;

——. (1963*a*) Speech sounds and sequences. *IVth International Congress of Phonetic Sciences (Helsinki, 1961).* Haia, Mouton. 428-434;

——. (1963*b*) O pravilax russkogo sprijazenija. *American Contributions to the Vth International Congress of Slavists. I. Linguistic Contributions.* Haia, Mouton, 113-132;

——. (1964) On the bases of phonology *in* FODOR-KATZ, ed., 1964, 324-333.

HALLE, Morris & N. CHOMSKY (1960) The morphophonemics of English. *QPR* nº 58, RLE, M.I.T., 275-281.

HALLE, Morris & K. N. STEVENS (1959) Analysis by synthesis *in* W. WATHENDUNN & L. E. WOOD, eds., *Proceedings of the Seminar on Speech Communication and Processing.* AF Cambridge Research Center, Technical Report 59-198, v. II, paper D-7, Bedford, Mass.;

——. (1962) Speech recognition: a model and a program for research. *IRE Transactions on Information Theory,* v. IT-8, 155-9. Retomado em KATZ, eds., 1964, 604-621.

HALLIDAY, M. A. K. (1961) Categories of the theory of grammar. *Word* XVII, 241-292;

——. (1963) Class in relation to the axes of chain and choice. *Linguistics* II, 5-15.

HARMAN, G. H. (1963) Generative grammar without transformation rules: a defense of phrase structure. *Language* XXXIX, 597-616.

HARRIS, Z. S. (1944) Yokuts structure and Newman's grammar. *International Journal of American Linguistics* X, 196-211;

——. (1946) From morpheme to utterance. *Language* XXII, 161-183. Retomado em JOOS, ed., 142-153;

——. (1951) *Methods in Structural Linguistics.* Chicago, The University of Chicago Press. 384 p.;

——. (1952*a*) Discourse analysis. *Language* XXVIII, 1-30. Retomado em FODOR-KATZ, eds., 1964, 355-383;

——. (1952*b*) Discourse analysis: a sample text. *Language* XXVIII, 474--494;

——. (1954) Distributional structure, *Word* X, 142-162. Retomado em KATZ, eds., 1964, 33-49;

——. (1955) From phoneme to morpheme. *Language* XXXI, 190-222;

——. (1957) Co-occurrence and transformation in linguistic structure. *Language* XXXIII, 283-340. Retomado em FODOR-KATZ, eds., 1964, 155-210;

——. (1962) *String Analysis of Sentence Structure.* Haia, Mouton. 70 p.;

——. (1963) *Discourse Analysis Reprints.* Haia, Mouton. 73 p.;

——. (1965) Transformational theory. *Language* XLI, 363-401.

HAYS, D. G. (1960) *Grouping and dependency theory.* The Rand Corporation, Santa Monica, Califórnia. Retomado em EDMUNSON, ed., 1961, 258-266.

HEGER, K. (1966) La conjugaison objective en français et en espagnol. *Langages* III, 18-39.

HEMPEL, C. G. (1952) *Fundamentals of Concept Formation in Empirical Science* (= *International Encyclopedia of Unified Science,* v. II, nº 7), Chicago, Chicago University Press, IV. 93 p.

HILL, A. A. (1958) *Introduction to Linguistic Structures.* Nova York, Harcourt, Brace and World, Inc., 496 p.;

——. (1961) Grammaticality. *Word* XVII, 1-10;

——. (1962*a*) relatório de LEES, 1960*a*, *Language* XXXVIII, 434-444;

——. (1962*b*) (ed.) *Texas Conferences on Problems of Linguistic Analysis of English,* v. I, II (Phonology) e III (Syntax). Austin, The University of Texas Press. 142, 166 e 186 p.

HIZ, HENRY (1961) Congrammaticality, batteries of transformations, and grammatical categories *in* JAKOBSON, ed., 43-50.

HJELMSLEV, Louis (1953) *Prolegomena to a Theory of Language,* traduzido por Fr. Whitfield. Citado pela 2ª ed., The University of Wisconsin Press. Madison, 1961. 144 p.;

——. (1956) Sur l'indépendance de l'épithète. *KDVS Hist-Filol. Medd.* XXXVI, 5. 16 p.; retomado em 1959, 199-210;

——. (1959) *Essais linguistiques,* Copénhague: Travaux du Cercle Linguistique de Copenhague, v. XII, Nordisk Sprog-og Kulturforlag. 271 p.;

——. (1966) *Le langage.* Tr. fr., Paris, Éditions de Minuit. 191 p.

HOCKETT, C. F. (1952) A formal statement of morphemic analysis. *Studies in Linguistics* X, 27-39;

——. (1954) Two models of grammatical description. *Word* X, 210-231. Retomado em JOOS, ed., 386-399;

——. (1955) *A Manual of Phonology,* Memoir II, *International Journal of American Linguistics.* Bloomington, Indiana, Indiana University Press. 246 p.;

——. (1958) *A Course in Modern Linguistics.* Nova York, Macmillan. 621 p.;

——. (1961) Grammar for the hearer *in* JAKOBSON, ed., 220-236.

HOUSEHOLDER, F. W., Jr. (1959) On linguistic primes. *Word* XV, 231-239;

——. (1962) relatório de LEES, 1960*a*, *Word* XVIII, 326-352;

——. (1965) On some recent claims in phonological theory. *Journal of Linguistics* I, 13-34.

HUMBOLDT, Wilhelm von. (1836) *Über die Verschiedenheit des Menschlichen Sprachbaues,* Berlim. Citado pela edição facsimilada, Bonn, Ferd. Dümmlers Verlag, 1960. 434 p.

International Conference on Machine Translation of Languages and Applied Linguistic Analysis (Teddington, 1961), Londres 1962: NPL Symposium 13.

JACKENDOFF, Ray S. (1968*a*) An interpretative theory of pronouns and reflexives, MIT, mimeografado;

——. (1968*b*) An interpretative theory of negation, MIT, mimeografado;

——. (1969) Les possessifs en anglais. *Langages* XIV (no prelo).

JACOBS, E., & P. S. ROSENBAUM, eds., (no prelo). *Readings in English Transformational Grammar.* Nova York.

JAKOBSON, Roman (1932) Zur Struktur des russischen Verbums. *Charisteria Gvilelmo Mathesio oblata.* Praga, 74-84;

——. (1936) Beitrag zur allgemeinen Kasuslehre (Gesamtbedeutung der russischen Kasus). *Travaux du Cercle Linguistique de Prague* VI, 240--288;

——. (1948) The phonetic and grammatical aspects of language in their interrelations. *Actes du sixième Congrès international des Linguistes.* Paris, Klincksieck, 5-18. Traduzido em 1963*a*, Cap. VIII;

——. (1959) Boas' view of grammatical meaning. *American Anthropologist* LXI, 139-145. Traduzido em 1963*a*, Cap. X;

——. (1961) (ed.) *Structure of Language and its Mathematical Aspects.* Proceedings of Symposia in Applied Mathematics, v. XII. Providence, Rhode Island, American Mathematical Society. 279 p.;

——. (1962) *Selected Writings: I. Phonological Studies.* Haia, Mouton. 678 p.;

——. (1963*a*) *Essais de linguistique générale.* Tr. fr., Paris, Éditions de Minuit. 260 p.;

——. (1963*b*) Implications of language universals for linguistics *in* J. H. GREENBERG, ed., *Universals of Language.* Cambridge, Mass., The M.I.T. Press, 208-219.

JAKOBSON, Roman, G. M. FANT & Morris HALLE (1952) *Preliminaires to Speech Analysis.* Cambridge, Mass., The M.I.T. Press. Citado pela 4ª ed., 1963, VIII. 54 p.

JAKOBSON, Roman & Morris-HALLE (1956) *Fundamentals of Language.* Haia, Mouton, 87 p. Traduzido em JAKOBSON, 1963*a*, Cap. II e VI. A primeira parte, "Phonology and Phonetics", é igualmente retomada em JAKOBSON, 1962, 464-504.

JAKOBSON, Roman & John LOTZ (1949) Notes on the French phonemic pattern. *Word* V, 151-158. Retomado em JAKOBSON, 1962, 426-434.

JESPERSEN, Otto (1924) *The Philosophy of Grammar.* Londres, George Allen and Unwin. 359 p.;

——. (1933) *Essentials of English Grammar.* Londres, George Allen and Unwin. 387 p.;

——. (1964) The system of grammar. *Selected Writings of O. J.* Londres, Allen and Unwin. 487-528.

JOOS, Martin (1958) (ed.). *Readings in Linguistics.* Nova York, American Council of Learned Societies. 422 p.;

——. (1961) Linguistic prospects in the United States. *Trends in European and American Linguistics.* Utrecht/Antuérpia, Spectrum Publishers, 11--20.

KATZ, J. J. (1964*a*) Semi-sentences *in* FODOR-KATZ, eds., 400-416;

——. (1964*b*) Analyticity and contradiction in natural languages *in* FODOR-KATZ, eds., 519-543;

——. (1964*c*) Mentalism in linguistics. *Language* XL, 124-137;

——. (1966) *The Philosophy of Language.* Nova York, Harper and Row. 326 p.

KATZ, J. J. & J. A. FODOR (1963) The structure of a semantic theory. *Language* XXXIX, 170-210. Retomado em FODOR-KATZ, eds., 479--518.

KATZ, J. J. & P. M. POSTAL (1964) *An Integrated Theory of Linguistic Description.* Cambridge, Mass., The M.I.T. Press. 178 p.

KIPARSKY, Paul (1967*a*) A phonological rule of Greek. *Glotta* XLIV, 3/4: 109-134;

——. (1967*b*) Sonorant clusters in Greek. *Language* XLIII, 3.619-635;

——. (1967*c*) A propos de l'histoire de l'accentuation grecque. *Langages* VIII, 73-93;

——. (1968) Tense and mood in Indo-European syntax. *Foundations of Language,* IV. 30-57.

KLEENE, S. C. (1956) Representation of events in nerve nets and finite automata *in* C. E. SHANNON & J. McCARTHY, eds., *Automata Studies.* Princeton, Princeton University Press, 3-41.

KLIMA, E. S. (1964*a*) Negation in English *in* FODOR-KATZ, eds., 246-323;

——. (1964*b*) Relatedness between grammatical systems. *Language* XL, 1-20.

KURODA, Sige-Yuki (1965) *Generative Grammatical Studies in the Japanese Language.* M.I.T. Tese de doutoramento, mimeografada;

——. (1968) *Yawelmani Phonology.* Cambridge, Mass, M.I.T. Press. 79 p.;

——. (1969) Remarques sur les relations de sélection et les présuppositions. *Langages* 14 (no prelo).

LAKOFF, George (1965) *On the Nature of Syntactic Irregularity.* Harvard University, Naval Science Foundation Report 16, (mimeografado).

——. (1968*a*) "Deep and surface grammar" Harvard University, mimeografado;

——. (1968*b*) Instrumental adverbs and the concept of deep structure. *Foundations of Language,* IV.

LAKOFF, G. & S. PETERS (1965) "Phrasal conjunction and symmetric predicates" Harvard University, N.S.F.-Report 17, mimeografado.

LAMB, S. M. (1962) *Outline of Stratificational Grammar.* Berkeley, University of California Press. 64 p.;

——. (1964) On alternation, transformation, realization and stratification. *Monograph Series on Language and Linguistics nº* 17. Washington D. C., Georgetown University Press, 105-122;

——. (1956) Kinship terminology and linguistic structure *in* E.A. HAMMEL, ed., *Formal Semantic Analysis* (= *American Anthropologist* LXVII, nº 5, parte 2), 37-66.

LAMBEK, J. (1958) The mathematics of sentence structure. *American Mathematical Monthly* LXV, 154-170;

——. (1959) Contribution to a mathematical analysis of the English verb-phrase. *Journal of the Canadian Linguistic Association* V, 83-89;

——. (1961) On the calculus of syntactic types *in* JAKOBSON, ed., 166-178.

LANGACKER, R. W. (1965) French interrogatives: a transformational description. *Language* XLI, 587-600;

——. (1966) Les verbes *faire, laisser, voir,* etc. *Langages* III, 72-89.

LANGENDOEN, D. T. (1963*a*) The e-o Ablaut in Greek. QPR nº 69, RLE, M.I.T. 207-222;

——. (1963*b*) *A Fragment of Mundari Syntax.* M.I.T. (inédito);

——. (1964) relatório de J. R. FIRTH *et alii. Studies in Linguistic Analysis, Language* XL, 305-321;

——. (1966) A note on the linguistic theory of M. Terentius Varro. *Foundations of Language* II, 33-36.

——. (1968) *The London School of Linguistics.* Cambridge, Mass., M.I.T. Press. 123 p.

LASHLEY, K. S. (1951) The problem of serial order in behavior *in* L. A. JEFFRESS, ed. *Cerebral Mechanisms in Behavior, The Hixon Symposium.* Nova York, Wiley, 180-198. Retomado em F. A. BEACH, D. O. HEBB, C. T. MORGAN, H. W. NISSEN, eds., *The Neuropsychology of Lashley.* Nova York, McGraw-Hill, 1900, 506-528.

LEACH, E. R. (1961) Rethinking anthropology. *Rethinking Anthropology.* Londres, University of London, The Athlone Press, 1-27.

LEES, R. B. (1957) relatório de CHOMSKY (1957*a*), *Language* XXXIII, 375-408;

——. (1959) relatório de APOSTEL, MANDELBROT, MORF, *Logique, langage et théorie de l'information* (Paris, P. U. F., 1957), *Language* XXXV, 271-303;

——. (1960*a*) *The Grammar of English Nominalizations.* Bloomington, Indiana, Indiana University Press, e Haia, Mouton. Citado pela 3ª ed. (1964), XLIV-205 p.;

——. (1960*b*) A multiply ambiguous adjectival construction in English. *Language* XXXVI, 207-221;

——. (1960*c*) relatório de BOLINGER. *Interrogative Structures in American English* (Univ. of Alabama Press, 1957), *Word* XVI, 119--125;

——. (1961*a*) O pereformulirovanii transformacionnyx grammatik. *Voprosy Jazykoznanija* VI, 41-50;

——. (1961*b*) *The Phonology of Modern Standard Turkish.* Bloomington, Indiana, Indiana University Press, *Indiana University Publications in Uralic and Altaic Series,* e Haia, Mouton, VIII + 76 p.;

——. (1961*c*) Grammatical analysis of the English comparative construction. *Word* XVII, 171-185;

——. (1961*d*) The constituent structure of noun phrases. *American Speech* XXXVI, 159-168;

——. (1961*e*) Some neglected aspects of parsing. *Language Learning* XI, 171-181;

——. (1962) The grammatical basis of some semantic notions. *Monograph Series on Language and Linguistics nº* 13, Washington D. C., Georgetown University Press, 5-20;

——. (1963*a*) A compact analysis of the Turkish personal morphemes. Bloomington, Indiana, Indiana University Press, *Indiana University Publications in Uralic and Altaic Series nº* 13, N. POPPE, ed., e Haia, Mouton, 141-176;

——. (1963*b*) Analysis of the "cleft-sentence" in English. *Zeitschrift für Phonetik, Sprachwissenschaft und Kommunikationsforschung* XVI, 371--388;

——. (1964*a*) On the so-called "substitution in frames" technique. *General Linguistics* VI, 11-20;

——. (1964*b*) relatório de HARRIS, 1962, *International Journal of American Linguistics* XXX, 415-420;

——. (1964*c*) On passives and imperatives in English. *Gengo Kenkyu* XLVI, 39-10, 28-41;

——. (1965*a*) Two views of linguistic research. *Linguistics* XI, 21-29;

——. (1965*b*) On the testability of linguistic predicates. *Linguistics* XII, 37-48. Publicado primeiramente em russo, *Voprosy Jazykoznanija* XI, 47-55 (1962);

——. (1965*c*) Turkish nominalization and a problem of ellipsis. *Foundations of Language I*, 112-121.

LEES, R. B. & E. S. KLIMA (1963) Rules for English pronominalization. *Language* XXXV, 17-28.

LENNEBERG, E. H. (1964*a*) (ed.) *New Directions in the Study of Language.* Cambridge, Mass., The M.I.T. Press. 194 p.;

— (1964*b*) A biological perspective for language *in* LENNEBERG, 1964*a*, 65-88;

— (1964*c*) The capacity for language acquisition *in* FODOR-KATZ, eds., 579-603;

— (1967) *The Biological Bases of Language.* Nova York, Wiley.

LEPSCHY, G. C. (1964) La grammatica trasformazionale. Nota introduttiva e bibliografia, *Studi e Saggi Linguistici* IV, 87-114.

LEVIN, S. R. (1965) Relatório de JESPERSEN, 1964, *Linguistics* XVI, 60-71.

LIEBERMANN, Philip (1965) On the acoustic basis of the perception of intonation by linguists. *Word* XXI, 40-54.

LIGHTNER, T. (1963) Preliminary remarks on the morphophonemic component of Polish. QPR, nº 71, RLE, M.I.T., 220-234.

— (1965) *Segmental Phonology of Modern Standard Russian.* MIT, Tese de doutoramento mimeografada.

LONGACRE, R. E. (1960) String constituent structure. *Language* XXVI 62-88;

— (1964) *Grammar Discovery Procedures.* Haia, Mouton. 162 p.;

— (1965) Some fundamental insights of tagmemics. *Language* XLI, 65--76.

LOUNSBURY, Floyd (1964) The structural analysis of kinship semantics. *Proceedings of the IXth International Congress of Linguists.* Haia, Mouton, 1073-1090. Traduzido em *Langages* I, 1966, 75-99.

LUCE, R. D., BUSH, R. R. GALANTER, E., eds. (1963) *Handbook of Mathematical Psychology.* Nova York, Wiley 3 v.

McCAWLEY, James (1963) Stress and pitch in the Serbo-Croatian verb. QPR nº 70, RLE, M.I.T., 282-290;

— (1968) *The Phonological Component of a Generative Grammar of Japanese.* Haia, Mouton.

McCAWLEY, James D. (1968) Concerning the base component of a transformational grammar. *Foundations of Language*, IV.

McKAY, D. M. (1951) Mindlike behavior in artefacts. *British Journal for the Philosophy of Science* II, 105-121.

McLAY, H. & Mary D. SLEATOR (1960) Responses to language: judgments of grammaticalness. *International Journal of American Linguistics* XXVI, 275-282.

MARTINET, André (1960) *Éléments de linguistique génerale.* Paris, Armand Colin. 223 p.;

— (1965*a*) *La linguistique synchronique.* Paris, P.U.F. 248 p.;

— (1965*b*) Le mot. *Diogène* LI, 39-53;

— (1966) L'autonomie syntaxique. *Méthodes de la Grammaire. Tradition et Nouveauté*, 49-59.

MATTHEWS, G. H. (1963) Discontinuity and asymmetry in phrase structure grammars. *Information and Control* VI, 137-146;

— (1965) *Hidatsa Syntax.* Haia, Mouton. 300 p.

MATTHEWS, P. H. (1961) Transformational grammar. *Archivum Linguisticum* XIII, 196-209.

Méthodes de la Grammaire. Tradition et Nouveauté. Atas do Colóquio realizado em Liège de 18 a 20 novembro 1964 no quadro da semana dinamarquesa. Bibliothèque de la Faculté de Philosophie et Lettres de l'Université de Liège, fasc. CLXXV Paris, "Les Belles Lettres", 1966. 196 p.

MILLER, G. A. (1962) Some psychological studies of grammar. *American Psychologist* XVII, 748-762;

——. (1964*a*) Language and psychology. LENNEBERG. ed., 89-107;

——. (1964*b*) The psycholinguist, em apêndice (pp. 293-307) à reedição de C. E. OSGOOD e T. A. SEBEOK, eds., *Psycholinguistics.* Bloomington, Indiana, Indiana University Press.

MILLER, G. A. & Noam CHOMSKY (1963) Finitary models of language users *in* LUCE, BUSH, GALANTER, eds., v. II, 419-491.

MILLER, G. A., E. GALANTER, & K. PRIBRAM (1960) *Plans and the Structure of Behavior.* New York, Holt, x + 226 p.

MILLER, G. A. & Stephen ISARD (1963) Some perceptual consequences of linguistic rules. *Journal of Verbal Learning and Verbal Behavior* II, 217-228;

——. (1964) Free recall of self-embedded English sentences. *Information and Control* VII, 292-303.

NIDA, Eugene (1943) *A Synopsis of English Syntax.* Ann Arbor, Mimeografado. Reimpresso Norman, Oklahoma, 1960.

NORTHROP, F. S. C. (1947) *The Logic of Sciences and the Humanities.* Nova York, Macmillan. XIV + 402 p.

OETTINGER, A. G. (1961) Automatic syntactic analysis and the pushdown store *in* JAKOBSON, ed., 104-129.

PARIKH, Robert (1961) *Language generating devices*, QPR nº 60, RLE, M.I.T. 199-212.

PERLMUTTER, David (1968) *Deep and Surface Structure Constraints in Syntax,* MIT Tese de doutoramento mimeografada.

——. (1969) Les pronoms objets en espagnol, *Langages* XIV (no prelo).

PIKE, K. L. (1954-1960) *Language in Relation to a Unified Theory of the Structure of Human Behavior.* Glendale, Califórnia, Summer Institute of Linguistics, 3 v. (1954-1955-1960).

POPPER, Karl R. (1959) *The Logic of Scientific Discovery.* Nova York, Basic Books. 480 p. Tradução remanejada e aumentada de *Logik der Forschung*, Viena, 1934.

POST, E. (1944) Recursively enumerable sets of positive integers and their decision problems. *Bulletin of the American Mathematical Society* L, 285-316.

POSTAL, Paul M. (1962) *Some Syntactic Rules in Mohawk.* Tese de doutoramento. Yale University, New Haven. Inédita.

——. (1964*a*) *Constituent Structure. A Study of Contemporary Models of Syntactic Description* (= Supplément à l'*International Journal of American Linguistics,* v. 30). Bloomington, Indiana University Press, e Haia, Mouton. 122 p.;

——. (1964*b*) Limitations of phrase structure grammars *in* FODOR-KATZ, eds., 137-151;

——. (1964*c*) Mohawk prefix generation. *Proceedings of the IXth International Congress of Linguists.* Haia, Mouton, 346-355;

——. (1964*d*) Underlying and superficial linguistic structure. *Harvard Educational Review* XXXIV, 247-266;

——. (1964*e*) Boas and the development of phonology: comments based on Iroquoian. *International Journal of American Linguistics* XXX, 269-280;

——. (1966*a*) Relatório de DIXON, 1963, *Language* XLII, 84-93;

——. (1966*b*) Relatório de LONGACRE, 1964, *International Journal of American Linguistics* XXXII, 93-99;

——. (1966*c*) Relatório de MARTINET, 1960, *Foundations of Language* II, 151-186;

——. (1968) *Aspects of Phonological Theory.* Nova York, Harper and Row. 326 p.;

——. (no prelo (*a*)): *Mohawk Phonology.*

——. (no prelo (*b*)): *The Cross-over Principle.* I.B.M., Nova York, mimeografado.

POTTIER, Bernard. (1962) *Systématique des éléments de relations. Étude de morphosyntaxe structurale romane.* Paris, Klincksieck. 375 p.;

——. (1966) Les mécanismes supposés par le passage des catégories de langue à la syntaxe du discours. *Méthodes de la Grammaire*, 93-97.

PUTNAM, Hilary (1961) Some issues in the theory of grammar *in* JAKOBSON ed., 25-42.

QPR, RLE, M.I.T. = *Quarterly Progress Report,* Research Laboratory of Electronics. Massachusetts Institute of Technology, Cambridge, Mass.

QUINE, W. V. O. (1951) *Mathematical Logic.* Cambridge, Mass., Harvard University Press. 340 p. Edição revista do original, 1940;

——. (1953) *From a Logical Point of View.* Cambridge, Mass., Harvard University Press. 184 p. Citado pela 2ª ed., 1961.

RABIN, M. O. & Dana SCOTT (1959) Finite automata and their decision problems. *IBM Journal of Research and Development* III, 115-125.

REICHLING, Anton (1961) Principles and methods of syntax: cryptanalytical formalism. *Lingua* X, 1-17.

RHODES, I. (1961) A new approach to the mechanical syntactic analysis of Russian. *Machine Translation* VI, 33-50.

ROSENBAUM, Peter (1967) *A Grammar of English Predicate Complement Constructions.* Cambridge, Mass., M.I.T. Press.

ROSS, J. R. (1967*a*) *Constraints on Variables in Syntax.* M.I.T. Tese de doutoramento mimeografada.

——. (1967*b*) On the cyclic nature of English pronominalization. *To Honor Roman Jakobson.* Haia, Mouton, 1669-1682.

RUWET, Nicolas (1964) La linguistique générale aujourd'hui. *Archives européennes de sociologie* V, 277-310.

——. (1969) Tendances récentes en syntaxe générative (= *Langages* XIV, no prelo).

SAPIR, Edward (1921) *Language.* Nova York, Harcourt, Brace and World 242 p. Tr. fr. *Le langage.* Paris, Payot, 1953. 222 p.;

——. (1925) Sound patterns in language. *Language* I, 37-51. Retomado em 1949, 33-45;

——. (1930) *Totality.* Linguistic Society of America, Language Monographs nº 6, 28 p.;

——. (1933) La réalité psychologique des phonèmes. *Journal de Psychologie normale et pathologique* XXX, 247-265. Retomado no original inglês em 1949, 46-60;

——. (1944) Grading: a study in semantics. *Philosophy of Science* XI, 93-116. Retomado em 1949, 122-149;

——. (1949) *Selected Writings of Edward Sapir.* Editado por David G. MANDELBAUM, Berkeley e Los Angeles, University of California Press. 617 p.

SAUSSURE, Ferdinand de (1916) *Cours de linguistique générale.* Paris, Payot. 331 p. Citado pela 4ª ed.

SCHACHTER, Paul (1961) *A Constrastive Analysis of English and Pangasinan.* Tese de doutoramento, University of California, Los Angeles, mimeografada;

——. (1962*a*) Relatório de LEES, 1960*a*, *International Journal of American Linguistics* XXVIII, 127-134;

——. (1962*b*) *Rules for a Segment of Tagalog Grammar.* University of California, Los Angeles, mimeografado;

——. (1964) Kernel and non-kernel sentence in transformational grammar. *Proceedings of the IXth International Congress of Linguists.* Haia, Mouton. pp. 692-697.

SCHANE, S. A. (1966) The morphophonemics of the French verb. *Language;*

——. (1967*a*) La phonologie du groupe verbal français. *Langages* VII;

——. (1967*b*) Liaison et élision en français. *Langages* VIII;

——. (1968) *French Phonology and Morphology.* Cambridge, Mass.; The M.I.T. Press.

SCHANE, S. A. & D. REIBEL, eds., (no prelo) *Modern Studies in English,* Englewood Cliffs N. J., Prentice-Hall.

SHANNON, Claude & Warren WEAVER (1941) *The Mathematical Theory of Communication.* Urbana, University of Illinois Press. 117 p.

SHAUMIAN, S. K. & P. A. SOBOLEVA (1963) *Applikativnaja Porozhdajvshchaja Model'i Ischislenie Transformacij v Russkom Jazyke.* Moscou, I. A. Akademia Nauk SSSR. 118 p.

SHERRY, M. E. (1960) *Syntactic analysis in automatic translation,* Rpt nº USF-5, Harvard Computer Laboratory;

——. (1962) The identification of nested structures in predictive syntactic analysis. *1961 International Conference on Machine Translation of Languages and Applied Language Analysis (Teddington).* Londres, Her Majesty's Stationery Office. pp. 143-155.

SHERRY, M. E. & A. OETTINGER (1960) A new model of natural language for predictive syntactic analysis. *Proceedings of the IV th London Symposium on Information Theory.*

SKINNER, B. F. (1957) *Verbal Behavior.* Nova York, Appleton-Century--Crofts, Inc. VIII + 478 p.

SLEDD, John (1959) *A Short Introduction to English Grammar.* Chicago, Scott-Foresman, Inc. 346 p.

SMITH, Carlota S. (1961) A class of complex modifiers in English. *Language* XXXVII, 342-365;

——. (1964) Determiners and relative clauses in a generative grammar of English. *Language* XL, 37-52.

SOBELMAN, H. (1961) *Structural Analysis at the Syntactic Level.* Tese de doutoramento, Harvard University (inédita).

STANLEY, Richard (1967) Redundancy rules in phonology. *Language* XLIII, 393-436.

STOCKWELL, R. P. (1960) The place of intonation in a generative grammar of English. *Language* XXXVI, 360-367;

——. (1963) The transformational model of generative or predictive grammar *in* Paul GARVIN, ed. *Natural Language and the Computer.* Nova York, McGraw-Hill, 23-46.

STOCKWELL, R. P. & Paul SCHACHTER (1962) *Rules for a Segment of English Syntax.* University of California, Los Angeles (mimeografado).

Studia Grammatica, Berlin. Deutsche Akademie der Wissenschaften zu Berlin, Akademie Verlag. Sete volumes publicados em 1966.

TEETER, K. V. (1964) Descriptive linguistics in America: triviality vs irrelevance. *Word* XX, 197-206.

TESNIÈRE, Lucien (1939) Théorie structurale des temps composés. *Mélanges Bally.* Genebra, Librairie de l'Université, 153-183;

——. (1953) *Esquisse d'une syntaxe structurale.* Paris, Klincksieck. 30 p.;

——. (1959) *Éléments de syntaxe structurale.* Paris, Klincksieck. Segunda edição revista e corrigida, 1966. 670 p.

THOMAS, Jacqueline M. C. (1963) *Le parler Ngbaka de Bokanga.* Paris/ Haia, Mouton. 307 p.

TODOROV, Tzvetan, ed. (1966) *Recherches sémantiques* (= *Langages* I). Paris, Larousse. 128 p.

TOGEBY, Knud (1950) *Structure immanente de la langue française.* Copenhague, Travaux du Cercle Linguistique de Copenhague, V. Citado pela 2ª ed., Paris, Larousse, 1965. 208 p.;

——. (1966) Les pronoms interrogatifs-relatifs et les conjonctions de subordination. *Méthodes de la Grammaire.* pp. 131-136.

TRAKHTENBROT, B. A. (1963) *Algorithms and Automatic Computing Machines.* Boston, D. C. Heath. 101 p. Traduzido do russo (2ª ed., 1960). Existe também em trad. franc. (Paris, Dunod).

TRUBETZKOY, N. S. (1939*a*) *Grundzüge der Phonologie.* Praga, Travaux du Cercle Linguistique de Prague, v. VII. Citado pela tradução francesa, *Principes de phonologie.* Paris, Klincksieck, 1949. 396 p.;

——. (1939*b*) Les rapports entre le déterminant, le déterminé, et le défini. *Mélanges Bally.* Genebra, Librairie de l'Université. pp. 75-82.

UHLENBECK, E. M. (1963) An appraisal of transformation theory. *Lingua* XII, 1-18.

ULDALL, H. J. (1957) *Outline of Glossematics. I. General Theory.* Travaux du Cercle Linguistique de Copenhague, v. X_1, 90 p. Primeira parte, a única publicada, de uma obra que devia ser escrita em colaboração por L. HJELMSLEV e H. J. ULDALL. Esta primeira parte é inteiramente devida a ULDALL.

VENDLER, Zeno (1967) *Linguistics in Philosophy.* Cornell University Press, Ithaca.

——. (1968) *Adjectives and Nominalizations.* Haia, Mouton.

VIERTEL, John (em preparo). *The Linguistic Theories of Humboldt.*

WAGNER, R. L. & J. PINCHON (1962) *Grammaire du français classique et moderne.* Paris, Hachette. 640 p.

WANG, W. (1961) Relatório de HALLE, 1959, *Studies in Linguistics* XV, 79-83;

——. (1964) Some syntactic rules for Mandarin. *Proceedings of the IXth International Congress of Linguists.* Haia, Mouton, 191-202.

WEINREICH, Uriel (1966) Explorations in semantic theory *in* T. A. SEBEOK, ed., *Current Trends in Linguistics.* Haia, Mouton, v. III, 395-477.

WELLS, Rulon S. (1947) Immediate constituents. *Language* XXIII, 81--117. Retomado em Joos, ed., 186-207.

WHITNEY, W. D. (1872) Steinthal and the psychological theory of language. *North American Review*, 114. Retomado em *Oriental and Linguistic Studies.* Nova York, Scribner, 1874.

WINTER, Werner (1965) Transforms without kernels? *Language* XLI, 484--489.

WORTH, D. S. (1958) Transform analysis of Russian instrumental constructions. *Word* XIV, 247-290.

YNGVE, V. H. (1960) A model and a hypothesis for language structure. *Proceedings of the American Philosophical Society* CIV, 444-466;

——. (1961) The depth hypothesis in JAKOBSON, ed., 130-138.

ZIFF, Paul (1964) On understanding "understanding utterances" *in* FODOR-KATZ, eds., 390-399.

Bibliografia sobre o português

A tentativa de levantamento de uma bibliografia sobre o português, quando se trata de trabalhos mais atualizados com os desenvolvimentos da Lingüística, mesmo que ela não se pretenda exaustiva, como é o caso desta, esbarra sempre em duas dificuldades: a primeira é a da ausência deste material e a segunda, a da falta de contacto sistemático entre os vários centros de pesquisa desta área no Brasil, para não falar do oceano que nos separa de Portugal.

Evidentemente, a primeira delas é insuperável por qualquer tentativa de organizar uma bibliografia e o tempo deverá saná-la. Assim esperamos. A segunda, juntamente com as faltas do organizador, responderá pelas omissões cometidas.

Muitos dos trabalhos aqui citados são teses, ainda não publicadas, se é que um dia o serão. Todos se desenvolvem na linha gerativa e concernem à Fonologia (A) e à Sintaxe (B). Algumas das obras sobre Fonologia, embora não sendo propriamente transformacionais, são importantes para a descrição estrutural do português e, de qualquer forma, trabalham com noções que estão na base da Fonologia Gerativa, como é o caso da tese do Prof. Brian Head, em que a noção de traço distintivo tem um papel fundamental. Não citamos os trabalhos do Prof. Mattoso Câmara pelo simples fato de que são bastante conhecidos, o que evidentemente não significa esquecimento nem muito menos desaconselho.

A.

ABAURRE, Maria Bernadete (1973) *Identidade de representações básicas e fatores de diferenciação no componente fonológico de línguas cognatas.* Dissertação de mestrado, Universidade Estadual de Campinas, Campinas.

HARRIS, J. (1973) "Evidence from Portuguese for the 'Elsewhere Condition' in Phonology". Inédito, MIT, Cambridge, Mass.

HEAD, Brian F. (1964) *A Comparison of the Segmental Phonology of Lisbon and Rio de Janeiro.* Inédito, tese de doutoramento, Universidade do Texas, Austin.

——. (1970) "As Características Distintivas dos Fonemas do Português". In: *Actele celui-de-al XII-lea, Congres International de Lingvistica, si Filologia Romanica,* (Bucareste), v. I, 375-376.

——. (1972) "Some Problems in Identifying the Distinctive Features of Portuguese Consonants". In: *Proceedings of the International Congress of Phonetic Sciences,* editado por ANDRÉ RIGAULT e RENÉ CHARBONNEAU, Haia-Paris, Mouton.

HENSEY, F. (1968) "Questões de Fonologia Gerativa: As Regras de Pluralização". In: *Estudos Lingüísticos,* v. III, n. 1-2, pp. 1-10.

——. (1971) "Portuguese vowel Alternations", a aparecer em J. CASAGRANDE e B. SACIUK (eds.) *Generative Studies in Romance Languages,* Newbury House, Rowley, Mass.

PONTES, Eunice (1972) *Estrutura do Verbo no Português Coloquial.* Rio de Janeiro, Vozes.

SACIUK, B. (1970) "Some Basic Rules of Portuguese Phonology". In: J. M. SADOCK e A. L. VANEK (eds.). *Studies Presented to Robert B. Lees by his students,* Champaign, Linguistic Research Inc.

B.

AZEVEDO, Milton Mariano de (1971) *Notes towards a characterization of subjunctive forms in declarative sentences in Portuguese.* Tese de mestrado, Cornell Un., Ithaca, N. Y.

BÁRBARA, Leila (1971) *Um Estudo da Manifestação Sintática da Asseveração e Não-Asseveração no Português e no Inglês.* Tese de doutoramento, P.U.C., São Paulo.

BISOL, Leda. (1972) *Predicados Complexos do Português: Uma Análise Transformacional.* Tese de mestrado, P.U.P.G.L., U.F.R.J.

KATO, Mary. (1972) *A Representação Semântica do Artigo Definido.* Tese de doutoramento, P.U.C., São Paulo.

MARTIN, John W. (1973) "O Sistema Temporal do Português". Artigo apresentado no 18º Congresso sobre Lingüística. International Linguistic Association P.U.C., Instituto de Letras, Campinas.

——. (1973) "Análise Gerativo-transformacional do Infinito Flexionado em Português". Artigo apresentado no 18º Congresso sobre Lingüística, International Linguistic Association. P.U.C., Instituto de Letras, Campinas.

MORAES, Euzi R. (1971) *O Flexionamento do Infinito em Português: Uma Análise Transformacional.* Dissertação de mestrado, P.U.P.G.L., U.F.R.J.

NARO, Anthony (1968) "Para o Estudo da Gramática Transformacional", In: *Estudos Lingüísticos,* v. III, n. 1-2, 18-36.

——. (1968) *The History of Portuguese Passives and Impersonals.* Tese de doutoramento, M.I.T. Cambridge, Mass.

PERLMUTTER, D. (1973) "Object Raising in Portuguese". Inédito, M.I.T., Cambridge, Mass.

PONTES, Eunice (1971) *Verbos Auxiliares em Português.* Tese de livre-docência, Faculdade de Letras, U.F.M.G.

QUERIDO, A. A. (1967) *Introduction à* une *Grammaire Transformationelle du Portugais.* Doutoramento de 3º ciclo – École Pratique des Hautes Études, IV secção, Paris.

QUÍCOLI, A. C. (1970) "Portuguese Relativization and Complexe NP Constraint". Inédito, Suny/Buffalo.

——. (1971) "Portuguese Reflexivization and Some Related Problems". In: *Working Papers in Linguistics,* n. 10, The Ohio State Un., Columbus, Ohio.

——. (1971) "On the Portuguese verb 'Parecer'". Inédito, M.I.T., Cambridge, Mass.

——. (1972) *Aspects of Portuguese Complementation.* Tese de doutoramento, State University of N. Y. at Buffalo.

RAPOSO, E. P. (1972) "A Global Derivational Constraint Envolving the Infinitive in Portuguese". Inédito, Linguistic Institute of the Linguistic Society of America. Chapel-Hill.

SAHADE, Sumaia (1972) *Classes Sintáticas dos Adjetivos do Português: Um Estudo Transformacional.* Dissertação de mestrado, P.U.P.G.L., U.F.R.J.

SANTOS, Alzira Tavares de Macedo dos (1972) *Dois Modelos para os Auxiliares em Português.* Dissertação de mestrado, P.U.P.G.L., U.F.R.J.

SCHMIDT-RADEFELDT (ed.), (no prelo) *Readings in Portuguese Linguistics,* Paris – Haia, Mouton.

Índice Onomástico

AJDUKIEWICZ, 143.
ARRIVÉ, 221.

BACH, 18, 20, 60-61, 68, 82, 111, 115, 148, 149, 151, 178, 206, 216, 226, 231, 235, 238, 247, 248, 251, 268, 310.
BALLY, 77, 166, 198-200, 202, 212, 216, 220, 237, 302; – e SÉCHEHAYE, 153.
BAR-HILLEL, 71, 73, 143, 201, 317; – GAIFMAN e SHAMIR, 143; – e SHAMIR, 126.
BENVENISTE, 20, 28, 41, 47, 54, 67-68, 72, 76, 79, 84, 134, 137, 143, 159, 162, 163, 164, 166, 202, 203, 213, 220, 281, 284, 302, 314.
BEVER, FODOR e WEKSEL, 70; – e LANGENDOEN, 286; – e ROSENBAUM, 71, 278, 301.
BIERWISCH, 71, 212, 217, 267, 278, 301, 316, 317.
BLINKENBERG, 74, 190, 197-198, 211, 214, 220, 304, 309.
BLOCH, 60, 61, 74, 100, 102, 119, 143-144, 249.
BLOOMFIELD, 28, 100.
BOAS, 146.
BOLINGER, 35, 80.
BRUNOT, 198.

CARNAP, 71, 72.
CHAO, 57.
CHOMSKY, *passim*; – e HALLE, ver HALLE; –, HALLE e LUKOFF, 286; – e MILLER, 38, 43, 70, 73, 82, 83, 85, 87, 117, 125, 140, 148, 149, 152, 153, 224, 285, 286; – e SCHÜTZENBERGER, 148, 153.
CLOSS, 69, 217.
CONKLIN, 29, 274.
COYAUD, 216.
CURRY, 143, 308.

DAMOURETTE e PICHON, 56, 314.
DAVIS, 46, 73, 122.
DE GROOT, 67.
DESCARTES, 47.
DINGWALL, 38.
DIXON, 24, 38, 39, 224.
DUBOIS, 32.

ELSON e PICKETT, 144.

FANT, 28, 285.
FILLMORE, 170, 178, 184, 261, 297, 316.
FIRTH, 23, 24, 153.
FISCHER-JØRGENSEN, 28, 63.
FODOR, ver KATZ.
FRASER, 230, 284.
FREI, 81, 153.

GAIFMAN (Ver também BAR-HILLEL e –).
GARVIN, 74.
GEORGIN, 294.
GLEASON, 144.
GLEITMAN, 185, 283.
GODEL, 70, 76, 143, 153.
GREENBERG, 37, 60, 62 e s., 65, 80, 82.
GREIMAS, 93, 274.
GREVISSE, 32-33, 56, 78, 215, 281, 283, 294, 295.
GROSS, 143, 201, 214, 284.
GRUNIG, 101, 197, 198, 200, 211, 222.
GUILLAUME, 20.

HALL, 309.
HALLE, 20, 28, 59, 69, 70, 71, 72, 74, 81, 82, 84, 216, 220, 269, 271, 273, 280, 285, 286, 302.
HALLIDAY, 24, 119, 144, 151, 153, 249, 291.
HARRIS, 20, 24, 47, 54, 59, 60, 61, 67, 68, 74, 81, 100, 102, 105, 109, 133, 137, 142, 143, 144, 145, 153, 184, 203-210, 212, 220, 221, 249, 302, 311, 312.
HAYS, 143.
HEGER, 314.
HEMPEL, 68.
HILL, 35, 39, 92.
HIZ, 221.
HJELMSLEV, 25, 26, 27, 28, 41-48, 54, 60, 67, 68, 70, 81, 82, 87, 88, 137, 145, 154, 217, 220, 307-308, 311, 316.
HOCKETT, 37, 60, 61, 65, 67, 69, 77, 89, 94, 101, 102, 103, 113, 144, 145, 146, 153.
HOUSEHOLDER, 177.
HUMBOLDT, 20, 47, 124.

JAKOBSON, 20, 28, 35, 52, 67, 69, 71, 74, 77, 79, 84, 86, 87, 143, 145, 154, 156, 180, 202, 220, 270, 271, 281, 285, 303, 310; – e HALLE, ver HALLE; – e LOTZ, 286.
JESPERSEN, 20, 54, 69, 77, 180, 196, 197, 198, 220, 222, 302.
JONES, 28.
JOOS, 26, 27, 73, 79, 85.

KATZ, 39, 68, 71, 72, 73, 79, 298-301, 303; – e FODOR, 25, 71, 73, 220, 274, 298, 300; – e POSTAL, 69, 70, 71, 79, 178, 182, 184, 210, 214, 216, 217, 220, 230, 234, 266, 280, 290, 298, 303, 306.
KLEENE, 73, 123.
KLIMA, 37, 69, 170, 210, 213, 214, 217, 283, 303, 305, 306.

LAKOFF, 285, 286, 318.
LAMB, 144, 222.
LAMBEK, 143.
LANGACKER, 54, 284, 296.
LANGENDOEN, 24, 25, 153, 196, 286.
LEACH, 68.
LEES, 32, 37, 58, 60, 61, 68, 75, 77, 81, 93, 118, 132, 133, 142, 151, 152, 186, 202, 213, 216, 217, 220, 221, 228, 230, 232, 267, 278, 282, 286, 302, 305, 318; – e KLIMA, 220.
LENNEBERG, 70.

LEVIN, 196.
LÉVI-STRAUSS, 17, 76, 220.
LIEBERMANN, 70.
LIGHTNER, 286.
LONGACRE, 60, 144, 145, 151, 249, 291, 308, 310.
LOUNSBURY, 29, 274.

MARKOV (modelo de –), 88.
MARTINET, 26, 47, 60, 67, 69, 70, 71, 79, 84, 85, 86, 89, 94-96, 98, 137, 143, 146, 179.
MATTHEWS, 87, 143, 148, 151, 152, 230, 236, 237, 238, 248, 267, 268, 282, 285, 303, 316.

MCCAWLEY, 286.
MCLAY e SLEATOR, 40.
MEILLET, 67.
MILLER, 76, 120, 152; – e CHOMSKY, 70, 71, 76, 89, 119, 120, 152, 283; –, GALANTER e PRIBRAM, 76; – e ISAARD, 40, 76, 120.

NIDA, 100, 133, 196.
NORTHROP, 18.

OETTINGER, 143.

PIKE, 144, 145, 151, 249, 291.
POPPER, 18, 19, 20, 49, 59, 68.
Port-Royal (*Grammaire de* –), 20, 47, 196, 224, 285, 311, 312, 315.
POSTAL, 72, 98, 104, 105, 106, 110, 116, 125, 126, 136, 137, 139, 148, 149, 151, 152, 230, 248, 268, 280, 285, 291, 303, 316, 320; (ver também KATZ e –).
POTTIER, 166, 182, 187, 279, 318.
PUTNAM, 35.

REICHLING, 73.
RHODES, 143.
ROSENBAUM, 318 (ver também BEVER e –).

SAPIR, 20, 28, 72, 146.
SAUSSURE, 19, 21, 22, 23, 25, 26, 28, 32, 45 e s., 54, 69, 70, 77, 82, 84, 86, 87, 143, 148, 153, 210, 280, 290.
SCHACHTER, 268.

SCHANE, 161, 286, 297.
SHANNON e WEAVER, 37, 87, 89.
SHAUMIAN e SOBOLEVA, 308-309.
SHERRY, 143; – e OETTINGER, 143.
SKINNER, 70, 93.
SMITH, 73, 232, 282-283.
SOBELMAN, 38.

TEETER, 68, 82.
TESNIÈRE, 74, 143, 159, 200-202, 224, 318.
THOMAS, 79.
TOBLER, 197.
TODOROV, 71, 75.
TOGEBY, 54, 56, 81, 82, 139, 144, 145, 147, 154, 187, 214, 249, 280, 281, 284, 307, 314, 319.
TRAKHTENBROT, 45, 73, 122.
TRUBETZKOY, 27, 28, 54, 143, 220.
TURING (máquina de –), 122.

UHLENBECK, 77.
ULDALL, 38.

VARRÃO, 196.
VIERTEL, 47.

WAGNER e PINCHON, 141, 166.
WANG, 54.
WEINREICH, 71, 301.
WELLS, 60, 100, 101, 102, 133, 144, 145, 147, 249.
WHITNEY, 69.
WINTER, 222.
WORTH, 221.

YNGVE, 120, 143.

ZIFF, 39.

Índice de Assuntos

Aceitabilidade, 45, 76, 150, 151; diferença de – (Harris), 212, 220, 312-314; ver também gramaticalidade.
Adição (operações de –), 238-247.
Adjetivo, 282-283.
Advérbio, 166-167, 214, 215; – de modo, 171-176, 212, 312-314.
Agramatical, agramaticalidade, ver gramatical, gramaticalidade.
Algoritmo, 35.
Amálgama (em Semântica), 300-301.
Ambiente, 51, 60, 61; ver também contexto.
Ambigüidade, 50, 77-78, 93, 96, 113-114, 149, 152.
Análise, analisável, 169, 180; análise própria, 225, 279-280.
Anáfora, 142, 283.
Animado/Inanimado (e pronomes indefinidos), 280.
Aprendizagem da linguagem, 21, 69-70.
Arbitrário do signo lingüístico, 290.
Árvore, III (ver também sintagmático).
Auditor, ver locutor, performance.
Autômatos (teoria dos – e gramática), 73, 122-123, 151; – com pilha de memória, 122-123.
Autonomia sintática (em Martinet), 94-96.
Auxiliar, 155 e s., 212-213, 220.
Avaliação (procedimento de –), ver procedimento.

Base da gramática, 274, ver também estrutura profunda.
Binária/múltipla (divisão – dos constituintes), 140-141, 147, 214, 285.
Bracketing, ver parentetização.

Capacidade gerativa de uma gramática, 120, – fraca/forte, 124-125.
Categorias gramaticais, 49, 102, 104-105, 110, 121, 274-275, 291, 307-309; ver também constituintes; – lexicais, 234, 279; – principais, 234; – e funções gramaticais, 128, 198-200, 286, 291-296; – (Sub –), 51 e ss., 109, 266 e ss., subcategorização estreita, 277, ver também co-ocorrência, seleção, classificação cruzada; – (parte categorial da gramática), 274-275.
Circunstanciais (complementos), 212-215.
Classificação cruzada das categorias gramaticais, 267 e ss., 273 e s.
Comentário (ingl. *comment*, fr. *propos*), ver tema, sujeito/predicado.
Comutação, 63.
Comparativo, 141, 232, 283.
Competência lingüística, 21, 32, 76, 89, 92; – e recursividade, 44 e s.
Completivas (proposições –), 186 e s., 238, 242; – diretas, 254 e s.
Concatenação, 85 e s., 344 e s., ver também ordem dos elementos.
Concordância, 137, 179, 215, 286.
Constituintes, 49, 100 e s., 103-104, 159-160, 313-314; ver também categorias, elementos; – (análise em – imediatos), 89, 100 e s., 140, 142, 249, 282 (e estrutura profunda); – descontínuos, 133 e s., 152, 156-157, 176, 249-250; – e expressões idiomáticas, 318; – e coordenação, ver coordenação.
Contexto lingüístico e de situação, 23 e s., 77; – na frase, 118 e s., ver também ambiente; – (regras dependentes/independentes do –).
(*Context-sensitive/context-free*), 109.
Co-ocorrência, 195, 206-207, 221; ver também seleção.
Coordenação, 137 e s., 149, 153, 184 e s., 245-246, 282.
Corpus, 22, 36-38, 47, 59.
Correção gramatical, 37-38.
Criatividade da linguagem, 45 e s., 76; ver também competência, recursividade.
Cross-classification, ver classificação cruzada.

De (preposição), 215.
Decisão (procedimento de –), ver procedimentos.
Descoberta (procedimento de –), ver procedimento.
Descontinuidades, ver constituintes descontínuos.
Definição das entidades lingüísticas, 183.

Derivação, 44, 111; – terminada, 111; – e indicador sintagmático, 111-114; – e recursividade, 117.

Descrição estrutural, ver estrutural.

Determinado/determinante, 199, 201, 220, 221.

Diacronia, ver sincronia.

Dialeto, 37-38.

Discurso/*récit* (em Benveniste), 163, 281; – (análise do –) (em Harris), 203 e s.

Distribuição, 60.

Distribucional (análise –), 60 e s., 79.

Do (auxiliar inglês), 180, e s.

Dominar, dominância, 104, 115, 116, 117.

Dummy, ver elemento "postiço".

Elementos autodominantes, 117; – contíguos, 104; – descontínuos, ver constituintes descontínuos; – discretos, 83 e s.; – iniciais, 110; – "postiços" (*dummy*), 235, 243, 245, 263-264, 275, 277, 299; – recursivos, ver recursividade; – terminais, 103-104, 110, 177 (e transformações); – não-terminais, 110, 117, 177-178 (tratadas como variáveis pelas transformações).

Elipse, ver supressão.

Embedding (fr. *enchâssement*), ver encaixe.

Encaixe, 90-91, 117 e s., 149-150, 184, 186 e s., 238, 243, 283-285.

Ênfase (em inglês), 182-183.

Engendrar, 32, 44; ver também Gramática Gerativa.

Enunciado, 70-71; ver também frase, *corpus*; – -ocorrência e sentido, 63-64.

"É um" (relação), ver dominar.

Estados finitos, linguagem a –, gramática de – (*finite state language* ou *Grammar*), 87 e ss., 120 e ss. (e linguagem ou gramática sintagmática), 123, 152-153.

Estilo, 37-38.

Estrutura profunda, 243, 292-293, 299 e s., – e análise em constituintes imediatos, 283-284; – e estrutura superficial, 249-250, 290, 307 e s., 311-312; – superficial, 258-259, 297-298; – sintagmática, ver sintagmática.

Estrutural, Mudança –, 225 e s.; descrição –, 29, 49, 55, 103, 124, 126 e s., 142 e s.; esquema –, 225.

Estruturalismo, 19 e s., 25 e s., 47 e s., 54-55, 58 e s., 70, 71, 109, 196, 220, 224.

Exceções às regras (tratamento das –), 148, 286.

Fala, ver língua, competência, performance; – ato de, é sentido, 64.

Finite state language, finite state grammar, ver estados finitos.

Fonema, ver nível fonemático, fonologia, fonética, traços; – e morfema, ver morfema; – e traços distintivos, segmentos, 273.

Fonética, 27-29, 55, 71, 272; ver Fonologia.

Formante (*formative*), oposto a morfema, 184, 306; ver também morfema.

Formal (estudo), 29, 72.

Frase, 27, 43, 46, 69, 70-71, 83; ver seqüência, proposição; – Complexa, 165; – constituinte/matriz, 186; – nuclear (*noyau, kernel*)/derivada, 171, 208; –, tipo de, 39, 57, 129; ver imperativo, interrogação, negação, passivo.

Funções gramaticais, 49, 105, 129 e s., 198-200, 291-296; – e categorias gramaticais, ver categorias.

Funcional (sintaxe), 73, 94-96.

Generalidade (de uma gramática, de uma descrição lingüística), ver simplicidade.

Genitivo latino, 202-203; – objetivo/subjetivo (em fr., em port.), 132, 190 e s.

Glossemática, 84, 154, 220, 249, 307 e s.; ver também Hjemslev, Togeby.

Gramática, 21, 31, 41 e s., 69, 78, 105 e s.

Gramática Gerativa (definição), 32, 42, 48-49, 68, 77; – linear, 122-123; – formada –, 274, 289-290; –, hierarquia das –s, 122-123; –, justificação das –, 56; ver também procedimentos simplicidade, – Gerativa e teoria dos autômatos, ver autômatos; – e lógico, 317; – e modelo do locutor, ver locutor.

Gramatical, ver gramaticalidade.

Gramaticalidade, 31, 35 e s., 43, 150, 221; – fonológica, 48; – grau –, 39, 52; – e aceitabilidade, ver aceitabilidade; – e ambigüidade, 77-78; – e interpretação semântica, 35 e s., 52, 94-95.

Hidatsa, 236-237.

Idiomáticas (expressões –), 318.

Imperativo, 280, 303.

Impessoais (construções –), 228-229, 281, 286-287.

Indefinidos (pronomes –), 214-215, 234-235.

Indicador sintagmático (*phrase-marker*), 104, 111; – subjacente/derivado/derivado final, 223-224; – e derivação, 111-115; transformacional, 264-266, 289-290.

Infinito (uma linguagem como conjunto –), 21, 165-166, 256, 305.

Intercalação (ingl. *nesting*, fr. *emboîtement*), 90-91, 117 e s., 119, 149-151.

Interpretação semântica, 35, 78; ver também gramaticalidade, semântica, sintaxe e semântica.

Interrogação, 217, 303-306; – em inglês, 180 e ss.
Intuição (recurso à –), 73-74; ver também competência, gramaticalidade.
Item a arranjo/item e processo, 77, 145-147.

Kernel (fr. *noyau*), ver frase nuclear.
Léxico, 266 e s., 274.
Ligação (*liaison*) em francês, 286, 297-298.
Linguagem, 39, 42 (definição); – regular, 123; – terminal, 111.
Língua/fala, 22; ver competência, performance, criatividade.
Locutor, ver performance; –, modelo do – e Gramática Gerativa, 32, 216.

Marca, 162.
Metodologia, ver teoria.
Modais, verbos –, 164 e s.
Modo, 236 e s., 281.
Morfema, 48, 61 e s., 86-87, 103-104, 110; ver também níveis; –, teoria do quadro de –s gramaticais, 93-94; – e formantes, ver formantes; – e fonemas, 83 e s.; ver também traços.

Negação, 217, 302-306; – em inglês, 181-182.
Nesting, ver intercalação.
Níveis de representação, 85-86, 92, 151; – fonemático e morfemático, 85; – fonológico e fonético, 272; – sintagmático, 121-122; – transformacional, 265-266.
Nominalizações, 188 e s., 196, 220, 244.
Notação, 43, 103, 106 e s., 147-148, 158, 172, 214, 284.

Objetividade das descrições lingüísticas, 73-74; ver também intuição; competência, procedimentos, simplicidade.
Ordem dos elementos lingüísticos, 279, 307-310, 316-317; – das regras, 147-148, 170-171, 252-266; – intrínseco/extrínseco, 252.

Palavra, 212-213.
Paradigmáticas, relações –, 86-87, 107, 210-212.
Parentetização (*bracketing*), 102-103; – etiquetada (*labelled bracketing*), 102.
Passivo, 33, 127-128, 168-171, 192 e s., 215-216, 233-234, 315-316.
Performance, 21, 70-71, 119-120, 233; ver também competência.
Permutação (operações de –), 115-116, 129, 149, 247-252, 283; – e encaixe, 282.
Phrase-marker, ver indicador sintagmático.
"Postiço" (*dummy*), ver elemento.
Predicado, ver sujeito.

Probabilidade de ocorrência das frases, 37-38.
Procedimento, ver teoria, simplicidade, distribuição, comutação; – efetivo, 58; – sintético/analítico, 145; – de descoberta, 57 e s., 101, 144-145, 211-212, 220; – de decisão, 57 e s.; – de avaliação, 57 e s.
Pro-elemento, 233-235, 280.
Pronome Pessoal, 260, 283, 314.
Pro-sintagma, 201, 280.
Proposição, ver seqüência, frase, completiva, relativa; – essencial/acidental, 186.
Psicologismo, 70.

Quadrados (método dos – segundo Greenberg), 62 e s.

Ramo (fr. *branche*), 117.
Ramificação binárias/múltiplas, ver binária.
Récit, ver discurso.
Recursividade, 44, 89-92, 107-108, 117-120, 149-150, 216, 286; – e coordenação, 139 e s., – e transformações, 184.
Redundância, 271, 272-273, 276.
Reescritura, sistema de –, 106; sistema de reescritura não-limitado, 110, 122, 178; hierarquia dos sistemas de –, 122.
Referência e anáfora, 142; – e semântica, 71.
Regras, 21, 32, 41 e s., 43, 56; – e criatividade, 46, – de projeção, 300; – de reescritura, 106 e s.; – sintagmáticas, 109 e s., 307-308; ver também sintagmático; – de transformação, 178, 223 e s.; ver também transformação; – ordem das, ver ordem.
Relações gramaticais, 49 e s., 105, 128 e s., 198, 249, 291 e s.; – e interpretação semântica, 292-293, 300-301.
Relações entre elementos e entre frases, 49 e s., 127 e s., 220; ver também transformação.
Relativas, proposições –, 186-187, 242-243, 281-282; – restritivas/explicativas, 281-282.

Segmento, oposto a fonema, 273.
Seleção, relações de –, 51-53, 109-110, 168, 221, 277-278; ver também co-ocorrência, subcategorização, classificação cruzada.
Semântica, 27-29, 30, 35-36, 55-56, 71; componente – da gramática, 298-301; – e teoria da referência, 71; – e sintaxe, ver sintaxe.
Sentido, recurso ao – 29-30, 62 e s.
Seqüência, 83, 86, 90, 121; – terminal, 110-111, 138, 157, 171, 243; – pré-terminal, 273; – sintagmática terminal transformacional terminal, 184.
Simplicidade, princípio de –, 66 e s., 121, 127, 142, 148, 152, 183.
Sincronia/diacronia, 21, 46, 68-69, 220.

Sinonímia, 63; – local, 220.

Sintagmática, Gramática, 106, 109, 148, 152; ver indicador sintagmático; nível –, ver níveis; parte – da gramática, 274; relações, 86-87; estrutura – derivada, 227 e s., 220; estrutura – subjacente, ver estrutura profunda.

Sintaxe, 29, 30, 46; – funcional, ver funcional; – fonológica, 92-93; – e semântica, 29-30, 51-53, 61 e s., 73, 74, 84, 128, 130, 183-184, 217, 273-274, 277-278, 290-291, 292, 293, 298 e s., 311-312; ver também estrutura profunda; – e fonologia, ver fonologia, estrutura superficial.

Sobrecompostos, tempos –, 163 e s.

Subcategorização, ver categorias gramaticais.

Subjuntivo, 163, 199, 237, 281-282, 302.

Subordinação, 186 e s.

Substituição (operações de –), 235-238.

Sujeito/predicado, 105, 199, 200 e s., 294 e s., 318-319.

Superlativo, 33.

Supressão (operações de –), 114, 141, 170, 185, 231-235, 280.

Tagmêmica, 151, 249, 284, 291; ver também Pike, Longacre.

Taxinômica, concepção –, 17-18; modelo –, 105.

Tempo do verbo, 155 e s.

Tema/comentário (ingl. *topic/comment;* fr. *thème/propos*), 286--287, 294 e s.; ver também sujeito/predicado.

Teoria lingüística geral, 55 e s., – e metodologia, 64-65.

Teórica, concepção –, ver taxinômica.

Testes de gramaticalidade, 40.

Tradicional, lingüística –, 19 e s., 32-33, 54-55, 178 e s., 196 e s.

Traços distintivos fonológicos, 270-273; – semânticos, 273 e s.; – sintáticos, 273 e s.; – extrínsecos, intrínsecos, categoriais, de seleção, 277; – suprassegmentais, 92-93.

Transformação, 139, 157, 159; segundo Harris, 205 e s., 207, 226; – bloqueada, 181; – elementar, 226 e s.; ver também adição, permutação, substituição, supressão; – generalizada, 165, 184 e s., 262 e s., 303, 319-329; – lexical, 276-277; – obrigatória/facultativa, 171, 215, 305-306; – singular, 184; – e semântica, 207-208, 290, 302-306; domínio de uma –, 224, 221-222; família de – s, 182, 225; ordem das – s, ver ordem; valor heurístico das – s, 211.

Transformacional, indicador, ver indicador transformacional; ciclo –, em fonologia, 255.

Unidades lingüísticas, ver categorias, constituintes, elementos, traços, níveis.

Universais de linguagem, 22, 56 e s., 315 e s.

Vocabulário, 110; – terminal, 121.

Impresso nas oficinas da
Bartira Gráfica e Editora Ltda.
em abril de 2009